Miteinander arbeiten

Regeln erarbeiten

Bei vielen Aufgaben in diesem Buch sollt ihr mit einer Partnerin/einem Partner oder in einer Gruppe zusammenarbeiten. Damit dies gelingt, solltet ihr euch sinnvolle Regeln für eine erfolgreiche Partner- oder Gruppenarbeit überlegen. Am besten gestaltet ihr Plakate, die ihr in der Klasse aufhängt.

Wir sprechen leise und stören die anderen Gruppen nicht.

Wir melden uns, wenn wir Hilfe brauchen.

Wir versuchen, Konflikte selbst zu lösen.

Wir lassen unsere Partnerin oder unseren Partner ausreden.

Ordnet eure Vorschläge in die folgenden Bereiche ein: Kommunikation, Teamarbeit, Arbeits- und Verhaltensregeln. Wählt aus jedem Bereich zwei bis vier Regeln aus.

Gruppenfunktionen verteilen

Bei größeren Gruppenarbeiten könnt ihr wichtige Aufgaben unter euch aufteilen. Beachtet aber, dass die Funktionen zusätzlich übernommen werden und die Bearbeitung des Gruppenauftrages im Mittelpunkt steht.

Zeitwächter/in
achtet auf die zur Verfügung stehende Zeit und überprüft, ob die Zeitvorgaben eingehalten werden.

Gruppenleiter/in
liest die Aufgabe laut vor und leitet die Erarbeitung der Ergebnisse.

Regelwächter/in
schlichtet Streit in der Gruppe und überprüft, ob die Gruppenregeln eingehalten werden.

Materialholer/in
holt die benötigten Materialien und bringt sie zurück.

Protokollant/in
notiert bei der Erarbeitung die Ergebnisse.

starkeSeiten
Wirtschaft

von
Katja Allani
Uli Boldt
Thomas Hoffmann
Dietmar Rossi
Christiane Wöhler

Ernst Klett Verlag
Stuttgart • Leipzig

So lernst du mit starkeSeiten Wirtschaft

Die Einstiegsseiten
führen in ein neues Thema ein und zeigen, was dich in dem Kapitel erwartet.

Auf den Basisseiten
erfährst du alles Wichtige zu einem Thema.

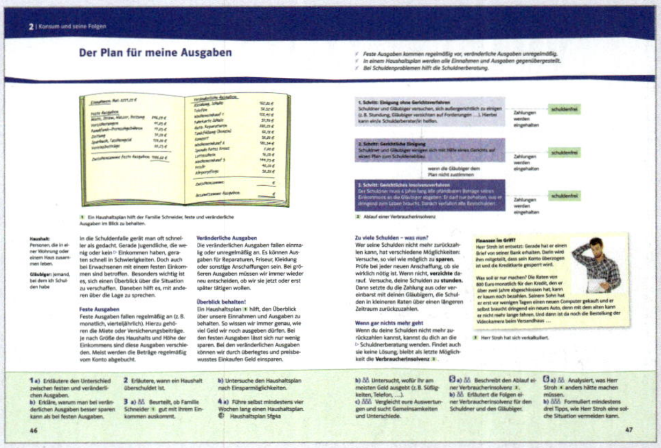

Die Methodenseiten
erklären dir Schritt für Schritt, wie du eine Methode anwendest.

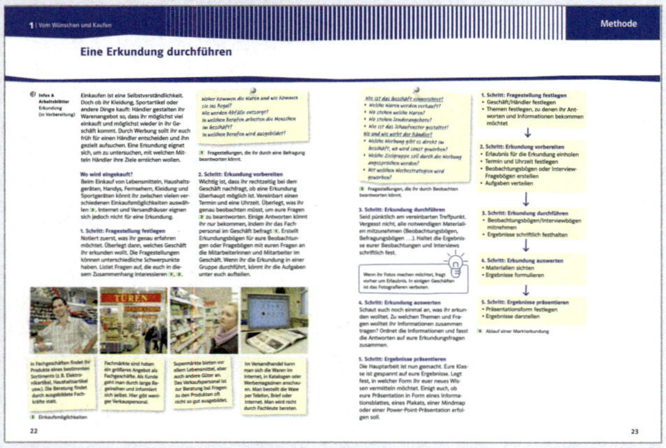

Die Trainingsseiten
enthalten Aufgaben zum Wiederholen und Üben.

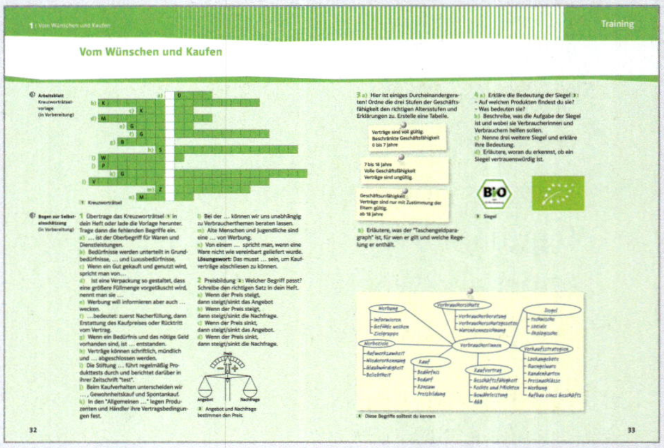

Die Extraseiten
bieten zusätzliches Material, wenn du mehr wissen willst.

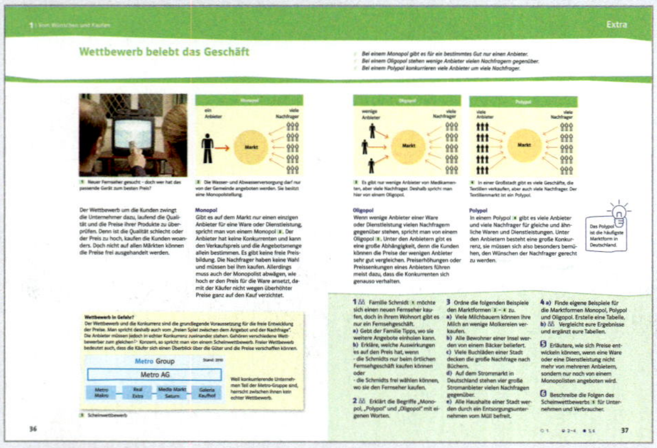

Im Lexikon
kannst du wichtige Begriffe nachschlagen.

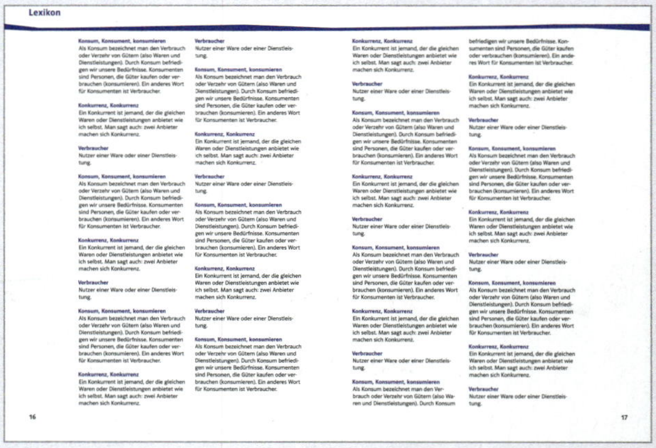

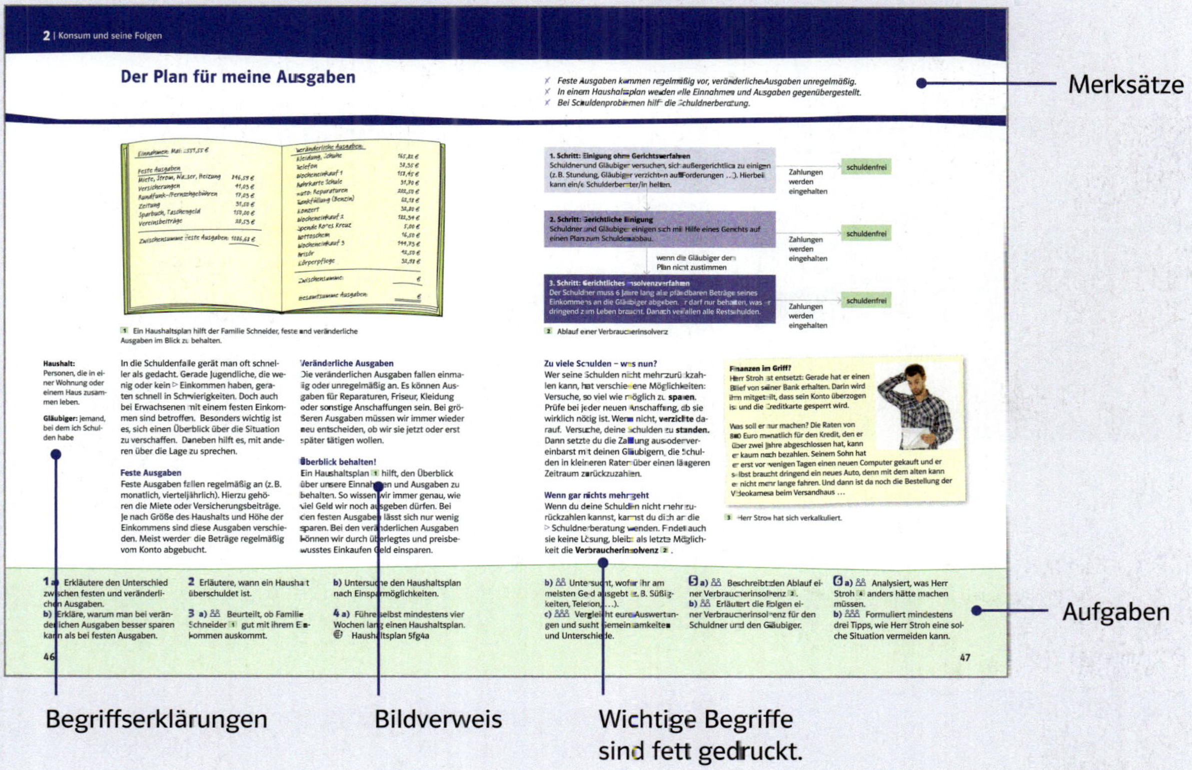

Zeichen, Kästen und Symbole

- 👥 Partneraufgaben
- 👥👥 Gruppenaufgaben
- Aufgaben für die gesamte Klasse
- ▷ Mit diesem Symbol sind Begriffe gekennzeichnet, die im Lexikon erklärt werden.

Kästen mit der Glühbirne geben dir wichtige Tipps.

Kästen mit dem Ausrufezeichen warnen dich.

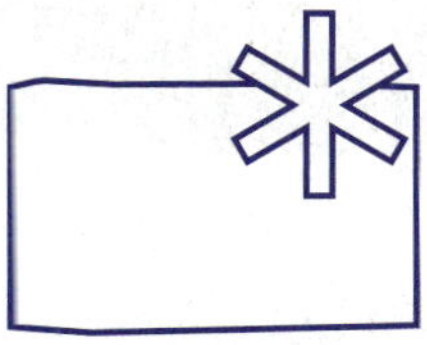

Kästen mit dem Sternchen stellen Berufe vor.

Aufgaben
○ leichte ◒ mittlere ● schwere

1 Aufgaben, bei denen du dich mit den wichtigsten Inhalten der Seite beschäftigst.

2 Aufgaben, mit denen du weiterarbeiten kannst.

Material bb345w — Auf einigen Seiten im Buch findest du starkeSeiten-Codes. Diese führen dich zu weiteren Informationen, Materialien oder Übungen im Internet. Gib den Code einfach in das Suchfeld auf www.klett.de ein.

Inhaltsverzeichnis

Ausbildung
Schule
Entscheidung

1 Vom Wünschen und Kaufen

Jeder Mensch hat Wünsche. Doch nicht alle Wünsche können wir uns sofort erfüllen. Für manche Dinge müssen wir lange sparen, andere bleiben für immer ein Traum. Wenn es keine Wünsche gäbe, müsste niemand etwas kaufen. Deshalb sind sie so wichtig für unsere Wirtschaft. Auf den folgenden Seiten lernst du, wie deine Wünsche und die Wirtschaft zusammenhängen.

Ich werde ...

- *Bedürfnisse, Bedarf und Konsum unterscheiden.*
- *die Rechte und Pflichten von Käufern und Verkäufern kennen.*
- *Verkaufsstrategien erkennen und untersuchen.*
- *eine Erkundung durchführen.*
- *Regelungen zum Schutz von Verbraucherinnen und Verbrauchern erklären.*

Wusstest du, dass ...

- du bei jedem Einkauf einen Vertrag abschließt?
- Waren an der Kasse im Supermarkt „Quengelware" genannt werden?
- deine Freunde mitbestimmen, was du kaufst?

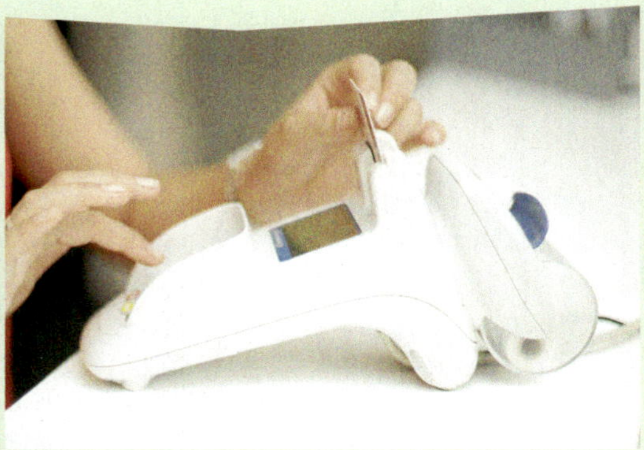

Ich wünsche mir ...

1 Welche Wünsche hast du?

2 Bedürfnisse lassen sich in drei Gruppen einteilen, je nachdem, wie lebenswichtig sie sind.

Ob klein, groß, jung oder alt: wir alle haben unterschiedliche Wünsche 1. Oft wünschen wir uns neue Sachen, wie einen MP3-Player oder ein Handy. Andere Menschen wünschen sich Dinge, die für viele von uns selbstverständlich sind: eine Wohnung, ein Fahrrad, Freundschaften oder Gesundheit.

Aus einem Mangel wird ein Wunsch

Wünsche entstehen, wenn wir denken, dass uns etwas fehlt. Durch die Erfüllung unserer Wünsche versuchen wir, diesen **Mangel** zu beseitigen. Hast du beispielsweise Hunger, entsteht der Wunsch, etwas zu essen.

Wünsche und Bedürfnisse

Wünsche bezeichnet man auch als **Bedürfnisse**. Menschen haben ganz unterschiedliche Bedürfnisse. Sie sind abhängig von
- der Zeit,
- dem Alter und Geschlecht,
- dem Familienstand,
- dem Beruf und dem ▷ Einkommen,
- der Bildung,
- dem Wohnort,
- den ganz persönlichen Interessen.

1 a) Nenne jeweils drei weitere Beispiele für Grund-, Kultur- und Luxusbedürfnisse 2.
b) Erkläre mit eigenen Worten, wie Bedürfnisse entstehen.

2 Begründe, warum die Wünsche der Personen auf Abbildung 1 so unterschiedlich sind.

3 Erläutere den Unterschied zwischen materiellen und nichtmateriellen Bedürfnissen und nenne jeweils drei Beispiele.

4 Erkläre mit eigenen Worten den Unterschied zwischen Waren und Dienstleistungen 4 und nenne jeweils mindestens drei weitere Beispiele.

5 a) Ordne die Bedürfnisse aus Abbildung 1 den Bedürfnisgruppen in der Bedürfnispyramide 2 in einer Tabelle zu.
b) Vergleicht eure Zuordnungen und markiert Unterschiede.
c) Besprecht die Einordnungen, bei denen es Unterschiede gibt und einigt euch auf eine gemeinsame Lösung.

- *Bedürfnisse entstehen, wenn wir einen Mangel empfinden.*
- *Bedürfnisse unterteilt man in Grundbedürfnisse, Kulturbedürfnisse und Luxusbedürfnisse.*
- *Güter ist der Oberbegriff für Waren und Dienstleistungen.*

Nicht alles kann man kaufen

Meistens wünschen wir uns **materielle** Dinge. Das sind Sachen, die wir sehen, anfassen und kaufen können. Anders ist es mit dem Wunsch nach **nicht-materiellen** Dingen wie Glück, Wissen, Liebe, Erfolg, Sicherheit oder Anerkennung. Einige davon sind nicht mit Geld zu kaufen.

Nicht alle Bedürfnisse sind für unser Leben gleich wichtig. Um die Übersicht zu erleichtern, werden sie in Gruppen eingeteilt 2.

Waren und Dienstleistungen

Die meisten Bedürfnisse befriedigen wir, indem wir Waren und Dienstleistungen 4 für Geld kaufen. Waren sind materielle Dinge (z. B. ein Handy oder eine Zahnbürste). Bei Dienstleistungen handelt es sich um die Leistung einer Person (z. B. bei einem Haarschnitt oder der Beratung im Reisebüro).

Andere Länder, andere Bedürfnisse

In den Ländern der Erde ist die Befriedigung der Bedürfnisse unterschiedlich schwierig. In Deutschland können sich die meisten Menschen alle Grundbedürfnisse leisten. In armen Ländern ist der Zugang zu Nahrung, Wasser oder einer Wohnung nicht immer selbstverständlich 3.

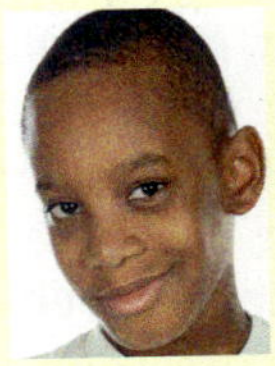

Joshua, 14, Kenia:
Ich würde gerne jeden Tag zur Schule gehen, aber leider muss ich fast immer meinem Vater bei der Arbeit helfen. Für meine Mutter wünsche ich mir, dass es in unserem Dorf bald einen eigenen Brunnen gibt, denn sie muss das Wasser jeden Tag von weither zu Fuß holen. Außerdem wünsche ich mir Frieden und Sicherheit, ein gutes Haus und immer genug zu essen.

3 Joshua hat andere Bedürfnisse als die Kinder in Deutschland.

4 Güter ist der Oberbegriff für Waren und Dienstleistungen.

6 a) Schreibe mindestens zehn eigene Wünsche auf.
b) Zeichne eine Bedürfnispyramide 2 und ordne deine Bedürfnisse in die drei Gruppen ein.
c) Tauscht eure Zeichnungen und gebt euch gegenseitig eine Rückmeldung zu euren Einordnungen.

7 a) Welche Bedürfnisse habt ihr? Sammelt 20 Beispiele und ordnet sie in einer Tabelle in die drei Bedürfnisgruppen ein.
b) Ermittelt Joshuas 3 Bedürfnisse und fügt sie in einer anderen Farbe eurer Tabelle hinzu.
c) Vergleicht eure Bedürfnisse mit Joshuas und erläutert die Unterschiede.

8 „Mit Werbung will die Wirtschaft Bedürfnisse wecken, die vorher nicht da waren." Nimm Stellung zu der Aussage.

9 „Die Befriedigung nichtmaterieller Bedürfnisse ist nicht vom Geld abhängig." Stimmt diese Aussage? Sammelt Argumente, die dafür und dagegen sprechen.

○ 1–3 ◒ 4–6 ● 7–9

Vom Wunsch zum Kauf

1 Kennst du dieses Problem?

Die Anzahl unserer Wünsche ist grenzenlos. Wenn du könntest, würdest du dir sicher immer alle Wünsche erfüllen. Doch leider ist das nicht möglich. Manchmal fehlt uns das Geld. Oder die Dinge, die wir uns wünschen, stehen gerade nicht zur Verfügung.

Das Geld ist knapp

Die meisten Güter können wir mit Geld kaufen. Oft haben wir aber nicht gleich genug Geld zur Verfügung. Wir müssen sparen und können uns einen Kauf erst später leisten – oder wir verzichten ganz darauf. Damit wir möglichst viele Wünsche erfüllen können, müssen wir unser Geld klug einsetzen und gut **wirtschaften**.

wirtschaften: planvolles und überlegtes Kaufen von Gütern

Ohne Geld kein Kauf

Wünsche allein führen noch nicht zum Kauf. Zunächst benötigen wir das notwendige Geld, mit dem wir ein Bedürfnis befriedigen können. Sind sowohl der Wunsch zum Kauf als auch das notwendige Geld vorhanden, ist **Bedarf** entstanden 6.

Aus Bedarf wird Konsum

Jetzt fehlt nur noch eins: Du musst den Kauf tätigen. Das heißt: Du suchst die gewünschte Ware oder Dienstleistung aus, bezahlst sie und kannst sie anschließend nutzen oder verbrauchen. Diesen Vorgang nennt man **Konsum**. Man sagt auch: Durch Konsum decken wir unseren Bedarf 6.

Angebot und Nachfrage

Auf einem **Markt** werden Güter gehandelt, also gekauft und verkauft. Hier treffen sich **Anbieter** (Verkäufer) und **Nachfrager** (Käufer) von Gütern 5. Der Ort, an dem der Handel passiert, ist nicht entscheidend. Ein Markt kann auf einem Marktplatz in der Stadt stattfinden, aber auch in einem Geschäft im Einkaufszentrum, im Internet oder an anderen Orten 2 – 4.

2 Gemüsemarkt

3 Supermarkt

4 Marktplatz Internet

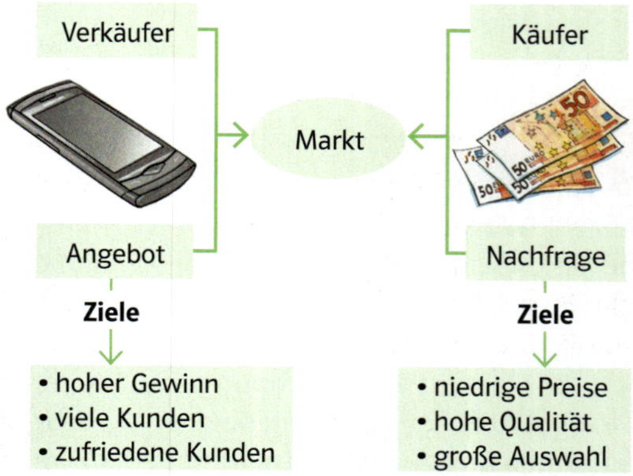

5 Auf dem Markt treffen sich Angebot und Nachfrage.

- *Auf dem Markt treffen sich Angebot und Nachfrage.*
- *Wenn ein Bedürfnis und das notwendige Geld vorhanden sind, ist Bedarf entstanden.*
- *Von Konsum spricht man, wenn ein Gut gekauft und genutzt oder verbraucht wird.*

6 Vom Bedürfnis zum Konsum

Lena macht eine Wanderung mit Freunden. Nach einer Weile bekommt sie Hunger und möchte unbedingt etwas essen. Sie kommen zu einer Wanderhütte mit einem Kiosk. Lena kramt ihre Geldbörse aus dem Rucksack: Glücklicherweise hat sie noch genug Geld. Sie bestellt ein Baguette mit Käse, bezahlt und beißt hinein.

7 Lenas Wanderung

Starker Job: Kauffrau/Kaufmann – Einzelhandel
„Du weißt nicht, was im Trend liegt oder kannst dich nicht entscheiden? Kein Problem, da kann ich helfen. Als Einzelhandelskaufmann weiß ich, welche Produkte gerade nachgefragt werden. Beratung und Verkauf gehören zu meinem Job. Außerdem mache ich Abrechnungen oder helfe bei Werbemaßnahmen."

Starker Job
Kauffrau/Kaufmann Einzelhandel
h7d99m

1 a) Die Abbildungen 2 bis 4 zeigen verschiedene Märkte. Nenne mindestens drei weitere Märkte.
b) Wer trifft sich auf einem Markt 5? Beschreibt die Marktteilnehmer und ihre Aufgaben.
c) Nenne die Anbieter und die Nachfrager auf den Märkten 2 – 4.

2 a) Erkläre die Begriffe Bedürfnis, Bedarf und Konsum 6 mit eigenen Worten. Notiere für jeden Begriff eine Erklärung.
b) Erklärt euch die Begriffe gegenseitig.
c) Einigt euch auf eine gemeinsame Erklärung und schreibt sie auf.

3 Lies dir den Text über Lenas Wanderung 7 durch. Ordne die Begriffe Mangel, Bedürfnis, Bedarf und Konsum den passenden Textstellen zu.

4 a) Analysiere die Abbildung 1. Warum entsteht in der Situation wahrscheinlich kein Konsum?
b) Beurteile, wie wahrscheinlich es ist, dass diese Situation im Alltag häufig auftritt.

5 „Bedürfnisse sind der Motor unserer Wirtschaft".
a) Erläutere, was mit der Aussage gemeint ist.
b) Stimmt die Aussage? Nimm Stellung.

○ 1 ◒ 2 ● 3–5

Einkauf: Ein Kauf – ein Geschäft

1 Kommt hier ein Vertrag zustande?

Ob du ein Fernsehgerät, eine Tüte Milch, ein Paar Schuhe oder ein Auto kaufst – in jedem Fall schließt du mit der Verkäuferin oder dem Verkäufer einen ▷ Kaufvertrag ab. Natürlich läuft ein Einkauf im Supermarkt anders ab als der Kauf eines Autos – doch in beiden Fällen haben Käufer und Verkäufer Rechte und Plichten.

Ein Angebot ist noch kein Vertrag

Angebote, die an die Allgemeinheit gerichtet sind, findet man in Zeitungen, Prospekten, Katalogen, auf Plakaten, im Fernsehen oder im Internet. Ein solches Angebot führt noch nicht zu einem ▷ Vertrag. Erst wenn ein Käufer auf das Angebot eingeht und sich mit dem Verkäufer auf die genauen Bedingungen einigt, sind beide an das Angebot gebunden 2.

Arten von Kaufverträgen

Schriftliche Kaufverträge werden meist bei größeren Anschaffungen aufgesetzt. **Mündlich** geschlossene Verträge sind genauso gültig wie schriftliche. Bei einem Streit ist es aber für beide Seiten schwierig zu beweisen, was genau verabredet war. Bei **stillschweigenden** Verträgen wird nicht mehr über die Kaufbedingungen verhandelt, z. B. beim Kauf einer Zeitung am Kiosk.

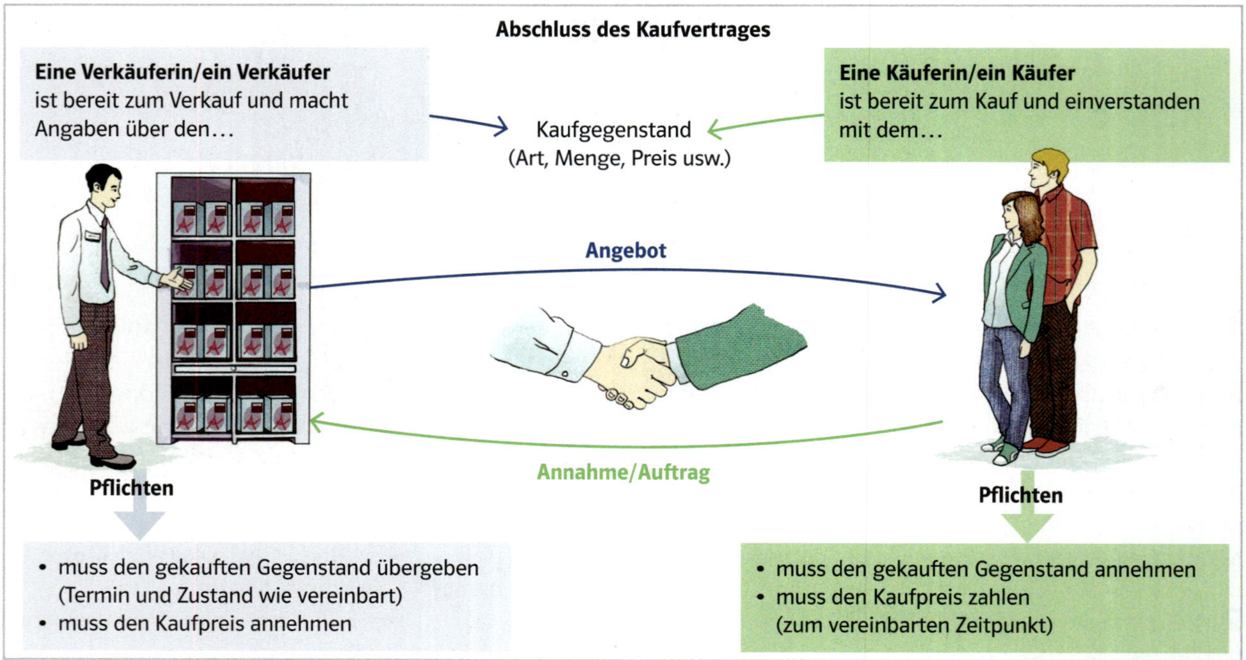

2 Wenn Käufer und Verkäufer sich über die Kaufbedingungen einig sind, entsteht ein Kaufvertrag.

- Mit jedem Kauf wird ein Vertrag abgeschlossen.
- Kaufverträge können mündlich, schriftlich oder stillschweigend abgeschlossen werden.
- Nur geschäftsfähige Personen können gültige Verträge abschließen.

Die drei Stufen der Geschäftsfähigkeit

Kinder und Jugendliche können oft noch nicht abschätzen, welche Folgen ein Kaufvertrag hat. Gesetze zu ihrem Schutz legen fest, wann Verträge gültig sind.

- **Stufe 1: Geschäftsunfähigkeit**
  Kaufverträge mit Kindern bis 7 Jahre sind ungültig. Nur die Eltern können Verträge für sie abschließen. Ausnahme: Die Kinder handeln im Auftrag der Eltern.
- **Stufe 2: Beschränkte Geschäftsfähigkeit**
  Verträge mit Kindern zwischen 7 und 17 Jahren sind erst gültig, wenn die Eltern zugestimmt haben. Ausnahmen regelt der „Taschengeldparagraph" 3.
- **Stufe 3: Volle Geschäftsfähigkeit**
  Ab 18 Jahren dürfen wir gültige Verträge selbst abschließen.

§110 Taschengeldparagraf

Ein (Kauf-)Vertrag, der mit Minderjährigen geschlossen wird, ist gültig, wenn der Minderjährige den Kauf mit eigenen Mitteln bewirkt. Eigene Mittel sind Gelder, die ihm von den Eltern oder mit deren Zustimmung von Dritten (z. B. den Großeltern) zur freien Verfügung gestellt wurden. Dies kann das Taschengeld sein, aber auch ein Arbeitsverdienst (z. B. bei einem Ferienjob).

Quelle: BGB

3 Der Taschengeldparagraf regelt, was Minderjährige (Jugendliche unter 18 Jahren) mit ihrem Taschengeld kaufen dürfen.

Simone, 6 Jahre alt, hat ihr Kinderfahrrad der besten Freundin für einen Euro verkauft. Die Eltern sind damit nicht einverstanden. Muss die Freundin das Fahrrad zurückgeben?

Der 13-jährige Daniel hat per Telefon zwei DVDs bestellt und die Kontonummer seiner Eltern angegeben.

Jörg (21 Jahre alt) ist Auszubildender und wird mit 150 Euro monatlich von seinen Eltern unterstützt. Er bestellt sich einen Laptop für 1500 €. Da er die Rechnung nicht selbst bezahlen kann, gibt er sie seinen Eltern. Doch die weigern sich, das Geld zu überweisen …

4 Fallbeispiele

1 a) Nenne die drei Arten von Kaufverträgen.
b) Beurteile, ob in Bild 1 ein Kaufvertrag zustande kommt.

2 Beschreibe mit Hilfe von Abbildung 2 in eigenen Worten, wie ein Kaufvertrag entsteht.

3 Erläutere die Rechte und Pflichten der Käufer und Verkäufer beim Abschluss eines Kaufvertrags 2 an einem Beispiel.

4 Zu welcher Stufe der Geschäftsfähigkeit gehörst du? Beschreibe, welche Rechte du beim Kauf hast.

5 **a)** Beurteilt, ob die Kaufverträge in den Fallbeispielen 4 gültig sind. Begründet eure Einschätzungen.
b) Wie sollten sich die Personen verhalten? Notiert Tipps.

6 Sarah (14) sagt: „Ich habe so viel Taschengeld gespart, dass ich mir eine Spielekonsole kaufen kann. Der Verkäufer sagte aber, dass er sie mir nicht ohne Zustimmung meiner Eltern verkaufen darf." Paul antwortet: „Das ist doch Unsinn. Wenn du etwas von deinem Taschengeld kaufen kannst, musst du niemanden fragen."
a) Diskutiert, wer Recht hat – der Verkäufer oder Paul.
b) Würde ein Händler dir ein Fahrrad für 1400 € verkaufen dürfen? Begründe deine Einschätzung.

○ 1, 2 ◒ 3, 4 ● 5, 6

Das Auf und Ab der Preise

Benzinpreise steigen zur Ferienzeit

Der Spritpreis ist seit Wochenbeginn nach oben geschnellt. Am Donnerstag war Diesel im Schnitt um 7,6 Cent teurer, für Superbenzin mussten etwa 6,1 Cent mehr bezahlt werden. [...] Der ADAC kritisierte die Preispolitik der Mineralölkonzerne als „nicht akzeptabel“: „Sie drehen einmal mehr ohne Not an der Preisschraube und kassieren damit die Autofahrer in der heißen Phase der Ferienzeit ab. Der Ölpreis kann jedenfalls kein Grund für die Preisanhebung sein.“

Quelle: Berliner Zeitung vom 25. Juli 2009

1 Ferienzeit ist Preiserhöhungszeit?

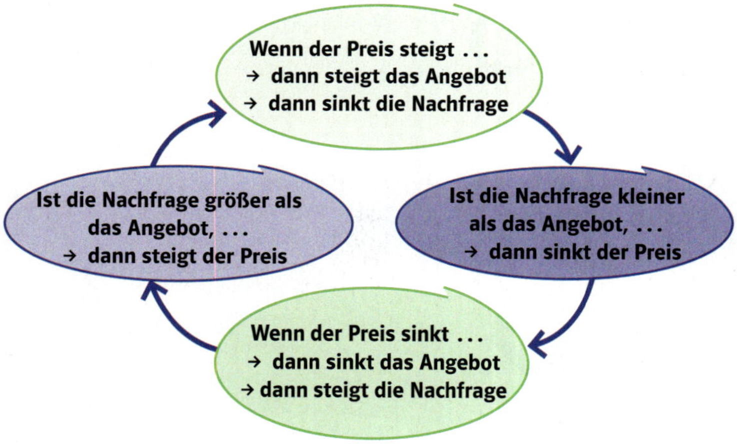

2 Preisbildungsmodell

Hast du dich auch schon einmal gefragt, wie der Preis für eine Ware oder Dienstleistung zustande kommt? Der Preis hängt vor allem von den **Kosten** ab, die bei ihrer **Produktion** entstehen. Ein Produzent muss durch den Verkauf mindestens die Kosten wieder einnehmen, die er selbst ausgegeben hat, sonst erwirtschaftet er einen **Verlust**. Sein Ziel ist es aber, einen ▷ **Gewinn** zu erzielen. Doch auch die Menge der angebotenen Waren und das Verhalten der Käufer spielen beim Preis eine Rolle.

Beispiel Wochenmarkt

Deutlich wird die **Preisbildung** auf einem Wochenmarkt, wo an verschiedenen Ständen gleiche Produkte angeboten werden. Jeder einzelne Händler bemüht sich, die Kunden durch Qualität und Preis zu überzeugen. Nur wenn es mehrere Anbieter gibt, kann der Kunde wirklich vergleichen und das beste Angebot auswählen 3.

Das Preisbildungsmodell

Die Zusammenhänge zwischen Angebot und Nachfrage kann man auch in einem Schaubild darstellen 2. Das Modell funktioniert allerdings nur,

- wenn die Nachfrager alle Angebote kennen und die Preise vergleichen können.
- wenn alle Anbieter ihre Preise frei festsetzen können und niemand den Preis alleine bestimmen kann.

1 a) Nenne Anbieter und Nachfrager in der Situation aus Text 1.
b) Begründe, warum die Tankstellen die Benzinpreise immer pünktlich zu Ferienbeginn anheben.

2 a) Erkläre die Begriffe „Anbieter“, „Nachfrager“, „Angebot“ und „Nachfrage“ am Beispiel eines Wochenmarktes.
b) Erkläre die gleichen Begriffe am Beispiel eines Flohmarktes.
c) Vergleicht eure Ergebnisse.

3 Eine Schülerfirma bietet am Elternsprechtag Kuchen an. Gegen Ende des Tages ist noch viel Kuchen übrig. Was sollten die Schülerinnen und Schüler tun? Begründet eure Vorschläge.

4 Was passiert in den folgenden Beispielen mit dem Preis? Begründe jeweils deine Antwort.
a) Viele Menschen buchen für die Ferien Reisen an die Ostsee.
b) Im November ist es an der Ostsee ungemütlich.
c) Benzinsparende PKW werden seit letztem Jahr so gut gekauft, dass es kaum Lagerbestände gibt.

- *Produktionskosten, Angebot und Nachfrage bestimmen den Preis.*
- *Preise verändern sich je nachdem, wie groß die Zahl der Anbieter und Nachfrager ist.*
- *Anbieter wollen zu einem hohen Preis verkaufen, Nachfrager zu einem niedrigen Preis kaufen.*

Kleines Angebot – große Nachfrage:
Der Preis steigt
Wollen viele Menschen ein bestimmtes Gut kaufen, von dem es nicht viel gibt, kann der Händler den Preis erhöhen. Denn es ist wahrscheinlich, dass die Menschen bereit sind, einen höheren Preis für das knappe Gut zu bezahlen.

Großes Angebot – geringe Nachfrage:
Der Preis sinkt
Gibt es nur wenige Nachfrager nach einem vorhandenen Gut, muss der Händler den Preis heruntersetzen. Nur so kann er mehr Käufer gewinnen und überhaupt etwas verkaufen.

Angebot und Nachfrage sind gleich:
Der Preis bleibt stabil
Wenn das Geschäft "läuft", hat ein Händler keinen Grund, die Preise zu ändern. Er muss keine Sorge haben, auf seinem Angebot sitzen zu bleiben. Er kann die Preise aber auch nicht erhöhen, da die Kunden sonst zu einem billigeren Anbieter wechseln.

3 Preisbildung durch Angebot und Nachfrage

d) Immer mehr Menschen kaufen preiswerte Bioprodukte im Supermarkt.
e) Durch einen frühen Wintereinbruch sind die Salzvorräte der Städte und Gemeinden nahezu erschöpft. Sie müssen Salz nachbestellen.

5 a) Erkläre das Preisbildungsmodell 2 mit eigenen Worten.
b) Suche für jeden Kreis im Schaubild eine Beispielsituation (z. B. linker Kreis: Eine neue Spielkonsole ist fast ausverkauft. Da viele Kunden das Gerät haben wollen, erhöht der Händler den Preis auf 250 Euro.)
Arbeitsblatt 5sz6h6

6 a) Beobachtet die Entwicklung des Benzinpreises täglich über einen Zeitraum von mindestens zwei Wochen und stellt sie in einer Grafik dar.
b) Werte die Preisentwicklung aus und leite daraus Schlussfolgerungen für die Verbraucherinnen und Verbraucher ab. Wann solltest sie am besten tanken?

Augen auf beim Einkauf

1 Lockangebote sollen uns in das Geschäft locken, wo wir weitere Waren finden.

2 Mit einem Einkaufswagen fällt das Einladen der Waren leichter.

3 Besonders Kinder werden von den Waren an der Kasse angezogen. Da dies oft zu Streit mit den Eltern führt, nennt man diese Produkte auch „Quengelware".

Der tägliche Lebensmitteleinkauf, die große Shoppingtour mit Freunden, der Kauf eines Handys oder der seit langem geplante Autokauf: Immer, wenn wir etwas kaufen, treffen wir Entscheidungen.

Wer Kunden anzieht, gewinnt

die **Strategie**: genau geplantes Vorgehen

Händler und Hersteller haben unterschiedliche **Strategien**, uns auf sich und ihre Produkte aufmerksam zu machen. Ihr Ziel ist es, dass wir immer wieder zu ihnen kommen und möglichst mehr einkaufen, als wir uns vorgenommen haben.

Starker Job
Gestalter/in für visuelles Marketing
yx76n7

Verkaufsstrategien im Geschäft

- **Schaufenster und Lockangebote** 1: Wir kaufen „mit den Augen". Schön gestaltete Schaufenster machen uns neugierig. Besonders billige Angebote vor dem Eingang sollen uns in das Geschäft locken.
- **Große Einkaufswagen** 2: Wir lassen ungerne Platz im Einkaufswagen leer. Deshalb kaufen wir bei großen Wagen oft mehr als wir eigentlich wollten.
- **Waren in der Kassenzone** 3: Wenn wir an der Kasse warten, nehmen wir aus Langeweile gerne noch etwas mit. Die Waren an der Kasse sollen uns zu Spontankäufen 7 bewegen.

Verkaufsstrategien rund um den Einkauf

- **Kundenkarten** 4: Wenn wir Preisnachlässe oder Bonuspunkte bekommen, die wir gegen Geld oder Waren einlösen können, kommen wir gerne wieder.
- **Sonderaktionen** 5 (z. B. Preisnachlässe, Sondergrößen, Rabatte, Ausverkauf) sollen uns zeigen: Hier ist es besonders günstig. Wir kaufen etwas, weil es billiger erscheint und nicht, weil wir es brauchen.
- **Werbung** 6 finden wir im Radio, Fernsehen, auf Plakaten, Flyern oder im Internet. Sie informiert uns schon vor dem Einkauf. Wir sollen uns früh für einen Händler entscheiden.

Der Aufbau ist genau geplant

Je länger wir uns in einem Geschäft aufhalten, desto mehr kaufen wir ein. **Oft benötigte Waren** (z. B. Brot, Milchprodukte) stehen deshalb **weit hinten**. Um sie zu finden müssen wir das ganze Geschäft durchqueren. **Enge Gänge** und **Sonderangebote** bremsen uns, damit wir nicht zu schnell an den Waren vorbeilaufen. **Teure Markenprodukte** stehen **griffbereit in Augenhöhe**, billigere darunter. **Helles Licht** und **leise Musik** sollen uns zusätzlich in „Kauflaune" versetzen.

- *Beim Kaufverhalten unterscheidet man Plankauf, Gewohnheitskauf und Spontankauf.*
- *Schaufenstergestaltung, Kundenkarten, Preisnachlässe, Werbung und Waren in der Kassenzone sind Beispiele für Strategien, mit denen Händler ihre Verkäufe steigern wollen.*

4 Kundenkarten sollen erreichen, dass wir immer wieder im gleichen Geschäft kaufen und nicht zur ▷ Konkurrenz gehen.

5 Sonderaktionen dauern meist nur eine gewisse Zeit lang. Wir sollen uns besonders schnell zum Kauf entscheiden.

6 Werbung informiert uns über aktuelle Angebote. Sie spricht unsere Bedürfnisse an oder schafft neue.

	Plankauf	**Gewohnheitskauf**	**Spontankauf**
Wie wird gekauft?	• wir informieren uns vor dem Kauf ganz gezielt • wir vergleichen und entscheiden uns nach langer Überlegung	• wir wissen schon vorher, was wir kaufen wollen • wir informieren uns nicht speziell über andere Produkte	• wir entscheiden uns spontan, weil uns etwas gefällt • wir holen keine Informationen über andere Produkte ein
Was wird gekauft?	teure Güter, die wir selten kaufen	Güter, die wir täglich brauchen	billige, schnell verbrauchte Güter
Beispiele	Auto, Waschmaschine	Waschmittel, Nahrungsmittel	Süßigkeiten, Kaugummis

7 Verschiedene Arten von Kaufverhalten

spontan: ohne viel darüber nachzudenken

1 a) Nennt zu jeder Verkaufsstrategie (**1** bis **6**) ein Beispiel aus eurer eigenen Erfahrung.
b) Erstellt eine Tabelle mit den beschriebenen Strategien. Tragt in eine Spalte eine kurze Beschreibung ein und in eine zweite das Ziel der Strategie.
c) Stellt eure Tabellen der Klasse vor und vergleicht die Ergebnisse.
d) Entwickelt Tipps, die helfen, nicht mehr einzukaufen, als ursprünglich geplant war.

2 Leo: „Bei Kleidung ist mir die Marke wichtiger als das Aussehen!" Lena: „Wenn mir etwas gefällt, kaufe ich es, egal von welcher Firma es ist." Max: „Ich achte vor allem auf den Preis."
a) Nimm Stellung zu den drei Aussagen.
b) Welcher Aussage stimmst du am meisten zu? Begründe.

3 Begründe, warum du die folgenden Strategien oft in Supermärkten findest:
a) Der direkte Weg zur Kasse wird durch Regale und Waren versperrt.
b) Markenartikel stehen griffbereit in Augenhöhe, Artikel ohne Markenname weiter unten.

4 a) Nenne für die drei Arten von Kaufverhalten **7** jeweils mindestens drei weitere typische Produktbeispiele.
b) Beurteile, welche Strategie (**1** bis **6**) bei welchem Kaufverhalten **7** am wirkungsvollsten ist.

Ohne Werbung geht's nicht

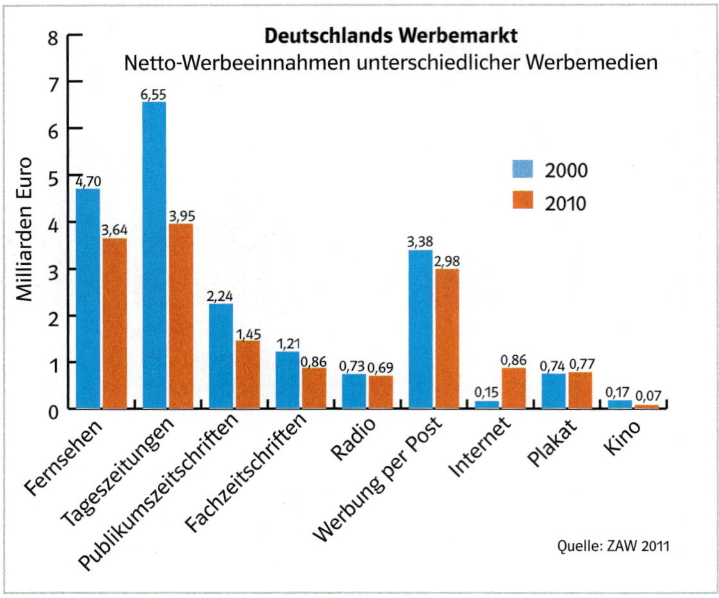

1 Werbeeinnahmen der ▷ Medien

2 Informierende Werbung

Werbung im Fernsehen, Radio, auf Plakaten oder im Internet – überall werden wir auf neue Produkte aufmerksam gemacht, die wir am besten sofort kaufen sollen. Sie soll uns beeinflussen, damit wir Dinge kaufen, die wir ohne Werbung vielleicht nicht gekauft hätten.

Werbung ist teuer

Die werbenden Unternehmen geben jedes Jahr viel Geld für Werbung aus. Viele Zeitungen und Fernsehsender finanzieren sich durch Werbung. Ohne die Werbeeinnahmen 1 könnten sie nicht überleben.

Welchen Zweck hat die Werbung?

Werbung soll dich **informieren**, z. B. über die Qualität, technische Daten oder den Preis eines Produkts 2. Doch es gibt auch Werbung, die vor allem unsere **Gefühle ansprechen** will: Du brauchst ein bestimmtes Handy, damit du anerkannt wirst. Wenn du diese Schuhe trägst, beneiden dich deine Mitschüler. Wir sollen das Produkt mit angenehmen Gefühlen verbinden (z. B. Glück, Spaß, Anerkennung, Geborgenheit …) 3.

Zielgruppe Jugendliche

Werbefachleute gestalten die Werbung so, dass sie zur ▷ **Zielgruppe** passt. Jugendliche haben heute viel Geld zur Verfügung. Deshalb sind sie eine interessante Zielgruppe. Sie sind leicht beeinflussbar und richten sich mehr als andere Käufer danach, was Gleichaltrige kaufen. Sie kaufen die Jeans, die „man" gerade trägt oder das Getränk, das zurzeit „in" ist.

1 a) Erstelle eine Liste mit Orten, an denen du Werbung findest.
b) Vergleicht eure Listen.

2 a) Erstelle eine Mind-Map mit allen Tricks der Werbung.
b) Findet für jeden Trick ein Beispiel aus eurer Erfahrung.

3 Bringe zwei interessante Werbebeispiele mit in die Schule.
a) Begründe, warum du diese Beispiele ausgewählt hast.
b) Untersucht, welche Werbestrategien eingesetzt werden.
c) Wählt zwei Beispiele aus, die ihr der Klasse präsentiert.

4 a) Beschreibe eine Werbung, die sich an Jugendliche wendet.
b) Nenne andere Zielgruppen und entsprechende Produkte, für die geworben wird.
c) Untersucht, worin sich die Werbung für die Zielgruppen unterscheidet.

- *Werbung soll die Kundinnen und Kunden bei ihrer Kaufentscheidung beeinflussen.*
- *Wir unterscheiden informierende Werbung und Werbung, die Gefühle weckt.*
- *Werbung soll Aufmerksamkeit erregen und das Produkt beliebt und bekannt machen.*

3 Werbung, die Gefühle anspricht

4 Werbung für Gummibärchen

5 Werbefigur für Waschmittel

Die Tricks der Werbung

Werbefachleute wenden unterschiedliche Strategien an. Sie sollen bei uns den Wunsch nach einem Produkt wecken und unsere Kaufentscheidung beeinflussen.

Ziel: Aufmerksamkeit

Damit Werbung einen Wunsch auslösen kann, müssen wir sie erst einmal bemerken. **Kräftige Farben**, **schöne Menschen** oder **Schlagworte** (z. B. billig, neu) erregen unsere Aufmerksamkeit. Deshalb finden wir sie oft in der Werbung.

Ziel: Beliebtheit und Glaubwürdigkeit

Oft werben **Prominente** (z. B. Sportler, Sänger) für ein Produkt. Das Produkt soll genauso beliebt werden wie die Person 4. Wenn **Experten** ein Produkt empfehlen, glauben wir ihnen (z. B. ein Zahnarzt wirbt für eine Zahnbürste). Ihre Aussagen gelten als „Beweis" für die Werbebotschaft.

Ziel: Wiedererkennung

Durch **gleichzeitige Werbung in verschiedenen** ▷ **Medien** werden wir immer wieder an das Produkt erinnert. **Werbemusik**, die extra für ein Produkt komponiert wurde, prägt sich mit der Zeit ein. **Werbefiguren** (oft Zeichentrick-Figuren 5) bewirken, dass wir das Produkt schnell in einem großen Angebot wiedererkennen.

A	**Attention (Aufmerksamkeit):** Werbung soll Aufmerksamkeit erregen.
I	**Interest (Interesse):** Sie soll das Interesse der Kunden am Produkt wecken.
D	**Desire (Verlangen):** Sie soll den Wunsch auslösen, das Produkt zu besitzen.
A	**Action (Handeln):** Sie soll die Kunden zum Kauf bewegen.

6 Die AIDA-Formel beschreibt die Ziele der Werbung.

5 Analysiert, wie das Werbebeispiel 3 die Werbeziele aus der AIDA-Formel 6 erreicht.

6 Erörtere, was es für die Zeitschriften bedeutet, wenn werbende Unternehmen lieber Werbung im Internet machen 1.

7 Ein Werbefachmann soll ein Werbeplakat für ein Waschmittel erstellen. Mit diesem Waschmittel kann in kurzer Zeit mit einer geringen Menge ein gutes Ergebnis erreicht werden. Also spart es Energie und ist umweltfreundlich.

a) Nennt die Zielgruppe.

b) Notiert fünf Schlagworte, die der Werbefachmann verwenden sollte. Begründet eure Entscheidung.

c) Entwickelt das Werbeplakat.

8 Entwickelt ein Werbeplakat für ein neues Mountainbike.

○ 1, 2 ◒ 3, 4 ● 5–8

Eine Erkundung durchführen

Infos & Arbeitsblätter
Erkundung
2ik8zb

Einkaufen ist eine Selbstverständlichkeit. Doch ob ihr Kleidung, Sportartikel oder andere Dinge kauft: Händler gestalten ihr Warenangebot so, dass ihr möglichst viel einkauft und möglichst wieder in ihr Geschäft kommt. Durch Werbung sollt ihr euch früh für einen Händler entscheiden und ihn gezielt aufsuchen. Eine Erkundung eignet sich, um zu untersuchen, mit welchen Mitteln Händler ihre Ziele erreichen wollen.

Wo wird eingekauft?

Beim Einkauf von Lebensmitteln, Haushaltsgeräten, Handys, Fernsehern, Kleidung und Sportgeräten könnt ihr zwischen vielen verschiedenen Einkaufsmöglichkeiten auswählen 2. Internet und Versandhäuser eignen sich jedoch nicht für eine Erkundung.

1. Schritt: Fragestellung festlegen

Notiert zuerst, was ihr genau erfahren möchtet. Überlegt dann, welches Geschäft ihr erkunden wollt. Die Fragestellungen können unterschiedliche Schwerpunkte haben. Listet Fragen auf, die euch in diesem Zusammenhang interessieren 1, 3.

Woher kommen die Waren und wie kommen sie ins Regal?
Wie werden Abfälle entsorgt?
In welchen Berufen arbeiten die Menschen im Geschäft?
In welchen Berufen wird ausgebildet?

1 Fragestellungen, die ihr durch eine Befragung beantworten könnt.

2. Schritt: Erkundung vorbereiten

Fragt rechtzeitig bei dem Geschäft nach, ob eine Erkundung überhaupt möglich ist. Vereinbart einen Termin und eine Uhrzeit. Überlegt, welche Fragen ihr durch **Beobachtung** 3 beantworten könnt und für welche ihr das Fachpersonal im Geschäft **befragen** müsst 1. Erstellt Beobachtungsbögen, auf denen ihr eure Beobachtungen festhalten könnt. Erstellt Fragebögen mit euren Fragen an die Mitarbeiterinnen und Mitarbeiter im Geschäft. Wenn ihr die Erkundung in einer Gruppe durchführt, könnt ihr die Aufgaben unter euch aufteilen.

In **Fachgeschäften** findet ihr Produkte eines bestimmten Sortiments (z. B. Elektronikartikel, Haushaltsartikel usw.). Die Beratung findet durch ausgebildete Fachkräfte statt.

Fachmärkte haben ein größeres Angebot als Fachgeschäfte. Als Kunde geht man durch lange Regalreihen und informiert sich selbst. Hier gibt es weniger Verkaufspersonal.

Supermärkte bieten vor allem Lebensmittel, aber auch andere Güter an. Das Verkaufspersonal ist zur Beratung bei Fragen zu den Produkten oft nicht so gut ausgebildet.

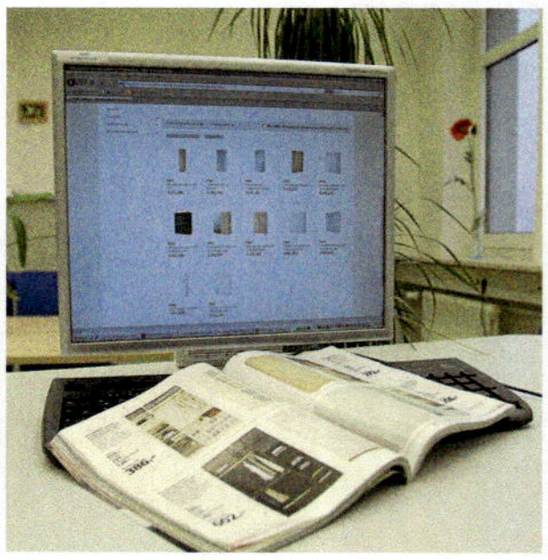

Im **Versandhandel** kann man sich die Waren im Internet, in Katalogen oder Werbemagazinen anschauen. Man bestellt die Ware per Telefon, Brief oder Internet. Man wird nicht durch Fachleute beraten.

2 Einkaufsmöglichkeiten

Wie ist das Geschäft eingerichtet?
- *Welche Waren werden verkauft?*
- *Wo stehen welche Waren?*
- *Wo stehen Sonderangebote?*
- *Wie ist das Schaufenster gestaltet?*

Wo und wie wirbt der Händler?
- *Welche Werbung gibt es direkt im Geschäft, wo wird sonst geworben?*
- *Welche Zielgruppe soll durch die Werbung angesprochen werden?*
- *Mit welchen Werbestrategien wird geworben?*

3 Fragestellungen, die ihr durch Beobachten beantworten könnt.

3. Schritt: Erkundung durchführen

Seid pünktlich am vereinbarten Treffpunkt. Vergesst nicht, alle notwendigen Materialien mitzunehmen (Beobachtungsbögen, Befragungsbögen …). Haltet die Ergebnisse eurer Beobachtungen und Interviews schriftlich fest.

> Wenn ihr Fotos machen möchtet, fragt vorher um Erlaubnis. In einigen Geschäften ist das Fotografieren verboten.

4. Schritt: Erkundung auswerten

Schaut euch noch einmal an, was ihr erkunden wolltet. Zu welchen Themen und Fragen wolltet ihr Informationen zusammen tragen? Ordnet die Informationen und fasst die Antworten auf eure Erkundungsfragen zusammen.

5. Schritt: Ergebnisse präsentieren

Die Hauptarbeit ist nun gemacht. Eure Klasse ist gespannt auf eure Ergebnisse. Legt fest, in welcher Form ihr euer Wissen vermitteln möchtet. Einigt euch, ob ihr eure Ergebnisse in Form einer Power-Point-Präsentation, eines Infoblatts, eines Plakats oder einer Mind-Map präsentieren wollt.

Fragestellung festlegen
- Erkundungsort festlegen
- Themen festlegen, zu denen ihr Informationen bekommen möchtet
- Passende Fragen formulieren

↓

Erkundung vorbereiten
- Erlaubnis für die Erkundung einholen
- Termin und Uhrzeit festlegen
- Beobachtungsbögen oder Interview-Fragebögen erstellen
- Aufgaben verteilen

↓

Erkundung durchführen
- Beobachtungsbögen/Interviewbögen mitnehmen
- Ergebnisse schriftlich festhalten

↓

Erkundung auswerten
- Materialien sichten und ordnen
- Ergebnisse formulieren

↓

Ergebnisse präsentieren
- Präsentationsform festlegen
- Ergebnisse darstellen

4 Ablauf einer Erkundung

Erst informieren – dann kaufen

Verbot von Mogelpackungen nach §7 Abs. 2 Eichgesetz:
Fertigpackungen müssen so gestaltet und befüllt sein, dass sie keine größere Füllmenge vortäuschen, als in ihnen enthalten ist.
Gerichte haben entschieden:
Wenn eine Verpackung zu weniger als 70% gefüllt ist, gilt sie als Mogelpackung und ist unzulässig.

1 Mogelpackung?

2 Andere Verpackung, weniger Inhalt, gleicher Preis. Achtung: Hier wird es teurer!

Links
Verbraucherinformationen
69ea86

Es ist nicht immer leicht, beim Einkauf den Überblick zu behalten. Die vielen verschiedenen Angebote, zwischen denen wir wählen können, unterscheiden sich unterschiedlich stark in der Qualität, dem Aussehen oder dem Preis. Und nicht alle Produkte halten, was sie versprechen. Verbraucherschutz-Organisationen können uns helfen, uns im Angebot zu orientieren und die Tricks der Anbieter zu durchschauen.

Verpackungstricks

Verpackungen können uns etwas vortäuschen. Manchmal sind sie viel größer, als es für deren Inhalt notwendig wäre 1. Packungsgrößen, Inhaltsmengen oder Bestandteile werden manchmal kurzfristig geändert, der Preis bleibt aber gleich 2. Das macht es schwerer, die Preise zu vergleichen. In den meisten Fällen wird es für den Kunden aber teurer.

Beratung gesucht

Unabhängige Informationen, Rat und Hilfe zu Verbraucherthemen erhalten wir bei Beratungsstellen. Die **Verbraucherzentrale** 3 berät kostenlos oder gegen eine kleine Gebühr zu verschiedenen Verbraucherthemen (z.B. Eigenschaften neuer Produkte, Bauen und Wohnen, Finanzen oder Versicherungen). Die Verbraucherzentralen erhalten staatliche Zuschüsse. Nur so ist es möglich, dass sie unabhängig bewerten und beraten können. Es soll sichergestellt werden, dass sie nicht durch Händler oder Hersteller der Produkte beeinflusst werden.

verbraucherzentrale Nordrhein-Westfalen

3 Logo der Verbraucherzentrale

1 a) Beurteile, ob Abbildung 1 eine Mogelpackung ist.
b) Beschreibt selbst Beispiele für „Verpackungstricks" 2.
c) Erläutere, welche Vorteile die „Verpackungstricks" für die Hersteller haben.

2 a) Nenne mindestens zwei Möglichkeiten, dich über Verbraucherthemen zu informieren.
b) Erläutere die Aufgaben der Verbraucherberatung.
c) Begründe, warum es wichtig ist, dass eine Verbraucherberatung staatliche Zuschüsse bekommt.
d) Erläutere die Folgen einer schlechten Produktbewertung aus Sicht des Herstellers.

3 Welche Merkmale wurden bei den Musik- und Videospielern 5 getestet? Begründet das beste und das schlechteste Testergebnis.

- *Die Verbraucherzentralen bieten unabhängige Beratung zu Verbraucherthemen.*
- *In Verbraucherzeitschriften werden Produkte und Dienstleistungen nach den gleichen Merkmalen untersucht und beurteilt.*

4 Die Stiftung Warentest führt unabhängige Produkttests durch. Hier prüft sie Kindersitze.

Verbraucherberatung in den Medien

Welches Handy ist günstig, welche Waschmaschine sparsam? Und welche Zusatzstoffe enthält Ketchup? In **Verbraucherzeitschriften** **6** kannst du die Ergebnisse der Produkttests nachlesen, die diese Fragen beantworten **5**. Die **Stiftung Warentest** veröffentlicht sie in ihren Zeitschriften „test" oder „finanztest" und im Internet.

test Autokindersitze 6+11/2014

www.test.de		Isofix-/ Autogurt-Montage	Mittlerer Preis ca. (Euro)	Unfall-sicherheit	Hand-habung, Ergonomie	Schad-stoffe	test-QUALITÄTS-URTEIL
Gewichtung				50 %	50 %	0 %	100 %
Gruppe 0+: Von der Geburt bis 13 kg Körpergewicht							
Recaro Privia	mit Isofix-Basis Recaro fix	■/□	310,00	++	++	++	SEHR GUT (1,3)
	ohne Isofix-Basis Recaro fix	□/■	175,00	+	+	++	GUT (1,9)
Concord Airsafe	mit Isofix-Basis Airfix	■/□	370,00	++	+*)	++	GUT (1,6)
	ohne Isofix-Basis Airfix	□/■	200,00	++	+	++	GUT (1,6)
Cybex Aton Q	mit Isofix-Basis Base-fix	■/□	290,00	++	+*)	−+	GUT (1,6)
	ohne Isofix-Basis Base-fix	□/■	190,00	++	+	−+	GUT (1,5)
Maxi Cosi Pebble	mit Isofix-Basis 2wayFix	■/□	430,00	+	++	−+	GUT (1,5)
	ohne Isofix-Basis 2wayFix	□/■	209,00	+	+	−+	GUT (2,3)
Besafe iZi Go X1	mit Isofix-Basis	■/□	370,00	+	+	−+	GUT (1,3)
	ohne Isofix-Basis	□/■	189,00	+	+	−+	GUT (1,7)
Kiddy Evolution Pro 2	mit Isofix-Basis 2	■/□	330,00	+	+	−+	GUT (1,3)
	ohne Isofix-Basis 2	□/■	199,00	+	+	−+	GUT (1,3)
Nania BeOne SP		□/■	59,00	+	+	○	GUT (2,1)
Jane Matrix Light 2	ohne Isofix-Basis Platform	□/■	289,00	+	○*)	−+	BEFRIED. (2,8)
	mit Isofix-Basis Platform	■/□	540,00	+	⊖*)	−+	AUSREICH. (3,6)
ABC Design Risus	mit Isofix-Basis	■/□	210,00	−*)	+	++	MANGELH. (5,5)
	ohne Isofix-Basis	□/■	90,00	○*)	+	++	BEFRIED. (3,1)

Bewertungsschlüssel der Prüfergebnisse: ++ = Sehr gut (0,5–1,5). + = Gut (1,6–2,5). ○ = Befriedigend (2,6–3,5). ⊖ = Ausreichend (3,6–4,5). − = Mangelhaft (4,6–5,5). **Bei gleichem Qualitätsurteil Reihenfolge nach Alphabet.**
*) **Führt zur Abwertung.**
1) Von uns bezahlter Einkaufspreis.
2) Laut Anbieter Kopfstützen-Verstellbereich geändert.
3) Preis laut Amazon (Stand: 19.9.2014).
Einkauf der Prüfmuster: Juni bis Juli 2014.

5 Vergleich der Stiftung Warentest: Hier wurden verschiedene Autokindersitze nach den gleichen Merkmalen untersucht.

6 Verbraucherzeitschriften der „Stiftung Warentest" und anderer Verlage

4 Führt selbst einen Produkttest mit einem Produkt eurer Wahl durch. Klärt vorher:
- Welches Produkt wollt ihr testen?
- Welche Eigenschaften sollen beim Test eine Rolle spielen?
- Wie wollt ihr die Eigenschaften untersuchen und bewerten?

5 a) Wer sich von einer Lebensmittel-Verpackung getäuscht fühlt, kann dies bei einem Internetportal melden. Stelle zwei Fälle auf einem Infoblatt dar.
b) Begründe, warum die Lebensmittelindustrie das Portal ablehnt.
Internetportal c9ib76

6 Die Stiftung Warentest kürt regelmäßig die „Mogelpackung des Monats" **1**. Stellt der Klasse zwei Produkte vor, die diesen Titel bekommen haben, und erläutert die Begründung.
Mogelpackungen 6w4k3b

○ 1, 2 ◒ 3 ● 4–6

Regelungen zu unserem Schutz

1 Ein faires Angebot?

Angabe auf der Verpackung	Erläuterung
Schoko-Creme mit 20 % Sahne	Name des Lebensmittels (Verkehrsbezeichnung)
Zutaten: fettarme Milch, 20 % Sahne, Zucker, 2,6 % Kakaopulver, Stärke, Gelatine, Emulgatoren (E 471, E472b), Guarkernmehl, Salz, Aroma. Kann Spuren von Haselnüssen und Soja enthalten.	Zutatenverzeichnis (mit Zusatz- und Konservierungsstoffen (z. B. E 471) und Zutaten, die Allergien auslösen können)
Nährwerte pro 100 g: Brennwert 569 kJ (136 kcal), Eiweiß 3,8 g, Kohlenhydrate 15,5 g, Fett 6,4 g	Nährwertangaben (ab 2015 verbindlich)
Mindestens haltbar bis: 15.09.13	Mindesthaltbarkeitsdatum oder Verbrauchsdatum
Molkerei Milchtraum GmbH Milchstr. 4 12345 Neustadt	Firmenname und Anschrift des Herstellers/Händlers
150 g	Füllmenge

2 Vorgeschriebene Angaben auf Lebensmittelverpackungen

unlauter: unzulässig, betrügerisch

Wir alle nehmen aktiv am Marktgeschehen teil. Wir kaufen Kleidung und Sportartikel, konsumieren Pizza und Getränke. Mit der Zeit lernen wir, uns beim Einkauf besser zu orientieren. Um uns vor Betrug zu schützen, gibt es Gesetze und Verordnungen, die Hersteller und Händler befolgen müssen. Wenn sie dies nicht tun, müssen sie mit Geldstrafen, Gefängnis oder Berufsverbot rechnen.

Gesetzliche Warenkennzeichnung

Diese Regeln sollen sicherstellen, dass du die Inhaltsstoffe einer Ware und die Kaufbedingungen kennst. Manche Hersteller ergänzen freiwillig Angaben zu ihren Produkten (z. B. Umweltzeichen, siehe S. 30):

- **Lebensmittel-Kennzeichnungs-Verordnung** 2: Wichtige Angaben müssen auf den Verpackungen aufgedruckt sein.
- **Textil-Kennzeichnungs-Gesetz** 4: Bei Textilien müssen die verwendeten Rohstoffe (Art und Gewichtsanteil) auf eingenähten Etiketten angegeben werden.
- **Preisangaben-Verordnung:** Der Preis einer Ware oder Dienstleistung muss eindeutig angegeben sein, bei Waren, die einzeln abgewogen werden, zusätzlich der Grundpreis.

der **Grundpreis:** Preis für 1000 g (1 kg) oder 100 g, bei Flüssigkeiten 1 l oder 100 ml

Gesetze zum Verbraucherschutz

Verbraucherschutzgesetze wie das **Gesetz gegen den unlauteren Wettbewerb** 3 sollen uns vor betrügerischen Verkaufsmethoden schützen. Auch im ▷ **Bürgerlichen Gesetzbuch** (BGB) gibt es Bestimmungen zum Verbraucherschutz: Waren, die wir im Katalog, am Telefon oder im Internet bestellt haben, können wir innerhalb von 14 Tagen zurückgeben. Das gleiche für Verträge, die wir an der Haustüre abschließen. Daneben gibt es weitere Gesetze, z. B. zum Mieterschutz oder Gesundheitsschutz.

Verboten ...
- sind falsche Angaben über Produkte (z. B. falsche Inhaltsstoffe oder falsche Preise).
- ist Werbung per Telefon, E-Mail, SMS, wenn der Beworbene nicht vorher zugestimmt hat.
- ist Werbung, bei der die Teilnahme an einem Gewinnspiel mit einem Kauf verknüpft ist.
- ist Werbung, die Kinder auffordert,
  - eine Ware zu kaufen oder
  - ihre Eltern zum Kauf zu veranlassen.

3 Einige Regeln im „Gesetz gegen den unlauteren Wettbewerb“ (UWG).

- Gesetze zum Verbraucherschutz sollen uns vor betrügerischen Verkaufsmethoden schützen.
- Die gesetzliche Warenkennzeichnung soll sicherstellen, dass wir die Inhaltsstoffe eines Produkts und die Kaufbedingungen kennen. Oft fügen Hersteller freiwillige Informationen hinzu.

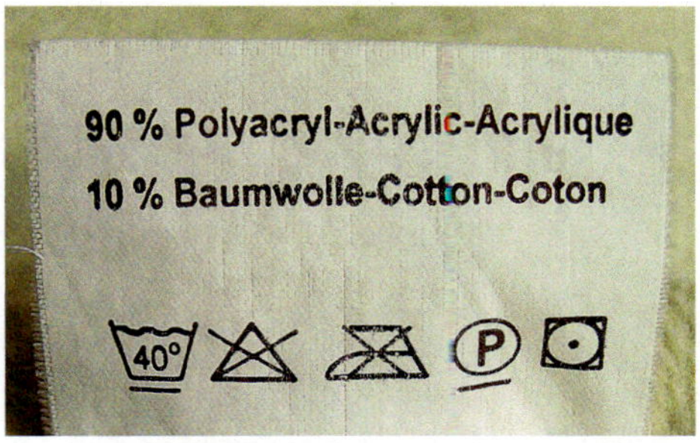

4 Pflichtangaben und freiwillige Pflegehinweise auf einem Textil-Etikett

Wirklich Käse?
Pizza, Käsebrötchen oder anderes Fast-Food: Bei vielen Lebensmitteln wird echter Käse durch billigen Kunstkäse ersetzt. Das für Käse typische Milchfett wird dabei durch billiges Pflanzenfett ersetzt, zusätzlich Farbstoffe und Aromen hinzugefügt. Für den Hersteller ist es 30 bis 40 Prozent billiger als echter Käse.

5 Betrug am Kunden?

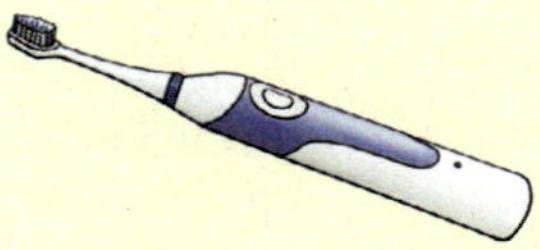

Frau Ebert wundert sich, als sie eine elektrische Zahnbürste kaufen will. Nirgendwo ist ein Preis angegeben.

Herr Nowikow hat sich von einem Vertreter an der Tür ein Zeitschriften-Abo aufschwatzen lassen. Seine Kündigung eine Woche später wird abgelehnt: „Vertrag ist Vertrag."

Familie Kübler ist sauer. Bei ihrem letzten Urlaub sollte das Hotel „direkt am Strand liegen". Im Urlaub musste die Familie aber 45 Minuten zu Fuß zum Strand laufen oder sich ein Taxi nehmen.

6 Was stimmt hier nicht?

Links
Warenkennzeichnung
uw3g4s

1 a) Nenne drei Regelungen zur gesetzlichen Warenkennzeichnung und beschreibe, wovor sie schützen sollen.
b) Nenne die Pflichtangaben und die freiwilligen Angaben in Bild **4**.
c) Untersucht Etiketten eurer Kleidung. Nennt die Pflichtangaben und die freiwilligen Angaben.

2 a) Sammelt Verpackungen von Lebensmitteln. Überprüft, ob alle Angaben aus der Lebensmittel-Kennzeichnungs-Verordnung **2** vorhanden sind.
b) Welche zusätzlichen Angaben findet ihr auf den Verpackungen? Recherchiert, was sie bedeuten.

3 a) Analysiert, gegen welche gesetzlichen Bestimmungen in den Fallbeispielen **1** und **6** jeweils verstoßen wird.
b) Beurteilt, wie sich die einzelnen Personen verhalten sollten.

4 Findet eigene Fallbeispiele, in denen gegen Gesetze zum Verbraucherschutz verstoßen wird.

5 Begründe, warum bei Waren, die wir im Internet oder an der Haustüre gekauft haben, ein besonderes Rückgaberecht besteht.

6 Nimm Stellung zu dem Problem, das im Text **5** benannt ist.

7 Erläutert am Beispiel der Karikatur **1**, warum Kinder besonders vor Betrug geschützt werden sollen.

○ 1, 2 ◒ 3, 4 ● 5–7

Mein gutes Recht

1 Falsche Farbe geliefert. Was nun?

2 Rechte der Käufer bei mangelhafter Ware

Familie Reichelt hat einen Laptop bestellt. Da der Verkäufer die Bestellung angenommen hat, ist ein Kaufvertrag zustande gekommen. Als das Paket ankommt, sind alle enttäuscht: Auf dem Monitor ist ein dicker Kratzer und die Farbe stimmt auch nicht!

Was tun bei Mängeln?

Ist eine Ware oder eine Dienstleistung nicht so geliefert worden, wie es vereinbart war, spricht man von einem **Mangel** 3.
Dann hast du als Käuferin oder Käufer ein Recht auf **Gewährleistung**: Du kannst verlangen, dass die Ware repariert oder gegen eine Ware ohne Mangel ausgetauscht wird (Nacherfüllung). Wenn dies zweimal nicht gelingt, kannst du den Kaufpreis mindern oder vom Vertrag zurücktreten. Dann gibst du die Ware zurück und kannst bereits gezahltes Geld zurückfordern 2.

mindern: herabsetzen

Ein **Umtausch** durch den Händler ist oft innerhalb einer Woche möglich. Dann erhält der Käufer entweder das Geld zurück, eine andere Ware oder einen Warengutschein. Händler sind zum Umtausch nicht verpflichtet!

Wichtig: Belege aufheben!

Wer als Käuferin oder Käufer seine Rechte einfordern will, muss unbedingt die Belege aufheben. Denn ohne die nötigen Belege kann man weder umtauschen noch Gewährleistung einfordern. Als Beleg dient z. B. ein Kassenzettel, eine ▷ Rechnung oder ▷ Quittung.

Mangel	Beispiel
fehlerhafte Ware	Loch im Pullover
schlechte Qualität	schlecht verarbeitete Nähte
falsche Ware	schwarzer MP3-Player statt blauer
zu wenig	2 Stück statt 5 Stück
nicht eingehaltene Werbeaussage	Akku hält nur 5 statt 10 Stunden
Montagemangel	falsch aufgebauter Schrank

3 Mängel, die bei einem Kauf auftreten können

- ✗ *Bei einem Mangel haben Kunden ein Recht auf Gewährleistung.*
- ✗ *Eine Ware bleibt so lange Eigentum des Verkäufers, bis sie bezahlt ist.*
- ✗ *In den AGB kann ein Produzent oder Händler seine Vertragsbedingungen festlegen.*

Allgemeine Geschäftsbedingungen

Käufer und Verkäufer können die Vertragsbedingungen wie Preise oder Lieferzeiten frei aushandeln. Viele Unternehmen legen ihre Bedingungen aber im Vorhinein in den **Allgemeinen Geschäftsbedingungen (AGB)** 4 fest, damit sie nicht immer wieder neu verhandeln müssen. Häufig stehen die AGB – das „Kleingedruckte" – auf der Rückseite von Bestellformularen oder einem Aushang im Geschäft.

Auch wenn die AGB oft sehr klein gedruckt werden, sind sie sehr wichtig. Lies sie dir immer genau durch, denn manchmal ergeben sich daraus Nachteile für die Käufer!

Die Rechte der Verkäufer

Eine Ware bleibt so lange Eigentum des Verkäufers, bis sie bezahlt ist. Wenn du eine Ware oder Dienstleistung nicht im vereinbarten Zeitraum bezahlst, gehört sie dir auch noch nicht. Der Verkäufer wird dir dann eine **Zahlungserinnerung** und danach eine **Mahnung** schicken. Darin verlangt er die Zahlung bis zu einem bestimmten Termin. Oft musst du dann zusätzliche Mahngebühren bezahlen.

Allgemeine Geschäftsbedingungen
Lieferbedingungen
Die Lieferzeit beträgt 4 – 5 Werktage nach Eingang der Bestellung.
Die Lieferung ist versandkostenfrei, für Aufträge unter 60 € Bestellwert berechnen wir eine Versandkostenpauschale von 3 €.
Zahlungsbedingungen
Die Lieferung erfolgt per Rechnung, zahlbar innerhalb von 30 Tagen. Bei unbezahlten Rechnungen berechnen wir 5 € Mahngebühren. Alle Waren bleiben bis zur vollständigen Zahlung unser Eigentum.
Gewährleistung
Die Gewährleistung erfolgt nach den gesetzlichen Bestimmungen (bei neuen Waren zwei Jahre, bei gebrauchten Waren ein Jahr).
Die Gewährleistung ist ausgeschlossen bei Mängeln, die der Kunde dadurch verursacht, dass er die Betriebsanleitung nicht einhält oder die gelieferte Ware unsachgemäß behandelt.

4 Auszug aus den AGB eines Internethändlers

Irina kommt vom Einkaufen zurück. Erst jetzt stellt sie fest, dass der Joghurt schimmelig ist, obwohl das Haltbarkeitsdatum noch nicht abgelaufen ist.

Herr Kuhn freut sich auf die Lexikonreihe, die er bestellt hat. Doch statt der 12 Bände werden nur 10 geliefert.

Jennys Mutter hat ihr eine Jacke gekauft. Die Jacke passt ihr aber nicht und außerdem gefällt sie ihr nicht besonders.

Akin hat sich eine teure Uhr gekauft. Nach drei Monaten geht sie nicht mehr.

5 Fallbeispiele

1 a) Nenne die Mängel 3, die bei Familie Reichelt 1 vorliegen.
b) Beschreibe die Rechte, die eine Käuferin oder ein Käufer bei einer mangelhaften Lieferung hat.
c) Frau Reichelt hat sich umentschieden: Sie möchte einen ganz anderen Laptop haben. Muss der Händler diesen Laptop liefern?

2 a) Nenne die Bedingungen, die in der AGB 4 festgelegt sind.
b) Begründe, warum die AGB oft so klein gedruckt sind.

3 **a)** Ordnet zu, welche Mängel 3 in den Beispielen 5 vorliegen.
b) Beurteilt, welche Rechte die Käufer haben.

4 Tragt selbst Fallbeispiele vor und lasst die anderen Gruppenmitglieder die Situation bewerten.

5 Überprüfe die AGB 4: Wo können sich Nachteile für den Käufer ergeben? Begründe.

○ 1 ◒ 2 ● 3–5

Qualität garantiert?

Infos und Links
Siegel
r8f4p9

Technisch einwandfrei, gesund, umweltfreundlich, sicher – für fast alle Eigenschaften, die ein Produkt haben kann, gibt es mittlerweile ein Siegel. Doch was sagt das Siegel aus? Wer vergibt es und welche Tests muss ein Produkt bestehen, um das Siegel zu bekommen?

Durchblick gefragt

Siegel zeigen, dass ein Produkt bestimmte Eigenschaften hat. Das Produkt soll sich von anderen Produkten abheben. Viele Siegel werden von staatlichen oder gemeinnützigen Organisationen vergeben, die regelmäßig überprüfen, ob die Anforderungen auch eingehalten werden.

Siegel für technische Merkmale

Technische Siegel zeigen, dass ein Gerät auf seine Funktionsfähigkeit und Sicherheit getestet wurde. Als Verbraucherin oder Verbraucher kannst du dich darauf verlassen, dass von Geräten mit diesen Siegeln keine Gefahren ausgehen und die Qualitätsanforderungen eingehalten werden.

Siegel für soziale Merkmale

Produkte mit diesen Siegeln garantieren, dass die Arbeiterinnen und Arbeiter bei der Produktion gute Arbeitsbedingungen haben. Das bedeutet insbesondere faire Löhne, Gesundheitsschutz und ein Verbot von ▷ Kinderarbeit und ▷ Zwangsarbeit.

C: Diesel Siegel zeigt an, dass ein technisches Gerät die Sicherheit und Gesundheit des Verwenders nicht gefährdet, wenn es ordnungsgemäß verwendet wird.

D: Dieses Siegel wird vergeben, wenn ein Produkt besonders umweltfreundlich ist. Die Begründung (z. B. „weil wassersparend") wird genannt.

E: Dieses Siegel bekommen Produkte, die fair gehandelt sind. Die Menschen in den Produktionsländern bekommen faire Löhne und Arbeitsbedingungen.

A: Dieses Siegel zeigt, wie das Produkt beim Test der „Stiftung Warentest" abgeschnitten hat.

B: Die technischen Geräte mit diesem Siegel entsprechen den europäischen Sicherheitsanforderungen.

F: Dieses Siegel kennzeichnet Fische aus vorbildlichem Fischfang. Fischbestände und Gewässer werden geschützt, um den Bestand für die Zukunft zu sichern.

H: Nahrungsmittel mit diesem Siegel stammen aus ökologischer Herstellung und artgerechter Tierhaltung (deutsches und europäisches Siegel).

G: Dieses Siegel garantiert, dass ein Holz- oder Papierprodukt aus verantwortungsvoller Waldwirtschaft stammt.

- *Siegel zeigen, dass bestimmte technische, soziale oder ökologische Merkmale erfüllt werden.*
- *Nicht alle Siegel sind vertrauenswürdig! Bei der Beurteilung eines Siegels spielt eine Rolle, welche Merkmale geprüft werden und wer die Vergabe kontrolliert.*

Siegel für ökologische Merkmale

Ökosiegel zeigen, dass bei der Herstellung des Produkts bestimmte Regeln für den Umwelt- und Tierschutz eingehalten wurden. Typisch für ökologische Produktion ist der Verzicht auf umweltschädliche Dünger und Pflanzenschutzmittel. Tiere müssen artgerecht gehalten werden und bekommen kein gentechnisch verändertes Futter.

Vom Täuschen und Fälschen

Siegel sollen uns zeigen, dass ein Produkt bessere Eigenschaften hat als andere. Die Produkte sollen sich dadurch besser verkaufen. Einige Hersteller entwickeln deshalb selbst Prüf- oder Gütesiegel für ihre Produkte, andere täuschen mit Siegeln 9. Manche Begriffe sind geschützt: Wo „Öko" oder „Bio" draufsteht, muss auch „Öko" oder „Bio" drin sein. Aber Vorsicht: Wenn Produkte „aus kontrolliertem Anbau", oder „aus umweltschonender Produktion" sind, dann handelt es sich nicht unbedingt um Öko-Lebensmittel. Diese Begriffe kann jeder Hersteller frei verwenden.

Berechtigte Siegel?

Ein Discounter, der für einen speziellen Computer bei einem Markentest die Note „gut" erhalten hatte, übertrug diese Note auf alle angebotenen Computer. Die anderen Geräte waren gar nicht getestet worden.
Das Olivenöl eines anderen Discounters wurde von der Stiftung mit „gut" benotet und verkaufte sich bestens. Um die Bestände aufzufüllen, kaufte der Hersteller Öl aus anderen Anbaugebieten und füllte es in die mit der Note „gut" gekennzeichneten Flaschen.

Quelle: Welt online vom 07.09.2010, Text gekürzt

9 Täuschung mit Stiftung-Warentest-Siegeln

Gute Siegel – schlechte Siegel

Um nicht auf Täuscher und Fälscher hereinzufallen, schau genau hin. Um ein vertrauenswürdiges Siegel zu erkennen, stelle die folgenden Fragen:

- Sind die Merkmale, nach denen das Siegel vergeben wird, klar und verständlich?
- Wird die Vergabe durch unabhängige Kontrollen überprüft?

1 a) Warum gibt es Siegel? Nenne Gründe aus Sicht der Verbraucher und der Hersteller.
b) Stelle die Unterschiede zwischen den Siegeln für technische, soziale und ökologische Produktmerkmale in einer Tabelle dar.

2 a) Ordne die Siegel 1 – 8 den Beschreibungen A – G zu.
b) Vergleicht eure Einordnungen und korrigiert, wenn nötig.
c) Ordnet alle genannten Siegel einer der drei Gruppen (technische, soziale, ökologische Merkmale) zu.

3 a) Ein Produkt wird mit dem Begriff „naturrein" beworben. Beurteile, ob es ein Bioprodukt ist.
b) Erläutere, warum der Hersteller mit dem Begriff wirbt.

4 Beschreibe, welche Auswirkungen es für dich als Verbraucherin oder Verbaucher hat, wenn Siegel gefälscht werden 9.

5 Recherchiere, welche Merkmale ein Produkt mit dem EU-Biosiegel 7 haben muss.
Biosiegel za3v54

6 Sammelt eine Woche lang Verpackungen mit Siegeln und besonderen Zeichen. Recherchiert, welche Merkmale ein Produkt haben muss, damit es das Siegel bekommt und wer die Einhaltung der Merkmale überwacht.

7 a) Erläutere, warum einige Hersteller ihre Produkte mit frei erfundenen Siegeln kennzeichnen.
b) Recherchiere im Internet mindestens einen Betrugsfall. Stelle ihn ausführlich dar und bewerte die Folgen für die Verbraucherinnen und Verbraucher.

○ 1, 2 ◒ 3 – 4 ● 5 – 7

Vom Wünschen und Kaufen

Arbeitsblatt
Kreuzworträtsel-vorlage
hw267d

1 Kreuzworträtsel

Bogen zur Selbst-einschätzung
q4v5ht

1 Übertrage das Kreuzworträtsel 1 in dein Heft oder lade die Vorlage herunter. Trage dann die fehlenden Begriffe ein.

a) ... ist der Oberbegriff für Waren und Dienstleistungen.

b) Bedürfnisse werden unterteilt in Grundbedürfnisse, ... und Luxusbedürfnisse.

c) Wenn ein Gut gekauft und genutzt wird, spricht man von...

d) Ist eine Verpackung so gestaltet, dass eine größere Füllmenge vorgetäuscht wird, nennt man sie ...

e) Werbung will informieren aber auch ... wecken.

f) ...bedeutet: zuerst Nacherfüllung, dann Erstattung des Kaufpreises oder Rücktritt vom Vertrag.

g) Wenn ein Bedürfnis und das nötige Geld vorhanden sind, ist ... entstanden.

h) Verträge können schriftlich, mündlich und ... abgeschlossen werden.

i) Die Stiftung ... führt regelmäßig Produkttests durch und berichtet darüber in ihrer Zeitschrift „test".

j) Beim Kaufverhalten unterscheiden wir ..., Gewohnheitskauf und Spontankauf.

k) In den „Allgemeinen ..." legen Produzenten und Händler ihre Vertragsbedingungen fest.

l) Bei der ... können wir uns unabhängig zu Verbraucherthemen beraten lassen.

m) Alte Menschen und Jugendliche sind eine ... von Werbung.

n) Von einem ... spricht man, wenn eine Ware nicht wie vereinbart geliefert wurde.

Lösungswort: Du musst ... sein, um Kaufverträge abschließen zu können.

2 Preisbildung 2: Welcher Begriff passt? Schreibe den richtigen Satz in dein Heft.

a) Wenn der Preis steigt, dann steigt/sinkt das Angebot

b) Wenn der Preis steigt, dann steigt/sinkt die Nachfrage.

c) Wenn der Preis sinkt, dann steigt/sinkt das Angebot.

d) Wenn der Preis sinkt, dann steigt/sinkt die Nachfrage.

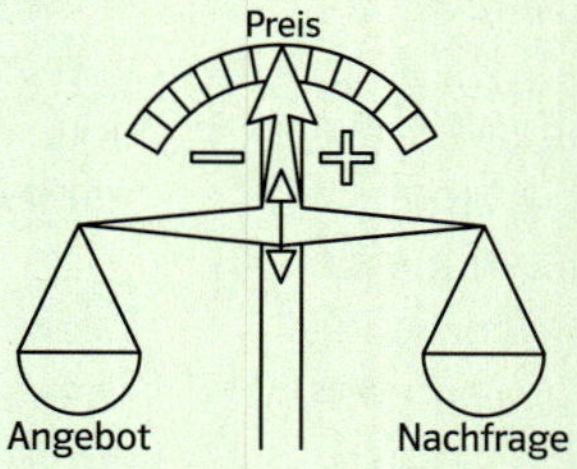

2 Angebot und Nachfrage bestimmen den Preis.

3 a) Hier ist einiges Durcheinandergeraten! Ordne die drei Stufen der Geschäftsfähigkeit den richtigen Altersstufen und Erklärungen zu. Erstelle eine Tabelle.

Verträge sind voll gültig.
Beschränkte Geschäftsfähigkeit
0 bis 7 Jahre

7 bis 18 Jahre
Volle Geschäftsfähigkeit
Verträge sind ungültig.

Geschäftsunfähigkeit
Verträge sind nur mit Zustimmung der Eltern gültig.
ab 18 Jahre

b) Erläutere, was der „Taschengeldparagraph" ist, für wen er gilt und welche Regelung er enthält.

4 a) Erkläre die Bedeutung der Siegel 3:
- Auf welchen Produkten findest du sie?
- Was bedeuten sie?

b) Beschreibe, was die Aufgabe der Siegel ist und wobei sie Verbraucherinnen und Verbrauchern helfen sollen.

c) Nenne drei weitere Siegel und erkläre ihre Bedeutung.

d) Erläutere, woran du erkennst, ob ein Siegel vertrauenswürdig ist.

3 Siegel

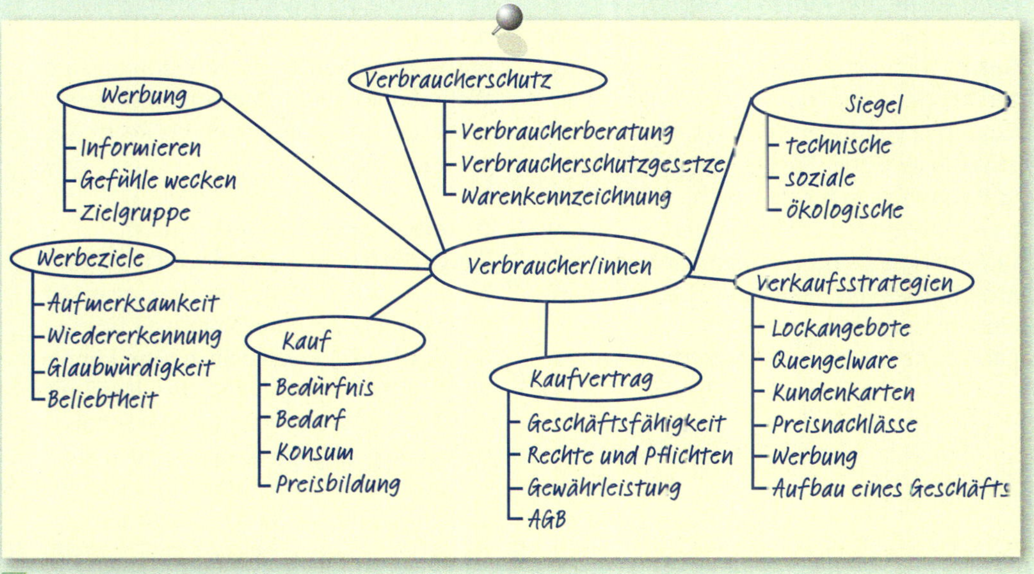

4 Diese Begriffe solltest du kennen.

Die Ordnung der Güter

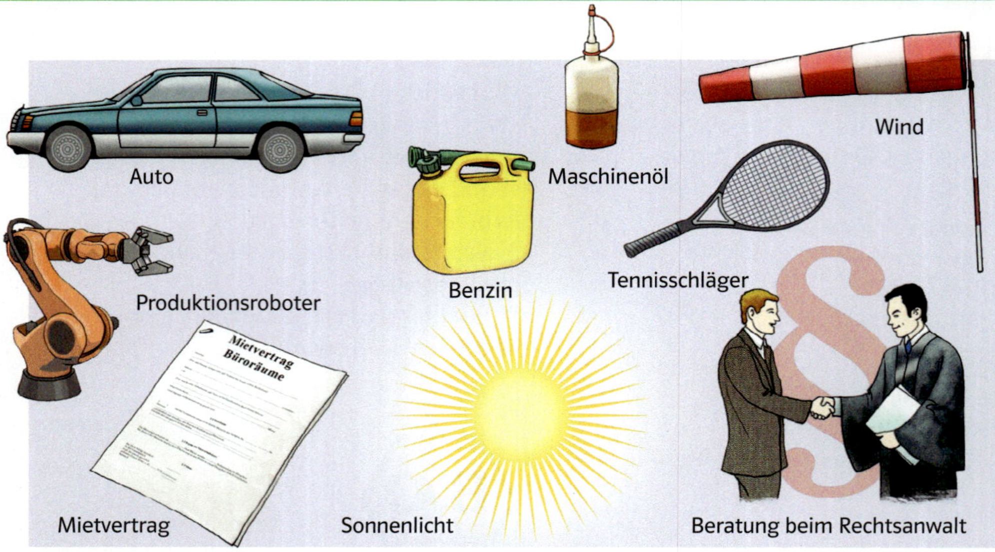

1 Unterschiedliche Güter

Wir alle benötigen Güter, um unsere Bedürfnisse zu befriedigen. Einige Güter müssen wir kaufen, andere haben wir unbegrenzt zur freien Verfügung. Um uns die Orientierung zu erleichtern, können wir die Güter in Gruppen einteilen.

Von kostenlos bis unbezahlbar

Für die Luft zum Atmen bezahlen? Das kommt gar nicht in Frage. Luft ist ein **freies Gut**. Es gibt so viel davon, dass wir es nutzen können, ohne dafür zu bezahlen. Das Gegenteil von freien Gütern sind **wirtschaftliche Güter**. Sie werden gehandelt und wir müssen für sie bezahlen. Sie stehen nicht unbegrenzt zur Verfügung. Für die Unternehmen sind vor allem die wirtschaftlichen Güter von Bedeutung. Denn ohne die Einnahmen aus dem Verkauf dieser Güter gäbe es kein wirtschaftliches Handeln.

Materiell oder nichtmateriell?

Wirtschaftliche Güter kann man unterscheiden in Sachgüter, Dienstleistungen und Rechte. **Sachgüter** kannst du anfassen, sie sind materiell (z. B. ein Fußball). Bei Dienstleistungen steht die Leistung einer Person im Vordergrund. Der Haarschnitt bei einem Frisör ist eine **Dienstleistung**, ebenso die Beratung bei einem Ernährungsberater. **Rechte** berechtigen dich, etwas zu nutzen. Beispiel: Wenn du eine Wohnung mietest, unterschreibst du einen Mietvertrag und hast das Recht, sie zu bewohnen.

Dauerhaft oder bald verbraucht?

Einige Sachgüter können wir lange gebrauchen. Einen Computer benutzen wir meistens über mehrere Jahre. Er ist ein **Gebrauchsgut**. Andere Sachgüter können wir weniger lange nutzen, da wir sie mit der Zeit verbrauchen. Eine Tafel Schokolade ist schnell gegessen und auch eine Tankfüllung im Auto hält nicht ewig. Beide sind Beispiele für **Verbrauchsgüter**.

- *Freie Güter können wir kostenlos nutzen, wirtschaftliche Güter müssen wir bezahlen.*
- *Wirtschaftliche Güter lassen sich einteilen in Sachgüter, Dienstleistungen und Rechte.*
- *Sachgüter können Gebrauchsgüter oder Verbrauchsgüter sein.*

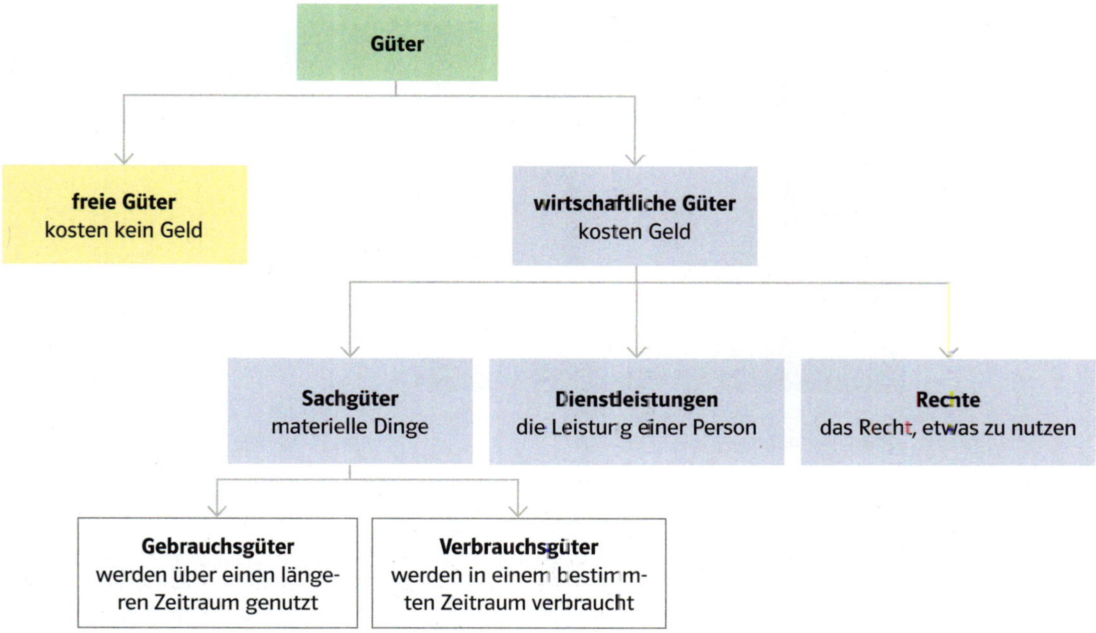

2 Die Güterarten im Überblick

1 Erkläre mit eigenen Worten den Unterschied zwischen den verschiedenen Güterarten und nenne jeweils mindestens zwei Beispiele:
a) Freie Güter und wirtschaftliche Güter
b) Sachgüter, Dienstleistungen und Rechte
c) Gebrauchsgüter und Verbrauchsgüter

2 Untersucht die Reihenfolge der Güterarten und beurteilt, ob sie logisch ist oder unlogisch. Wenn sie unlogisch ist, korrigiert die Reihenfolge.
a) Güter – freie Güter – Wind
b) Güter – wirtschaftliche Güter – Sachgüter – Verbrauchsgüter – Auto
c) Güter – wirtschaftliche Güter – Rechte – Bedienung im Café
d) Güter – freie Güter – Fußball
e) Güter – wirtschaftliche Güter – Sachgüter – Gebrauchsgüter – Brennholz

3 a) Ordne die Güter aus Abbildung 1 in das Diagramm 2 ein. Welchen Weg musst du gehen? Stelle die Reihenfolge zeichnerisch dar.
b) Vergleicht eure Wege und begründet eure Einordnungen.

4 In einer Stadt mit viel Luftverschmutzung öffnet ein Geschäft, in dem man „frische Luft" über ein Atemgerät einatmen kann. Die halbe Stunde Frischluft kostet 15 Euro.
a) Beurteile, ob Luft unter diesen Umständen ein freies oder ein wirtschaftliches Gut ist.
b) Denke dir eine Situation aus, in denen wir für die Nutzung des freien Gutes bezahlen müssen.

5 Der Besuch einer öffentlichen Schule ist in Deutschland kostenlos.
a) Diskutiert, ob Schulbildung ein freies oder ein wirtschaftliches Gut ist.
b) Welche Gründe könnte es haben, dass öffentliche Schulbildung für uns kostenlos ist? Begründet eure Einschätzung.
c) Welche Güter sollten bei uns deiner Meinung nach kostenlos sein? Nimm Stellung.

○ 1 ◒ 2, 3 ● 4, 5

Wettbewerb belebt das Geschäft

1 Neuer Fernseher gesucht – doch wer hat das passende Gerät zum besten Preis?

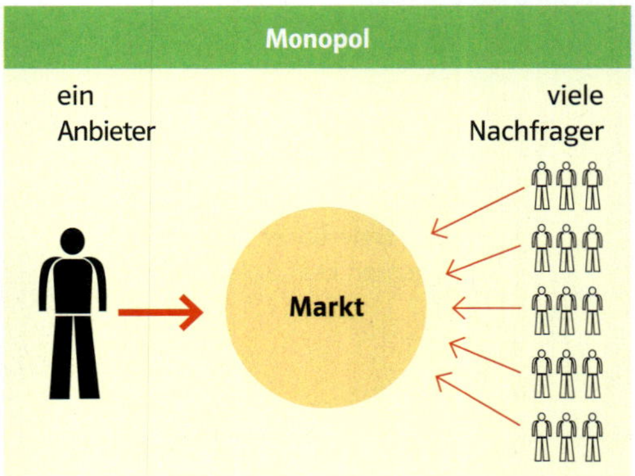

2 Die Wasser- und Abwasserversorgung darf nur von der Gemeinde angeboten werden. Sie besitzt eine Monopolstellung.

Bei vielen Waren und Dienstleistungen können die Kunden unter verschiedenen Anbietern auswählen. Der Wettbewerb um die Kunden zwingt die Unternehmer dazu, laufend die Qualität und die Preise ihrer Produkte zu überprüfen. Denn ist die Qualität schlecht oder der Preis zu hoch, kaufen die Kunden woanders. Doch nicht auf allen Märkten können die Preise frei ausgehandelt werden.

Monopol

Gibt es auf dem Markt nur einen einzigen Anbieter für eine Ware oder Dienstleistung, spricht man von einem Monopol 2. Der Anbieter hat keine Konkurrenten und kann den Verkaufspreis und die Angebotsmenge allein bestimmen. Es gibt keine freie Preisbildung. Die Nachfrager haben keine Wahl und müssen bei ihm kaufen. Allerdings muss auch der Monopolist abwägen, wie hoch er den Preis für die Ware ansetzt, damit der Käufer nicht wegen überhöhter Preise ganz auf den Kauf verzichtet.

Wettbewerb in Gefahr?
Der Wettbewerb und die Konkurrenz sind die grundlegende Voraussetzung für die freie Entwicklung der Preise. Man spricht deshalb auch vom „freien Spiel zwischen dem Angebot und der Nachfrage". Die Anbieter müssen jedoch in echter Konkurrenz zueinander stehen. Gehören verschiedene Wettbewerber zum gleichen ▷ Konzern, so spricht man von einem Scheinwettbewerb. Freier Wettbewerb bedeutet auch, dass die Käufer sich einen Überblick über die Güter und die Preise verschaffen können.

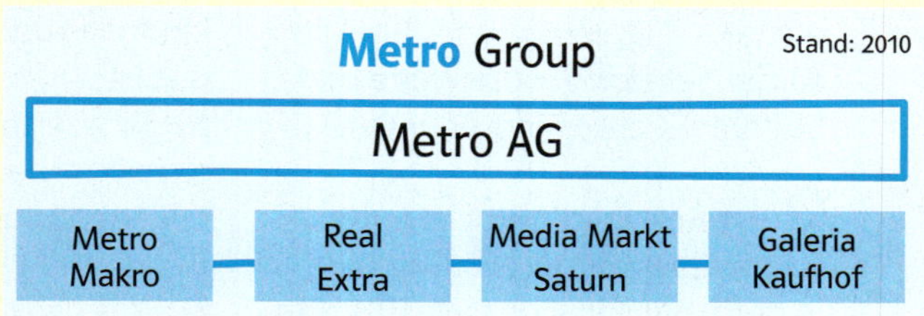

Weil konkurrierende Unternehmen Teil der Metro-Gruppe sind, herrscht zwischen ihnen kein echter Wettbewerb.

5 Scheinwettbewerb

- *Bei einem Monopol gibt es für ein bestimmtes Gut nur einen Anbieter.*
- *Bei einem Oligopol stehen wenige Anbieter vielen Nachfragern gegenüber.*
- *Bei einem Polypol konkurrieren viele Anbieter um viele Nachfrager.*

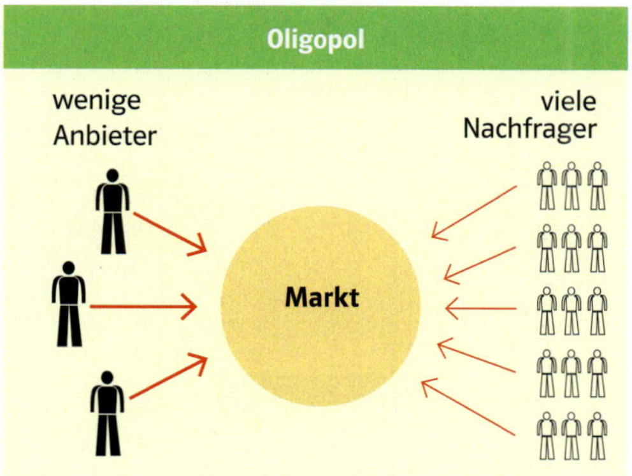

3 Es gibt nur wenige Anbieter von Medikamenten, aber viele Nachfrager. Deshalb spricht man hier von einem Oligopol.

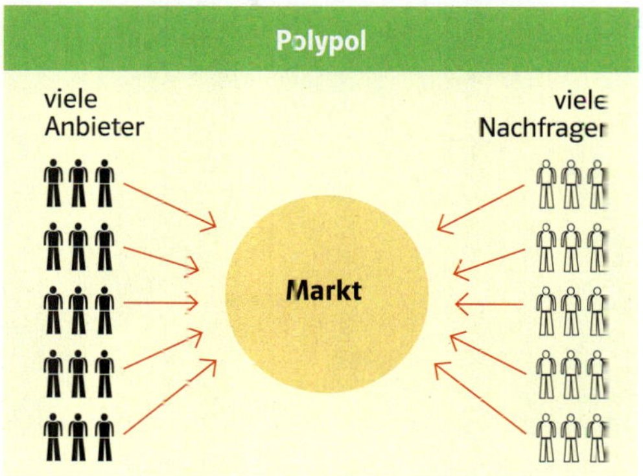

4 In einer Großstadt gibt es viele Geschäfte, die Textilien verkaufen, aber auch viele Nachfrager. Der Textilienmarkt ist ein Polypol.

Oligopol

Wenn wenige Anbieter einer Ware oder Dienstleistung vielen Nachfragern gegenüber stehen, spricht man von einem Oligopol 3. Unter den Anbietern gibt es eine große Abhängigkeit, denn die Kunden können die Preise der wenigen Anbieter sehr gut vergleichen. Preiserhöhungen oder Preissenkungen eines Anbieters führen meist dazu, dass die Konkurrenten sich genauso verhalten.

Polypol

In einem Polypol 4 gibt es viele Anbieter und viele Nachfrager für gleiche und ähnliche Waren und Dienstleistungen. Unter den Anbietern besteht eine große Konkurrenz, sie müssen sich also besonders bemühen, den Wünschen der Nachfrager gerecht zu werden.

1 Familie Schmidt 1 möchte sich einen neuen Fernseher kaufen, doch in ihrem Wohnort gibt es nur ein Fernsehgeschäft.
a) Gebt der Familie Tipps, wo sie weitere Angebote einholen kann.
b) Erklärt, welche Auswirkungen es auf den Preis hat, wenn
- die Schmidts nur beim örtlichen Fernsehgeschäft kaufen können oder
- die Schmidts frei wählen können, wo sie den Fernseher kaufen.

2 Erklärt die Begriffe „Monopol", „Polypol" und „Oligopol" mit eigenen Worten.

3 Ordne die folgenden Beispiele den Marktformen 2 – 4 in einer Mind-Map zu.
a) Viele Milchbauern können ihre Milch an nur wenige Molkereien verkaufen.
b) Alle Bewohner einer Insel werden von einem Bäcker beliefert.
c) Viele Buchläden einer Stadt decken die große Nachfrage nach Büchern.
d) Auf dem deutschen Strommarkt stehen vier Stromanbieter vielen Nachfragen gegenüber.
e) Alle Haushalte einer Stadt werden durch ein Entsorgungsunternehmen vom Müll befreit.

4 a) Finde jeweils mindestens zwei eigene Beispiele für die Marktformen Monopol, Polypol und Oligopol. Erstelle eine Tabelle.
b) Vergleicht eure Ergebnisse und ergänzt eure Tabellen.

5 Erläutere, wie sich Preise entwickeln können, wenn eine Ware oder eine Dienstleistung nicht mehr von mehreren Anbietern, sondern nur noch von einem Monopolisten angeboten wird.

6 Beschreibe die Folgen des Scheinwettbewerbs 5 für Unternehmen und Verbraucher.

○ 1 ◒ 2, 3 ● 4–6

Wirtschaft im Kreislauf

1 Unser Konsum – Motor der Wirtschaft

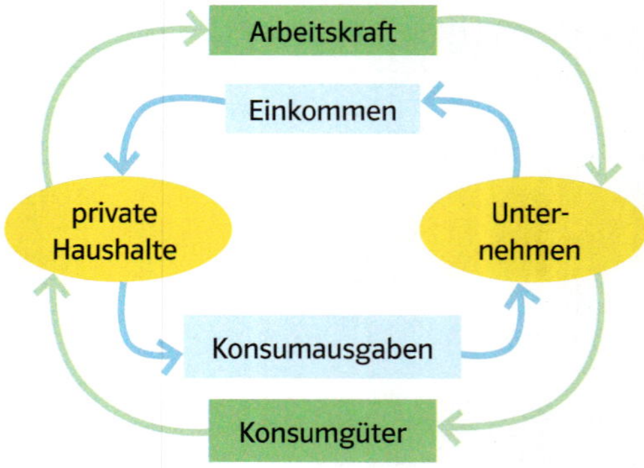

2 Der einfache Wirtschaftskreislauf

Lebensmittel, Elektrogeräte oder Kleidung – alles, was wir konsumieren, wird von Unternehmen hergestellt. Ohne unseren Konsum gäbe es keine Wirtschaft. Doch wie hängt das alles genau zusammen?

Der einfache Wirtschaftskreislauf

Ob wir alleine wohnen oder bei den Eltern: Wir alle leben in einem **Haushalt**. Um unsere Bedürfnisse befriedigen zu können, benötigen wir ▷ **Einkommen** – also Geld. Das bekommen die Haushaltsmitglieder, wenn sie einem Unternehmen ihre **Arbeitskraft** zur Verfügung stellen. Mit diesem Geld kaufen sie den Unternehmen **Konsumgüter** ab, also die Waren und Dienstleitungen, die sie zum Leben brauchen. Das Geld, das wir für den Kauf der Güter ausgeben, nennt man **Konsumausgaben** 2.

Mitspieler im Kreislauf der Wirtschaft

Neben den Haushalten und den Unternehmen ist auch der Staat an der Wirtschaft beteiligt. Alle drei **Wirtschaftsteilnehmer** hängen voneinander ab 3.

- **Der Staat**

Der Staat stellt seinen Bürgerinnen und Bürgern öffentliche Einrichtungen zu Verfügung. Das sind z. B. Schulen oder Straßen, die wir kostenfrei nutzen können. Um diese Einrichtungen zu bauen und zu betreiben, kauft der Staat Waren oder Dienstleistungen bei Unternehmen ein (z. B. Materialien und Handwerker für den Bau einer Straße oder einer Schule). Ausgaben, die der Staat tätigt, nennt man **staatliche Konsumausgaben**. Er bezahlt sie mit den Einnahmen aus der ▷ **Steuer**.

1 a) Erkläre die Begriffe „privater Haushalt“, „Konsumgüter“, „Einkommen“ und „Subventionen“ mit eigenen Worten.
b) Erläutere den Unterschied zwischen privaten und staatlichen Konsumausgaben anhand von Beispielen.
c) Vergleicht eure Ergebnisse und korrigiert, wenn nötig.

2 Beschreibt den einfachen Wirtschaftskreislauf mit eigenen Worten und mithilfe eines Beispiels aus der eigenen Familie.

3 Jasmin B. lebt mit ihren Eltern und einem jüngeren Bruder in Bergfeld. Ordne die folgenden Vorgänge den Begriffen im erweiterten Wirtschaftskreislauf 3 zu:
a) Jasmins Mutter ist Polizistin, dafür erhält sie ein Einkommen vom Staat.
b) Ihr Vater arbeitet als Tischlermeister in einer Möbelfabrik und erhält dafür ein Einkommen.
c) Vom Geld, was Jasmins Eltern verdienen, kauft die Familie alles, was sie zum Leben und für die Freizeit braucht.

Die privaten Haushalte, die Unternehmen und der Staat sind Wirtschaftsteilnehmer.
Die Zusammenhänge zwischen den Wirtschaftsteilnehmern können im Wirtschaftskreislauf dargestellt werden.

- **Die privaten Haushalte**

Zu einem privaten Haushalt gehören alle Personen, die zusammen in einem Haushalt wohnen. Sie verwenden ihr Einkommen für die Haushaltsführung, für die Freizeit und andere Dinge. Einen Teil des Einkommens zahlen sie als **Steuern** an den Staat.
Unter bestimmten Bedingungen erhalten private Haushalte Geld vom Staat. Menschen, die direkt für den Staat arbeiten (z. B. Polizisten oder Lehrer) bekommen **Einkommen**. Andere erhalten **finanzielle Unterstützung**. Arbeitslose erhalten z. B. Arbeitslosengeld, um das nötige Geld für Miete, Essen und Kleidung zu haben. Eltern erhalten ▷ Kindergeld vom Staat.

- **Die Unternehmen**

Die Unternehmen produzieren Waren und erbringen Dienstleistungen, die sie für Geld verkaufen. Genau wie die privaten Haushalte bezahlen sie **Steuern** an den Staat. Unter bestimmten Bedingungen können die Unternehmen finanzielle Unterstützung vom Staat erhalten. Dieses Geld nennt man **Subventionen**. Sie können beispielsweise Geld bekommen, wenn sie neue Arbeitsplätze schaffen oder wenn verhindert werden soll, dass Arbeitsplätze wegfallen.

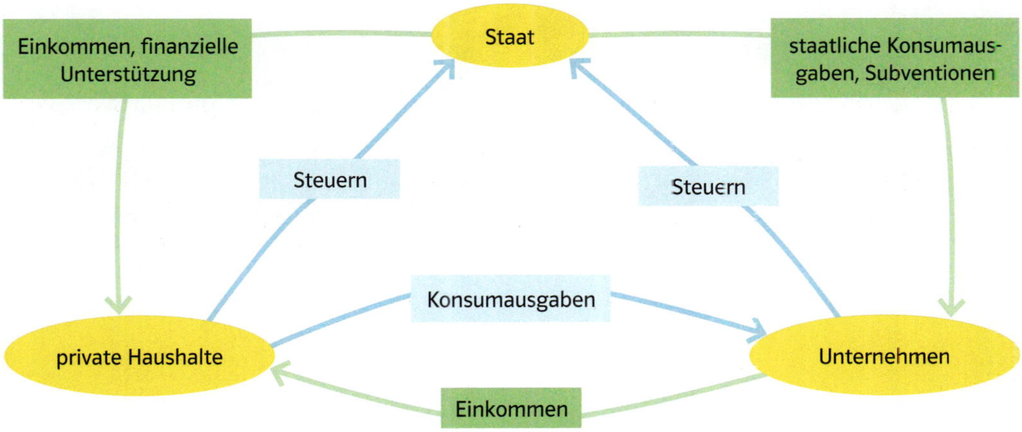

3 Der erweiterte Wirtschaftskreislauf

d) Beide Eltern bezahlen einen Teil ihres Einkommens als Steuern an den Staat.
e) Für ihre Kinder bekommt Familie B. Kindergeld vom Staat.
f) Auch die Möbelfabrik, in der Jasmins Vater arbeitet, bezahlt Steuern an den Staat.
g) Die Möbelfabrik will die Produktion ausweiten. Sie bekommt dafür Subventionen, weil dabei neue Arbeitsplätze entstehen.

4 Richtig oder falsch? Überprüft die Aussagen und begründet eure Entscheidung. Schreibe alle Aussagen richtig auf.
a) Je mehr Menschen Arbeit und Einkommen haben, desto mehr Steuern nimmt der Staat ein.
b) Je mehr Einkommen die Menschen haben, desto weniger Konsumausgaben können sie tätigen.
c) Wenn der Staat weniger Steuergelder zur Verfügung hat, kann er die Unternehmen besser durch Subventionen unterstützen.

2 | Konsum und seine Folgen

Wir kaufen Lebensmittel und Kleidung, bezahlen unsere Wohnungen und Handys: Wir alle sind Konsumenten, egal wie alt wir sind. Wir treffen Entscheidungen, wofür wir unser Geld ausgeben. Doch manchmal ist es ganz schön schwierig, den Überblick zu behalten. Denn unser Konsum hat nicht nur Auswirkungen auf unseren Geldbeutel, sondern auch auf die Umwelt und die Arbeitsbedingungen in anderen Ländern.

Ich werde …

- *einen Haushaltsplan führen.*
- *Auswirkungen des Konsums auf die Wirtschaft, die Umwelt und die Gesellschaft beschreiben.*
- *mein eigenes Konsumverhalten kritisch hinterfragen.*
- *beurteilen, was ich selbst zum Umweltschutz beitragen kann.*
- *einen Weg in die Verschuldung beschreiben und Wege aus der Schuldenfalle erarbeiten.*

Wusstest du, dass …

- der Download von Klingeltönen oft hohe Folgekosten nach sich zieht?
- Anbieter von Internetplattformen deine Daten zu Werbezwecken verkaufen?
- mehr als die Hälfte aller Fischarten durch Überfischung bedroht sind?

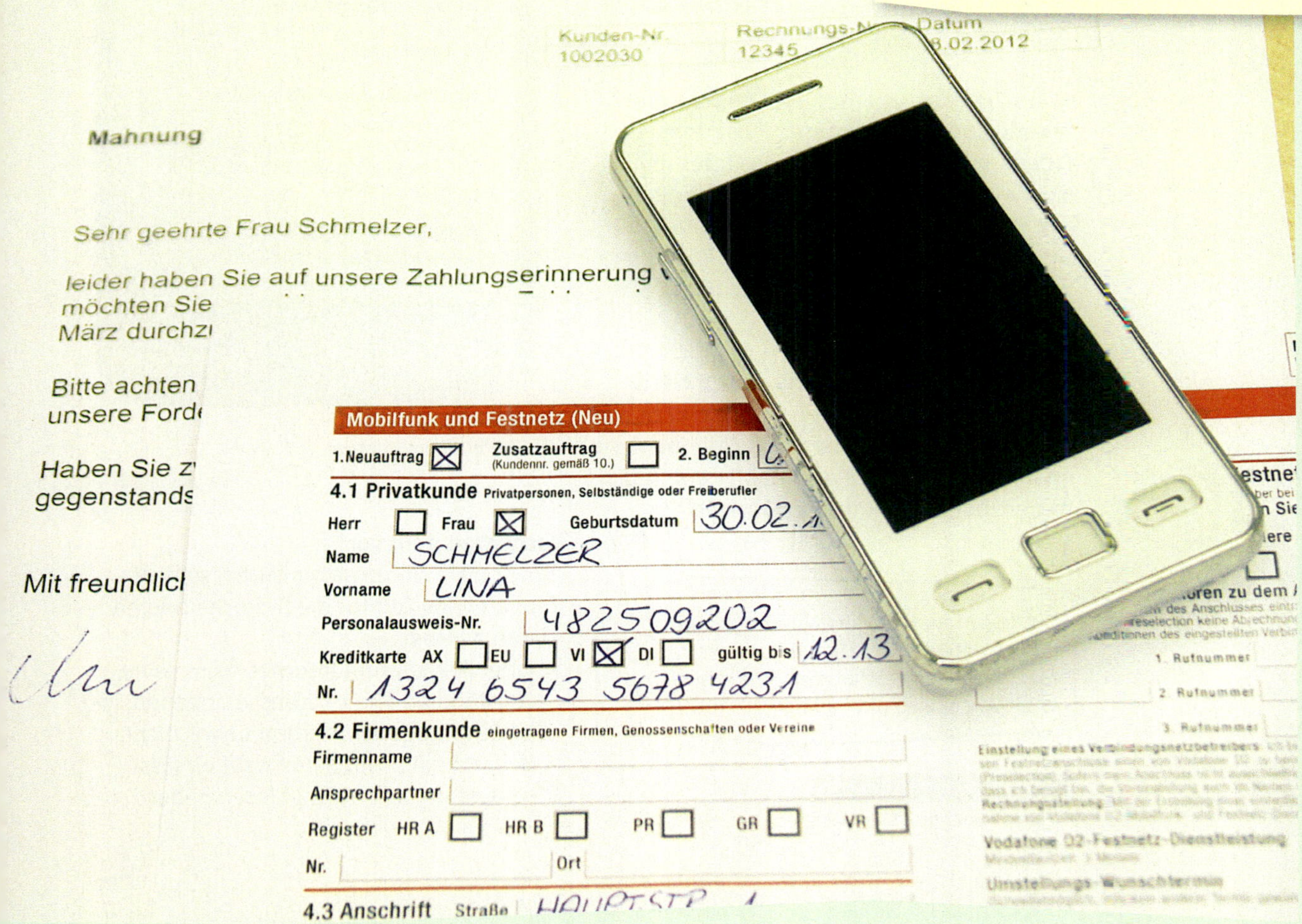

Einkaufen im Internet

1 Mit moderner Technologie ist das Internet immer dabei.

Mal schnell im Internet mit Freunden verabreden oder die neuesten Hits runterladen? Kein Problem. Über das Internet sind wir von der bunten Warenwelt nur einen Klick entfernt. Doch Achtung: Im Internet ist nicht alles so einfach und kostenlos, wie es auf den ersten Blick erscheint!

Wie im „echten" Geschäft

Ob wir in einen Supermarkt gehen oder Waren im Internet kaufen – immer kommt ein ▷ Kaufvertrag zustande 2. Bei Händlern im Internet musst du dich häufig erst registrieren, bevor du einkaufen kannst.

> Die Regeln zur Geschäftsfähigkeit gelten auch im Internet! Verträge, die mit Minderjährigen geschlossen werden, sind unter Umständen nicht gültig!

2 Sind alle gewünschten Artikel im Warenkorb, geht es zur „Kasse".

3 Werbung im Internet

Sicherheit geht vor!

Bevor du im Internet einkaufst, solltest du dir etwas Zeit für die Sicherheit deiner Daten nehmen.

- Jeder Anbieter im Internet muss seine vollständige Firmenadresse angeben. Ist keine angegeben, stimmt etwas nicht.
- Bevor du dich auf einen Kauf einlässt, solltest du die ▷ AGB gelesen haben.

> Sei besonders vorsichtig bei der Sicherheit deiner Passwörter. Speichere sie niemals ungeschützt auf deinem Computer. Schreibe sie lieber auf und verwahre sie sicher.

- *Auch im Internet gelten die Regeln zur Geschäftsfähigkeit.*
- *Prüfe vor dem Internet-Einkauf die Vertrauenswürdigkeit des Anbieters.*
- *Sei vorsichtig, wenn du Daten über dich im Internet preisgibst.*

4 Ein günstiges Angebot?

Holger ist entsetzt: Jemand hat sich Zugang zu seinem Ebay-Konto verschafft. Er hat in seinem Namen Waren angeboten, sie jedoch nie an die Kunden geliefert. Diese fordern ihre Ware nun von Holger …

5 Betrug im Internet – keine Seltenheit.

Annalena hat auf einer Internetplattform angegeben, dass sie gerne Sport treibt. Seitdem bekommt sie ständig lästige Werbung für Sportgeräte, die sie nicht braucht …

6 Ärgerliche Datenweitergabe

Alles umsonst?

Gerade im Internet scheint vieles auf den ersten Blick billiger als „im richtigen Leben" oder sogar umsonst. Deshalb ist hier besondere Vorsicht geboten. Überprüfe immer, was in einem Angebot wirklich steckt. Viele Verträge, die im Internet 3 oder mit dem Handy 4 abgeschlossen werden, ziehen hohe **Folgekosten** nach sich. Über einen längeren Zeitraum werden dann regelmäßig Zahlungen fällig.

Wertvolle Daten

Auch wenn du für einen Dienst im Internet nichts bezahlen musst – umsonst ist der Dienst nicht! Viele Dienste sammeln deine Daten und verkaufen sie zu Werbezwecken weiter 6. Dies gilt vor allem für Plattformen, in denen du dich mit Freunden unterhalten und Fotos austauschen kannst.

1 Beschreibe mit eigenen Worten, wie ein Kauf im Internet abläuft.

2 a) Erkläre mit eigenen Worten, was mit „Folgekosten" gemeint ist.
b) Untersucht, welche Folgekosten mindestens bei der Bestellung eines Klingeltons 4 entstehen.

3 a) Beurteile, ob das Smartphone in der Werbung 3 tatsächlich „kostenlos" ist.
b) Erläutere, warum man Handys bei einem Vertragsabschluss „kostenlos" dazu erhält.

4 Welche Vorteile hat es für ein Werbeunternehmen, wenn es aus einer Freunde-Plattform weiß, dass du dich für Computerspiele interessierst?

5 a) Untersucht jeweils gegenseitig, welche Informationen ein werbendes Unternehmen auf Internetplattformen über die Wünsche, Hobbys und Vorlieben eurer Partnerin/eures Partners herausfinden könnte. Stellt die Informationen zusammen.
b) Welche Produkte könntest du jemandem mit diesem Profil vermutlich verkaufen?

6 a) Die häufigsten Bezahlverfahren im Internet sind ▷ Vorkasse, ▷ Rechnung, ▷ Nachnahme, ▷ Kreditkarte, ▷ Lastschrift und ▷ Inkassosysteme. Recherchiere mit Hilfe des Lexikons am Ende des Buchs Informationen zu den Bezahlverfahren. Erstelle eine Mind-Map, aus der die Bedingungen der Bezahlverfahren deutlich werden.
b) Vergleicht eure Mind-Maps und ergänzt eure Aufzeichnungen.

7 Erstellt ein Infoblatt mit Tipps zum Einkaufen im Internet. Präsentiert eure Ergebnisse.

○ 1, 2 ◒ 3, 4 ● 5–7

... und plötzlich war das Geld weg!

1 Wünsche von morgen schon heute erfüllen – sinnvoll oder riskant?

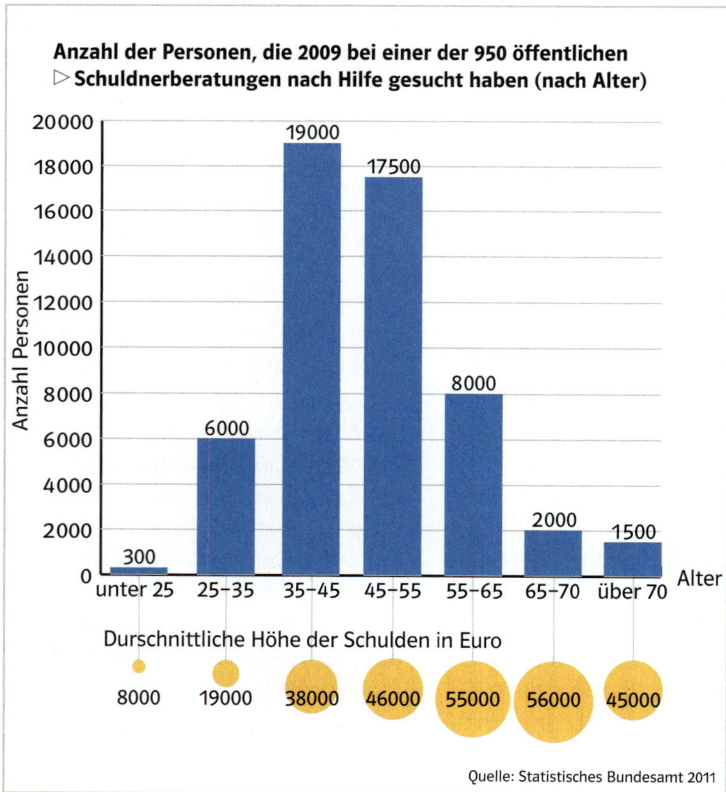

2 Überschuldung nach Altersstufen

Dringende Wünsche, aber das Geld fehlt – wer kennt das nicht? Und wenn kein Geld da ist, wird es geliehen. „Ich lebe doch heute!" ist ein Spruch, der zum Problem werden kann, wenn man den Überblick verliert.

Auskommen mit dem Einkommen

Für viele Menschen ist es schwierig, mit dem vorhandenen Geld auszukommen. Sie wollen sich ihre Wünsche sofort erfüllen und leihen sich Geld bei einer Bank oder bei Freunden. Auch Angebote, bei denen erst später gezahlt werden muss, sind verlockend 1. Wer regelmäßig mehr Geld ausgibt, als er einnimmt, ist schnell **überschuldet**. Das heißt, dass die Schulden so hoch sind, dass sie nicht mehr mit dem Einkommen zurückgezahlt werden können 2.

Erste Warnzeichen: Mahnungen

Wenn man etwas kauft und nicht bezahlt, bekommt man eine **Mahnung**. Durch die Mahnung wird man aufgefordert, den Betrag zu bezahlen. Meistens muss man dann zusätzlich eine **Mahngebühr** verlangen. Das heißt: Es wird noch teurer. Wird dann immer noch nicht gezahlt, kann es zu einem **Gerichtsverfahren** kommen. Das Verfahren kann dazu führen, dass Wertgegenstände wie Schmuck oder Elektrogeräte **gepfändet** (abgenommen) werden.

Der Weg in die Miesen

Überschuldung beginnt häufig damit, dass jemand den Überblick über die Ausgaben verliert. Besonders wenn ▷ Kredite aufgenommen werden, kann das schnell passieren. Die Raten (das Geld, das monatlich zurückgezahlt werden muss) werden oft bei den täglichen Ausgaben nicht bedacht. Dann gibt man schnell mehr Geld aus, als man eigentlich hat. Doch auch andere Gründe für Überschuldung gibt es, z. B. plötzliche Arbeitslosigkeit, Krankheit oder die Trennung von einem Partner.

- ✗ *Wer dauerhaft seine Schulden nicht mehr zurückzahlen kann, ist überschuldet.*
- ✗ *Mahnungen sind die erste Warnung bei Schulden.*
- ✗ *Die Überschuldung kann bis zum Verlust der Wohnung und der Arbeit führen.*

„Alles begann damit, dass ich meinen ersten eigenen Handy-Vertrag abgeschlossen habe. Nur 9 Euro Grundgebühr im Monat – und ein neues Gerät gab's billig dazu. Meine Freunde waren ganz schön neidisch! Doch leider habe ich nicht auf die hohen Minutenpreise geachtet. Weil die Abrechnung immer erst am Monatsende kam, habe ich ziemlich schnell die Übersicht verloren. Es wurden immer mehr Rechnungen und irgendwann war mein Konto überzogen. Das Geld, das ich als Azubi bekam, reichte einfach nicht mehr aus. Und dann habe ich mir noch den neuen Motorroller gekauft. „Ganz einfach mit niedrigen Raten" wie der Händler versprach. Als mein Konto nur noch in den Miesen stand, wurde es gesperrt. Da musste ich mir Geld von Freunden leihen. Ständig bekam ich Mahnungen, die habe ich irgendwann gar nicht mehr geöffnet. Tja, und dann kam Post vom Gericht. Der Roller wurde gepfändet, das Handy musste ich zurückgeben und die Schulden stottere ich noch in fünf Jahren ab. Meine Freunde sind total sauer, das ist vielleicht ein Ärger!"

3 Heikos Weg in die Schulden

Der Kreislauf der Schulden

Schulden führen bei den meisten Menschen dazu, dass sie sich schlecht fühlen. Doch wenn es ernst wird, können Schulden noch schlimmere Folgen haben **3**. Dies kann bis zum Verlust der Wohnung oder des Arbeitsplatzes führen.

4 Schuldenkreislauf

1 a) Erkläre mit eigenen Worten, wann jemand überschuldet ist.
b) Erkläre die Begriffe „Mahnung" und „Mahngebühr".

2 Untersuche Abbildung **2**.
a) In welcher Altersstufe gibt es die meisten, in welcher die wenigsten Überschuldeten?
b) Sucht Gründe, woran das liegen könnte. Tipp: Überlegt, welche Anschaffungen in welchem Alter getätigt werden!

3 a) Nennt die Gründe, die bei Heiko **3** zur Überschuldung geführt haben.
b) Was hätte Heiko besser machen sollen? Gebt ihm mindestens drei Tipps.
c) Erläutere, warum Freundschaften unter Schulden leiden können.

4 Entwickle ein anderes Beispiel für eine „Schuldenkarriere" wie die von Heiko **3**.

5 Erkläre vor dem Hintergrund von Heikos Weg in die Schulden **3**, warum Minderjährige keine Verträge abschließen dürfen.

6 Stellt Heikos **3** Schuldenkarriere in einem Schaubild dar.

Der Plan für meine Ausgaben

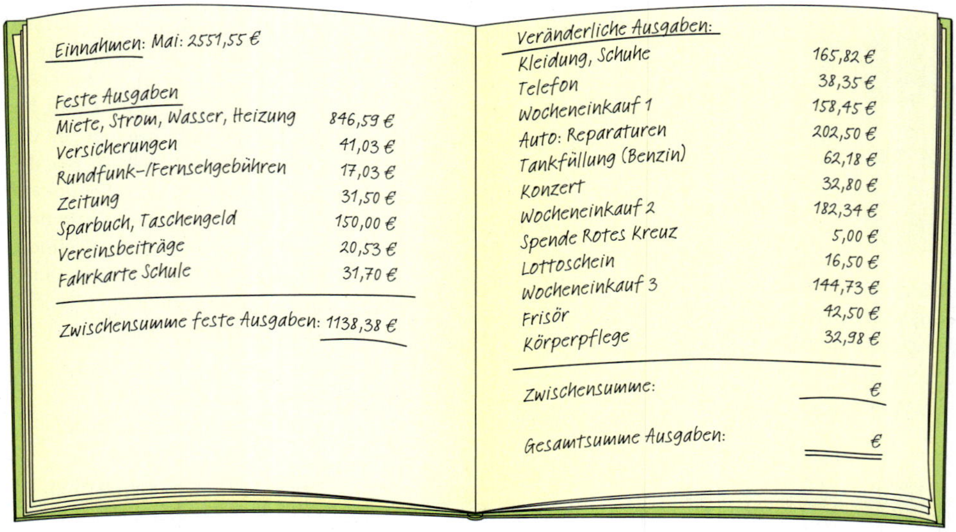

1 Ein Haushaltsplan hilft der Familie Schneider, feste und veränderliche Ausgaben im Blick zu behalten.

Schuldner/in: jemand, der Schulden hat

Gläubiger/in: jemand, bei dem ein anderer Schulden hat

In die Schuldenfalle gerät man oft schneller als gedacht. Gerade Jugendliche, die wenig oder kein ▷ Einkommen haben, geraten schnell in Schwierigkeiten. Doch auch Erwachsene mit einem festen Einkommen sind betroffen. Besonders wichtig ist es, sich einen Überblick über die Situation zu verschaffen. Daneben hilft es, mit anderen über die Lage zu sprechen.

Feste Ausgaben

Feste Ausgaben fallen regelmäßig an (z. B. monatlich, vierteljährlich). Hierzu gehören die Miete oder Versicherungsbeiträge. Je nach Größe des Haushalts und Höhe des Einkommens sind diese Ausgaben verschieden. Meist werden die Beträge regelmäßig vom Konto abgebucht.

Veränderliche Ausgaben

Veränderliche Ausgaben fallen einmalig oder unregelmäßig an. Es können z. B. Ausgaben für Reparaturen, Friseur oder Kleidung sein. Bei größeren Anschaffungen müssen wir immer wieder neu entscheiden, ob wir sie jetzt oder erst später tätigen wollen.

Überblick behalten!

Ein Haushaltsplan 1 hilft, den Überblick über unsere Einnahmen und Ausgaben zu behalten. So wissen wir immer genau, wie viel Geld wir noch ausgeben dürfen. Bei den festen Ausgaben lässt sich nur wenig sparen. Bei den veränderlichen Ausgaben können wir durch überlegtes und preisbewusstes Einkaufen Geld einsparen.

1 a) Erläutere den Unterschied zwischen festen und veränderlichen Ausgaben.
b) Erkläre, warum man bei veränderlichen Ausgaben besser sparen kann als bei festen Ausgaben.

2 a) Beurteilt, ob Familie Schneider 1 mit ihrem Einkommen auskommt.
b) Untersuche den Haushaltsplan 1 nach Einsparmöglichkeiten.

3 Führe selbst mindestens vier Wochen lang einen Haushaltsplan.
Haushaltsplan ej5z4v

4 a) Untersuche in deinem Haushaltsplan, wofür du am meisten

- *Feste Ausgaben kommen regelmäßig vor, veränderliche Ausgaben unregelmäßig.*
- *In einem Haushaltsplan werden alle Einnahmen und Ausgaben gegenübergestellt.*
- *Bei Schuldenproblemen hilft die Schuldnerberatung.*

Zu viele Schulden – was nun?
Wenn du Probleme durch zu hohe Schulden bekommst, hast du verschiedene Möglichkeiten: Versuche, so viel wie möglich zu sparen. Prüfe bei jeder neuen Anschaffung, ob sie wirklich nötig ist. Wenn nicht, verzichte darauf. Rede mit deinen Gläubigern. Vielleicht kannst du vereinbaren, die Schulden in kleineren Raten über einen längeren Zeitraum zurückzuzahlen.

Wenn gar nichts mehr geht
Wenn du deine Schulden gar nicht mehr zurückzahlen kannst, wende dich an die ▷Schuldnerberatung. Findet auch sie keine Lösung, bleibt als letzte Möglichkeit das **Verbraucherinsolvenz-Verfahren** 2 .

Finanzen im Griff?
Herr Stroh ist entsetzt. Gerade hat er einen Brief von seiner Bank erhalten. Sie teilt ihm mit, dass sein Konto überzogen ist und gesperrt wird. Er bekommt kein Geld mehr.

Was soll er nur machen? Die Raten von 800 Euro monatlich für den Kredit, den er über zwei Jahre abgeschlossen hat, kann er kaum noch bezahlen. Seinem Sohn hat er erst vor wenigen Tagen einen neuen Computer gekauft und er selbst braucht dringend ein neues Auto, denn mit dem alten kann er nicht mehr lange fahren. Und dann ist da noch die Bestellung der Videokamera beim Versandhaus …

3 Herr Stroh hat sich verkalkuliert.

die **Insolvenz**: Zahlungsunfähigkeit

1. Schritt: Einigung ohne Gerichtsverfahren
Schuldner und Gläubiger versuchen, sich außergerichtlich zu einigen (z. B. Raten werden gesenkt, Gläubiger verzichten auf einen Teil der Forderungen …). Hierbei kann ein/e Schuldnerberater/in helfen.
→ Zahlungen werden eingehalten → schuldenfrei

2. Schritt: Gerichtliche Einigung
Schuldner und Gläubiger einigen sich mit Hilfe eines Gerichts auf einen Plan zum Schuldenabbau.
→ Zahlungen werden eingehalten → schuldenfrei

↓ wenn die Gläubiger dem Plan nicht zustimmen

3. Schritt: Gerichtliches Insolvenzverfahren
Der Schuldner muss 6 Jahre lang alle pfändbaren Beträge seines Einkommens an die Gläubiger abgeben. Er darf nur behalten, was er dringend zum Leben braucht. Danach verfallen alle Restschulden.
→ Zahlungen werden eingehalten → schuldenfrei

2 Ablauf eines Verbraucherinsolvenz-Verfahrens

Infos und Links
Schuldnerberatung
34ru8f

Geld ausgibst (z. B. Süßigkeiten, Telefon, …). Stelle deine Ergebnisse in einem Diagramm dar.
b) Vergleicht eure Auswertungen und sucht Gemeinsamkeiten und Unterschiede.

5 **a)** Beschreibt den Ablauf einer Verbraucherinsolvenz 2.
b) Erläutert die Folgen einer Verbraucherinsolvenz für den Schuldner und den Gläubiger.

6 **a)** Analysiert, was Herr Stroh 4 anders hätte machen müssen.
b) Formuliert mindestens drei Tipps, wie Herr Stroh eine solche Situation vermeiden kann.

Eine Umfrage durchführen

1 Am Anfang ist es oft schwierig, fremde Menschen bei einer Befragung anzusprechen. Mit etwas Übung wird es aber viel einfacher.

Befragung zum Thema „Taschengeld"

1. Wie alt bist du? ______________ Jahre
2. Bekommst du Taschengeld? ◯ ja ◯ nein
3. Wenn ja, wie wird dein Taschengeld ausgezahlt?
◯ wöchentlich ◯ monatlich
◯ immer wenn ich etwas benötige
4. Wie viel Taschengeld bekommst du durchschnittlich im Monat? ______________ Euro
5. Welche Aussage passt besser zu dir?
◯ Ich komme gut mit meinem Taschengeld aus.
◯ Ich muss mir öfter Geld leihen.

2 Fragebogen für eine anonyme Umfrage zum Thema Taschengeld.

Info
Orientierungswerte für Taschengeld
5tn63s

Auch Jugendliche haben oft schon ein Einkommen: das Taschengeld. Sicher hast du dich schon oft gefragt, wie viel Taschengeld du im Vergleich zu anderen bekommst und welche Höhe in deiner Umgebung üblich ist. Um dies herauszufinden, bietet sich eine Umfrage an.

1. Schritt: Einen Fragebogen erstellen

Um einen Fragebogen zu erstellen müsst ihr euch zunächst darüber klar werden, **was ihr genau herausfinden möchtet.** Wollt ihr …
- die durchschnittliche Höhe des Taschengeldes wissen?
- wissen, wie hoch das Taschengeld in der jeweiligen Altersstufe ist?
- herausfinden, wann es ausgezahlt wird?
- wissen, wie eure Schulkameraden mit dem Taschengeld auskommen?

Je nach Fragestellung erarbeitet ihr einen Fragebogen 2. Danach müsst ihr überlegen, **wen ihr befragen möchtet**. Wollt ihr die Umfrage an eurer Schule machen oder darüber hinaus?

anonym: die Befragten müssen ihre Namen nicht angeben

2. Schritt: Die Umfrage durchführen

Nun geht es an die Arbeit: Führt die Befragung durch und haltet die Ergebnisse sorgfältig fest.

Alter	Taschengeld pro Monat	Durchschnitt
11 Jahre	9€, 11€, 12€, 14€, 15€, 17€	13,00€
12 Jahre	10€, 11€, 16€, 18€, 22€	15,40€
13 Jahre	12€, 15€, 18€, 22€, 24€, 26€	19,50€
14 Jahre	12€, 15€, 18€, 20€, 22€, 25€, 28€	20,00€
15 Jahre	10€, 25€, 30€, 33€	24,50€

3 Berechnung des Taschengeld-Durchschnitts

3. Schritt: Die Ergebnisse auswerten
Wertet die Fragebögen aus. Überlegt euch, wie ihr die Ergebnisse am besten darstellen könnt. Bei der Taschengeld-Umfrage ist es sinnvoll, die gesammelten Ergebnisse in einer Tabelle zusammenzustellen und dann die gesuchten Werte zu berechnen 3, 6.

4. Schritt: Die Ergebnisse darstellen
Stellt eure Ergebnisse in einer Grafik übersichtlich dar 4, 7. Präsentiert sie der Klasse und lasst euch eine Rückmeldung geben.

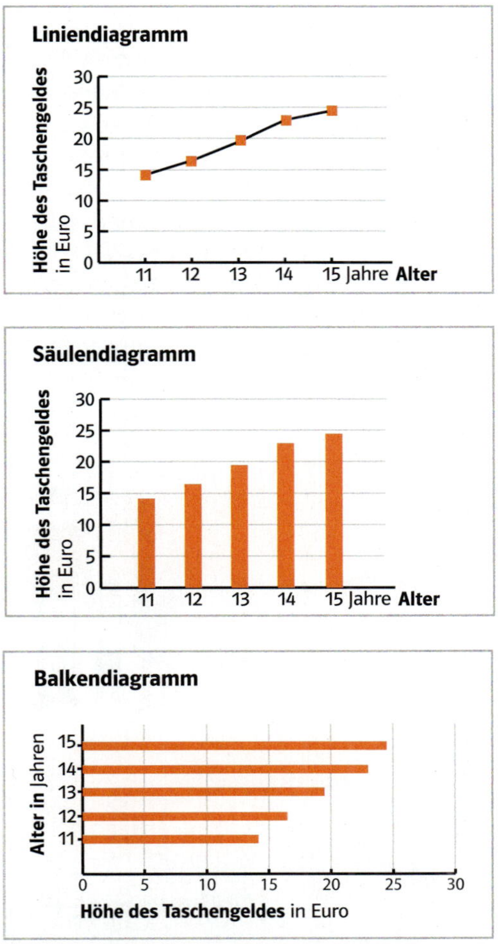

4 Einzelne Werte lassen sich gut in diesen Diagrammen darstellen.

Fragebogen erstellen
- Was wollt ihr wissen?
- Wen wollt ihr fragen?

↓

Befragung durchführen
- Ergebnisse ordentlich dokumentieren

↓

Ergebnisse auswerten
- Gesuchte Werte berechnen

↓

Ergebnisse darstellen
- Ergebnisse als Tabelle oder Diagramm darstellen
- Ergebnisse präsentieren

5 Ablaufschema einer Befragung

Anzahl der Befragten insgesamt:	28
Davon kommen mit ihrem Taschengeld	
gut aus:	18 (entspricht 64 %
nicht gut aus:	10 (entspricht 36 %

6 Berechnung der Anteile

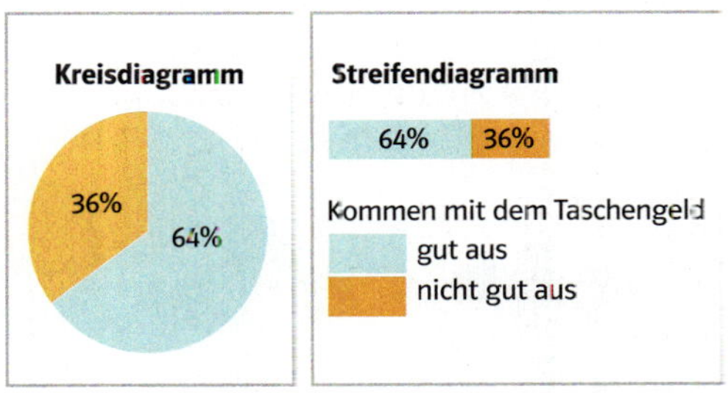

7 Diese Diagramme eignen sich, um Anteile darzustellen.

Konsum ohne Grenzen?

1 Lebensweg eines Computers

Umweltschutz ganz praktisch
- Mach das Licht aus, wenn du nicht da bist.
- Schalte Elektrogeräte ganz aus und lass sie nicht auf Standby.
- Schalte die Heizung nur an, wenn du sie wirklich brauchst.
- Benutze umweltschonende Verkehrsmittel (Bus, Fahrrad).
- Vermeide Abfall und trenne den Müll, der sich nicht vermeiden lässt.
- Kaufe Lebensmittel aus der Region, das spart Transportwege.
- Benutze Recycling-Papier.
- Spare Wasser: Dusche statt zu Baden.

2 Tipps zum umweltbewussten Verhalten

Beim Aufwachen klingelt der Radiowecker, wir schalten das Licht ein, waschen uns mit warmem Wasser, fahren im Winter die Heizung hoch, kochen uns einen Tee, toasten das Brot, fahren mit dem Auto zur Arbeit und schalten den Computer an. Alles, was wir tagtäglich benutzen, wurde aus Rohstoffen hergestellt. Die meisten Dinge brauchen zudem Energie. Konsum hält unsere Wirschaft in Schwung – er belastet aber auch unsere Umwelt.

Die Umwelt leidet

Wasser, Erdöl und Holz sind Beispiele für Rohstoffe, die für das Leben der Menschen wichtig sind. Ohne Erdöl gäbe es keine Kunststoffe – und wer hat nicht irgendetwas aus Plastik im Haus? Doch Rohstoffe sind nicht unbegrenzt vorhanden. Es gibt Berechnungen, nach denen Trinkwasser und Erdöl knapp werden. Außerdem hinterlassen wir Berge von Abfall und belasten die Luft mit Schadstoffen 3. Umweltschutz ist wichtig – und jeder kann etwas tun 2.

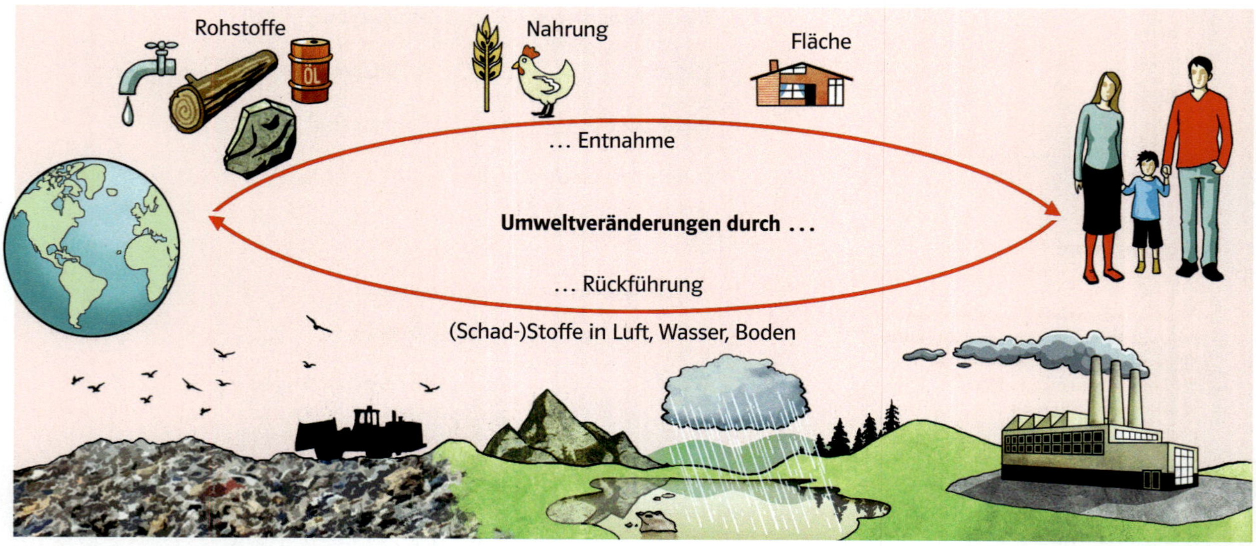

3 Unser Konsum hat Einfluss auf die Umwelt.

- Unser Konsumverhalten hat Auswirkungen auf die Umwelt und auf die Arbeits- und Lebensbedingungen in anderen Ländern.
- Durch bewusstes Konsumverhalten kannst du Einfluss auf Produktionsbedingungen nehmen.

„Im letzten Jahr arbeitete ich als Näherin in einer Fabrik. Ich sollte 1800 Taka (ca. 18 Euro) im Monat bekommen, aber ich bekam nur zwischen 1400 und 1600. Die Überstunden haben sie nicht bezahlt, wie es ausgemacht war. Meistens arbeite ich von 7 bis 19 aber auch ab und an bis 22 Uhr. Wir arbeiten auch in der Nacht. Ich arbeitete kürzlich sechs Nächte hintereinander mit einer kleinen Ruhepause von 3.30 bis 8 Uhr. Mein Magen und meine Augen schmerzten vor Anstrengung. Ich war todmüde. Wir wurden schwer bestraft für jeden Fehler. Der Vorarbeiter hat oft versucht, mich zu schlagen. Regelmäßig werde ich vom Aufseher heruntergemacht."

Quelle: Kampagne für ‚Saubere' Kleidung 2008: Wer bezahlt unsere Kleidung bei Lidl und Kik? (Text gekürzt)

4 Suhada (25 Jahre) aus Bangladesh berichtet.

5 Bei Fairtrade-Produkten wird auf gute Arbeitsbedingungen geachtet.

Die Welt und wir

Viele Waren, die wir konsumieren, werden in anderen Teilen der Welt hergestellt. Die Hersteller suchen dabei gezielt die Länder aus, in denen die Herstellungskosten am niedrigsten sind. Das hat Vorteile für die Käufer und die Hersteller der Waren: Viele Käufer wollen so wenig Geld wie möglich für eine Ware ausgeben. Sie suchen gezielt nach dem kleinsten Preis, sodass nur der billigste Anbieter auf dem Markt erfolgreich ist. Die Produzenten wiederum können höhere ▷ Gewinne erwirtschaften. Denn vom Verkaufspreis der Ware bleibt bei niedrigeren Kosten mehr Geld übrig.

Beispiel Textilproduktion

Ob Discounter-T-Shirt oder Markenjeans: Ein Großteil unserer Kleidung wird in Asien produziert. Die Armut dort zwingt die Menschen, jede Art von Arbeit anzunehmen, auch wenn die Arbeitsbedingungen sehr schlecht sind 4. In den letzten Jahren wurde in den ▷ Medien über die Produktionsbedingungen berichtet. Viele Konsumenten haben daraufhin bei den Herstellern protestiert, die Produkte nicht mehr gekauft oder sind auf ▷ Fairtrade-Waren 5 umgestiegen. Einige Hersteller haben schon auf Proteste reagiert und bessere Produktionsbedingungen versprochen.

1 a) Beschreibe den Lebensweg eines Computers 1 mit eigenen Worten.
b) Nenne Produkte, die einen ähnlichen Lebensweg haben.

2 👥 **a)** Beschreibt mit Hilfe der Grafik 3, welchen Einfluss der Konsum auf die Natur ausübt.
b) Erläutert am Beispiel des Computers 1, was aus der Natur entnommen und was zurückgeführt wird.

3 Welche Umweltschutz-Tipps 2 überzeugen dich? Begründe.

4 a) Beschreibe Suhadas 4 Arbeitsbedingungen.
b) Begründe aus Sicht der Käufer und der Hersteller von Kleidung, welche Vorteile die niedrigen Löhne haben.
c) 👥 Was könnt ihr als Konsumenten tun, um Suhadas Arbeitsbedingungen zu verbessern?

5 Sina: „Es wird nur angeboten, was nachgefragt wird. Käufer haben viel Einfluss auf die Produktionsbedingungen." Timo: „Die Hersteller machen doch was sie wollen, ich kann das doch gar nicht kontrollieren." Nimm Stellung.

6 👥 Recherchiert weitere Informationen über die Textilproduktion. Stellt eure Ergebnisse in einer Wandzeitung dar.
Links sk78i6

○ 1, 2 ◒ 3, 4 ● 5, 6

Abfall – Rest oder Rohstoff?

Infos und Links
Abfallentsorgung
5c56kv

1 „Hurra, wieder 2,5 Prozent höher!"

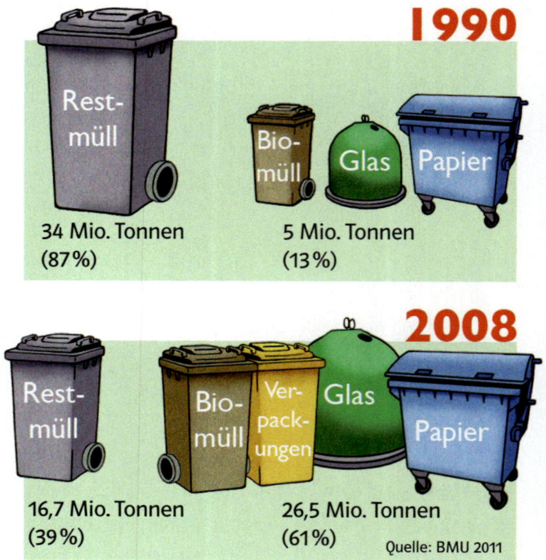

2 Haushaltsabfälle in Deutschland

Konsum hält unsere Wirtschaft in Schwung. Je mehr wir konsumieren, desto mehr Waren und Dienstleistungen werden produziert. Doch je mehr wir produzieren, desto mehr Abfall entsteht: bei der Produktion, beim Verkauf und wenn wir die Waren nicht mehr brauchen.

Entsorgung ist teuer!

Die Kosten der Abfall-Entsorgung hängen davon ab, wo wir wohnen und welche Menge an Abfall wir produzieren. Wer weniger Abfall produziert, braucht eine kleinere Mülltonne und kann Geld sparen.

Abfall vermeiden und reduzieren

Damit wir nicht immer mehr Abfall produzieren, haben sich Politik und Wirtschaft in Europa auf fünf Grundregeln geeinigt:

1. Abfälle vermeiden (z. B. weniger Verpackungsmaterial verwenden)
2. Abfälle wiederverwenden (z. B. mehrfache Nutzung von Flaschen 5)
3. Abfälle wiederverwerten (recyclen) (z. B. Recycling von Glas 4, Papier und Metall 3)
4. Sonstige Verwertung (z. B. Produktion von Wärme oder Strom durch Verbrennung)
5. Abfälle so beseitigen, dass für die Umwelt **keine Gefahr mehr von ihnen ausgeht.**

1 Beschreibe das in der Karikatur 1 angesprochene Problem.

2 Untersuche Abbildung 2:
a) Vergleiche die Gesamtmenge der Haushaltsabälle 1990 und 2008.
b) Beschreibe, wie das Recycling die Abfallmengen verändert hat.
c) Bewerte diese Entwicklung.

3 a) Erkläre den Unterschied zwischen Wiederverwendung und Wiederverwertung (Recycling) am Beispiel von Glas.
b) Erläutere mit eigenen Worten, wie Altglas recycelt wird 4.
c) „Das Recycling von Abfällen ist ein Erfolg." Beurteile die Aussage mit Hilfe der Grafik 3.

4 a) Befrage zwei Erwachsene zur Entsorgung von Haushaltsabfällen in deiner Stadt/Gemeinde. Finde heraus:
- Welche Abfälle werden getrennt gesammelt?
- Welcher Abfall wird wie entsorgt?
- Was kostet die Entsorgung?

- Die Menge des Abfalls ist in den letzten Jahrzehnten gewachsen.
- Die Abfallentsorgung verursacht hohe Kosten.
- Viele Abfälle sind wertvolle Rohstoffe und können wiederverwendet oder recycelt werden.

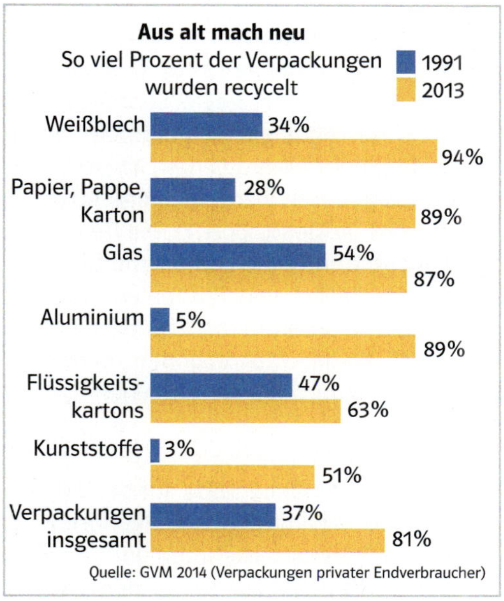

3 Das Recycling von Abfällen ist im „Kreislaufwirtschafts- und Abfallgesetz" vorgeschrieben.

4 1970 hat man mit dem Sammeln von Altglas begonnen. Mittlerweile werden 9 von 10 Flaschen aus Altglas hergestellt.

Verwerten statt entsorgen

In Deutschland werden Verpackungsabfälle getrennt gesammelt, um sie später einfacher recyceln zu können 3. Glas kommt in den Glascontainer, Karton und Papier in die Papiertonne, Dosen und Folien in den „Gelben Sack" oder die „gelbe Tonne". Gebrauchte Elektrogeräte können wir an Sammelstellen kostenlos entsorgen, Batterien oder Energiesparlampen dort abgeben, wo wir sie gekauft haben.

5 Mehrwegflaschen werden gesäubert und mehrmals befüllt. So entsteht weniger Abfall.

6 Wiederverwertbare Verpackungen sind mit dem „grünen Punkt" gekennzeichnet.

Starker Job
Fachkraft Kreislauf- und Abfallwirtschaft
m3u99k

b) Vergleicht eure Ergebnisse und präsentiert sie der Klasse auf einem Plakat.
c) Wie könnt ihr selbst zur Abfallreduzierung beitragen? Entwickelt eine Checkliste.

5 a) Recherchiert im Abfallkalender eurer Stadt oder Gemeinde, wo ihr die folgenden Abfälle entsorgen könnt: Altöl, Altkleider, Arzneimittel, Batterien, Bauschutt
b) Erstellt ein Infoblatt zur Abfallentsorgung mit den Ergebnissen aus den Aufgaben 4 und 5.

6 a) Recherchiert, wie hoch die Kosten der Abfallentsorgung an deiner Schule im Jahr sind.
b) Welche Maßnahmen könnte die Schule ergreifen, um den Abfall zu verringern? Erstellt eine Präsentation.

Heute für die Zukunft handeln

Nachhaltigkeit		
Umwelt Für kommende Generationen soll eine intakte (funktionierende und gesunde) Umwelt erhalten bleiben.	**Wirtschaft** Menschen und Unternehmen sollen so wirtschaften, dass eine dauerhafte Grundlage für Arbeit und Wohlstand geschaffen wird.	**Gesellschaft** Es soll auf Dauer ein gerechtes und lebenswertes Zusammenleben in der Gesellschaft erreicht werden.

1 Die drei Bereiche der Nachhaltigkeit

Ohne Öl, Eisen und andere Rohstoffe würde unsere Welt nicht funktionieren. Wir brauchen sie, um Güter und Energie zu produzieren. Doch Rohstoffe und Nahrungsmittel werden immer knapper. Damit steigt auch ihr Preis. Um langfristig auf der Erde leben zu können, müssen wir mit unseren Rohstoffen so haushalten, dass auch zukünftige Generationen gut leben können.

Nachhaltigkeit – was ist das überhaupt?

Schon vor zweihundert Jahren wussten die Förster etwas mit dem Begriff der Nachhaltigkeit anzufangen. Eine Regel lautete: „Schlage nur soviel Holz, wie nachwachsen kann! Nur so haben auch unsere Kinder noch einen Wald, von dem sie leben können." Nachhaltigkeit bedeutet also, dass wir unsere Wirtschaft und unser Zusammenleben so organisieren, dass die Erde auch in Zukunft ein lebenswerter Ort bleibt.

Beispiel Fischerei

Weltweit wird immer mehr Fisch gegessen. Er gilt als gesund und natürlich. Verbraucherinnen und Verbraucher wollen gerne billig einkaufen. Deshalb holen riesige Fangschiffe große Mengen an Fisch aus dem Meer. Durch die großen Mengen können die Fischereibetriebe trotz der niedrigen Preise einen Gewinn erwirtschaften. Doch die Zunahme in der Fischerei führt zu Problemen.

Fischfang und Umwelt

Die großen Fangmengen sind zu einer Bedrohung der Meere geworden: Die Hälfte aller Fischbestände gilt als gefährdet, denn es werden mehr Tiere aus dem Meer geholt, als geboren werden. Einige Arten sind bereits ausgestorben 2. Die **Überfischung** gefährdet die Lebensgrundlage von Tieren, die sich von Fischen ernähren. Einige Schiffe arbeiten mit Grundschleppnetzen 3, die den Meeresboden zerstören, der Lebensraum vieler weiterer Tiere ist.

Fischfang und Gesellschaft

Weniger als 2% aller Schiffe auf den Meeren sind große Fangschiffe. Sie gehören großen Fischereiunternehmen und fangen etwa die Hälfte aller Fische aus dem Meer. Die meisten anderen Schiffe gehören Fischern, die nur für sich und ihre Familien fangen. Sie leben vor allem in ärmeren Ländern in Afrika und Asien. Durch die Überfischung fangen auch sie weniger. Sie können ihre Familien nicht mehr ernähren und ziehen von der Küste weg, um anderswo Arbeit zu suchen. Da es aber auch dort wenig Arbeit gibt, führt dies in vielen Regionen der Erde zu weiterer Armut und Konflikten.

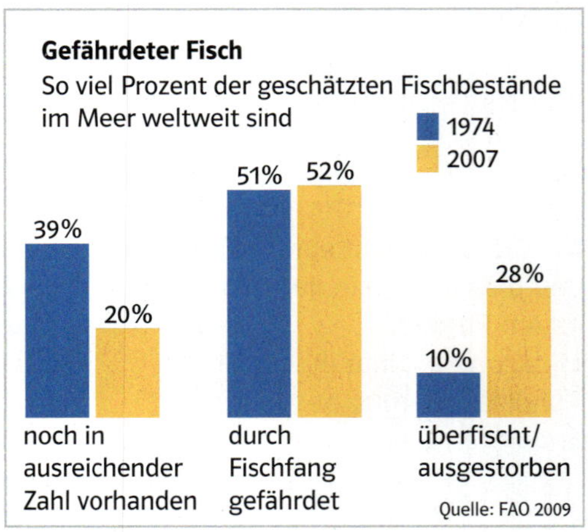

2 Fischfang – Umweltprobleme

- Nachhaltigkeit bedeutet so zu handeln, dass auch zukünftige Generationen gut auf der Erde leben können.
- Umwelt, Wirtschaft und Gesellschaft sind die drei Bereiche der Nachhaltigkeit.

Fischfang und Wirtschaft

Weil es immer weniger Fische gibt, fahren die Fangschiffe immer weiter aufs Meer hinaus. Es wird befürchtet, dass durch die Überfischung die Fangmengen in Zukunft zurückgehen werden. Dann können die Fischer weniger Gewinn erwirtschaften und Arbeitsplätze in der Hochsee-Fischerei fallen weg. Für die Verbraucher wird es dann teurer.

3 Grundschleppnetze zerstören den Meeresboden und holen große Mengen an Fisch aus dem Meer.

Frisches Gemüse das ganze Jahr?
Auch wenn bei uns im Winter keine Tomaten wachsen, können wir sie im Supermarkt kaufen. Sie kommen aus Ländern, in denen das Gemüse das ganze Jahr über reifen kann (z. B. Spanien). Doch dort ist das Wasser knapp. Wird es für den Gemüseanbau genutzt, fehlt es der Bevölkerung. Ein weiteres Problem sind die giftigen Pestizide (Pflanzenschutzmittel), die beim Anbau genutzt werden. Sie vergiften das Wasser und den Boden. Am Ende landen sie im Gemüse und auf unserem Teller. Viele Arbeiter bekommen sehr niedrige Löhne. Da sie oft keine Schutzkleidung tragen, werden sie häufig krank.

4 Gemüseproduktion in der Region Almeria (Spanien)

1 Beschreibe mit eigenen Worten, was „Nachhaltigkeit“ 1 bedeutet.

2 a) Erstelle eine Mind-Map, das die Auswirkungen der Überfischung auf die Umwelt, die Gesellschaft und die Wirtschaft zeigt.
b) Vergleicht eure Mind-Maps.

3 a) Erläutere, warum die Vorgehensweise in der Fischerei nicht nachhaltig ist.
b) Versetze dich in die Lage der großen Fischereiunternehmen und begründe, warum sie so handeln.

4 a) Nenne die Probleme, die beim Tomatenanbau 4 entstehen.
b) Beurteile, ob der Tomatenanbau nachhaltig ist. Begründe deine Einschätzung.

5 **a)** Erörtert, was ihr als Verbraucher tun könnt, um die Situation in der Fischerei (Gruppe A) und im Tomatenanbau (Gruppe B) zu verbessern.
b) Stellt euch eure Ergebnisse gegenseitig vor.

6 „Deutschland alleine kann das Problem der Überfischung nicht lösen. Wenn wir die Fische nicht aus dem Meer holen, dann tut es ein anderes Land.“ Nimm Stellung zu dieser Aussage.

7 Spielt das Fischereispiel.
Fischereispiel 9643si

○ 1 ◒ 2–4 ● 5–7

Wunsch und Wirklichkeit

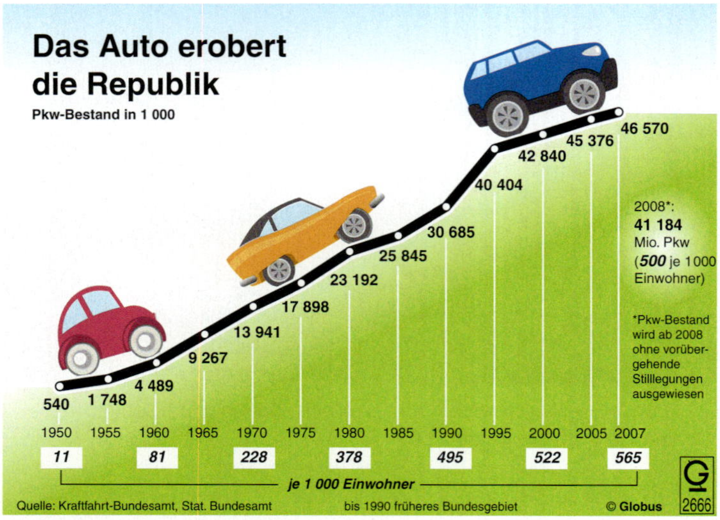

1 Das Jahrhundert des Autos

„Ein Leben ohne Auto? Das geht doch gar nicht. OK, für die Umwelt ist es nicht gut und teuer ist es auch, aber dafür muss ich nicht umständlich auf öffentliche Verkehrsmittel warten. Und ein Auto gehört heute doch zum Standard. Viele beneiden mich um meinen neuen Wagen. Ich hoffe nur, dass am Monatsende immer genug Geld übrig bleibt, um den Kredit zu bezahlen …"

2 Thomas berichtet über sein neues Auto.

Stell Dir vor, du hast den Wecker nicht gehört. Schon wieder kommst du zu spät in die Schule. Zum Glück sind deine Eltern noch nicht zur Arbeit gefahren. Du kannst sie davon überzeugen, dich zur Schule zu bringen. Da du heute Nachmittag noch zum Training musst, wirst du nach der Schule zum Sportverein gefahren. Obwohl Fahrradfahren billiger und besser für die Umwelt wäre: Dein Fahrrad bleibt heute daheim.

Denken und Handeln

Wir wissen, dass wir eigentlich nur Güter kaufen sollen, die wir uns auch leisten können. Wir wissen auch, dass einige Produkte Umweltprobleme verursachen oder unter schlechten Arbeitsbedingungen hergestellt werden. Wenn viele Menschen sie nicht mehr kaufen, würden sie irgendwann nicht mehr produziert. Als Verbraucherin oder Verbraucher verhalten wir uns aber nicht immer so, wie es „vernünftig" wäre. Dies betrifft nicht nur dich, sondern auch die Erwachsenen. Manchmal sind unsere Wünsche und Bedürfnisse stärker als unser Verstand. Deshalb sollten wir unseren Konsum immer hinterfragen.

Beispiel Auto

Für die Einkäufe, den Arztbesuch und den Urlaub – häufig wird das Auto benutzt. Die Zahl der Autos ist in den letzten Jahren deutlich angestiegen 1. Doch die Zunahme des Verkehrs hat große Teile der Natur zerstört. Wo früher Wälder und Felder waren, finden wir heute betonierte Straßen. Die Abgase der Autos schädigen die Umwelt 4.

Neue Wege gehen

Statt mit dem Auto zu fahren, können wir **öffentliche Verkehrsmittel** (Busse, Bahnen) benutzen. In manchen Städten nutzen Menschen zusammen ein Auto **(Carsharing)**. Und mit dem **Fahrrad** ist man manchmal sogar schneller als mit dem PKW. Alle Alternativen sind oft billiger als das Auto.

Beispiel Markenkleidung

Markenkleidung ist hip – und teuer. Gerade Jugendliche legen großen Wert auf Kleidung, die gerade „in" ist. Die Frage nach der Qualität, dem Geld oder den Produktionsbedingungen spielt oft keine große Rolle 3.

- *Menschen verhalten sich nicht immer „vernünftig“.*
- *Bei Konsumentscheidungen spielen unsere Wünsche oft eine größere Rolle als finanzielle, ökologische oder soziale Überlegungen. Deshalb sollten wir unseren Konsum hinterfragen.*

„Gestern habe ich mir eine neue Jeans gekauft. Eigentlich kann ich sie mir gar nicht leisten, aber ich musste sie einfach haben. Alle in meiner Clique haben dieses Modell. Ohne die Marke ist man doch sofort abgemeldet. Wenn ich als einzige eine No-Name-Hose trage, kann ich mich ja nirgendwo mehr blicken lassen! OK, die Qualität ist nicht so gut und sie wurde in Bangladesch genäht. Aber darauf kann ich doch keine Rücksicht nehmen!“

3 Lena hat eingekauft.

4 Auto fahren – ökologisch sinnvoll?

1 a) Beschreibe den Inhalt der Schaubilder 1 und 4.
b) Stelle die Vor- und Nachteile des Autofahrens in einer Tabelle zusammen.
c) Vergleicht Eure Ergebnisse und findet für die von euch genannten Nachteile Beispiele und Belege.

2 a) Nennt mindestens drei Alternativen zum Autofahren.
b) Vergleicht die Vor- und Nachteile der Alternativen mit denen des Autofahrens.

3 a) Untersucht die Aussagen von Thomas 2 und Lena 3:
- Welche Gründe sprechen gegen die Kaufentscheidung?
- Welche Gründe führten am Ende zum Kauf?

b) Wie hättest du entschieden? Begründe.
c) Vergleicht eure Ergebnisse.

4 Nennt weitere Beispiele für Situationen, in denen ihr auf eine Weise gehandelt habt, obwohl es auf eine andere Weise besser gewesen wäre. Beschreibt, welche Gründe für euer Handeln entscheidend waren.

5 a) Führt eine Umfrage zu dem Thema „Verkehrsmittel“ durch. Findet heraus, welche Verkehrsmittel die einzelnen Personen benutzen und aus welchen Gründen. Ihr könnt eure Lehrer befragen, aber auch Passanten, Einkäufer in einem Supermarkt usw. (Methode „Umfrage“: siehe S. 43).
b) Präsentiert eure Ergebnisse.

6 Diskutiert die Frage, unter welchen Bedingungen in Zukunft mehr Menschen in eurer Stadt auf die Nutzung des eigenen Autos verzichten würden. Was müsste sich ändern? Erstellt eine Liste.

○ 1–3 ◒ 4, 5 ● 6

Eine Kaufentscheidung vorbereiten

1 Große Auswahl – schwierige Entscheidung

Kriterien: Merkmale, Eigenschaften

Eine größere Anschaffung, z. B. ein Fahrrad oder einen Computer, macht man nicht jeden Tag. Eine gute Vorbereitung hilft dir, das Produkt auszuwählen, das für deine Bedürfnisse das Richtige ist.

1. Schritt: Produktwunsch klären

Überlege dir zuerst, welche Merkmale dir bei deinem neuen Computer wichtig sind. Frage Freunde oder Bekannte, die vor kurzem einen Computer gekauft haben, worauf sie geachtet haben. Stelle eine Checkliste zusammen, in die du deine Überlegungen einträgst. Ergänze sie mit offenen Fragen, die du noch klären willst 2.

2. Schritt: Informationen beschaffen

Fülle deine Checkliste jetzt mit konkreten Angeboten, sodass du immer den Überblick behältst. Informationen findest du

- in Zeitungen und Werbebeilagen: Hier gibt es oft Angebote großer Händler.
- bei Fachhändlern: Sie können offene Fragen klären und mögliche Alternativen zu deinem Wunschcomputer aufzeigen.
- im Internet: Hier solltest du immer genau prüfen, von wem eine Information kommt. Information und Werbung lassen sich oft nur schwer auseinanderhalten.
- in Test-Zeitschriften: Hier findest du unabhängige Produktvergleiche 3.
- bei der Verbraucherzentrale: Sie berät in Verbraucherfragen (siehe Seite 24).

	mein Wunsch	Tipps von ...	Händler X	Händler Y
Prozessor				
Arbeitsspeicher				
Grafikkarte				
Festplatte				
Energieverbrauch				
Preis				

Fragen:
Welche Software wird mitgeliefert?
Welcher Service wird angeboten?
Wo wurde der Computer hergestellt?
Preisvergleich Komplettpaket/einzelner PC?

2 Eine Checkliste hilft dir, den Überblick zu behalten.

test Notebooks 8 / 2010

www.test.de	Preis in Euro ca.	Rechenleistung	Handhabung	Display	Akku	Vielseitigkeit	Umwelteigenschaften	test-QUALITÄTSURTEIL
Gewichtung		30 %	20 %	15 %	15 %	10 %	10 %	100 %
Acer Aspire Timeline 5820TG-334G50Mn	815	++	○	○	+	+	+	GUT (2,1)
Samsung R580-Hawk	810	++	+	○	○	+	+	GUT (2,1)
Asus N61JV-JX007V	820	++	○	○	○	○	+	GUT (2,3)
Packard Bell EasyNote TM86-JO-070GE	800	++	+	○	○	+	+	GUT (2,3)
Toshiba Satellite L505-138	700	++	+	○	○	○	+	GUT (2,3)
Lenovo 3000 G560 Art.-Nr. M272BGE	695	++	+	○	○	○	+	GUT (2,4)
Dell Inspiron 1564 Art.-Nr. N0056412	780	++	+	○	○	○	○	GUT (2,5)
HP Pavilion dv6-2120eg	700	++	+	○	⊖*)	++	○	BEFRIEDIGEND (2,9)
Sony Vaio VPCEB1S1E/BJ	780	++	+	○	⊖*)	+	+	BEFRIEDIGEND (2,9)

Bewertungsschlüssel der Prüfergebnisse: ++ = Sehr gut (0,5–1,5). + = Gut (1,6–2,5). ○ = Befriedigend (2,6–3,5). ⊖ = Ausreichend (3,6–4,5). — = Mangelhaft (4,6–5,5). **Bei gleichem Qualitätsurteil Reihenfolge nach Alphabet.**
***) Führt zur Abwertung.**

3 In Test-Zeitschriften werden verschiedene Produkte nach den gleichen Kriterien untersucht.

3. Schritt: Auswahlkriterien einschränken
Werte nun deine Informationen aus: Welche Dinge sind dir bei deinem Kauf besonders wichtig (Qualität, Ausstattung, Umweltfreundlichkeit ...)? Wie viel Geld hast du zur Verfügung? Vergleiche deine Kriterien mit den Angeboten. Wenn du dich einschränken musst, überlege:
- Welche Mindestanforderungen sollte der neue Computer auf jeden Fall erfüllen?
- Auf welche Anforderungen könntest du verzichten?

4. Schritt: Ergebnisse auswerten
Schaue die Checkliste und das gesammelte Material vor deiner Kaufentscheidung noch einmal in Ruhe an. Vergleiche die Angaben sorgfältig und überlege, welches Angebot deinen Wünschen und Möglichkeiten am besten entspricht. Streiche die Angebote durch, die überhaupt nicht in Frage kommen. Wäge bei den anderen die Vor- und Nachteile ab. Wenn du dich schwer entscheiden kannst, markiere in der Checkliste alle Merkmale mit einem Plus oder Minus – das Angebot mit den meisten Pluszeichen könnte dein neuer PC sein.

Produktwunsch klären
- Was möchte ich kaufen?
- Welche Eigenschaften sollte das Produkt haben?

↓

Informationen beschaffen
- Werbung, Zeitungen, Testzeitschriften, Verbraucherzentrale, Internet ...

↓

Auswahlkriterien einschränken
- Was ist mir besonders wichtig?
- Was ist mir nicht wichtig?

↓

Ergebnisse auswerten
- Welches Angebot passt am besten zu meinen Vorstellungen?

4 Ablaufschema einer Kaufentscheidung

Starker Job
Kauffrau/-mann Groß- und Außenhandel
8gq5ha

Starker Job: Kauffrau/-mann Groß- und Außenhandel
Kaufentscheidungen zu treffen gehört zu unseren täglichen Aufgaben. Wir kaufen Waren im In- und Ausland ein und verkaufen sie an Handels-, Handwerks- und Industrieunternehmen weiter. Dabei beraten wir unsere Kunden über die Eigenschaften der Waren und sorgen dafür, dass sie zur richtigen Zeit an den richtigen Ort geliefert werden.

1 a) Erstelle eine eigene Checkliste 2 mit Kriterien, die dir bei einem Computerkauf wichtig sind. Tipp: Ihr könnt auch eine Checkliste für ein anderes Produkt erstellen. Sprecht euch in der Klasse ab.
b) Unterstreiche die Kriterien, die für dich am wichtigsten sind.
c) Vergleicht, welche Kriterien ihr unterstrichen habt und begründet eure Entscheidung.

2 a) Bei einem Computer geht es oft um die Ausstattung und den Preis. Welche Kriterien sind beim Kauf von Lebensmitteln oder Kleidung wichtig? Erstellt eine Tabelle.
b) Vergleicht eure Kriterien und ergänzt eure Listen.

3 Frau Schusch ist Einkäuferin bei der Firma Glaubinger. Sie soll Angebote für 1500 Werbeflyer einholen, die im nächsten Monat gedruckt werden sollen (4farbig, 135 Gramm-Papier in DIN A4, 6 Seiten Zickzack-Falz). Sucht nach geeigneten Angeboten, vergleicht sie und gebt Frau Schusch eine Kaufempfehlung.

○ 1 ◒ 2 ● 3

Konsum und seine Folgen

🌐 **Bogen zur Selbsteinschätzung**
ph6f5z

1 Beantworte die folgenden Aufgaben. Die Buchstaben ergeben in der richtigen Reihenfolge ein Lösungswort.

Das Fairtrade-Siegel bekommen Produkte …	
a) … bei denen die Arbeiter gute Arbeitsbedingungen hatten.	U
b) … die besonders umweltfreundlich produziert wurden.	P
Ein Haushalt ist überschuldet …	
a) … wenn Schulden gemacht werden.	A
b) … wenn die Schulden mit dem vorhandenen Einkommen nicht zurückgezahlt werden können.	M
Die drei Bereiche der Nachhaltigkeit sind …	
a) … Wirtschaft, Umwelt und Gesellschaft.	W
b) … Bedürfnis, Bedarf und Konsum.	R
Die Neuproduktion von Glasflaschen aus Altglas nennt man …	
a) … Wiederverwendung	S
b) … Wiederverwertung	E
Feste Ausgaben sind …	
a) Ausgaben, die unregelmäßig anfallen	B
b) Ausgaben, die regelmäßig anfallen	L
Passwörter sollte man …	
a) … nicht im Computer speichern.	T
b) … unter „Eigene Dateien" auf der Festplatte speichern.	E

2 Schreibe die Sätze vollständig in dein Heft. Finde das Lösungswort, indem du die in Klammern angegebenen Buchstaben des fehlenden Wortes aneinandersetzt.

a) Bei einer Kaufentscheidung erstellt man eine C _ _ _ _ L _ _ _ _ (10), in der alle Überlegungen zum Produkt aufgelistet sind.
b) Wenn sich mehrere Menschen ein Auto teilen, nennt man das C _ _ S _ _ _ _ _ _ (8).
c) _ A _ _ _ _ _ _ _ _ K _ _ _ (1) bedeutet, so zu handeln, dass auch zukünftige Generationen gut auf der Erde leben können.
d) Die Ü _ _ _ _ _ _ _ _ _ _ G (11) ist ein großes Problem, das durch den industriellen Fischfang verursacht wird.
e) Ein H _ _ _ _ _ _ _ _ P _ _ _ (2) hilft dir, den Überblick über deine Einnahmen und Ausgaben zu behalten.
f) Viele Abfälle sind R _ _ _ _ O _ _ _ (3), die wiederverwendet oder recycelt werden können.
g) Wenn eine Rechnung nicht bezahlt wird, bekommt der Käufer eine _ _ H _ _ _ _ (1) (Zahlungsaufforderung) zugeschickt.
h) Die letzte Möglichkeit bei Überschuldung ist die Verbraucher-I _ _ _ _ V _ _ _ (7).
i) Vor allem bei Handyverträgen sollte man auf die F _ _ _ _ K _ _ _ _ _ (11) achten.

Lösungswort: _ _ _ _ _ _ _ _ _ _

3 a) Beschreibe die Karikatur 1 und erläutere, welches Problem dargestellt wird.
b) Wie ist deine eigene Meinung zum dargestellten Problem? Nimm Stellung.
c) Lies die „Weisheiten der Indianer" 2 und fasse die Kernaussagen zusammen.
d) Formuliere drei Sätze, die die Indianer den auf der Karikatur abgebildeten Menschen sagen könnten.

1

„Erst wenn der letzte Baum gerodet, der letzte Fluss vergiftet, der letzte Fisch gefangen ist, werdet ihr feststellen, das man Geld nicht essen kann."

„Ihr plündert die Wälder, den Boden, ihr verschwendet die natürlichen Brennstoffe, als käme nach euch keine Generation, die all dies ebenfalls braucht."

2 Weisheiten der Indianer

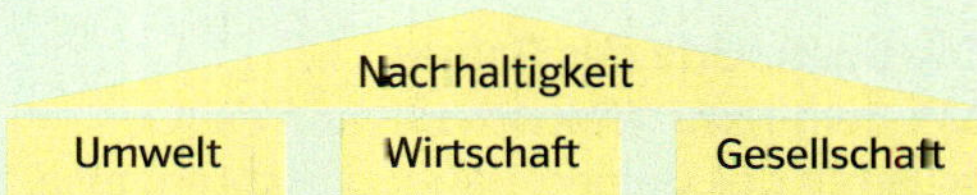

3

4 Viele Menschen und Staaten setzen sich für mehr Nachhaltigkeit ein. Zu welchen Bereichen der Nachhaltigkeit 3 gehören die folgenden Maßnahmen? Erstelle eine Tabelle und ordne zu.

Bekämpfung der Armut – Schutz der Tiere – Bezahlung fairer Löhne – Pflanzenschutz – Ausgleich zwischen Arm und Reich – Gesundheitsschutz am Arbeitsplatz - Verbot von giftigen Pflanzenschutzmitteln

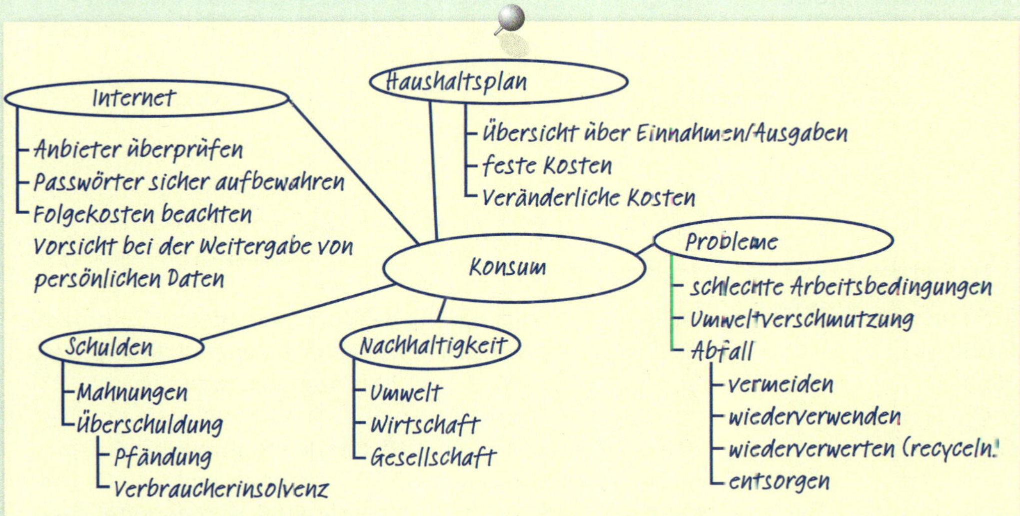

4 Diese Begriffe solltest du kennen.

Mit dem Tausch fing alles an

1 Unterschiedliche Arten von Geld

Geld ist für uns eine Selbstverständlichkeit. Wir nutzen es jeden Tag. Kinder und Jugendliche bekommen Taschengeld, Erwachsene haben ein ▷ Einkommen. Doch unser Geld ist meistens knapp. Wir müssen genau überlegen, was wir uns kaufen wollen.

Die Geschichte des Geldes

Bargeld: Münzen und Scheine

Mit dem **Naturaltausch** begann die Geschichte des Geldes. Dabei tauschten unsere Vorfahren Nahrungsmittel oder Kleidung. Schwierigkeiten entstanden, wenn man sich nicht auf den Wert einer Ware einigen konnte oder benötigte Dinge gerade nicht zum Tausch angeboten wurden. Deshalb schuf man ein Zwischentauschmittel, das **Naturalgeld**. Gewürze, Perlen oder wertvolle Steine dienten als Naturalgeld und konnten später dann gegen benötigte Waren eingetauscht werden.

Vom Metall zur Münze

Häufig dienten Metalle wie Kupfer, Gold und Silber als Naturalgeld. Dieses Geld war haltbar und gut zu transportieren. Der Wert wurde durch das Gewicht bestimmt. Da nicht überall eine Waage zur Verfügung stand, wurden **Münzen** geprägt, die gleich aussahen und immer das gleiche Gewicht hatten. Sie mussten nicht mehr gewogen, sondern konnten abgezählt werden. Später wurde **Papiergeld** hergestellt, um das aufwändige Zählen von Münzen zu verkürzen und das Gewicht zu reduzieren.

Zahlen ohne Geld?

Heute bezahlt man oft ohne Bargeld mit einer Girocard (früher: EC-Karte), einer Kreditkarte oder mit einer Überweisung. Hierzu benötigt man ein Konto bei einer Bank oder einer Sparkasse. Das Geld bei der bargeldlosen Zahlung nennt man **Buchgeld**.

1 a) Erkläre den Begriff Tauschhandel mit eigenen Worten.
b) Nenne Probleme, die beim Tauschhandel auftauchen können.
c) Erläutere die Vorteile des Münzgeldes gegenüber dem Naturalgeld.

2 Ordne den Fotos in Abbildung 1 die folgenden Begriffe zu: Buchgeld, Naturalgeld, Münzgeld, Papiergeld.

3 a) Zeichne ein Schaubild, das die Entwicklung des Geldes vom Naturalgeld zum Buchgeld zeigt.
b) Begründe für jeden Schritt aus Aufgabe 3 a, warum diese Entwicklung stattgefunden hat.

4 Nennt jeweils ein Beispiel für Situationen, in denen Geld als Tauschmittel, Rechenmittel oder Wertspeicher genutzt wird.

- *Ursprung unseres heutigen Geldes ist das Naturalgeld.*
- *Heute bezahlen wir mit Bargeld (Münzen und Scheinen) oder Buchgeld (bargeldlos).*
- *Geld dient als Tauschmittel, als Rechenmittel und als Wertspeicher.*

Mit Geld rechnen

Egal, welchen Weg wir bei der Bezahlung wählen, unser Geld hat einen einheitlich festgelegten Wert und es wird weltweit anerkannt. Wir tauschen unser Geld gegen Güter und Dienstleistungen aller Art und nutzen es als **Tauschmittel**.
Der Wert einer Ware ist durch ihren Preis genau festgelegt. Mit Hilfe des Geldes als **Rechenmittel** können wir den Wert der Waren miteinander vergleichen. Ein Handy kann 200 Euro kosten, einen MP3-Player bekommt man schon für 30 Euro. Der MP3-Player ist weniger „wert" als das Handy.

Geld als Wertspeicher

Auch nach Jahren kann ich Geld, das ich gespart habe, ausgeben. Geld ist haltbar. Deshalb sagt man auch: „Geld wird nicht schlecht". Und doch bekommen wir nicht immer gleich viele Waren oder Dienstleistungen für unser Geld. Sinken die Preise, können wir mehr für unser Geld kaufen. Steigen die Preise, können wir uns weniger leisten. Verliert Geld über einen längeren Zeitraum an Wert, nennt man dies **Inflation**.

Tauschhandel: Ware gegen Ware
Stell dir vor, du lebst an einem Ort, an dem es kein Geld gibt. Alle Dinge, die man besitzen möchte, muss man tauschen. Du möchtest ein Holzbrett zur Reparatur deiner Hütte haben. Lars hat dieses Brett und möchte dafür fünf Kaugummis haben. Jens hat diese Kaugummis und möchte dafür fünf Schrauben haben. Lara hat ganz viele Schrauben. Sie ist bereit, fünf Schrauben für eine Tafel Schokolade zu tauschen. Zum Glück besitzt Du eine Tafel Schokolade …

2 Probleme beim Tauschhandel

5 a) Beschreibt am Beispiel eines Einkaufs in einem Geschäft, wie das bargeldlose Bezahlen genau abläuft.
b) Erläutere die Unterschiede zwischen dem bargeldlosen Bezahlen im Geschäft und dem Bezahlen im Internet.

6 a) Wie kommst du an das Holzbrett? Zeichne die im Text 2 beschriebenen Tauschvorgänge auf.
b) Wie viele Tafeln Schokolade müsstest du besitzen, wenn du 15 Kaugummis oder 4 Holzbretter erhalten möchtest?
c) Erläutere, warum der Tauschhandel so umständlich ist. Wie könntest du schneller an dein Holzbrett kommen? Begründe deine Einschätzung.
d) Vergleicht eure Ergebnisse.

Kaufen mit System

Max ist Bergsteiger. Nach einer Bergtour hat er großen Durst und sein Magen knurrt. Er muss sich eine Fahrkarte für den Zug nach Hause kaufen. Außerdem würde er gerne ein Buch lesen, dass er am Bahnhof kaufen könnte. Und seiner Freundin hat er versprochen, einen Blumenstrauß mitzubringen. Auf dem Weg in die Gaststätte schaut er in seinen Geldbeutel: Er hat nur noch 50,– €. Für alles wird das nicht reichen …

Getränke	**Speisen**	**Blumenstrauß**
Wasser 1,0 l 2,– € Cola 0,5 l 2,50 €	Steak 7,50 € Omelett 3,50 € Paar Wiener 2,90 €	Klein 5,50 € Mittel 9,50 € Groß 15,00 €
Lesen Buch 12,95 € Taschenbuch 7,95 € Zeitschrift 2,– €	**Fahrkarte** Normal 27,– € Schnellzug 35,– € ICE 39,– €	

1 Wie würdest du entscheiden?

Als Konsument triffst du ständig Entscheidungen. Und das ist nicht immer einfach: Was soll ich kaufen? Was ist mir besonders wichtig, was weniger? Worauf kann ich eher verzichten?

maximal: größtmöglich
minimal: kleinstmöglich
ökonomisch: wirtschaftlich

Maximal oder Minimal?

Grundsätzlich haben wir zwei Möglichkeiten, unsere Mittel (unser vorhandenes Geld) einzusetzen:

1. Wir versuchen, mit den vorhandenen Mitteln das größtmögliche Ziel anzustreben – also so viele Bedürfnisse wie möglich zu befriedigen. Dieses Prinzip nennt man **Maximalprinzip**.
2. Wir versuchen, für unser Ziel möglichst wenig Mittel einzusetzen. Diese Vorgehensweise nennt man **Minimalprinzip**.

Geburtstagsfeier mit Prinzip

Konrad und Lena 2 handeln nach unterschiedlichen ökonomischen Prinzipien: einmal nach dem Minimal-, einmal nach dem Maximalprinzip. Doch beide kommen ans Ziel.

2 Lena und Konrad planen ihre Geburtstagsparty.

Um herauszufinden, ob jemand nach dem Minimalprinzip oder nach dem Maximalprinzip handelt, musst du dich fragen, welche Größe gegeben ist.
Ist das Mittel (z. B. eine bestimmte Menge Geld) angegeben und wird das Ziel (z. B. die Menge an Gütern) gesucht, wird nach dem Maximalprinzip gehandelt. Steht das Ziel fest und wird nach den benötigten Mitteln gesucht, wird nach dem Minimalprinzip gehandelt.

- *Maximalprinzip: Mit den gegebenen Mitteln ein größtmögliches Ziel erreichen.*
- *Minimalprinzip: Ein bestimmtes Ziel mit möglichst wenig Mitteln erreichen.*

Tim versucht, sich mit möglichst wenig Arbeitsaufwand auf die nächste Klassenarbeit vorzubereiten.

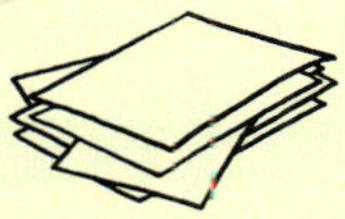

Die Schreinerei „Holzwurm" versucht, beim Bau von 100 Nistkästen möglichst wenig Holz zu verbrauchen.

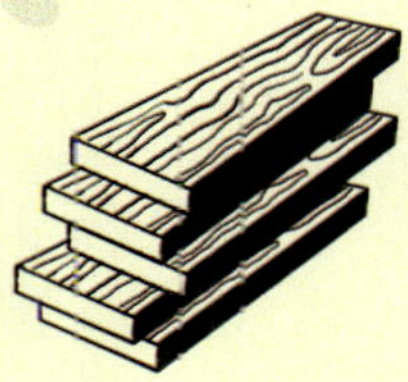

Ein Autofahrer versucht, mit einem Tankinhalt möglichst viele Kilometer zu fahren.

Die Unternehmerin Britta Heinemann wählt beim Kauf eines Lieferwagens aus mehreren ähnlichen Modellen das Fahrzeug mit dem geringsten Benzinverbrauch aus.

Rainer versucht, durch den Vergleich von Preisen den Lebensmittelbedarf seiner Familie so preiswert wie möglich zu decken.

Maria Schröder versucht, mit dem festen Haushaltsgeld ihrer Familie möglichst viele Wünsche erfüllen zu können.

Herr Fritsche vergleicht mehrere Angebote für einen Laserdrucker. Er wählt das Angebot mit dem günstigsten Preis.

3 Minimalprinzip oder Maximalprinzip?

1 Lies dir die Geschichte von Max **1** durch.

a) Nenne Max' Bedürfnisse.

b) Wie würdest du an Max' Stelle entscheiden? Erstelle eine Rangliste und begründe deine Entscheidung.

c) Vergleicht eure Ranglisten. Welche Gemeinsamkeiten und Unterschiede gibt es? Einigt euch auf eine gemeinsame Rangfolge.

d) Stellt eure Rangfolge der Klasse vor und begründet, warum ihr so entschieden habt.

2 a) Wurde bei den Situationen in Abbildung **3** das Minimalprinzip oder das Maximalprinzip angewendet? Ordne die Situationen dem jeweiligen Prinzip zu.

b) Vergleicht eure Lösungen und begründet, warum ihr so entschieden habt.

3 Beschreibe jeweils zwei weitere Situationen, in denen nach dem Minimalprinzip und nach dem Maximalprinzip gehandelt wird.

4 Konrad **2** wettet mit Lena: „Wetten dass ich mit meinem Prinzip weniger Geld ausgeben werde als du und trotzdem mehr anbieten kann?" Hat er Recht? Nimm Stellung zu der Wette.

○ 1 ◒ 2, 3 ● 4

Wie groß ist unser Fußabdruck?

1 So kommt unser Fußabdruck zustande. Jeder Mensch in Deutschland benötigt 5,1 Hektar zum Wohnen, Essen, Fortbewegen und Konsumieren.

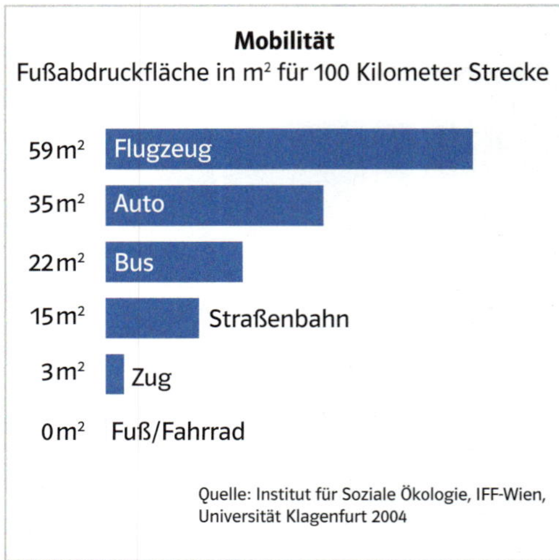

2 Fußabdruckfläche unterschiedlicher Transportmittel

Du bist einer von sieben Milliarden Menschen auf der Erde. Wir alle wollen essen, wohnen, uns fortbewegen und vieles mehr. Alles, was wir verbrauchen, muss von der Natur produziert werden. Doch die Fläche, die uns auf unserer Erde zur Verfügung steht, ist begrenzt. Gerade in Deutschland verbrauchen wir sehr viele ▷ Ressourcen: Wenn alle Menschen auf der Erde so leben würden wie wir, brauchten wir 2,8 Erden!

Was ist ein ökologischer Fußabdruck?

5,1 Hektar sind so viel wie sieben Fußballfelder.

Wir Menschen benötigen viel Fläche: Für die Produktion von Nahrungsmitteln und Kleidung, für die Holzgewinnung oder für Straßen und Wohnungen. Außerdem benötigen wir Energie und Rohstoffe für unsere Konsumgüter. Und unser Abfall muss auch irgendwo hin 1. Die Fläche, die jeder Mensch benötigt, nennt man „ökologischer Fußabdruck". Je mehr Rohstoffe und Güter wir verbrauchen, umso größer ist unser Fußabdruck.

Leben auf großem Fuß

Die nutzbare Fläche auf der Erde ist begrenzt. Rechnerisch hätte jeder Mensch 1,9 Hektar Fläche für seinen „Fußabdruck" zur Verfügung. Der ökologische Fußabdruck eines Menschen in Deutschland ist aber 5,1 Hektar groß 1. Ganz eindeutig: Wir leben über unsere Verhältnisse.

1 a) Erkläre mit eigenen Worten, was der „ökologische Fußabdruck" ist.
b) Erläutere, wo das Problem liegt, wenn der Fußabdruck der Deutschen größer ist als die, Fläche die uns zur Verfügung steht.

2 a) Bildet Expertengruppen, die sich jeweils mit einer Abbildung (2, 3 oder 4) beschäftigen. Beantwortet die folgenden Fragen und erstellt ein Infoblatt:
- Was benötigt am wenigsten Fläche, was am meisten?
- Welche Tipps zur Verkleinerung eures „ökologischen Fußabdrucks" könnt ihr aus der Abbildung ableiten?

b) Stellt eure Ergebnisse der Klasse vor.
c) Erstellt eine Liste mit Ideen, worauf man im Alltag achten sollte, um den „ökologischen Fußabdruck" möglichst klein zu halten.

- *Der „ökologische Fußabdruck" ist eine Methode, mit der die Fläche berechnet wird, die wir Menschen für unser Leben benötigen.*
- *In Deutschland benötigen wir mehr Fläche, als wir zur Verfügung haben.*

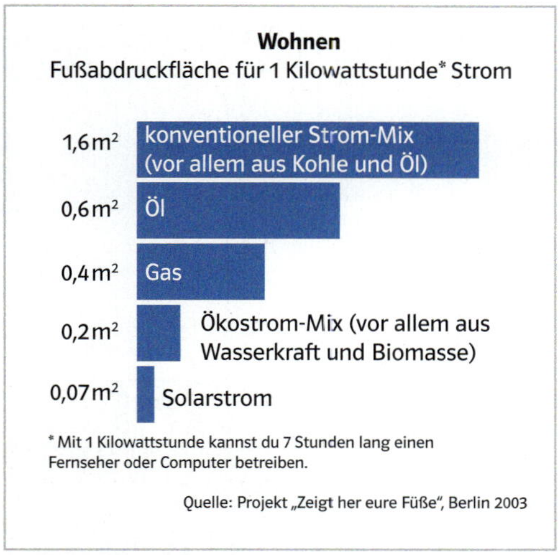

3 Fußabdruckfläche unterschiedlicher Energieträger

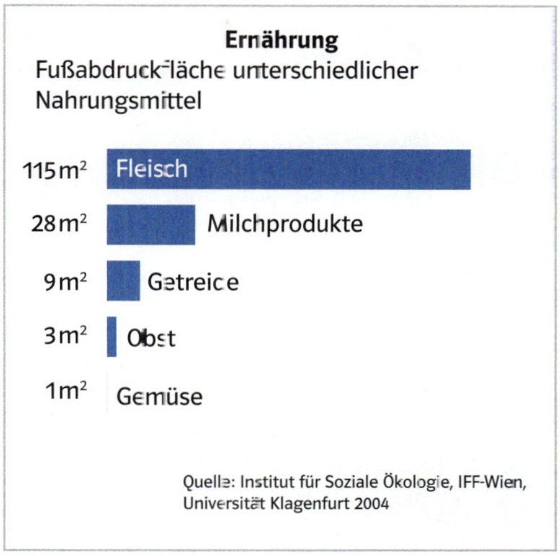

4 Fußabdruckfläche unterschiedlicher Nahrungsmittel

Mobilität

Flugzeug oder Auto, Fahrrad oderBus? Urlaub in Deutschland oder Fernreise nach Asien? Einen großen Teil unseres Fußabdrucks macht der Transport aus. Dabei verbrauchen wir unterschiedlich viel Fläche, je nachdem, wie weit wir reisen und mit welchem Verkehrsmittel wir 2.

Wohnen

Je mehr Personen in einem Haushalt leben, desto weniger Fläche benötigen sie durchschnittlich. Es muss also pro Person weniger beleuchtet oder geheizt werden. Auch die Wahl des Energieträgers 3 hat Einfluss auf die Umweltfreundlichkeit unseres Wohnstils.

Ernährung

Jeden Tag Fleisch – oder geht's auch mal vegetarisch? Für die Fleischproduktion wird sehr viel mehr Fläche benötigt als für die Produktion von Gemüse. Die Wahl unserer Lebensmittel 4 entscheidet über ein Drittel unseres Fußabdrucks.

Konsumgüter

Immer alles nagelneu oder darf es auch mal Secondhand sein? Je nachdem wie viel wir konsumieren, werden viel oder wenig Rohstoffe, viel oder wenig Energie usw. verbraucht. Für unsere Erde macht das einen großen Unterschied.

3 **a)** Berechne deinen eigenen „ökologischen Fußabdruck" und werte das Ergebnis aus.
b) Vergleicht eure Fußabdrücke. Untersucht, woher die Unterschiede kommen.
Fußabdruckrechner i84z4v

4 **a)** Beobachtet vor einem Supermarkt, mit welchem Verkehrsmittel die Menschen zum Einkaufen fahren. Fertigt eine Strichliste an, wertet die Ergebnisse aus und stellt sie grafisch dar.
b) Welche Rückschlüsse kannst du auf den ökologischen Fußabdruck der Menschen ziehen?

5 Vergleiche die Fußabdrücke der Menschen aus unterschiedlichen Ländern. Was fällt dir auf?
Fußabdruckvergleich a259c9

3 Leben und arbeiten

Die meisten Menschen in Deutschland gehen einer geregelten Arbeit nach. Wie diese Arbeit aber genau aussieht, ist sehr unterschiedlich. Welche Arbeitszeiten und Tätigkeiten sind vereinbart? Gerade rund um das Thema Arbeit gibt es zahlreiche gesetzliche Regelungen, die Arbeitnehmer und Arbeitgeber einhalten müssen.

Ich werde …
- ✗ unterschiedliche Formen von Arbeitsverhältnissen kennen lernen.
- ✗ Unternehmensformen unterscheiden.
- ✗ wissen, wie ein Unternehmen aufgebaut ist.
- ✗ mich mit Jugend-, Arbeits- und Kündigungsschutzgesetzen auseinandersetzen.
- ✗ wissen, wie Mitbestimmung in einem Unternehmen funktioniert.

Wusstest du, dass …
- Arbeitnehmerinnen und Arbeitnehmer in vielen Punkten mitbestimmen können, was in einem Unternehmen passiert?
- auch eine Kapitalgesellschaft aus Menschen besteht?
- die zwischenmenschlichen Beziehungen einen großen Einfluss auf den Erfolg eines Unternehmens haben?

Immer voll beschäftigt?

Herr Schröder hat seinen ersten Arbeitstag bei der neuen Firma. Als Bürokaufmann mit fünf Jahren Berufserfahrung ist er ein Glücksfall für seinen neuen Arbeitgeber. Er freut sich auf seine Arbeit. Ein Jobwechsel ist heute nichts Ungewöhnliches mehr.

Arbeiten früher und heute

Vor 30 Jahren war das Ziel vieler Menschen, einen **Vollzeitarbeitsplatz** zu bekommen, den sie bis zu ihrer Rente behalten. Vollzeit arbeiten bedeutet, dass die volle Wochenarbeitszeit (normalerweise zwischen 35 und 40 Stunden) das ganze Jahr hindurch gearbeitet wird, außer an Urlaubs- und Krankheitstagen 2.

Teilzeit arbeiten

Heute gibt es neben der Vollzeitarbeit viele verschiedene Arten von Arbeitsverhältnissen. Von **Teilzeit** spricht man, wenn Arbeitnehmer und Arbeitgeber vereinbaren, dass nur ein Teil der vollen Arbeitszeit gearbeitet wird. Bei einer 50%-Stelle wird beispielsweise nur die Hälfte der üblichen Arbeitszeit für die Hälfte des Lohns einer Vollzeitstelle gearbeitet 2.

Geringfügig Beschäftigte

Wer durchschnittlich unter 400 Euro im Monat verdient, gilt als geringfügig beschäftigt. Geringfügig Beschäftigte müssen keine ▷ Steuern und ▷ Sozialversicherungsbeiträge bezahlen, die sonst vom Lohn abgezogen werden. Arbeitgeber bezahlen nur eine geringe Pauschale.

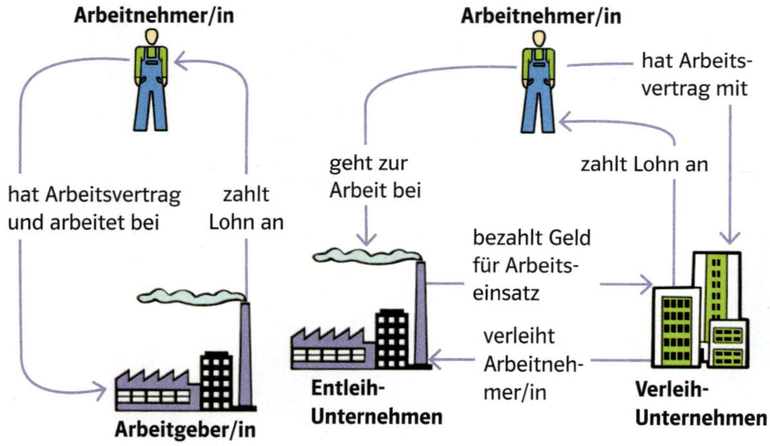

1 „Normales" Arbeitsverhältnis (links) und Zeitarbeit (rechts)

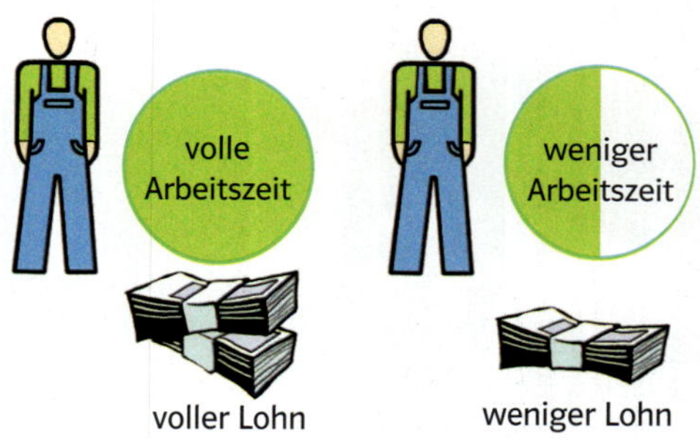

2 Vollzeitarbeit (links) und Teilzeitarbeit (rechts)

1 a) Erklärt euch gegenseitig die Begriffe Vollzeitarbeit, Teilzeitarbeit, Zeitarbeit, Telearbeit, befristete Beschäftigung und geringfügige Beschäftigung. Einigt euch auf eine Erklärung und schreibt sie auf.
b) Viele Eltern möchten berufstätig sein, aber trotzdem Zeit für die Familie haben. Welche Arbeitsmodelle sind gut für die Vereinbarkeit von Familie und Beruf? Begründe.

2 a) Vergleicht die Arbeitsmodelle aus Aufgabe 1 und erläutert die Vor- und Nachteile für
- die Arbeitnehmerinnen und Arbeitnehmer (Gruppe 1)
- die Arbeitgeberinnen und Arbeitgeber (Gruppe 2)

b) Sammelt die Vor- und Nachteile beider Gruppen in einer Übersicht.
c) Präsentiert die Ergebnisse.

3 a) Beschreibe mit Hilfe der Abbildung 3, wie sich die „atypische Beschäftigung" zwischen 2008 und 2010 verändert hat.
b) Nenne mögliche Ursachen für diese Entwicklung.
c) Stelle Vermutungen an, warum es mehr Frauen als Männer in „atypischen Arbeitsverhältnissen" gibt.

- *Es gibt unterschiedliche Formen von Arbeitsverhältnissen, z. B. Vollzeitarbeit, Teilzeitarbeit, Zeitarbeit, befristete Beschäftigung, geringfügige Beschäftigung und Telearbeit.*
- *Die Art der Beschäftigung hat großen Einfluss auf das Leben der Menschen.*

Zeitarbeit – wechselnde Arbeitsstätten

Bei der Zeitarbeit werden Arbeitnehmer von ihrem Zeitarbeitsunternehmen für einen bestimmten Zeitraum an ein anderes Unternehmen ausgeliehen und arbeiten in diesem Unternehmen 1.

Andere Bezeichnungen für **Zeitarbeit:** Leiharbeit, Personalleasing, Arbeitnehmerüberlassung

Arbeitsverträge auf Zeit: Befristungen

Im Arbeitsvertrag kann festgelegt sein, dass das Arbeitsverhältnis nur einen bestimmten Zeitraum dauert – also befristet ist. Nach Ende der Frist endet das Arbeitsverhältnis automatisch.

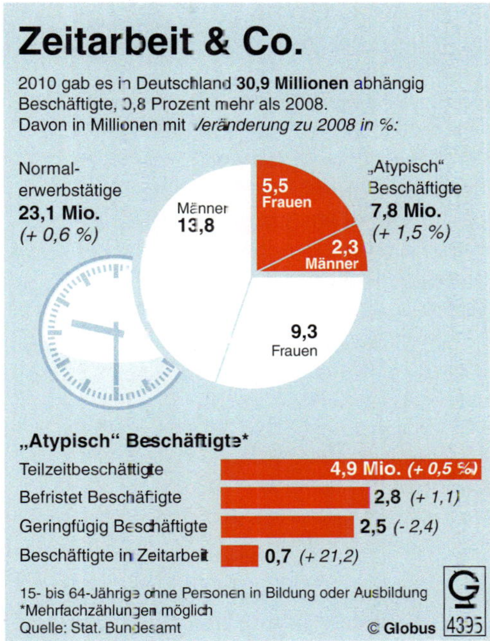

3 Mehr atypisch Beschäftigte

Telearbeit – Arbeitsplätze anderswo

Telearbeit bedeutet, dass Angestellte ganz oder teilweise außerhalb der Gebäude des Arbeitgebers arbeiten, z. B. zu Hause am Computer. Durch moderne Kommunikationsmittel wie Computer, Internet und schnelle Telefonverbindungen ist Telearbeit heute gut möglich.

Telearbeit wird oft auch Homeoffice genannt.

Flexibilität – Wichtig für Unternehmen

Unternehmen stehen unter einem hohen Konkurrenzdruck. Sie müssen dann produzieren, wenn ihre Güter nachgefragt werden. Was gestern „out" war, kann heute schon „in" sein – und dann werden neue Mitarbeiter gebraucht. Doch was ist, wenn das Geschäft wieder abflaut? Unternehmen wollen Beschäftigte möglichst nur einsetzen, wenn entsprechende Arbeit vorliegt.

Flexible Arbeits- und Freizeit

Auch Angestellte wünschen sich Flexibilität. Sie wollen stärker selbst entscheiden, wann und wie lange sie arbeiten. Die Arbeit ist für sie wichtig, soll aber nicht ihr ganzes Leben bestimmen. Eltern möchten einen größeren Teil ihrer Zeit mit der Familie verbringen. Viele Menschen engagieren sich ehrenamtlich, andere wollen Zeit haben, um ihr Leben zu genießen.

4 Viele Arbeitgeber bieten jungen Beschäftigten häufig nur befristete Verträge an. Erläutert, welche Folgen das für die Lebensplanung von 20- bis 30-Jährigen hat.

5 Flexibel sein zu können, bedeutet für Arbeitgeber und Arbeitnehmer etwas anderes. Erläutere diese Unterschiede.

6 a) Schreibe fünf Berufe auf, in denen Telearbeit möglich ist und fünf, in denen sie nicht möglich ist.
b) Vergleicht eure Ergebnisse und begründet eure Auswahl.

7 Beschreibe, welches Arbeitsmodell du dir für deine berufliche Zukunft vorstellen kannst und Begründe deine Auswahl.

8 Nachdem eine Vollzeit-Mitarbeiterin in einem Büro in Rente gegangen ist, ersetzt der Arbeitgeber die Stelle durch zwei geringfügig Beschäftigte. In Phasen mit viel Arbeit wird eine Zeitarbeitskraft beschäftigt. Erläutere, was diese Entscheidung für den Betrieb, die geringfügig Beschäftigten und die anderen Kollegen in der Abteilung bedeutet.

○ 1 ◒ 2–7 ● 8

Warum wir arbeiten

1 Was am Arbeitsplatz wichtig ist

Ein Leben ohne Arbeit? Für viele Menschen ist das unvorstellbar. Sie verdienen mit Arbeit den Lebensunterhalt für sich und ihre Familien. Sie wollen arbeiten, um (gut) zu leben und sich Wünsche erfüllen zu können 1. Ein Stellenwechsel hat oft große Auswirkungen auf die Lebensumstände. Der Kreis der Menschen, mit denen wir viel (Arbeits-)Zeit verbringen, ändert sich. Freundschaften werden gelöst und neue geknüpft.

Als Ingenieurin in einem großen Maschinenbauunternehmen leite ich seit 6 Monaten ein Team zur Entwicklung neuer Maschinen. Diese Arbeit macht mir viel Spaß, auch wenn häufig Überstunden anfallen. Dafür werde ich aber auch gut bezahlt und der Führungsjob hat ein gutes Ansehen. Der Wechsel zur neuen Firma ist mir erst sehr schwer gefallen, vor allem, weil ich in eine andere Stadt umziehen musste. Ich habe 15 Jahre in meinem alten Betrieb gearbeitet und hatte dort viele Freunde. Aber diese Karrierechance konnte ich mir nicht entgehen lassen. Glücklicherweise sind die Kolleginnen und Kollegen hier auch sehr nett.

2 Frau Öztürk, 40 Jahre

Ich arbeite bei einem großen Chemieunternehmen. Da meine beiden Kinder seit der Trennung von meiner Frau bei mir leben, arbeite ich seit einem Jahr nicht mehr in der Produktion im Schichtdienst, sondern nur noch fünf Stunden vormittags in der Verwaltung. So habe ich Zeit für meine Kinder und die Hausarbeit. Da ich jetzt weniger verdiene, ist allerdings das Geld immer sehr knapp.

3 Herr Peters, 35 Jahre

1 a) Nenne drei Angaben aus der Abbildung 1, die auch für dich wichtig wären. Welche zwei sind dir am wenigsten wichtig?
b) Vergleicht eure Ergebnisse. Begründet eure Entscheidungen.
c) Erstellt eine Rangfolge der Meinungen für eure Klasse.

2 Bildet 4er-Gruppen. Teilt die Texte 2 – 5 unter euch auf.
a) Lies deinen Text durch und
- nenne die Gründe, warum die Person diese Arbeit ausübt.
- beschreibe, welche Einschränkungen sie in Kauf nimmt.
- beurteile, wie zufrieden die Person mit ihrer Arbeit ist.

b) Stellt euren Gruppenmitgliedern eure Ausarbeitung vor und vergleicht eure Ergebnisse.
c) Stellt in einem Schaubild dar, was bei der Arbeit zur Zufriedenheit und Unzufriedenheit beiträgt.

- *Menschen arbeiten aus unterschiedlichen Gründen.*
- *Ein Arbeitsplatzwechsel oder Arbeitsplatzverlust kann große Auswirkungen auf die Lebensumstände der Betroffenen und ihrer Familien haben.*

Geld ist nicht alles

Das Einkommen ist ein Grund, warum Menschen mit ihrer Arbeit zufrieden sind oder nicht. Daneben spielen viele weitere Gründe eine Rolle 1. Der Beruf bestimmt häufig das **Ansehen** eines Menschen. Arbeit ermöglicht **Kontakte** und hilft bei der **Entfaltung der Persönlichkeit**. Sie strukturiert den Alltag, veranlasst die Menschen aktiv zu sein. Sie gibt ihnen das Gefühl, etwas zu leisten und unabhängig zu sein. Das Leben kann durch Arbeit sinnvoller erscheinen. Der Verlust der Arbeit ist deshalb für viele Menschen besonders schlimm. Sie verlieren nicht nur ihr beisheriges Einkommen, sondern oft auch ihr Ansehen.

Starker Job: Personaldienstleistungskauffrau/-kaufmann
„Meine Aufgabe ist es, geeignetes Personal für unterschiedliche Unternehmen auszuwählen. Ich vergleiche die Kenntnisse und Fähigkeiten der in Frage kommenden Personen mit den Anforderungen der Stelle, denn hier muss alles gut zusammenpassen. Daneben erstelle ich Arbeitsverträge und Verdienstabrechnungen."

Starker Job
Personaldienstleistungskauffrau/-kaufmann
m5w487

Vor einem Jahr bin ich als Mechaniker arbeitslos geworden und habe nun eine neue Beschäftigung bei einer Zeitarbeitsfirma gefunden. Zwei oder drei Wochen arbeite ich in einem Betrieb und wechsele dann in einen anderen. Auf diese Weise habe ich viele Firmen kennen gelernt. Einen neuen Dauerarbeitsplatz habe ich aber noch nicht gefunden. Ich vermisse meine alten Kollegen. Immer wieder muss ich mich auf neue Menschen einlassen, die mich nicht als vollwertigen Kollegen behandeln. Ich finde es ungerecht, dass ich als Leiharbeiter weniger Geld verdiene als die ▷ Stammarbeiter. Aber die Arbeit ist mir wichtig und ich bin nicht von staatlicher Unterstützung abhängig.

4 Herr Lang, 45 Jahre

Meine Ausbildung zur Zahnarzthelferin habe ich noch abgeschlossen, nach der Geburt meine Kinder aber keine Stelle in meinem Beruf gefunden. Jetzt habe ich einen 400-Euro-Job in einem Supermarkt, aber glücklich bin ich damit nicht. Es ist eine sinnvolle Aufgabe, ich habe Kontakt zu Menschen und verdiene etwas hinzu. Viel lieber würde ich aber wieder in „meinem" Beruf arbeiten und mehr zur Familienkasse beitragen.

5 Frau Kneer, 26 Jahre

3 a) Nenne Gründe, warum Menschen den Arbeitsplatz, den Arbeitgeber, den Beruf oder den Wohnort wechseln müssen.
b) Beschreibt an mindestens zwei Beispielen, welche positiven und negativen Folgen eine berufliche Veränderung für die Betroffenen und ihre Familien haben kann.

4 a) Führe eine Befragung bei Verwandten und Bekannten durch. Finde heraus, was ihnen am Arbeitsplatz besonders wichtig ist. (Methode Befragung: siehe S. 48)
b) Wertet eure Ergebnisse aus und stellt sie übersichtlich dar.
c) Vergleicht eure Ergebnisse mit der Abbildung 1.

5 Schreibe eine Geschichte, wie es im Leben der betroffenen Personen weitergeht und wie sie sich wahrscheinlich fühlen.
a) Frau Öztürks 2 Firma verliert einen großen Auftrag. Sie wird entlassen.
b) Herr Lang 4 erhält einen festen Arbeitsvertrag als Mechaniker.

Beschaffen – herstellen – verkaufen

1 Secil und Mirco wollen die Klassenkasse durch einen Sandwichverkauf beim Schulfest auffüllen.

Um mit ihrem Sandwich-Stand erfolgreich zu sein, müssen Secil und Mirco 1 viel organisieren und einige Fragen klären. Wie bei einem richtigen Betrieb geht es dabei um die **betrieblichen Grundfunktionen**: Beschaffung, Produktion und Absatz 2.

Beschaffung: Was brauchen wir?

Um mit der Produktion beginnen zu können, muss vieles beschafft werden:

- **Betriebsmittel:** Anlagen und Maschinen, die für die Produktion notwendig sind.
- **Werkstoffe:** ▷ Rohstoffe, ▷ Betriebsstoffe und ▷ Hilfsstoffe für die Produktion.
- **Arbeitskräfte:** Jeder Betrieb braucht geeignetes Personal.
- ▷ **Kapital:** Benötigtes Geld, z. B. für die Anschaffung neuer Maschinen.

Da Betriebsmittel, Werkstoffe und Arbeitskräfte bei jeder Produktion benötigt werden, nennt man sie **betriebliche Produktionsfaktoren**.

Produktion: Wie produzieren wir?

Die Produktion wird genau geplant: Sollen nur Einzelstücke mit Handarbeit in einer Werkstatt hergestellt werden oder viele gleiche Produkte automatisiert am Fließband? Die Anzahl der gleichen Produkte entscheidet, ob die Produktion in **Einzelfertigung** 3, **Serienfertigung** 4 oder **Massenfertigung** 5 am besten ist.

Absatz: Wie und an wen verkaufen wir?

Jedes Unternehmen will seine Produkte oder Dienstleistungen gewinnbringend verkaufen. Deshalb ist es wichtig, schon vor Beginn der Produktion eine **Marktanalyse** zu machen. Dabei werden Informationen über die ▷ Zielgruppe, aber auch über die Konkurrenz herausgefunden. Mit diesen Informationen werden alle weiteren **Marketing-Maßnahmen** 6 festgelegt.

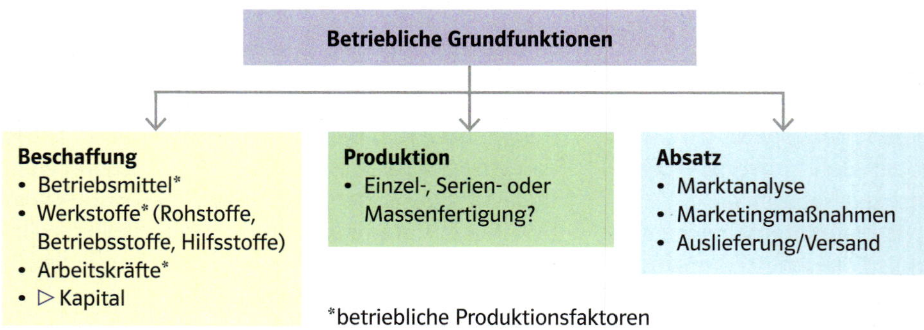

2 Betriebliche Grundfunktionen

- *Beschaffung, Produktion und Absatz sind die betrieblichen Grundfunktionen.*
- *Betriebliche Produktionsfaktoren sind Arbeitskräfte, Betriebsmittel und Werkstoffe.*
- *Produkte werden in Einzelfertigung, Serienfertigung oder Massenfertigung hergestellt.*

3 Bei der Einzelfertigung wird immer nur eine „Einheit" des Erzeugnisses hergestellt. Meist sind es Auftragsproduktionen.

4 Bei der Serienfertigung werden über einen bestimmten Zeitraum gleichartige Produkte in Serie produziert. Danach wird ein anderes Produkt gefertigt.

5 Bei der Massenfertigung werden über einen langen Zeitraum große Mengen des gleichen Produkts hergestellt.

Produktpolitik
Wie soll das Produkt genau beschaffen sein, damit es bei den Kunden gut ankommt?
→ Qualität, Design, Funktionen, Service?

Preispolitik
Wie viel darf das Produkt kosten?
→ Preise, Rabatte, Sonderpreise?

Kommunikationspolitik
Wie kommen die Kunden an Informationen über das Produkt?
→ Werbung in Zeitungen/Fernsehen/Radio/Internet, Probieraktionen?

Vertriebspolitik
Über welchen Weg kommen die Produkte zu den Kunden?
→ Verkauf über eigene Geschäfte, den Handel, auf Märkten, im Internet?

6 Über die vier Bereiche des Marketings (Marketing-Mix) muss sich ein Unternehmen Gedanken machen.

1 a) Nenne die betrieblichen Grundfunktionen.
b) Beschreibe, welche Überlegungen Secil und Mirko 1 für die betrieblichen Grundfunktionen in ihrer Schülerfirma anstellen müssen.

2 a) Listet betriebliche Produktionsfaktoren für folgende Betriebe in einer Tabelle auf: Schreinerei – Frisör – Bekleidungsboutique – Blumengeschäft.
b) Stellt euch gegenseitig eure Ergebnisse vor und fasst sie in einer Tabelle zusammen.

3 Ordne jeweils eine Fertigungsart (3 – 5) für die folgenden Produkte zu: Einbauküche, Gummibärchen, Zucker, Blumenstrauß, rote T-Shirts.

4 Vergleicht die Marketingmaßnahmen 6 von zwei Erfrischungsgetränken. Stellt eure Ergebnisse übersichtlich dar.

5 Nimm Stellung zu der folgenden Aussage: „Ohne das notwendige Kapital kann ein Unternehmen nicht lange existieren."

6 Nenne die wichtigsten betrieblichen Produktionsfaktoren für die folgenden Unternehmen: Versicherung, Bauunternehmen, landwirtschaftlicher Betrieb mit Viehzucht.

Organisation ist alles

1 Das Team von der Baustelle

die **Hierarchie**: Über- und Unterordnung von Personen (Rangordnung)

Wenn auf einer Straße die Fahrbahn erneuert wird, entfernen Arbeiter den alten Straßenbelag. Andere verteilen und planieren die neue Teerdecke. Von außen sehen wir oft nur einen kleinen Teil einer Produktion. Meistens sind jedoch viel mehr Menschen beschäftigt, als wir denken 1.

Wer ist wem zugeordnet?

Durch die **Aufbauorganisation** eines Unternehmens ist festgelegt, wer für welche Aufgaben verantwortlich ist. Außerdem beantwortet sie die Frage, wer wem Anweisungen geben darf und wer Verantwortung für bestimmte Arbeitsergebnisse trägt.
Die Aufbauorganisation wird durch ein **Organigramm** dargestellt. Je weiter oben eine Person angesiedelt ist, desto mehr hat sie „zu sagen" 2.

Hierarchie: Oben und unten

Viele Unternehmen sind **hierarchisch** aufgebaut. „Oben" wird bestimmt, was „unten" gemacht wird. Doch dieser Aufbau hat Nachteile:

- Wichtige Entscheidungen brauchen viel Zeit, da viele Stellen „durchlaufen" werden müssen.
- Die Mitarbeiter in den „unteren" Abteilungen haben wenig Verantwortung, was bei vielen Menschen die ▷ Motivation senkt.

Geschäftsführung:
Herr Walker

- Kaufmännischer Bereich:
  Frau Walker
  - Einkauf:
    Herr Neumann
    Frau Kowalski*
  - ▷ Buchhaltung:
    Frau Giese
  - Personal:
    Frau Schmidke
  - Marketing/Werbung:
    Frau Gross
    Herr Kock*
  - Kundenberatung/Verkauf:
    Herr Schmidke
  - Auslieferung:
    Herr Bönner
- Technischer Bereich:
  Herr Giese
  - Möbelproduktion:
    Herr Lieber (Meister)
    Herr Kowalski
    Frau Schneider
    Herr Kall*
    Frau Rabe*
  - Innenausbau:
    Herr Brettschneider (Meister)
    Herr Gross
    Frau Gessmann
    Herr Yilmaz*

*Personen in Ausbildung
fett gedruckt: **Abteilungsleiter/innen**

2 Organigramm der Schreinerei Walker

- *Organigramme verdeutlichen die Aufbauorganisation eines Unternehmens.*
- *Moderne Unternehmen arbeiten häufig teamorientiert.*
- *Ein gutes Betriebsklima fördert den Unternehmenserfolg.*

Teamorientierter Unternehmensaufbau

Heute arbeiten die Menschen häufig in Teams mit Mitarbeitern aus unterschiedlichen Abteilungen 3. Bei der Teamarbeit werden alle stärker an Entscheidungen beteiligt, müssen aber auch mehr Verantwortung für die Ergebnisse übernehmen.

Informelle Organisation

Neben den beruflichen Beziehungen gibt es in einem Unternehmen **zwischenmenschliche Beziehungen**. Manche Personen haben einmal gemeinsam in einer Abteilung gearbeitet, andere sind verwandt, befreundet oder spielen im gleichen Fußballverein. Sie informieren sich gegenseitig über Dinge, die sie aus dem offiziellen beruflichen Zusammenhang nicht erfahren würden. Manchmal tragen sie zwischenmenschliche Konflikte in den Arbeitsalltag hinein.

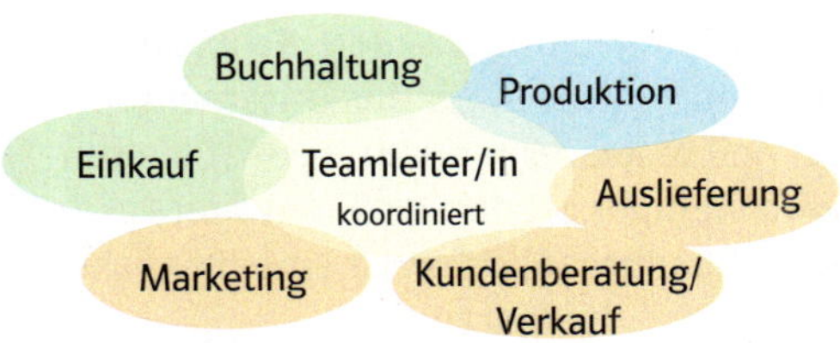

3 Teamorientierte Organisation

Das Klima muss stimmen

Die informelle Organisation hat großen Einfluss auf das **Betriebsklima**, also die Stimmung in einem Unternehmen. Dieses wiederum beeinflusst den unternehmerischen Erfolg. Nur wenn die Arbeitskräfte zufrieden sind und miteinander auskommen, können sie gute Leistungen bringen. Leiden sie dagegen unter Gerüchten oder gar Mobbing 4, werden sie ihre Arbeitskraft nur schlecht entfalten können. Gut geleitete Teams können helfen, alltägliche Konflikte gemeinsam und friedlich zu lösen.

4 Mobbing – ein Problem in der informellen Organisation

1 a) Nenne die Ziele der Aufbauorganisation in einem Unternehmen.
b) Analysiere das Organigramm 2. Wessen Anweisungen müssen diese Personen folgen: Frau Gross, Herr Kall, Herr Giese, Herr Walker.

2 a) Ein Kunde bestellt bei Herrn Schmidke einen Stuhl. Zeichne auf, welchen Weg der Auftrag durch das Unternehmen nimmt.
b) Erläutere, welche Abteilungen von der Bestellung betroffen sind.

3 a) Erkläre mit eigenen Worten, was „informelle Organisation" ist.
b) Beschreibt Situationen, in denen zwischenmenschliche Beziehungen positive oder negative Auswirkungen hatten.
c) Untersuche, welche informellen Strukturen in der Schreinerei Walker 2 bestehen könnten.
d) „Die informelle Organisation ist wichtiger für den Erfolg eines Unternehmens als die formelle." Nimm Stellung zu dieser Aussage.

4 Entwickelt ein Organigramm für eine Schülerfirma, die auf einem Stadtteilfest belegte Brötchen verkaufen will und präsentiert es der Klasse.

5 a) Vergleiche die traditionelle Aufbauorganisation 2 mit der teamorientierten Struktur 3.
b) Stellt grafisch dar, wie eine teamorientierte Struktur bei der Firma Walker aussehen könnte.

Betriebsabläufe planen

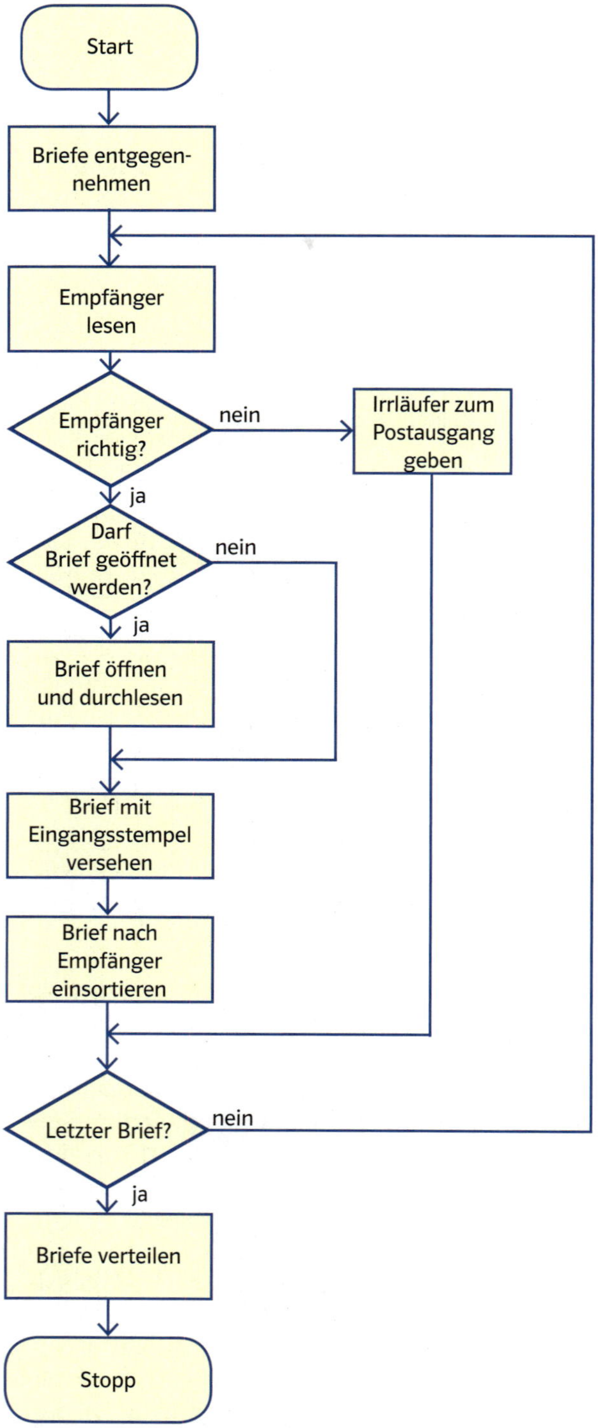

1 Post sortieren – ein einfacher Vorgang?

Wo ist bloß der Brief geblieben? Frau Schmidt erwartet dringend die schriftlichen Vertragsunterlagen der Firma Knapp. Ohne diese kann sie das wichtige Bauprojekt heute nicht starten. Der Brief muss im Haus sein. Zum Glück weiß Frau Schmidt, an wen sie sich wenden muss. Und siehe da: In der Poststelle liegt er schon für sie bereit.

Jeder weiß Bescheid

In allen Unternehmen müssen die Arbeitsabläufe gut geplant sein. Nur so kann die Zusammenarbeit zwischen Personen oder Abteilungen funktionieren. Für Arbeitsschritte, die sich oft wiederholen, gibt es **Flussdiagramme** 1. Dort ist festgelegt, welche Tätigkeiten in welcher Reihenfolge ausgeführt werden sollen.

Ablauforganisation

Wenn die Abläufe gut organisiert sind, können Arbeitskräfte und Maschinen gut ausgelastet werden 2. Wenn Maschinen still stehen oder Menschen nichts zu tun haben, wird es für das Unternehmen schnell teuer, denn durch „Leerlaufzeiten" wird weniger produziert. Ein weiteres Ziel der Ablauforganisation ist eine möglichst kurze Produktionszeit.

Menschen sind keine Maschinen

Je besser die Abläufe organisiert sind, desto weniger Zeit geht bei der Produktion verloren. Ein gut organisiertes Unternehmen ist auf dem Markt erfolgreicher. Sind jedoch die Abläufe zu knapp bemessen, kann das zu einem hohen Druck bei den Beschäftigten führen. Dann fühlen sie sich überfordert und können krank werden. Deshalb sollte bei jeder Umorganisation der Arbeitsabläufe darauf geachtet werden, dass sich die Arbeitsbedingungen für die Beschäftigten nicht verschlechtern.

- *Genau geplante und organisierte Arbeitsabläufe machen ein Unternehmen erfolgreicher.*
- *Fluss- und Balkendiagramme helfen bei der Planung und Organisation von betrieblichen Abläufen.*

<table>
<tr><th>Tage / Baustelle</th><th>1</th><th>2</th><th>3</th><th>4</th><th>5</th><th>6</th><th>7</th><th>8</th><th>9</th><th>10</th><th>11</th></tr>
<tr><td>1</td><td colspan="2">LKW</td><td colspan="2">Raupe</td><td colspan="2">Bagger</td><td></td><td></td><td></td><td></td><td></td></tr>
<tr><td>2</td><td></td><td></td><td>LKW</td><td></td><td>Raupe</td><td></td><td colspan="3">Bagger</td><td></td><td></td></tr>
<tr><td>3</td><td></td><td></td><td></td><td colspan="2">LKW</td><td colspan="2">Raupe</td><td></td><td></td><td colspan="2">Bagger</td></tr>
</table>

<table>
<tr><th>Tage / Baustelle</th><th>1</th><th>2</th><th>3</th><th>4</th><th>5</th><th>6</th><th>7</th><th>8</th><th>9</th><th>10</th><th>11</th></tr>
<tr><td>1</td><td></td><td colspan="2">LKW</td><td colspan="2">Raupe</td><td colspan="2">Bagger</td><td></td><td></td><td></td><td></td></tr>
<tr><td>2</td><td>LKW</td><td>Raupe</td><td colspan="3">Bagger</td><td></td><td></td><td></td><td></td><td></td><td></td></tr>
<tr><td>3</td><td></td><td></td><td></td><td colspan="2">LKW</td><td colspan="2">Raupe</td><td colspan="2">Bagger</td><td></td><td></td></tr>
</table>

2 Die Abläufe auf den Baustellen wurden mit Hilfe eines Balkendiagramms neu organisiert.

Starker Job: Industriekauffrau/-kaufmann
Ich bin bei einem Maschinenbauunternehmen in der Produktionssteuerung beschäftigt. Wir steuern die Abläufe in der Produktion und suchen nach Möglichkeiten, sie zu verbessern. Dabei unterstützen mich moderne Computersysteme. Aber auch ein guter Kontakt zu den Kolleginnen und Kollegen aus der Produktion ist wichtig. Sie sollen schließlich unsere Vorstellungen in die Praxis umsetzen. Abends bilde ich mich zum „Organisator" weiter. Diese Zusatzbildung hilft mir, die Arbeit im Betrieb noch besser zu planen.

Starker Job Industriekauffrau/-kaufmann 9469n7

1 a) Beschreibe mit eigenen Worten, was die Ablauforganisation ist.
b) Nenne drei Ziele der Ablauforganisation.
c) Beschreibe die Unterschiede zwischen der Ablauforganisation und der Aufbauorganisation (S. 76).

2 Wie wird die Post sortiert? Beschreibe die Abläufe im Ablaufdiagramm **1** mit eigenen Worten.

3 a) Erläutere die Veränderungen im Arbeitsablauf bei der Belegung der Baumaschinen **2**.
b) Stellt die Vorteile und Nachteile der beiden Abläufe gegenüber und kommt zu einer abschließenden Bewertung.

4 Nennt mindestens zwei Beispiele für Einsatzmöglichkeiten von Balken- und Flussdiagrammen.

5 a) Entwickle ein Flussdiagramm für ein Handytelefonat. Nutze die Bausteine, die du über den starkeSeiten-Code erreichst. Solltest du weitere Bausteine benötigen, füge sie hinzu.
b) Vergleicht eure Flussdiagramme und erklärt die Gemeinsamkeiten und Unterschiede.
Arbeitsblatt 6j8py6

Etwas unternehmen

Starker Job
Anlagenmechaniker/in SHK
h3vi3r

1 „Endlich mein eigenes Unternehmen!"

Herr Schulte freut sich: „Das ist die Gelegenheit! Endlich habe ich Räume für eine eigene Werkstatt gefunden". Herr Schulte ist Heizungsinstallateurmeister und bei einer Firma im Nachbarort angestellt. In seinem Wohnort will er einen eigenen Betrieb gründen. Hier kennen ihn viele Menschen aus dem Sportverein und der freiwilligen Feuerwehr, die gute Kunden wären. „Meine eigenen Entscheidungen treffen, das wollte ich schon immer. Und wenn ich Erfolg habe, kann ich mehr verdienen als jetzt."

Ein Einzelunternehmen gründen

Für die Gründung seines eigenen Unternehmens benötigt Herr Schulte **Startkapital**, vor allem für die Anschaffung einiger Spezialwerkzeuge. Er überzeugt seine Bank von seiner Idee und handelt einen Kredit aus. Nun muss er sein Unternehmen noch im **Handelsregister** eintragen lassen.

das **Handelsregister**: Verzeichnis aller in einer Region tätigen Unternehmen

Viel Erfolg – viel Arbeit

Mit der Zeit ist „Heizung Schulte" sehr erfolgreich. Mit den Aufträgen steigt auch die Arbeitsbelastung von Herrn Schulte. Abends sitzt er häufig noch im Büro, um den Papierkram zu erledigen. Herr Schulte stellt deshalb eine Bürokraft, eine Auszubildende und einen Meister ein. Sie sind ein eingespieltes Team.

Die Offene Handelsgesellschaft (OHG)

Der Meister, Herr Mertes, schlägt Herrn Schulte vor, auch den Einbau von Solaranlagen ins Angebot aufzunehmen. Dazu müsste der Betrieb vergrößert werden. Doch dafür fehlt Herrn Schulte das Kapital. Herr Mertes hat eine größere Summe gespart. Er möchte als gleichberechtigter **Gesellschafter** einsteigen und die Verantwortung für das Unternehmen teilen. Sie schließen einen Gesellschaftsvertrag und gründen die „Schulte&Mertes Heizung und Solar OHG" 2.

die **Gesellschafter/innen:** alle Inhaberinnen und Inhaber eines Unternehmens

1 a) Erläutere, welche Schritte Herr Schulte bei der Gründung seines Einzelunternehmens gehen muss.
b) Begründe, warum Herr Schulte sich selbstständig macht.
c) Überlege weitere Gründe, die für die Selbstständigkeit sprechen.
d) Welche Nachteile hat die Selbstständigkeit für Herrn Schulte? Nenne weitere Nachteile.

2 Partnerpuzzle: Bildet zwei Paare, die jeweils in einer Vierergruppe zusammenarbeiten. Paar 1 bearbeitet das Einzelunternehmen, Paar 2 die OHG 2.
a) Beschreibt die vier Teile eurer Tabelle in eigenen Worten.
b) Jedes Paar erklärt dem anderen nun seine Ergebnisse.
Einzelunternehmen und OHG
j5z9jp
c) Vergleicht die beiden Unternehmensformen und bereitet euch auf eine Präsentation vor.

3 a) Untersuche, warum Herr Schulte und Herr Mertes eine OHG gründen. Welche Vorteile hat das für beide?
b) Erläutere, was sich für Herrn Mertes in seiner Rolle als Geschäftsführer der OHG verändert.

- *Einzelunternehmer/innen haben mehr Entscheidungsfreiheit als Angestellte.*
- *Sie können Gewinne erzielen, müssen aber auch für Verluste geradestehen.*
- *Sie arbeiten meist länger als Angestellte.*

	Gründung	Finanzierung	Führung	Gewinn/Verlust
Einzelunternehmen	durch • Eintragung ins Handelsregister • Aufbringung des Kapitals	durch • eigenes Geld und/oder • Kredit (je besser die Geschäftsidee ist, desto besser sind die Kreditchancen)	• die Einzelunternehmerin/der Einzelunternehmer entscheidet alles alleine	• die Einzelunternehmerin/der Einzelunternehmer erhält den Gewinn und trägt den Verlust allein • Haftung mit Privatvermögen
OHG	durch • Abschluss eines Gesellschaftsvertrags • Eintragung ins Handelsregister • Aufbringung des Kapitals	durch • Kapitaleinlagen der Gesellschafter und/oder • durch einen Kredit (gute Kreditchancen)	• alle Gesellschafterinnen und Gesellschafter entscheiden gemeinsam	• Gewinne und Verluste werden nach Köpfen aufgeteilt • alle Gesellschafter haften mit ihrem Privatvermögen

2 Die Einzelunternehmung und die Offene Handelsgesellschaft (OHG) im Vergleich

Gemeinsam gewinnen und verlieren

Besteht ein Unternehmen aus mindestens zwei Personen (z. B. bei einer OHG), spricht man von einer **Personengesellschaft**. Hier haften alle Gesellschafter mit ihrem Betriebs- und Privatvermögen. Herr Mertes und Herr Schulte sind beide Geschäftsführer des gesamten Unternehmens. Sie müssen großes Vertrauen zueinander besitzen. Schließlich teilen sie sich nicht nur die Gewinne aus dem Unternehmen, sondern auch eventuell entstehende Verluste. Im schlimmsten Fall müssen sie Geld aus ihrem Privatvermögen zuschießen.

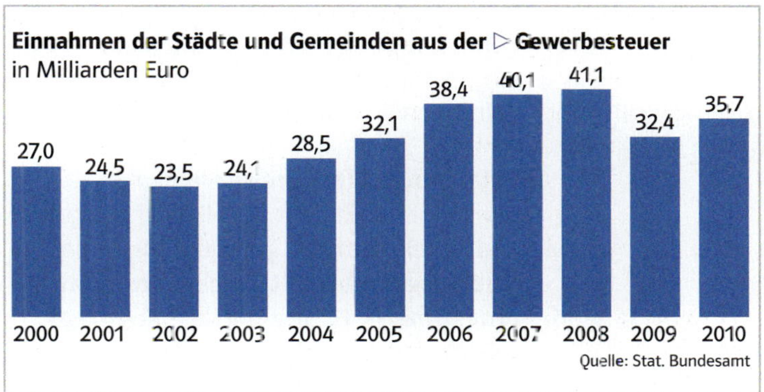

3 Unternehmen müssen einen Teil ihres Gewinns als ▷ Steuer abgeben. Von dem Geld werden unter anderem öffentliche Ausgaben (z. B. für Schulen, Schwimmbäder usw.) finanziert.

4 a) Beschreibe die Entwicklung der Einnahmen aus der Gewerbesteuer 3.
b) Erläutere, was es für eine Stadt oder Gemeinde bedeutet, wenn sie weniger Einnahmen durch die Steuern der Unternehmen hat.
c) Bewerte die Aussage: „Erfolgreiche Unternehmen sind wichtig, damit das öffentliche Leben funktioniert."

5 a) Liste auf, was für dich später Gründe sein könnten, ein eigenes Unternehmen zu gründen.
b) Vergleicht eure Ergebnisse und stellt eine Rangliste der genannten Gründe auf.
c) Welche Art von Unternehmen (Einzelunternehmen oder OHG) würdest du gründen? Begründe deine Entscheidung und nenne die Vor- und Nachteile.

6 Du hast eine gute Geschäftsidee und möchtest gerne einen Bekannten als Geschäftspartner gewinnen. Formuliere einen kurzen Brief, in dem du
– ihm deine Geschäftsidee vorstellst,
– ihm erklärst, warum du ihn als Partner brauchst und
– ihm die Vorzüge einer gemeinsamen OHG darstellst.

○ 1 ◒ 2–4 ● 5, 6

Ein Unternehmen in vielen Händen

Starker Job
Sportfachfrau/
-fachmann
ia42pf

1 Die „Well&Fit GmbH" startet mit fünf Filialen.

die **Aktie**: finanzieller Anteil an einem Unternehmen

die **Aktionärin**, der **Aktionär**: jemand, der Aktien kauft

die **Dividende**: Gewinnbeteiligung

Frau Stein führt seit Jahren ein erfolgreiches Fitnessstudio. Freunde und Bekannte raten ihr, das Unternehmen zu vergrößern, denn sie trauen Frau Stein großen Erfolg zu. Sie würden als Gesellschafter einen großen Geldbetrag zur Verfügung stellen. Allerdings wollen sie auf keinen Fall ihr Privatvermögen für das Unternehmen riskieren.

Beteiligung mit begrenztem Risiko

Gemeinsam mit acht Gesellschafterinnen und Gesellschaftern gründet Frau Stein eine **Gesellschaft mit beschränkter Haftung (GmbH)** 3. Eine solche ▷ **Kapitalgesellschaft** hat den Vorteil, dass niemand mit seinem Privatvermögen für das Unternehmen geradestehen muss. Die Gesellschafter bestimmen, dass Frau Stein als Geschäftsführerin das Unternehmen 1 leiten soll.

Von der GmbH zur AG

Das Unternehmen „Well&Fit GmbH" ist sehr erfolgreich. Die Gesellschafter der GmbH überlegen, ob sich der Erfolg auch auf andere Städte übertragen ließe. Allerdings müsste sehr viel Geld investiert werden, denn die Fitnessgeräte sind teuer. Die Banken unterstützen sie bei diesem Plan, wollen aber nur begrenzt Kredite vergeben.

Eine AG – viele Aktionäre

Die Gesellschafter der ehemaligen GmbH gründen eine **Aktiengesellschaft (AG)** 3: die „Well&Fit AG". Das Unternehmen kann **Aktien** verkaufen und so Geld beschaffen. Die **Aktionäre** werden bei Erfolg am Gewinn beteiligt und bekommen eine **Dividende** ausgezahlt. Frau Stein wird vom ▷ Aufsichtsrat zur Vorstandsvorsitzenden gewählt. Sie führt das Unternehmen gemeinsam mit zwei Kolleginnen.

2 Die Börse ist ein Marktplatz für Wertpapiere, auf dem Aktien gekauft und verkauft werden.

1 Partnerpuzzle: Bildet zwei Paare, die in einer Vierergruppe zusammenarbeiten. Paar 1 bearbeitet die GmbH, Paar 2 die AG 3.
a) Beschreibt die vier Teile eurer Tabelle in eigenen Worten.
b) Jedes Paar erklärt dem anderen nun seine Ergebnisse.
GmbH und AG v6j8rn

2 a) Begründe, warum Frau Stein und die Gesellschafter zunächst die GmbH als Unternehmensform wählen.
b) Erläutere, warum sie die GmbH später in eine AG umwandeln.
c) Nenne Vorteile, die durch einen Gang an die Börse 2 entstehen.

3 „Wirkliche Unternehmer sind die, die mit ihrem ganzen Privatvermögen haften. Die Geschäftsführer und Vorstände großer GmbHs und AGs sind eigentlich nur Angestellte." Nimm Stellung zu dieser Aussage.

- *Bei Kapitalgesellschaften (GmbH und AG) stellen viele Personen dem Unternehmen Kapital zur Verfügung.*
- *Sie haften nur mit dieser Einlage und sind entsprechend ihrer Anteile am Gewinn beteiligt.*

	Gründung	Finanzierung	Führung	Gewinn/Verlust
GmbH	• Abschluss eines Gesellschaftsvertrags • Eintragung ins Handelsregister • Aufbringung des Stammkapitals (mindestens 25 000 €)	• durch Kapitaleinlagen der Gesellschafter und/oder • durch Kredit (schlechte Kreditchancen)	• Die Geschäftsführung leitet die GmbH und trifft Entscheidungen • Die Gesellschafter kontrollieren die Geschäftsführung und geben Weisungen	• Gesellschafter werden nach ihren Geschäftsanteilen am Gewinn beteiligt • keine Gewinnausschüttung bis der Verlust abgedeckt ist
AG	• Beschließen einer Satzung • Eintragung ins Handelsregister • Aufbringung des Stammkapitals (mindestens 50 000 €)	• durch Verkauf von Aktien an die Aktionäre und/oder • durch Kredit (gute Kreditchancen)	• Der Vorstand (mehrere Personen) leitet die AG • Er wird vom Aufsichtsrat ernannt und kontrolliert • Die Hauptversammlung aller Aktionäre wählt den Aufsichtsrat	• Auszahlung einer Dividende an Aktionäre für jede Aktie • keine Gewinnausschüttung bis Verlust abgedeckt ist

3 GmbH und AG im Vergleich

Viele Aktionäre – viele Interessen

Durch die AG sind die ursprünglichen Gesellschafterinnen und Gesellschafter nicht mehr alleine. Über 30 % der Well&Fit AG gehören jetzt ihren Aktionären, also anderen Menschen und Unternehmen. Frau Stein ist nicht mehr unabhängig. Sie leitet ein großes Unternehmen und muss auf viele unterschiedliche Interessen Rücksicht nehmen 4.

Die Aktien vieler Unternehmen werden an der **Börse** 2 gehandelt. Dort können schneller Aktionäre gefunden und Kapital eingesammelt werden.

Eigentum verpflichtet

Frau Stein meint, dass zufriedene Angestellte gut für das Unternehmen sind. Sie möchte den Mitarbeiterinnen und Mitarbeitern ein kostenloses Mittagessen ermöglichen und zahlt zusätzliches Urlaubsgeld. In ihrem Unternehmen wird vorbildlich auf Gesundheits- und Arbeitsschutz geachtet. Das alles kostet Geld und vermindert den Unternehmensgewinn. Deshalb kritisieren die Aktionäre ihr Handeln und fordern, dass Frau Stein die freiwilligen Leistungen für die Angestellten verringern soll.

4 Interessenskonflikte zwischen Unternehmen und Aktionären

4 **a)** Schreibe fünf dir bekannte Unternehmen in deiner Region auf.
b) Recherchiere die Rechtsformen der ausgewählten Unternehmen mit Hilfe eines Branchenbuchs oder des Internets.
c) Wählt fünf Unternehmen aus und stellt Vermutungen an, warum sie gerade diese Rechtsform gewählt haben.

5 Liste Argumente auf, die für die Haltung von Frau Stein und solche, die für die Meinung der Aktionäre sprechen 4.

6 Stell dir vor, du bist bei einer Aktiengesellschaft angestellt. Gleichzeitig hast du auch einen Teil deiner Ersparnisse in Aktien dieses Unternehmens angelegt. Erläutere einen möglichen Konflikt zwischen deinen Interessen als Aktionär und deinen Interessen als Arbeitnehmer.

○ 1 ◒ 2, 4 ● 3, 5, 6

Was steht da? Gesetze verstehen

der **Arbeitsschutz**: Vorschriften zur Sicherheit und zum Gesundheitsschutz am Arbeitsplatz

Gesetze sind Vorschriften, die vom Staat oder Bundesland erlassen werden und für alle Bürger verbindlich sind. Sie regeln das Verhalten in wichtigen Bereichen wie Wirtschaft, Politik, öffentliches Leben oder Familie. Wer gegen Gesetze verstößt, muss mit einer Bestrafung rechnen.

Aufbau von Gesetzen

Gesetze haben einen ähnlichen Aufbau 1. Wenn du ihn kennst, kannst du dich leichter orientieren und die Vorschriften auffinden, die du suchst. Das Inhaltsverzeichnis hilft dir dabei.

Den Inhalt verstehen

Der Inhalt von Gesetzestexten ist oft schwierig zu verstehen. Er ist oft kompliziert formuliert und enthält mehrere Informationen in einem Satz. Zwei Tipps helfen dir, den Inhalt zu erschließen.

1. Kläre die Begriffe, die du nicht verstehst. Du kannst im Wörterbuch nachschlagen, im Internet recherchieren oder jemanden befragen, der es wissen könnte.
2. Teile den Satz in mehrere Informationseinheiten. Schreibe die Teilinformationen einzeln heraus. Meist reichen Stichpunkte aus.

Überschrift des Gesetzes:
Sie enthält die genaue Bezeichnung und oft auch eine Abkürzung

Eingangsformel
Hier findest du Informationen, wann das Gesetz beschlossen oder geändert wurde.

Gliederung in Abschnitte mit Angabe der Abschnittsnummer. Diese sind wiederum unterteilt in **Paragraphen,** **Absätze** und manchmal zusätzlich **Aufzählungen** zum Paragraphen oder Absatz

Hinweise zu anderen Paragraphen des Gesetzes

Nächster Abschnitt
Paragraphen werden einfach weitergezählt.

Gesetz zum Schutze der arbeitenden Jugend (Jugendarbeitsschutzgesetz – JArbSchG)

Jugendarbeitsschutzgesetz vom 12. April 1976 (BGBl. I S. 965), das zuletzt durch Artikel 3 Absatz 2 des Gesetzes vom 31. Oktober 2008 (BGBl. I S. 2149) geändert worden ist

Erster Abschnitt. Allgemeine Vorschriften

§ 1 Geltungsbereich.
(1) Dieses Gesetz gilt für die Beschäftigung von Personen, die noch nicht 18 Jahre alt sind,
1. in der Berufsausbildung
2. als Arbeitnehmer oder Heimarbeiter
3. [...]

§ 2 Kind, Jugendlicher.
(1) Kind im Sinne dieses Gesetzes ist, wer noch nicht 15 Jahre alt ist.
(2) Jugendlicher im Sinne dieses Gesetzes ist, wer 15, aber noch nicht 18 Jahre alt ist.
(3) Auf Jugendliche, die der Vollzeitschulpflicht unterliegen, finden die für Kinder geltenden Vorschriften Anwendung.

§ 3 Arbeitgeber. Arbeitgeber im Sinne dieses Gesetzes ist, wer ein Kind oder einen Jugendlichen gemäß § 1 beschäftigt. [...]

Zweiter Abschnitt. Beschäftigung von Kindern

§ 5 Verbot der Beschäftigung von Kindern.
(1) Die Beschäftigung von Kindern (§ 2 Abs. 1) ist verboten. [...]

1 Das Jugendarbeitsschutzgesetz (JArbSchG) regelt den Schutz von arbeitenden Kindern und Jugendlichen.

Dritter Abschnitt. Beschäftigung Jugendlicher
Erster Titel. Arbeitszeit und Freizeit

§ 8 Dauer der Arbeitszeit.
(1) Jugendliche dürfen nicht mehr als acht Stunden täglich und nicht mehr als 40 Stunden wöchentlich beschäftigt werden […].

§ 11 Ruhepausen, Aufenthaltsräume.
(1) Jugendlichen müssen im Voraus feststehende Ruhepausen gewährt werden. Die Ruhepausen müssen mindestens betragen
1. 30 Minuten bei einer Arbeitszeit von mehr als viereinhalb bis zu sechs Stunden
2. 60 Minuten bei einer Arbeitszeit von mehr als sechs Stunden …
(2) Länger als viereinhalb Stunden hintereinander dürfen Jugendliche nicht ohne Ruhepause beschäftigt werden.
(3) Der Aufenthalt während der Ruhepausen in Arbeitsräumen darf den Jugendlichen nur gestattet werden, wenn die Arbeit in diesen Räumen während dieser Zeit eingestellt ist und die notwendige Erholung nicht beeinträchtigt wird.

2 Aus dem Jugendarbeitsschutzgesetz

Amina geht in die 8. Klasse und absolviert ein viertägiges Schnupperpraktikum in einem Sportgeschäft. Sie arbeitet von 9 bis 18 Uhr. Von 11:30 bis 12 Uhr hat sie Mittagspause, die sie auf dem Kundensofa im Verkaufsraum verbringt.

3 Fallbeispiel

Starker Job
Rechtsanwaltsfachangestellte/r
8g4d2q

Gesetz finden
↓
Gesuchte Vorschrift im Inhaltsverzeichnis heraussuchen
↓
Vorschrift im Gesetz aufschlagen und lesen
↓
Unbekannte Begriffe klären
↓
Teilinformationen herausschreiben

4 Ablaufschema zum Umgang mit Gesetzen

1 a) Zitiere, was im JArbSchG Abschnitt 1 Paragraf 2 Absatz 2 steht.
b) Erläutere, wann man nach diesem Gesetz als Kind und wann als Jugendlicher gilt.

2 a) Lies den Auszug aus dem JArbSchG 1 durch und schreibe unklare Begriffe heraus.
b) Sammelt alle unklaren Begriffe und klärt sie in der Klasse.
c) Teile den § 8 inhaltlich in zwei Hälften. Welche beiden Informationen kannst du entnehmen?

3 Fasse den Inhalt der Paragraphen 2 in eigenen Worten zusammen.

4 Begründet mit Hilfe des JArbSchG 2, ob bei Amina 3 das Gesetz eingehalten wird.

5 a) Recherchiert gesetzliche Bestimmungen aus dem JArbSchG, die darüber Auskunft geben, wann und wie lange Jugendliche beschäftigt werden dürfen.
JArbSchG 683y86
b) Bereitet einen Kurzvortrag vor, in welchem ihr einige gesetzliche Bestimmungen aus dem JArbSchG vorstellt und erläutert.

6 Recherchiere im JArbSchG die Straf- und Bußgeldvorschriften für Arbeitgeber, wenn sie die Bestimmungen nicht einhalten. Wähle mindestens fünf Vorschriften aus und erläutere sie.

○ 1 ◒ 2–4 ● 5, 6

Sicher arbeiten – gesund bleiben

Arbeitgeber, der Staat und du – alle haben einen Vorteil, wenn du später arbeiten gehst: Du verdienst Geld und kannst durch dein Einkommen den Lebensunterhalt für dich und deine Familie verdienen. Dein Arbeitgeber kann mit deiner Hilfe etwas herstellen und Gewinn erwirtschaften. Der Staat hat Einnahmen durch die ▷ Steuern, die dein Arbeitgeber und du zahlen. Er kann damit öffentliche Ausgaben finanzieren, zum Beispiel für Straßen, Schwimmbäder, Schulen oder soziale Hilfen wie Kindergeld.

Arbeitsschutz geht alle an

Lange gesund und arbeitsfähig zu bleiben, liegt nicht nur in deinem Interesse. Auch dein Betrieb muss für Arbeitsbedingungen sorgen, die dich möglichst wenig gefährden und auch nach vielen Jahren nicht krank machen. Das **Arbeitsschutzgesetz** 4 legt Rechte und Pflichten von Arbeitgebern und Arbeitnehmern fest, die der Sicherheit und dem Gesundheitsschutz von Arbeitnehmerinnen und Arbeitnehmern während der Arbeit dienen.

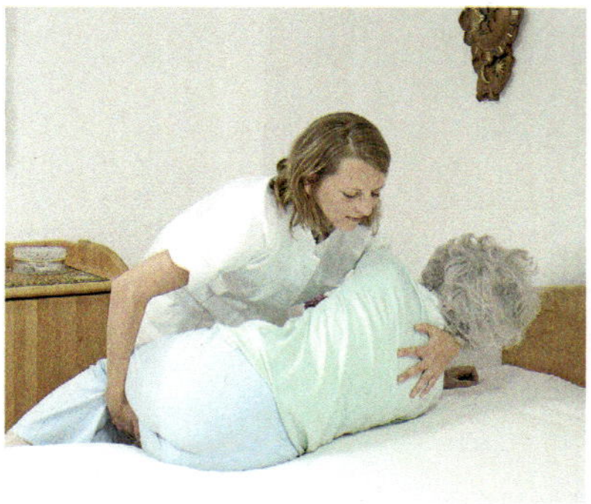

1 Altenpflegerin bei der Arbeit

2 Fahrzeuglackierer in der Werkstatt

3 Bürokaufmann am PC

1 Erkläre, welche Vorteile es für Arbeitnehmer, Arbeitgeber und den Staat hat, wenn Menschen arbeiten gehen.

2 Erläutere, warum der Schutz der Gesundheit am Arbeitsplatz wichtig ist …

a) … aus der Sicht der Arbeitnehmerinnen und Arbeitnehmer

b) … aus der Sicht der Arbeitgeberinnen und Arbeitgeber

3 Welchen gesundheitlichen Risiken und Belastungen sind die Beschäftigten auf den Fotos 1 – 3 ausgesetzt? Bezieht euch in euren Erläuterungen auf die Tätigkeiten der Beschäftigten.

4 a) Welche Rechte und Pflichten ergeben sich aus dem Arbeitsschutzgesetz 4 für Arbeitgeber und Arbeitnehmer? Erstellt ein Infoblatt für das Schülerpraktikum.

b) Herr Heise arbeitet an einer Maschine. Plötzlich fällt ein Teil der Verkleidung ab und es entsteht eine gefährliche Kante. Erläutere, was er laut Arbeitsschutzgesetz tun muss.

- *Arbeitsschutzgesetze schützen die Beschäftigten vor gesundheitlichen Schädigungen oder Gefährdungen am Arbeitsplatz.*
- *Arbeitsschutz ist Aufgabe von Arbeitgebern und Beschäftigten.*

Sicherheit durch Arbeitsschutz

Es gibt eine Vielzahl von gesetzlichen Bestimmungen, die dem Schutz der Arbeitnehmer dienen. Beispiele sind Regelungen zum Tragen von Arbeitsschutzbekleidung oder zum Umgang mit gesundheitsgefährdenden Belastungen (z. B. durch Gefahrenstoffe oder Lärm). Auch der Schutz bestimmter Personengruppen ist geregelt, z. B. der Schutz werdender Mütter, Jugendlicher oder älterer Arbeitnehmer.

Arbeitsschutz im Praktikum

Ob im Betriebspraktikum oder vielleicht am Wochenende oder in den Ferien: Auch wenn du nur einige Tage oder Wochen arbeitest, gelten für dich die Arbeitsschutzbestimmungen. Das sind vor allem das Jugendarbeitsschutzgesetz und die Arbeitsschutzbestimmungen im Betrieb, in dem du arbeitest. Nicht immer kannst du dir dein Outfit für die Arbeit selbst aussuchen. Bei manchen Arbeiten kann es sein, dass du Arbeitsschutzbekleidung 5 tragen musst.

§ 3 Grundpflichten des Arbeitgebers. Der Arbeitgeber ist verpflichtet, die erforderlichen Maßnahmen des Arbeitsschutzes unter Berücksichtigung der Umstände zu treffen, die Sicherheit und Gesundheit der Beschäftigten bei der Arbeit beeinflussen.
§ 12 Unterweisung. Der Arbeitgeber hat die Beschäftigten über Sicherheit und Gesundheitsschutz bei der Arbeit während ihrer Arbeitszeit ausreichend und angemessen zu unterweisen. Die Unterweisung muss auf den Arbeitsplatz oder den Aufgabenbereich der Beschäftigten ausgerichtet sein und bei der Einstellung, bei Veränderungen im Aufgabenbereich, der Einführung neuer Arbeitsmittel und Technologien vor Aufnahme der Tätigkeit erfolgen.
§ 15 Pflichten der Beschäftigten. Die Beschäftigten sind verpflichtet gemäß der Unterweisung und Weisung des Arbeitgebers für ihre Sicherheit und Gesundheit bei der Arbeit Sorge zu tragen. Sie haben Maschinen, Geräte, Werkzeuge, Arbeitsstoffe, Transportmittel sowie Schutzvorrichtungen und Schutzausrüstungen bestimmungsgemäß zu verwenden.
§ 16 Besondere Unterstützungspflichten. (1) Die Beschäftigten haben dem Arbeitgeber oder dem Vorgesetzten jede von ihnen festgestellte unmittelbar erhebliche Gefahr für die Sicherheit und Gesundheit sowie jeden an den Schutzsystemen festgestellten Defekt unverzüglich zu melden.

4 Aus dem Arbeitsschutzgesetz

5 Berufskleidung

c) Michaela arbeitet ab nächster Woche an einer neuen Produktionsmaschine. Beschreibe, welche Pflichten sie und ihr Arbeitgeber in dieser Situation haben.

5 Welches „Outfit“ 5 gehört zu welchem Beruf? Begründe. Koch/Köchin, Bankkauffrau/-kaufmann, Rettungsassistent/in, Straßenbauer/in, Zimmerer/in

6 a) Erläutere die gesundheitlichen Risiken und Belastungen von Mitarbeitern in den folgenden Berufen: Berufskraftfahrer/in, Straßenbauer/in, Chemielaborant/in, Erzieher/in, Fachkraft im Gastgewerbe, Verkäufer/in, Fachinformatiker/in, Fleischer/in.
b) Welche Kleidung empfiehlst du für die Berufe? Begründe.
c) Recherchiere gesundheitliche Risiken und Belastungen zu drei Berufen deiner Wahl.

7 Recherchiere in der Bildschirmarbeitsverordnung Anforderungen, die an einen Bildschirmarbeitsplatz gestellt werden. Wähle einige Beispiele aus und fasse sie in Stichpunkten zusammen.
BildscharbV 2et6bp

○ 1–3 ◒ 4, 5 ● 6, 7

Schutz vor Kündigungen

Sicherer Arbeitsplatz
bringt Sicherheit für

- teure, längerfristige Anschaffungen (z. B. Haus, Auto, Möbel, Kredit, …)
- Lebensstandard, Freizeitgestaltung (z. B. Vereine, Reisen …)
- Familienplanung (z. B. Hochzeit, Kinder, …)

1 Sicherer Arbeitsplatz und Lebensplanung

Die meisten Menschen verdienen ihren Lebensunterhalt durch Arbeit. Sie gibt ihnen die Sicherheit, ihr Leben planen zu können. Umso schlimmer ist es für die Menschen, wenn sie ihren Arbeitsplatz ungewollt verlieren. Damit dies nicht ungerechtfertigt passiert, gibt es Regelungen, die Arbeitnehmer vor **Kündigungen** schützen.

die **Kündigung**: Auflösung des Arbeitsvertrags durch den Arbeitgeber oder Arbeitnehmer

Kündigungsschutz

In Unternehmen mit mehr als zehn Angestellten haben alle Beschäftigten Anspruch auf den Erhalt ihrer Arbeitsstelle. Voraussetzung ist, dass sie ihre Arbeit pflichtbewusst und wie vereinbart erledigen. Wer mehr als sechs Monate ohne Unterbrechung beim selben Arbeitgeber beschäftigt ist, dem kann normalerweise nicht grundlos gekündigt werden. Dafür sorgt das **Kündigungsschutzgesetz** 2. Gekündigt werden kann, wer sich wiederholt falsch verhält und dafür ▷ Abmahnungen bekommen hat.

Arbeit auf Probe

Damit Arbeitnehmer und Arbeitgeber ausprobieren können, ob sie zueinander „passen", wird für die ersten Monate eines Arbeitsverhältnisses oft eine Probezeit vereinbart. Innerhalb der Probezeit können beide Seiten ohne Angabe von Gründen kündigen. Diese Regelung gilt auch für Ausbildungsplätze. Schaffst du die Probezeit und verhältst du dich auch danach so, dass du keine Abmahnungen bekommst, ist dir dein Ausbildungsplatz bis zum Ende der Ausbildung sicher.

§1 Sozial ungerechtfertigte Kündigungen.
Die Kündigung gegenüber einem Arbeitnehmer, dessen Arbeitsverhältnis in demselben Betrieb ohne Unterbrechung länger als sechs Monate bestanden hat, ist rechtsunwirksam, wenn sie sozial ungerechtfertigt ist.
Sozial ungerechtfertigt ist die Kündigung, wenn sie nicht durch Gründe, die in der Person oder in dem Verhalten des Arbeitnehmers liegen oder durch dringende betriebliche Erfordernisse bedingt ist. Sie ist auch sozial ungerechtfertigt, wenn der Arbeitnehmer in demselben Betrieb oder in einem anderen Betrieb des Unternehmens weiterbeschäftigt werden könnte.

2 Aus dem Kündigungsschutzgesetz

1 Erläutere an Beispielen, wie wichtig ein sicherer Arbeitsplatz für Alltag und Lebensplanung sind.

2 Besprecht den §1 aus dem Kündigungsschutzgesetz 2.
a) Erklärt den Begriff „rechtsunwirksam".
b) Nennt Beispiele für Verhalten von Beschäftigten, die zu einer Kündigung führen könnten.

3 a) Erörtert das Fallbeispiel 3. Welche Argumente hat Frau Rose, um sich gegen die Kündigung zu wehren?
b) Schätzt mit Hilfe von §1 des Kündigungsschutzgesetzes 2 ein, ob der Widerspruch von Frau Rose Erfolg haben wird.
c) Erläutert, wie es mit Frau Rose weitergehen könnte, wenn die Kündigung unwirksam ist.

4 a) Beurteilt mit Hilfe des Berufsbildungsgesetzes 4, ob Julian 5 sich gegen die Kündigung wehren kann. Begründet eure Meinung.
b) Erläutere, was du an Julians Stelle als nächstes tun würdest.
c) Gebt Julian mindestens drei Tipps für seine nächste Ausbildungsstelle.

- Der Kündigungsschutz schützt Beschäftigte und Auszubildende vor ungerechtfertigten Kündigungen.
- Ein Arbeitsverhältnis beginnt oft mit einer Probezeit ohne Kündigungsschutz.

§13 Verhalten während der Berufsausbildung. Auszubildende sind im Rahmen der Berufsausbildung verpflichtet, die ihnen aufgetragenen Aufgaben sorgfältig auszuführen, den Weisungen von Ausbildern oder Ausbilderinnen oder anderen weisungsberechtigten Personen zu folgen, Werkzeug und Maschinen pfleglich zu behandeln.
§20 Probezeit. Das Berufsausbildungsverhältnis beginnt mit der Probezeit. Sie muss mindestens einen Monat und darf höchstens vier Monate betragen.
§22 Kündigung. Während der Probezeit kann das Berufsausbildungsverhältnis jederzeit ohne Einhalten einer Kündigungsfrist gekündigt werden.
Nach der Probezeit kann nur vom Betrieb gekündigt werden aus einem wichtigen Grund oder vom Auszubildenden, wenn sie die Berufsausbildung aufgeben oder sich für eine andere Berufstätigkeit ausbilden lassen wollen.

4 Aus dem Berufsbildungsgesetz

Das Kunststoffunternehmen „Plastiko" schließt sein Werk in Attendorn. Der Transport ist zu teuer und zeitaufwändig, weil Attendorn keine Autobahnanbindung hat. Das 15 km entfernte Werk in Olpe soll hingegen erweitert werden, weil es hier gleich zwei Autobahnanbindungen gibt. Frau Rose, die seit zwölf Jahren im Attendorner Werk arbeitet, erhält die Kündigung. Sie ist schockiert. Von ihrem Gehalt muss sie ihre beiden Kinder versorgen, mit denen sie alleine lebt. Außerdem kümmert sie sich um die Pflege ihres Vaters. Sie legt Widerspruch gegen ihre Kündigung ein, denn schließlich gibt es eine ähnliche Stelle in Olpe.

3 Was nun?

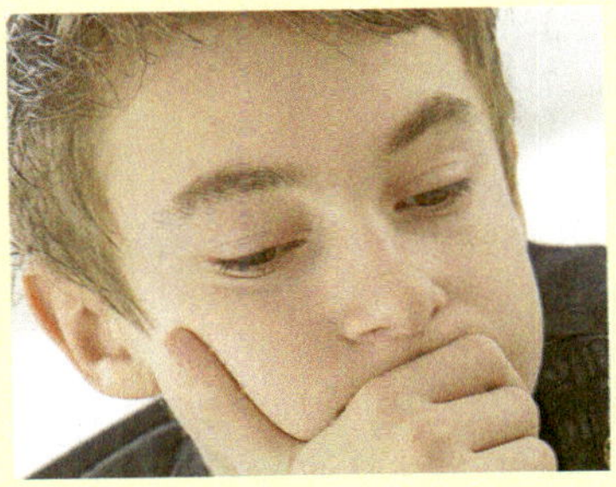

Julian ist seit dem 1. August Auszubildender bei „Plastiko" Er macht eine Ausbildung zum Verfahrensmechaniker für Kunststoff- und Kautschuktechnik. In seinem Ausbildungsvertrag ist eine Probezeit von vier Monaten angegeben. Am 25. November teilt ihm die Betriebsleitung durch einen Brief mit, dass er im Betrieb nicht weiter ausgebildet wird. Julian ist sauer: „Bloß weil ich ab und zu eine Pause gemacht und geraucht habe und nicht immer gleich gesprungen bin, wenn ich gerufen wurde, darf mein Chef mich doch nicht einfach rausschmeißen!"

5 Wer hat Recht?

5 Erstellt eine Übersicht mit Verhaltenstipps unter der Überschrift: „Wie werde ich nicht gekündigt? Tipps für Auszubildende."

6 Schreibe für Frau Rose 3 einen Brief an den Geschäftsführer Herrn Eckhardt von „Plastiko", in welchem sie der Kündigung widerspricht. Anja Rose wohnt in der Spechtstr. 8 in 57439 Attendorn. Die Adresse von „Plastiko" lautet: Auf der Ennert 15, 57439 Attendorn. Bleibe beim Schreiben des Briefs sachlich und beziehe dich auf das Kündigungsschutzgesetz 2.

Briefvorlage y6x4km

7 Als Gründe für Kündigungen werden häufig die folgenden Begründungen genannt. Recherchiert, was sie bedeuten und erläutert sie mit eigenen Worten: Stilllegung eines Betriebes oder Betriebsteiles, Outsourcing, Rationalisierungsmaßnahmen, Umstellung der Produktion wegen Rohstoffmangels oder Auftragsrückgangs.

Mitarbeiten und mitbestimmen

Versetzung von 16 Mitarbeiterinnen und Mitarbeitern in ein 45 km entferntes Zweigwerk

Neuregelung der Pausenordnung für den Gesamtbetrieb

Sonderschichten für die Versandabteilung von der 48.–51. Kalenderwoche

1 Wer darf hier mitentscheiden?

Betriebsgröße	Betriebsräte
1–4	0
5–20	1
21–50	3
51–100	5
…	
3000	23
usw.	

2 Mitglieder im Betriebsrat

Kann der Chef entscheiden, wann die Beschäftigten Pause machen oder können sie ihre Pausenzeiten selbst bestimmen? Werden die Bestimmungen zum Arbeitsschutz eingehalten? Werden Stellen abgebaut? Viele Fragen in einem Betrieb betreffen die Beschäftigten direkt – und dann wollen sie auch ein Wort mitreden.

Recht auf Mitbestimmung

Grundsätzlich haben Arbeitnehmer ein Recht auf Mitbestimmung im Betrieb. In kleinen Betrieben wenden sich die Mitarbeiter direkt an die Geschäftsleitung. Jeder Betrieb mit mehr als vier Angestellten kann einen **Betriebsrat** wählen – er ist jedoch nicht dazu verpflichtet. Viele kleinere Unternehmen haben keinen Betriebsrat.

Vertretung der Beschäftigten

Der Betriebsrat vertritt die Interessen der Arbeitnehmer gegenüber dem Arbeitgeber. Die Anzahl der Mitglieder 2 und die Rechte des Betriebsrats sind im **Betriebsverfassungsgesetz** festgelegt. Je nachdem, worüber entschieden werden soll, hat der Betriebsrat unterschiedlich viel Einfluss auf betriebliche Entscheidungen 4.

Den meisten Einfluss hat er bei den Mitbestimmungsfragen. Die Mitglieder des Betriebsrats werden alle vier Jahre von den Beschäftigten direkt gewählt und haben viele Aufgaben 3. Sie erhalten keine Extra-Bezahlung für diese Arbeit, haben aber einen besonderen Kündigungsschutz.

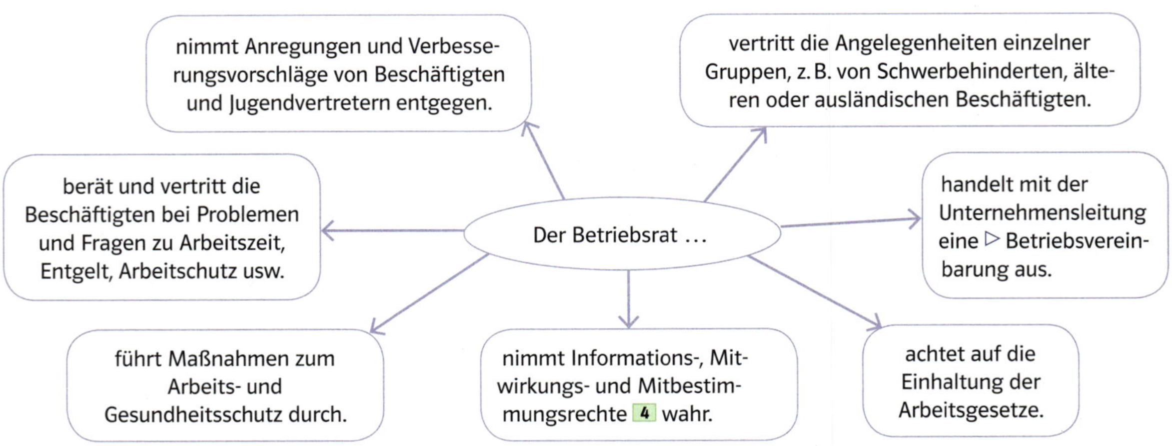

3 Die Aufgaben des Betriebsrats im Überblick

- *Arbeitnehmer haben das Recht auf Mitbestimmung im Betrieb.*
- *Betriebsräte sind gewählte Vertretungen der Arbeitnehmer.*
- *Daneben gibt es meistens eine Jugend- und Auszubildendenvertretung (JAV).*

	Informationsrecht	Mitwirkungsrecht	Mitbestimmungsrecht
Was ist das?	Der Arbeitgeber trifft eine Entscheidung und muss den Betriebsrat nur informieren.	Der Betriebsrat kann bei Entscheidungen mitberaten, die Entscheidung trifft aber der Arbeitgeber.	Ohne die Zustimmung des Betriebsrats kann der Arbeitgeber eine Entscheidung nicht umsetzen.
Beispiele	Entscheidung über die Einstellung leitender Angestellter, Umsetzung von Arbeits- und Umweltschutzbestimmungen	Stellungnahme bei Kündigungen und Betriebsänderungen (z. B. Verlegung von Standorten, Einführung neuer Anlagen, Neu- und Umbau von Räumen)	Aushandeln und Beschließen von Betriebsvereinbarungen, Einstellungen, Gehaltsveränderungen, Versetzungen an andere Standorte

4 Die Rechte des Betriebsrats

Jugendliche reden mit
Sind in einem Betrieb mindestens fünf Arbeitnehmer Auszubildende oder unter 18 Jahre alt, so kann eine **Jugend- und Auszubildendenvertretung (JAV)** gewählt werden. Sie arbeitet mit dem Betriebsrat zusammen und vertritt Jugendliche und Auszubildende im Betrieb. Sie achtet darauf, dass die Bestimmungen des Jugendarbeitsschutzgesetzes eingehalten werden.

Tobias soll mit der Schleifmaschine arbeiten. Seine Chefin teilt mit, dass er sich Arbeitsschutzbekleidung kaufen muss. Tobias überlegt: Muss ich das wirklich selbst besorgen und bezahlen?

5 Tobias macht eine Ausbildung als Industriemechaniker

Die Geschäftsleitung informiert den Betriebsrat, dass ein Betriebsteil in ein 50 km entferntes Gewerbegebiet verlegt werden soll. Hiermit sind Versetzungen von Mitarbeitern verbunden

6 Was kann der Betriebsrat hier tun?

1 a) Nenne die Aufgaben des Betriebsrats.
b) Wie viele Betriebsräte hat ein Betrieb mit 75 Beschäftigten 2?

2 **a)** Erläutert das Schaubild zum Betriebsrat 3.
b) Erklärt, warum eine gute Zusammenarbeit des Betriebsrates mit der Unternehmensleitung wichtig ist.

3 Bewertet die Möglichkeiten der Mitbestimmung in Betrieben mit und ohne Betriebsrat.

4 **a)** Beurteilt, was Tobias 5 tun sollte.
b) Nennt weitere Situationen, in denen eine JAV Auszubildende unterstützen kann.

5 a) Erläutere die Unterschiede zwischen Informationsrechten, Mitwirkungsrechten und Mitbestimmungsrechten 4.
b) Untersucht in den Schlagzeilen 1, worum es geht und wie der Betriebsrat „mitreden“ kann.

6 „Ein Betriebsrat kann Entscheidungen blockieren und ist deshalb eine Gefahr für den Erfolg des Unternehmens.“ Nimm Stellung.

7 Erarbeitet Vorschläge für das weitere Vorgehen im Fallbeispiel 6 in einem Rollenspiel. Teilt euch in Vertreter/innen des Betriebsrats und der Geschäftsführung auf.

8 Bereitet eine Elternbefragung zum Thema Betriebsrat vor, führt sie durch und wertet sie aus. Findet heraus
– ob es einen Betriebsrat gibt
– was sie über die Arbeit des Betriebsrats wissen

○ 1 ◒ 2–5 ● 6–8

Rollenspiel: Tarifverhandlungen

Rollenspiele helfen dir, dich in andere Personen und Situationen hineinzuversetzen. So kannst du ihre Konflikte und Interessen besser verstehen. Indem du Argumente für Positionen erarbeitest, lernst du unterschiedliche Sichtweisen kennen. Die Sichtweisen müssen dabei nicht unbedingt deine eigenen sein.

1. Schritt: Spielsituation festlegen

Zuerst solltet ihr die Situation des Rollenspiels festlegen, also das Thema, um das es eigentlich geht. In unserem Beispiel ist die Spielsituation eine Tarifverhandlung 1. Legt den Spielort fest und baut ihn entsprechend der Spielsituation um.

Lohn-Tarifverhandlung zwischen der Gewerkschaft Bau und Holz und dem Arbeitgeberverband Bau für die nächsten zwei Jahre.

1 Spielsituation

Rollenkarte:
Arbeitgebervertreter
Mitspieler: 3 – 4
Interessen: geringe Lohnkosten, Ausgleich von Preissteigerungen bei Baustoffen wie Zement und Holz, Ausgleich gestiegener Energie- und Transportkosten
Ziel der Verhandlung: keine Lohnerhöhung
äußerste Verhandlungsgrenze: bis … % mehr Lohn pro Monat plus … Euro Einmalzahlung.

Rollenkarte:
Arbeitnehmervertreter
Mitspieler: 3 – 4
Interessen: Erhöhung der Tariflöhne, weil die Tarifarbeitszeit verlängert wurde und das tägliche Leben teuer geworden ist (die Preise für Lebensmittel, Benzin und Energie sind im letzten Jahr um 3 % gestiegen)
Ziel der Verhandlung: Lohnerhöhung
minimales Verhandlungsziel: bis … mehr Lohn pro Monat plus … Euro Einmalzahlung.

2 Rollenkarten

2. Schritt: Rollen verteilen

Legt fest, welche Rollen für das Rollenspiel benötigt werden und verteilt sie. Bereitet euch auf „eure" Rolle vor. Nutzt dabei Rollenkarten 2 oder gestaltet eigene.

3. Schritt: Rollenspiel durchführen

Handelt und sprecht in der Spielsituation, als ob diese echt wäre. Unterbrecht das Spiel nicht. Die Schülerinnen und Schüler, die nicht beim Rollenspiel mitmachen, beobachten das Rollenspiel.

4. Schritt Rollenspiel auswerten

Die Beobachterinnen und Beobachter geben den Beteiligten am Rollenspiel eine Rückmeldung. Wichtig ist vor allem die Frage, wie die Spielsituation umgesetzt wurde. Dabei hilft ein Beobachtungsbogen 3.

Wie dachten, fühlten und handelten die Personen?

Welche Konflikte und Interessen wurden deutlich?

Wie wurden sie entschärft oder durchgesetzt?

3 Beobachtungsbogen

Was ist eine Tarifverhandlung?

In **Tarifverträgen** legen Arbeitnehmer und Arbeitgeber die Höhe der Löhne und die Arbeitsbedingungen (z. B. Arbeitszeiten, Urlaub) fest. Die Bestimmungen gelten dann für Arbeitnehmer von Betrieben einer ▷ Branche, die sich nach dem Tarifvertrag richten.

Wer führt die Verhandlungen?

Die Arbeitnehmerinnen und Arbeitnehmer werden durch **Gewerkschaften** vertreten. Sie sind keinem bestimmten Betrieb zugeordnet, sondern setzen sich nach Branchen zusammen. Es gibt zum Beispiel die Industriegewerkschaft Metall (IG Metall) oder die Vereinte Dienstleistungsgewerkschaft (ver.di). Jeder Beschäftigte kann Mitglied werden. Die Arbeitgeber werden durch eigene **Arbeitgeberverbände** vertreten.

Verhandeln nach festen Regeln

Die Verhandlungen finden nach bestimmten Regeln statt 4. Ziel ist immer der Abschluss eines neuen Tarifvertrages, mit dem beide Vertragsparteien leben können. Um den Druck auf die jeweils andere Seite zu erhöhen, haben die Verhandlungspartner unterschiedliche Mittel: ▷ Streik und ▷ Aussperrung. Während einer Verhandlungsrunde sind diese Mittel jedoch nicht erlaubt.

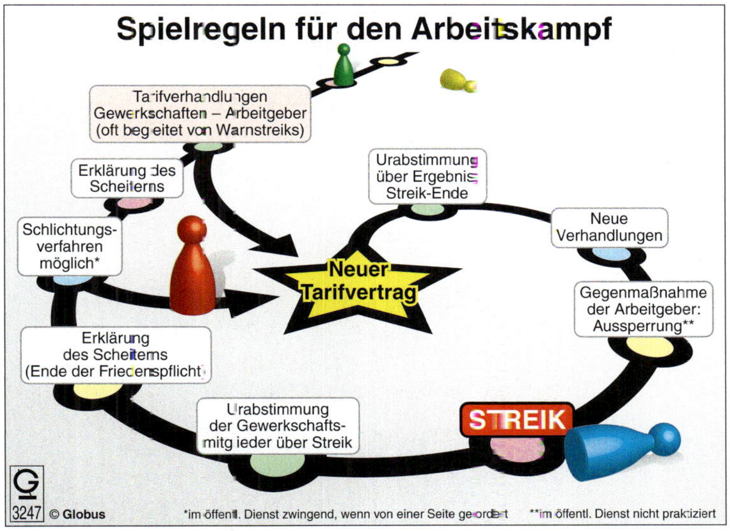

4 Ablauf einer Tarifverhandlung

Spielsituation festlegen

↓

Rollen verteilen
- Jede/r bereitet sich auf seine/ihre Rolle vor

↓

Rollenspiel durchführen

↓

Rollenspiel auswerten

5 Ablaufschema eines Rollenspiels

1 a) Erkläre mit eigenen Worten, wie eine Tarifverhandlung 4 abläuft.
b) Erläutere, welche Mittel Arbeitgeber und Gewerkschaften haben, um Druck auszuüben. Welche Möglichkeit haben sie, ihre Konflikte kooperativ zu lösen?

2 Führt das Rollenspiel zur „Tarifverhandlung" durch. Nutzt hierzu die Rollenkarten 2 und ergänzt den Beobachtungsbogen 3 durch eigene Ideen. Ihr könnt auch weitere Verhandlungspunkte festlegen, um die „gestritten" wird.

3 Recherchiere im Internet den Tarifvertrag einer ausgewählten Branche und stelle wichtige Tariffestlegungen in einem Kurzvortrag vor.

○ 1 ◒ 2 ● 3

Leben und arbeiten

Bogen zur Selbsteinschätzung
r9b7pq

Arbeitsblatt
Vorlage zum Lösen von Aufgabe 2
cz36dx

1 a) Für welche Art von Arbeitsverhältnis steht der „Buchstabensalat"?
Ztbetaieri – Gügifegneigr Bifgnhästgcue – Tertieabel – Tilteiatierbez – Bteriesetf Buhnscägeftig

b) Ordne die Beispiele den Begriffen zu:

Herr Kortun arbeitet 25 Stunden pro Woche in einer Bäckerei.

Frau Gerles hilft in dem Blumenladen samstags für drei Stunden aus.

Frau Menger wird für vier Wochen als Produktionshelferin an die MetallBAU GmbH ausgeliehen.

Herr Wolkenhaus arbeitet drei Tage in der Woche zu Haus an seinem PC, nur zwei Tage im Unternehmen.

Nach seiner Ausbildung erhält Herr Kahlenberg einen Anschlussvertrag über ein Jahr.

1 Fallbeispiele

2 Finde die passenden Begriffe. Jeder Strich steht für einen Buchstaben. Die Buchstaben in den Klammern ergeben ein Lösungswort.

a) Eine der betrieblichen Grundfunktionen ist die _ _ O _ _ _ _ _ _ _ . (9)

b) Anlagen und Maschinen nennt man auch B _ _ _ _ _ _ _ _ _ _ _ _ _ _ _ _ . (4)

c) Wenn jemand durchschnittlich weniger als 400 Euro om Monat verdient, gilt er als _ _ _ _ _ _ _ _ Ü _ _ _ (1) B _ _ _ _ Ä _ _ _ _ _ .

d) Die Über- und Unterordnung von Personal in einem Unternehmen nennt man _ _ E _ _ _ _ _ _ _ _ . (5)

e) Betriebsabläufe können mit einem Flussdiagramm oder einem _ A _ _ _ _ _ _ _ _ _ _ _ _ (6) dargestellt werden.

f) Die Eigentümer von Anteilen an einer AG heißen _ _ _ _ _ _ _ Ä _ _ . (4)

g) Die Aktien vieler Unternehmen werden an der _ Ö _ _ _ (4) gehandelt.

h) Der Schutz von arbeitenden Jugendlichen wird geregelt im J _ _ _ _ _ _ _ _ _ _ _ _ _ - (7) _ _ _ U _ _ _ _ _ _ _ Z.

i) Das Kündigungsschutzgesetz kann vor ungerechtfertigten E _ _ _ _ _ _ _ _ _ G _ _ (3) schützen.

j) Die Vertretung der Beschäftigten in einem Unternehmen heißt _ _ T _ _ _ _ _ _ _ _ _ . (5)

k) In Tarifverhandlungen wird häufig über eine _ _ H _ _ _ _ Ö _ _ _ _ (2) verhandelt.

l) Parteien der Tarifverhandlungen sind Arbeitgeberverbände und _ _ W _ _ _ _ _ _ _ _ _ _ _ _ . (14)

Lösungswort: _ _ _ _ _ _ _ _ _ _ _ _ _ _

3 Beurteile folgenden Aussage: „Die Inhaber einer OHG müssen großes Vertrauen zueinander haben – beruflich und privat."

4 a) Beschreibe die Haltung des Unternehmers zum Betriebsrat in der Karikatur 2.
b) Ein Unternehmen hat 80 Beschäftigte. Beurteile, ob die Belegschaft das Recht zur Gründung eines Betriebsrats hat.

2

5 a) Werte die Tabelle 3 aus. Begründe, warum bestimmte Unternehmensformen bei Unternehmensgründungen häufiger vorkommen als andere.
b) Stelle die Tabelle in einem anschaulichen Diagramm dar.

Unternehmensgründungen 2008 bis 2010 in Deutschland nach Rechtsform (Auswahl)

Anzahl	2008	2009	2010
Einzelunternehmen	289 337	294 750	302 642
Offene Handelsgesellschaft (OHG)	902	834	802
Aktiengesellschaft (AG)	661	511	489
Gesellschaft mit beschränkter Haftung (GmbH)	34 530	44 285	44 246

Quelle: IfM Bonn

3

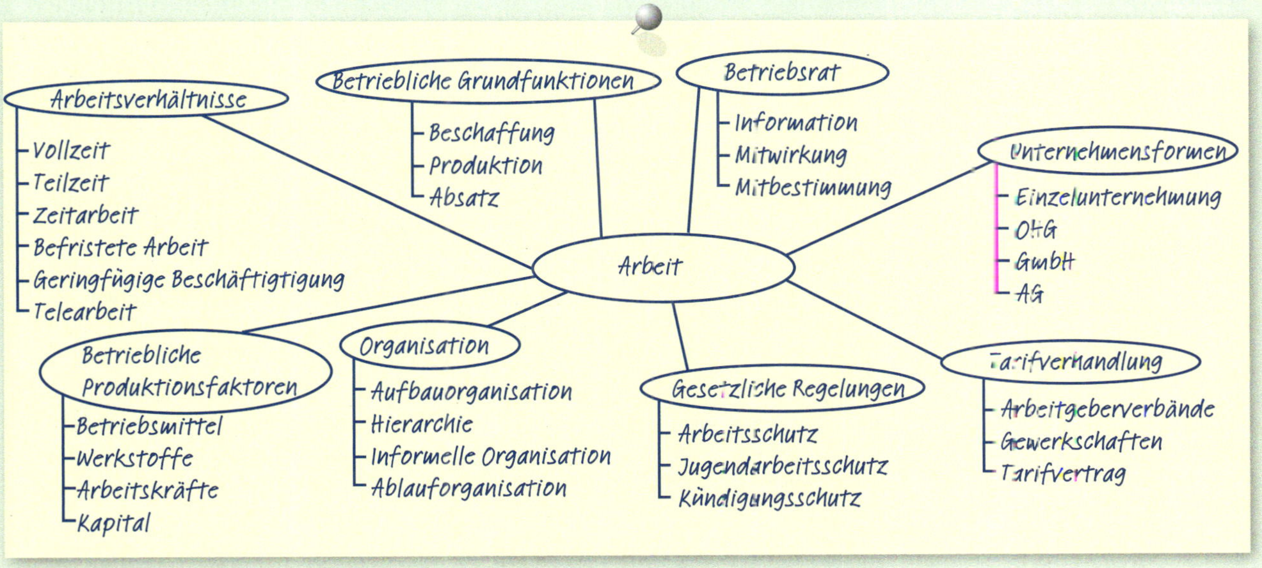

4 Diese Begriffe solltest du kennen.

Wirtschaft aktiv – Schülerfirma

Geschäftsführung:
Leitung: Robin Stellvertretung: Nele
Aufgaben: organisieren, Entscheidungen treffen, Schülerfirma nach außen repräsentieren

Finanzabteilung
Leitung: Aylin
Stellv.: Volker
Aufgaben:
Kassenbuch führen, Belege sortieren

Personalabteilung
Leitung: Julie
Stellv.: Alexej
Aufgaben:
Stellen besetzen, Verträge erstellen, Streit schlichten

Einkaufsabteilung
Leitung: Lisa
Stellv.: Andi
Aufgaben:
Waren beschaffen, (Angebote einholen, bestellen)

Werbeabteilung
Leitung: Toni
Stellv.: Ilka
Aufgaben:
Plakate, Flyer, usw. erstellen und verteilen, Firma bekannt machen

Verkaufsabteilung
Leitung: Raphael
Stellv.: Mariam
Aufgaben:
den Markt beobachten, Produkte verkaufen

Beschaffung
Produktion
Absatz

Produktionsabteilung:
Leitung: Mesut Stellvertretung: Selina
alle aus den anderen Abteilungen helfen mit
Aufgaben: Produktionsablauf organisieren, Produkte herstellen

1 Die Schülerfirma der 8b

Infos und Links
Schülerfirma
td78fj

„Wirtschaft ist immer so theoretisch. Auch bei der letzten Betriebserkundung haben wir nicht gesehen, was die Kaufleute wirklich machen – außer am PC zu arbeiten oder zu telefonieren." Um wirklich zu erfahren, was in einem Unternehmen vor sich geht, gründet doch als Projekt eine Firma! So könnt ihr direkt erfahren, wie ein Betrieb funktioniert.

Schüler-Cafe ?
Metallkunst
Schmuck !
Schülernachhilfe
Veranstaltungsmanagement
Einkaufsservice für Senioren !
Digitalisierung von Videofilmen
T-Shirt-Druck
Holzspielzeug ?
Tauschbörse
Umweltladen

2 Beispiele für Geschäftsideen von Schülerfirmen

Am Anfang: Die Geschäftsidee

Um eine Schülerfirma gründen zu können, benötigt ihr zunächst eine Geschäftsidee. Ihr könnt etwas produzieren oder eine Dienstleistung anbieten 2. Wichtig ist, dass alle Beteiligten hinter der Idee stehen. Achtet darauf, dass eure Schülerfirma keine Konkurrenz zu einem bestehenden Unternehmen in eurer Nähe sein soll.

Chancen ausloten: Die Marktanalyse

Jetzt prüft ihr die praktische Umsetzbarkeit innerhalb der Schule und lotet die Marktchancen aus. Denn eure Geschäftsidee wird nur Erfolg haben, wenn es einen Bedarf nach eurem Angebot gibt. Überprüft mit den Fragen 3, ob ihr kostendeckend arbeiten könnt.

- *Schülerfirmen funktionieren wie richtige Unternehmen „light".*
- *Eine Schülerfirma arbeitet als Schulprojekt.*
- *Mit einer Schülerfirma könnt ihr aktiv am Wirtschaftsleben teilnehmen.*

Welches Produkt/welche Dienstleistung wollen wir verkaufen?
Was benötigen wir für die Herstellung und wie viel kostet das?
Welchen Preis müssen wir verlangen, damit wir mindestens kostendeckend wirtschaften können?
Gibt es für unser Angebot genügend Nachfrager?
Wo, wann und wie wollen wir unser Produkt/unsere Dienstleistung herstellen und verkaufen?

3 Fragen bei Überprüfung der Geschäftsidee

Der große Auftritt: Name und Logo

Wenn ihr euch auf eine Geschäftsidee geeinigt habt, muss ein pfiffiger Name her. Er sollte euer Unternehmen kurz und einprägsam präsentieren. Ihr dürft allerdings keine bestehenden (Marken-)Namen benutzen. Entwickelt dann ein passendes Firmenlogo. Reale Unternehmen werden ins Handelsregister eingetragen. Eure Schülerfirma muss von der Schulleitung genehmigt werden.

Woher kommt das Geld?

Für die meisten Geschäftsideen benötigt ihr Startkapital. Wenn ihr als „Rechtsform" für eure Schülerfirma eine Aktiengesellschaft (siehe S. 82) wählt, könnt ihr Anteilsscheine gegen Geld ausgeben. Überlegt, wie ihr einen späteren Gewinn an eure „Anteilseigner" ausschütten wollt. Außerdem benötigt ihr ein Geschäftskonto. Fragt Geldinstitute in der Nähe eurer Schule.

Aufbau des Unternehmens

Wie ein reales Unternehmen muss auch eine Schülerfirma sinnvoll aufgebaut sein. Entscheidet, welche Abteilungen eure Schülerfirma haben soll. Legt fest, welche Aufgaben die Abteilungen jeweils übernehmen sollen. Wählt die Personen zu den einzelnen Positionen und zusätzlich jeweils eine Stellvertretung, damit auch bei Krankheit die Aufgaben weitergeführt werden können 1.

Gewinn oder Verlust?

Mit einer guten **Buchhaltung** wisst ihr immer, ob ihr wirtschaftlich erfolgreich arbeitet. Notiert die Einnahmen und Ausgaben immer besonders sorgfältig. So könnt ihr beurteilen, ob am Ende eures Projekts genügend Geld übrig bleibt, um den Anteilseignern eine Gewinnbeteiligung zu zahlen. Beurteilt abschließend auch, wie euch euer gemeinsames Projekt gefallen hat. Führt eine kritische Bestandsaufnahme durch. Nur durch eine solche Rückschau könnt ihr für ähnliche Projekte lernen und noch besser werden.

Die Buchhaltung erscheint zwar lästig, sie ist aber wichtig, damit ihr den Überblick über eure Finanzen behaltet!

1 Sammelt Geschäftsideen für eine Schülerfirma, ohne sie zu bewerten:
a) Jede/r schreibt mindestens zwei Vorschläge jeweils auf ein Blatt.
b) Sammelt die Vorschläge und ordnet sie thematisch (erstellt ein Cluster). So entsteht eine Übersicht über die Ideen und es wird deutlich, welche Ideen sich häufen.
c) Stimmt ab, welche Ideen ihr in die engere Auswahl nehmen wollt.

2 **a)** Überprüft die Ideen mit den meisten Stimmen anhand der Fragen 3 und stellt die Ergebnisse der Klasse vor.
b) Entscheidet euch für eine Idee, die ihr umsetzen wollt.

3 Findet einen Namen und ein Logo für eure Schülerfirma.

4 Besetzt die Positionen und erstellt ein Organigramm 1.

5 Setzt eure Schülerfirmen-Idee um und wertet anschließend die Ergebnisse aus.

○ 1–3 ◒ 4 ● 5

Gewinn oder Verlust?

1 Wo steckt der Denkfehler?

Fixe Kosten	
Kaffeemaschine	59 €
Thermoskanne	10 €
Tassen, Löffel	50 €
Sonstiges (z. B. Geschirrtücher usw.)	10 €
	129 €

Variable Kosten für eine Tasse Kaffee:	
Kaffee	0,07 €
Kondensmilch, Zucker, Filter	0,04 €
	0,11 €

2 Kostenrechnung für einen Kaffeestand, mit dem Jens die nächste Klassenfahrt finanzieren will.

Kosten kalkulieren und Verkaufspreise festlegen ist im Wirtschaftsleben gar nicht so einfach. Denn neben den eigentlichen Anschaffungskosten für die Materialien, die zur Produktion benötigt werden, kommen weitere Kosten hinzu. Viele Unternehmen müssen erst geeignete Betriebsmittel kaufen, Personal bezahlen und weitere Kosten decken. Da kommt einiges zusammen – und das gilt auch bei Schülerfirmen!

der **Erlös**: Geldeinnahmen aus dem Verkauf von Waren oder Dienstleistungen

Fixe und variable Kosten

Zu den fixen Kosten zählen die Ausgaben, die unabhängig von der Menge der produzierten Güter anfallen. Dies können in einem Produktionsbetrieb die Kosten für Gebäude, Maschinen und Anlagen sein. Bei einem Dienstleistungsbetrieb wie einem Friseur können es die Kosten für die Miete, Stühle, Spiegel und Kämme sein. Die variablen Kosten sind abhängig von der Menge der produzierten Güter. Oft sind es die Kosten für Energie, Rohstoffe oder Zutaten.

Erlöse minus Kosten gleich Gewinn

Das klingt nach einer einfachen Rechnung **3**. Doch oft ist es schwierig, die Kosten vorab genau zu berechnen. Unvorhergesehene Ereignisse wie ein Defekt der Kaffeemaschine müssen bedacht werden. Außerdem hat Jens einen großen Vorteil gegenüber „richtigen" Unternehmen: Er muss weder Miete noch die eigenen Arbeitskosten bezahlen.

Kostenkalkulation

Arbeitskosten, Miete und Energiekosten sind ein großer Kostenpunkt in einem Unternehmen. Sie können jedoch nicht wie die **Materialkosten** dem einzelnen Produkt direkt zugeordnet werden. In einer Kalkulation werden sie deshalb als **Gemeinkosten**

1 Beschreibe den Unterschied zwischen fixen und variablen Kosten.

2 a) Erstelle eine Gewinnberechnung für Jens, bei der er seinen Stand nur 20 Mal im Jahr öffnet, dafür aber je 50 Tassen Kaffee verkauft.

b) Vergleicht eure Berechnungen und korrigiert, wenn nötig.

3 Berechnet, wie viel vom Gewinn übrig bleiben würde
- wenn die Schule 5 € Miete pro Verkaufstag nimmt
- wenn Jens sich selbst und einer Aushilfe bei je 2 Arbeitsstunden pro Verkaufstag einen sehr niedrigen Stundenlohn von 4 € auszahlen würde.

4 Eine Schreinerei soll für einen Kunden einen Stuhl herstellen. Für das Material fallen 30 € an. Die Gesellin braucht 3 Stunden für die Herstellung und bekommt einen

- *Ohne Gewinn kann ein Wirtschaftsunternehmen nicht dauerhaft existieren.*
- *Ein Unternehmen hat feste und variable Kosten.*
- *Vom Gewinn muss das Unternehmen Steuern zahlen.*

Annahme: Wir öffnen 30 Mal unseren Verkaufsstand und verkaufen durchschnittlich 40 Tassen Kaffee – also zusammen 1200 Tassen."	
Kosten für 1200 Tassen Kaffee:	
Fix:	129,00 €
Variabel: 1200 · 0,11	132,00 €
	261,00 €
Verkaufserlös (1 € je Tasse)	1200,00 €
– Kosten	261,00 €
Gewinn	939,00 €

3 Gewinnberechnung für den Kaffeestand

Microsoft Excel - Kalkulation.xls

	A	E	C
1	**Kalkulation für die industrielle Produktion eines Holzstuhls**		
2	Fertigungsmaterial + Materialgemeinkosten (15%)	20,00 € 3,00 €	
3	= Materialgemeinkosten		23,00 €
4	Fertigungslöhne + Fertigungsgemeinkosten (Energiekosten, Verbrauchsmaterial usw.)	8,00 € 2,00 €	
5	= Fertigungskosten		10,00 €
6	= Herstellungskosten		33,00 €
7	+ Sonstige Kosten für Verwaltung und Vertrieb (5%)		1,65 €
8	Selbstkosten für einen Stuhl		34,65 €
9	+ Gewinn		15,35 €
10	**Nettoverkaufspreis**		50,00 €
11	+ 19% Umsatzsteuer		9,50 €
12	**Bruttoverkaufspreis**		59,50 €

4 Kalkulation eines Holzstuhls

auf alle hergestellten Güter umgerechnet. Alle Bestandteile der Kalkulation 4 ergeben die **Selbstkosten** für ein Produkt. Das sind die Kosten, die das Unternehmen nur für die Herstellung ausgeben muss.

Preiskalkulation

Wenn das Unternehmen durch den Verkauf des Produkts nur die Selbstkosten einnehmen würde, hätte es noch keinen Gewinn gemacht. Deshalb muss genau überlegt werden, mit welchem Gewinn gerechnet werden sollte. Der Gewinn soll einerseits das Unternehmen absichern. Auf der anderen Seite darf er nicht zu hoch angesetzt werden, denn zu teure Produkte werden wenig oder gar nicht gekauft.

Was tun mit dem Gewinn?

Auf alle Waren und Dienstleistungen, die ein Unternehmen verkauft, müssen **Steuern** an den Staat bezahlt werden. Auch der Gewinn, den ein Unternehmen erwirtschaftet, wird besteuert. Den Gewinn vor Abzug der Steuern nennt man **Bruttogewinn**. Nach Abzug der Steuern spricht man von einem **Nettogewinn**. Jens will den Gewinn für die Klassenfahrt verwenden. Auch Unternehmen schütten ihre Gewinne aus, z. B. an ihre Gesellschafter oder an Aktionäre. Daneben können sie das Geld in neue Anlagen investieren. Oder sie legen es zurück, um später Investitionen zu tätigen oder Reserven für ungeplante Ereignisse zu haben.

Stundenlohn von 15 Euro. Die Schreinerei möchte am Stuhl 40 Euro Gewinn machen. Erstelle eine Kalkulation. Setze für die Gemeinkosten die gleichen Prozentsätze an wie in der Kalkulation 4.

Kalkulation bx23nj

5 **a)** Erstellt eine grobe Preiskalkulation für den Bau eines Vogelhäuschens. Die Technikräume der Schule dürft ihr kostenlos benutzen.

b) Erstellt eine Kalkulation für einen dauerhaften Cafébetrieb in deiner Schule. Das Angebot soll verschiedene Getränke, eine kleine Auswahl an Obst und verpackte Waren (z. B. Süßigkeiten) umfassen.

c) Erläutert die Unterschiede in den Preiskalkulationen für den Cafébetrieb und das Vogelhäuschen.

Gerechter Lohn – gibt es den?

Infos
Ausbildungs-
vergütungen
gp23y4

Unterste Tariflöhne für Arbeiterinnen und Arbeiter mit abgeschlossener Ausbildung in ausgewählten Branchen in NRW

Branche	Monatliches Brutto-Entgelt	Wochen-stunden
Chemie-Industrie	2676 €	37,5
Metall- und Elektro-Industrie	2506 €	35
Einzelhandel	2003 €	37,5
Druck-Industrie	1831 €	35
Floristik	1537€	39
Frisörhandwerk	1455 €	39,5

Quelle: Tarifregister des Ministeriums für Arbeit, Integration und Soziales NRW 2015

1 Branchenabhängige Bezahlung: Ist das gerecht?

Manuela ist ausgebildete Floristin. Sie verdient jetzt 1600 € im Monat. Ihre Freundin Karina ist überrascht: „Als Mechatronikerin erhalte ich ja fast 400 € mehr als du! Und wir haben beide eine dreijährige Ausbildung erfolgreich abgeschlossen." Ist das gerecht?

Unterschiede zwischen den Berufen

Der monatliche Verdienst richtet sich nach dem Tariflohn der Beschäftigten. Sie sind innerhalb einer Branche gleich und steigen mit der Dauer der Betriebszugehörigkeit an. Je nach Branche und Region ist die Höhe des Verdienstes unterschiedlich 1. Dies liegt unter anderem daran, dass für Produkte und Dienstleistungen, die in den Branchen angeboten werden, unterschiedlich hohe Preise erzielt werden können. Die Unternehmen in Branchen, die deshalb höhere Gewinne erzielen, bezahlen dann auch ihre Angestellten besser.

Martin Winterkorn, Vorstandsvorsitzender der Volkswagen AG: 9,33 Millionen € Jahresgehalt

Heike Tamm, Mechatronikerin bei Volkswagen: 44 000 € Jahresgehalt

Talkmaster Günther Jauch: 10,5 Millionen € für 39 Folgen von „Günther Jauch"

Vera Steinmann, TV-Assistentin: 30 000 € Jahresgehalt

2 Stars und Führungskräfte erhalten ein Vielfaches des Entgeldes von „normalen" Angestellten: Ist das gerecht?

- *Je nach Branche ist die Bezahlung unterschiedlich.*
- *Frauen verdienen durchschnittlich weniger als Männer.*
- *Stars und Führungskräfte verdienen oft ein Vielfaches eines Normalverdieners.*

Geschlechterunterschiede

Obwohl in Deutschland die Tariflöhne für Frauen und Männer gleich sind, gibt es Unterschiede bei den Durchschnittsgehältern 3. Frauen sind seltener in gut bezahlten Führungspositionen tätig. Viele unterbrechen nach der Geburt der Kinder ihre berufliche Tätigkeit. Das führt dazu, dass sie seltener Gehaltserhöhungen bekommen und oft schlechtere Aufstiegsmöglichkeiten als Männer haben. Sie arbeiten nach der Elternzeit häufiger in Teilzeit-Arbeitsverhältnissen und verdienen weniger Geld. Zudem arbeiten sie oft in Branchen, die schlechter bezahlen.

Stars und Führungskräfte

Die Beispiele 2 zeigen, dass die Einkommen von Stars und Führungskräften um ein Vielfaches höher sind als die anderer Mitarbeiterinnen und Mitarbeiter. Im Jahr 2009 erhielten die Vorstandsvorsitzenden der 30 größten Börsenunternehmen im Schnitt das 69-Fache der durchschnittlichen Gehälter ihrer Mitarbeiterinnen und Mitarbteiter.

Durchschnittliche Bruttogehälter von Männern und Frauen in verschiedenen Berufen

	Männer	Frauen	Verdienstabstand von Frauen
Vollzeit beschäftigte Angestellte			
Luftverkehrsberufe	7338	4240	–42 %
Köche/innen	3403	2062	–39 %
Feinmechaniker/innen	3641	2246	–38 %
Verkäufer/innen	2901	1990	–32 %
Gastwirt/innen, Hoteliers	3261	2290	–30 %
Bankfachleute	4215	3049	–28 %
Maschinenbautechniker/innen	4367	3268	–25 %
Groß- und Einzelhandelskaufleute, Einkäufer/innen	3765	2312	–25 %

3 Frauen verdienen weniger als Männer: Ist das gerecht?

1 Beschreibe die Auswirkungen eines niedrigen Verdienstes für das Alltagsleben junger Menschen.

2 Erläutert, warum in bestimmten Branchen und Regionen wesentlich höhere Löhne als in anderen bezahlt werden.

3 Der Gehaltsabstand zwischen Managern und Stars auf der einen Seite und Normalverdienern auf der anderen ist sehr groß.

a) Ist dies deiner Meinung nach eine positive oder negative Erscheinung? Nimm Stellung.

b) „Der Abstand zwischen Normalverdienern und Managern eines Unternehmens darf nicht mehr als das 30fache betragen.“ Diskutiert diese Meinung: Jede(r) schreibt seine Meinung auf ein Blatt. Nach einer vereinbarten Zeit gebt ihr das Blatt in eurer Gruppe im Uhrzeigersinn weiter und schreibt einen Kommentar. Dies wiederholt ihr bis jede(r) jede Meinung gelesen und kommentiert hat.

c) Diskutiert eure Einschätzungen zuerst in eurer Gruppe, dann in der Klasse.

4 Entwickelt verschiedene Lösungsmöglichkeiten für eine gerechtere Lohnverteilung. Bildet zu jedem der Themenbereiche (Unterschiede je nach Branche, Geschlecht, Funktion) eine Expertengruppe, die ihre Ergebnisse digital präsentiert.

5 a) Wählt drei Berufe aus der Tabelle 3 und stellt Vermutungen an, warum in diesen Bereichen Frauen weniger Gehalt bekommen.

b) Diskutiert eure Vermutungen und ergänzt sie.

○ 1 ◒ 2, 3 ● 4, 5

4 Arbeiten hier und weltweit

Menschen suchen Arbeit, Unternehmen bieten Arbeitsplätze an. Unternehmen produzieren Waren und Dienstleistungen, die von Konsumenten gekauft werden. Wie gut die Wirtschaft in deinem Wohnort funktioniert, ist auch abhängig von der Ausstattung deiner Region. Gibt es genügend Straßen? Ist die Energieversorgung gesichert? Alle diese Fragen spielen für die Wirtschaft einer Region eine Rolle.

Ich werde …
- *Standortfaktoren und Infrastruktur in meinem Wirtschaftsraum untersuchen.*
- *untersuchen, was ein Unternehmen braucht, um sich in einer Region anzusiedeln.*
- *wirtschaftliches Handeln im Zeitalter der Globalisierung beurteilen.*
- *Chancen und Grenzen des betrieblichen Umweltschutzes und der ökologisch orientierten Produktion erörtern.*
- *wirtschaftliches Handeln im Hinblick auf ökonomische, ökologische und ethische Ziele bewerten.*

Wusstest du, dass …
- du als Konsumentin oder Konsument Einfluss auf das Handeln in einem Unternehmen hast?
- viele Menschen eine gute Autobahnanbindung in ihrem Wohnort wünschen – aber bloß keine Autobahn vor ihrer Haustür?
- Unternehmen durch Umweltschutz-Maßnahmen sogar Geld einsparen können?

Leben, arbeiten und ...

Karten
Regionen
4p92yu

Nordrhein-Westfalen ist das bevölkerungsreichste Bundesland in Deutschland. Dort leben ca. 17,9 Millionen Menschen. Sie verteilen sich aber sehr unterschiedlich auf die 34 080 km² große Fläche. In anderen Bundesländern ist dies ähnlich. Nirgendwo ist die Bevölkerung gleichmäßig verteilt. Je nachdem in welcher Gegend du lebst, hast du unterschiedliche Möglichkeiten, deine Freizeit zu gestalten. Auch das Angebot an Arbeits- und Ausbildungsplätzen hängt von der Region ab.

Viele Menschen, wenig Fläche

In **Großstädten** leben und arbeiten sehr viele Menschen auf engem Raum 1. Köln und Dortmund sind Beispiele für Großstädte. Hier haben viele große Unternehmen wie Produktionsbetriebe (z. B. Autofabriken) oder Dienstleistungsunternehmen (z. B. Versicherungen) ihren Standort. Es gibt viele Einkaufszentren und Fußgängerzonen mit zahlreichen Geschäften. Große Kulturveranstaltungen oder Ausstellungen von Künstlern finden in Hallen und Museen dieser Städte statt.

die **Kulturveranstaltung**: z. B. Theatervorstellung, Konzert, Kunstausstellung

Wenige Menschen, viel Fläche

Ländliche Räume sind Regionen, in denen die Menschen in kleineren Siedlungen und Dörfern leben 3. Hier sind die Betriebe meist kleiner. Es gibt viel land- oder forstwirtschaftlich genutzte Fläche. Freizeitmöglichkeiten in der Natur sind schnell erreichbar. Dafür sind die Wege zu Konzerthallen, großen Theatern oder auch Sportveranstaltungen weiter. Auch gibt es oft weniger Einkaufsmöglichkeiten im näheren Umkreis und weniger Verbindungen mit öffentlichen Verkehrsmitteln (Busse, Bahnen).

Nicht Großstadt, aber auch nicht Land

Zwischen Großstädten und ländlichen Räumen gibt es mehrere Zwischenstufen. In **Mittel- und Kleinstädten** 2 wohnen weniger Menschen als in Großstädten. Allerdings ist das Angebot an Fachgeschäften, speziellen Krankenhäusern oder Universitäten dort nicht ganz so groß. Insgesamt wohnen aber mehr Menschen dort als im ländlichen Raum. Räume werden nach der Anzahl ihrer Einwohner eingeteilt 4.

1 Düsseldorf

2 Freudenberg

3 Sögtrop

- *In einem Land gibt es verschiedene Wirtschaftsräume: Großstädte, Mittel- und Kleinstädte und ländliche Räume.*
- *Regionale Wirtschaftsräume prägen das Leben ihrer Bewohnerinnen und Bewohner.*

Große Großstadt	500 000 und mehr Einwohner
Kleine Großstadt	100 000 bis 500 000 Einwohner
Große Mittelstadt	50 000 bis 100 000 Einwohner
Kleine Mittelstadt	20 000 bis 50 000 Einwohner
Kleinstadt	5 000 bis 20 000 Einwohner
Große Landgemeinde	mit 7 500 und mehr Einwohnern
Kleine Landgemeinde	unter 7 500 Einwohnern

4 Einteilung der Räume   Quelle: Bundesinstitut für Bau- Raum- und Stadtordnung 2012

Landgemeinden haben kein städtisches Zentrum!

Ich wohne gerne in der City. Mit der U-Bahn komme ich schnell von der Schule nach Hause. Das Kinocenter ist für mich auch gut erreichbar – genau wie die große Einkaufsstraße mit meinen Lieblingsläden. Zum Training in meinem Handballverein ist es auch nicht weit. Nur die vielen Autos und LKWs mit ihrem Gestank und Lärm nerven.

5 Ivana (15) lebt in Dortmund.

In unserem kleinen Ort habe ich direkt Wiesen, Felder und Wälder vor der Haustür. Am liebsten bin ich draußen und fahre mit meinen Freunden mit dem Mountainbike. Leider komme ich immer sehr spät von der acht Kilometer entfernten Schule nach Hause. Ins Kino kann ich selten, da mich meine Eltern hinfahren müssen. Und die Suche nach einem passenden Praktikumsplatz wird auch nicht ganz einfach.

6 Eric (14) lebt in Gymnich.

1 a) Erläutere, worin sich städtische und ländliche Räume unterscheiden.
b) Schätzt ein, ob euer Schulort eher in einem städtischen oder in einem ländlichen Raum liegt. Begründet eure Einschätzung.
c) Vergleicht eure Einschätzungen.

2 a) Bildet 3er-Gruppen. Beschreibt euch gegenseitig jeweils ein Bild (**1**, **2** oder **3**).
b) Welche Merkmale aus den Bildern kennzeichnen Düsseldorf als Großstadt, Freudenberg als Kleinstadt und Sögtrop als ländlichen Raum? Fasst die Merkmale in einer Tabelle zusammen.

3 Ivana **5** und Eric **6** berichten von ihrem Leben in unterschiedlichen Wirtschaftsräumen.
a) Erstellt mithilfe der Aussagen von Ivana und Eric eine Pro- und Kontra -Tabelle über das Leben in der Großstadt (Schüler/in 1) und im ländlichen Raum (Schüler/in 2). Ergänzt jeweils eigene Argumente.
b) Vergleicht eure Ergebnisse aus den Pro- und Kontra-Tabellen.
c) Wo würdest du lieber wohnen? Nimm Stellung.

4 Nimm Stellung zu der Aussage: „Ich lebe im ländlichen Raum und habe doch wenig Natur vor meinem Wohnhaus. Die große Landstraße, die an meinem Haus vorbeiführt, verursacht viel Lärm und Gestank."

5 a) In den letzten Jahren sind vermehrt Menschen in die Großstädte und ihre direkte Umgebung gezogen. Welche Gründe könnte es dafür geben?
b) Beschreibe die Folgen für die jeweiligen Räume.

Infrastruktur – notwendig für alle

1 Wie wäre das Leben ohne diese Dinge?

Karten
Infrastruktur
yz58gc

Keine Straßen, keine Schule, kein Kino, Telefon oder Internet – kannst du dir das vorstellen? Wir alle nutzen täglich die Einrichtungen in unserer Region, die zur Infrastruktur gezählt werden. Und auch die Unternehmen sind auf funktionierende Straßen, Strom- und Kommunikationsnetze angewiesen.

Zwei Arten von Infrastruktur

Zur Infrastruktur deiner Region gehören alle öffentlichen und privaten Einrichtungen, die für das Leben und Arbeiten erforderlich sind. Sie wird unterteilt in technische Infrastruktur und soziale Infrastruktur 2.

Technische Infrastruktur	
Versorgung	• Energie (Strom, Gas …) • Wasser- und Abwasser • Abfallentsorgung • Fernwärme
Kommunikation	• Fernsehen • Radio • Internet • Telefon- und Handynetz
Verkehr	• Straßen und Autobahnen • Seehäfen und Binnengewässer • Flughäfen • Brücken, Tunnel • Schienennetz • Öffentlicher Personen-Nahverkehr (Züge, Busse, S- und U-Bahnen …)

Soziale Infrastruktur

- Bildungseinrichtungen (Schulen, Volkshochschulen, Universitäten …)
- Gesundheits- und soziale Einrichtungen (Krankenhäuser, Kindergärten, Rettungsdienste, Altenheime …)
- Kulturelle Einrichtungen (Kinos, Theater, Museen, Bibliotheken …)
- Wohnraum
- Einkaufsstätten
- Öffentliche Sicherheit (Polizei, Feuerwehr …)

2 Technische und soziale Infrastruktur

1 a) Nenne die Infrastruktur-Einrichtungen, die in Abbildung 1 dargestellt sind.
b) Ordne sie den Bereichen „technische Infrastruktur“ und „soziale Infrastruktur“ 2 in einer Tabelle zu.

2 Lest die Texte über die Personen und Unternehmen 3 bis 6.
a) Welche Infrastruktur-Einrichtungen sind den Personen und Unternehmen wichtig? Tragt sie in die Tabelle aus Aufg. 1 ein.
b) Bestimmt die Gemeinsamkeiten und Unterschiede bei den Interessen.
c) Begründet, warum die Interessen unterschiedlich sind.

3 a) Liste Einrichtungen der technischen und sozialen Infrastruktur 2 auf, die für dich wichtig sind.
b) Vergleicht eure Ergebnisse.

4 a) Notiert die Infrastruktureinrichtungen, die es in eurem Wohnort gibt, und diejenigen, die euch fehlen.

- *Zur Infrastruktur zählen alle Einrichtungen, die uns helfen, gut leben und arbeiten zu können.*
- *Unternehmen sind auf eine gut funktionierende Infrastruktur angewiesen.*
- *Man unterscheidet technische und soziale Infrastruktur.*

„Ich brauche gute Einkaufsmöglichkeiten, einen Kindergarten und eine Schule in der Nähe, außerdem Kinderärzte, einen gut ausgebauten öffentlichen Nahverkehr und eine schnelle Internetverbindung. Ein verkehrberuhigtes Wohngebiet wäre toll, damit die Kinder draußen spielen können."

3 Aila Schmittke, Mutter von zwei Kindern

„Ich brauche Waldwege zum Mountainbike-Fahren und für den Sport moderne Sportanlagen. Gute Busverbindungen sind wichtig, damit ich in die City zur Disco, ins Kino oder zu einem Fast-Food-Restaurant fahren kann. Unsere Band braucht einen Proberaum, in dem wir ungestört Musik machen können. Wichtig für meine berufliche Zukunft ist ein gutes Ausbildungsplatzangebot."

4 Kun Wang, Schüler, 16 Jahre

„Damit meine Leute ihre Arbeit gut machen können, brauchen wir gute Parkmöglichkeiten, ein ausgebautes Straßennetz, genügend Tankstellen und ein funktionierendes Handynetz ohne Funklöcher. In der Nähe muss es gute Autowerkstätten geben. Restaurants mit Parkmöglichkeiten an den Hauptstraßen wären schön. Spielstraßen sind für uns eher ein Hindernis. Die könnten meiner Meinung nach abgeschafft werden."

5 Jolanda Simonic, Chefin eines Paketdienstes

„Einige unserer Bewohnerinnen und Bewohner versorgen sich selbst. Sie benötigen Geschäfte, die zu Fuß erreichbar sind. Einige besuchen Kurse an der Volkshochschule. Wichtig für alle sind Ärzte und Krankenhäuser in der Nähe, ausgebaute Spazierwege und verkehrsberuhigte Straßen. Der große Park mit See ist ein Vorteil, den hier alle zu schätzen wissen. Telefon und Kabel-TV in den Wohnungen sind ein Muss, sonst wird es vielen bald zu langweilig."

6 Uwe Kurz, Leiter einer Senioren-Wohnanlage

b) Nicht alle Wünsche können erfüllt werden. Vergleicht eure Listen und erstellt eine Rangfolge nach Wichtigkeit für die fehlenden Einrichtungen.
c) Stellt die Gruppenergebnisse der Klasse vor und begründet eure Einordnung. Einigt euch auf eine gemeinsame Rangfolge.

5 a) Findet heraus, welche Pläne es zur Verbesserung der Infrastruktur in eurem Wohn- oder Schulort gibt.
b) Vergleicht eure Ergebnisse in der Gruppe und einigt euch auf ein wichtiges Projekt, bei dem ihr das Für und Wider in der Klasse vorstellt.

6 Viele Menschen sind im Allgemeinen für Infrastrukturprojekte wie neue Straßen oder Kindergärten. Sollen diese dann aber in ihrer Nähe errichtet werden, sind sie dagegen. Nimm Stellung zu diesem Verhalten.

○ 1, 2 ◒ 3, 4 ● 5, 6

Welcher Standort ist der richtige?

Karten
Wirtschaft & Energie
83m4wp

Wenn sich ein Unternehmen für einen Standort entscheiden will, prüft es vorher in verschiedenen Orten die Gegebenheiten, die für das Unternehmen wichtig sind. Können Rohstoffe angeliefert und fertige Produkte abtransportiert werden? Gibt es genügend Platz und einen Anschluss an das Wasser- und Stromnetz? Alle diese Voraussetzungen nennt man **Standortfaktoren**. Sie werden in zwei Gruppen unterteilt.

Wichtig für die Produktion

Harte Standortfaktoren 1 wie die Nähe zu Kunden oder Rohstoffen sind besonders entscheidend bei der Wahl eines neuen Unternehmensstandorts. Sie beeinflussen direkt die Kosten der Produktion. Für ein Transportunternehmen ist die Nähe zu einer Autobahn wichtig. Ein Handwerksbetrieb braucht die Nähe zu den Kunden, aber die Mieten dürfen nicht zu hoch sein.

Wichtig für die Beschäftigten

Weiche Standortfaktoren 1 sind vor allem für mögliche Mitarbeiterinnen und Mitarbeiter von Bedeutung (z. B. das Angebot an Kultur, attraktivem Wohnraum, Schulen). Will ein Unternehmen qualifizierte Mitarbeiterinnen und Mitarbeiter gewinnen, muss es auch die weichen Standortfaktoren berücksichtigen.

Harte Standortfaktoren	Weiche Standortfaktoren
• Nähe zu Rohstoffen, Lieferanten und Kunden • Verkehrsanbindung • Gewerbefläche • Bodenpreise • Mietkosten • Angebot und Ausbildung der Arbeitskräfte • Lohnkosten • Umweltschutzauflagen • Höhe der Steuern und Abgaben • Fördergelder (▷ Subventionen)	• Wohnraumangebot und Wohnumfeld • Bildungsmöglichkeiten • Erholungs- und Freizeitangebot • Kulturangebot • Sportangebot • Einkaufsmöglichkeiten • Medizinische Versorgung und Pflegeeinrichtungen • öffentlicher Nahverkehr • Beliebtheit einer Region

1 Harte und weiche Standortfaktoren

Bedeutung der Standortfaktoren

Für jedes Unternehmen sind unterschiedliche Standortfaktoren wichtig. Es kommt darauf an, welche Produkte das Unternehmen herstellt oder welche Dienstleistungen es anbietet. Regionen können durch die Verbesserung ihrer Standortfaktoren attraktiver für Unternehmen werden, die neue Arbeitsplätze schaffen.

2 Luftbild vom Industriepark Unna

3 Hochsauerland

- *Standortfaktoren sind alle Bedingungen, die ein Unternehmen bei der Wahl eines Standortes berücksichtigen muss.*
- *Man unterscheidet harte und weiche Standortfaktoren.*

Die Firma Drahtesel GmbH möchte eine neue Produktionsstätte für Elektrofahrräder errichten, in der bis zu 500 Räder täglich vom Band laufen und direkt abtransportiert werden sollen. Dafür werden am Anfang ungefähr 400 Arbeitskräfte benötigt. Für die Entwicklung und Produktion der Fahrräder werden Arbeitsplätze für einfache Montagetätigkeiten und für qualifizierte Ingenieure angeboten.

4

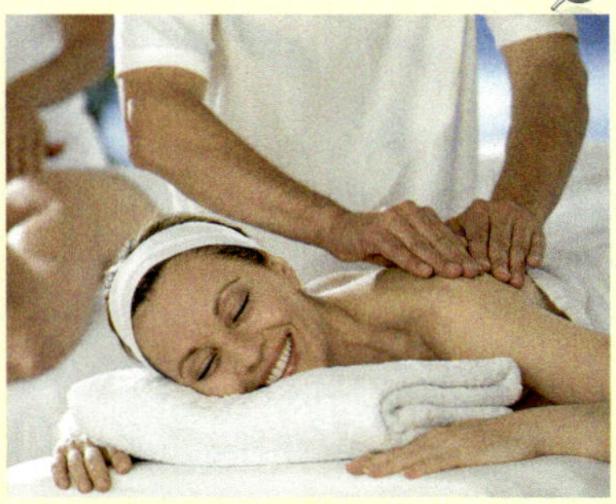

Eine Hotelkette möchte ein Wellness-Hotel bauen, das aus einzelnen Bungalows besteht und gut für Familienurlaub geeignet sein soll. Eine ruhige Lage ist Voraussetzung. Zum Hotel sollen Sport- und Spielmöglichkeiten gehören, ein Reiterhof und ein Schwimmbad – außerdem eine gute ärztliche und physiotherapeutische Versorgung. Die Anlage soll in einer schönen Landschaft liegen und Ausflüge in die Umgebung ermöglichen. Es entstehen etwa 30 Arbeitsplätze.

5

1 Nenne harte und weiche Standortfaktoren 1, die du in den Orten auf den Fotos 2 und 3 erkennst.

2 a) Analysiere, welche Standortfaktoren 1 für die Unternehmen 4 und 5 wichtig sind.
b) Welchen Standort würdest du dem jeweiligen Unternehmen empfehlen: Unna 2 oder das Hochsauerland 3? Begründe.

3 a) Nenne Standortfaktoren 1, die Unternehmen in der Nähe deiner Schule vorfinden.
b) Vergleicht und ergänzt eure Listen.
c) Wertet eure Listen aus: Habt ihr mehr harte oder weiche Standortfaktoren gefunden? Stellt Vermutungen über die Gründe an.
d) Für welches Unternehmen (4 oder 5) wäre der Standort geeignet? Begründet.

4 Nimm Stellung zu dieser Aussage: „Ein Apothekengroßhandel sollte seinen Standort in einer Innenstadt haben. Dort sind viele Apotheken in der Nähe."

5 Untersucht, wo in eurem Bundesland folgende Unternehmen günstige Standortfaktoren vorfinden: Braunkohlekraftwerk, Zuckerrübenfabrik, Automobilzulieferer, Softwareentwickler für Tablet-PCs. Bildet für je ein Thema eine Expertengruppe und stellt die wichtigsten Standortfaktoren zusammen.

6 In einem Interview sagt ein Experte: „Als Region haben wir nur wenig Einfluss auf die harten Standortfaktoren. Daher sollten wir uns auf die Verbesserung der weichen konzentrieren."
Stellt Argumente für und gegen diese Behauptung in einer Tabelle gegenüber und formuliert eine abschließende Einschätzung.

○ 1, 2 ◒ 3 ● 4–6

Einen Wirtschaftsraum untersuchen

Um einen besseren Überblick über den Wirtschaftsraum zu bekommen, in dem du lebst, solltest du ihn genauer untersuchen. Um dir zu zeigen, wie das geht, betrachtet Timo 1 beispielhaft seinen Wohn- und Schulort Schwerte.

Viele Informationen findest du im Kommunalprofil deiner Region!

Links
Komunalprofile
3bp9ii

1 Blick auf Schwerte

1. Schritt: Grunddaten des Wohnortes und der benachbarten Regionen ermitteln 2

- Suche deinen Wohnort auf einer Karte und beschreibe seine Lage (Nähe zu anderen Städten, Nähe zu Flüssen, Landesgrenzen usw.).
- Ermittle die Einwohnerzahl deines Wohnortes und des Landkreises, zu dem er gehört. Beachte auch die Veränderungen in den letzten Jahren.
- Beschreibe deinen Schulweg: Wie weit ist deine Schule entfernt und wie gelangst du dorthin?

2. Schritt: Arbeitsmarkt untersuchen 3

- Ermittle, wie viele Menschen in deinem Wohnort und deinem Landkreis erwerbstätig und wie viele arbeitslos sind.
- In welchen Wirtschaftsbereichen (Land- und Forstwirtschaft, produzierendes Gewerbe oder Dienstleistung) arbeiten die Menschen vor allem?
- Ermittle die größten Betriebe und wichtigsten Arbeitgeber in deiner Region.

Mein Wohnort: Schwerte
Die Stadt Schwerte hat ca. 48 000 Einwohner und liegt im Landkreis Unna (414 000 Einwohner) südlich von Dortmund und östlich von Hagen. Die Stadtmitte dieser beiden Städte ist jeweils ca. 17 km entfernt. Ähnlich weit ist es in die Wälder des Sauerlandes und an die Talsperren. Durch den Ort schlängelt sich die Ruhr mit vielfältigen Freizeitmöglichkeiten. Ich wohne in einem südlichen Vorort und muss knapp 5 km mit dem Fahrrad oder dem Bus zur Schule fahren.

2 Timo untersucht Schwerte im Jahr 2012.

Der Arbeitsmarkt in Schwerte
In Schwerte arbeiten fast 9 000 Menschen in Dienstleistungsunternehmen, 4 450 im produzierenden Gewerbe (vor allem in der Eisen- und Metallverarbeitung) und nur 56 in der Land- und Forstwirtschaft.
In Schwerte sind 1747 Menschen arbeitslos, das sind 7,9 %. Damit ist die Arbeitslosenquote etwas höher wie der Durchschnitt in Nordrhein-Westfalen (7,6 %). Größter Arbeitgeber ist das Marienkrankenhaus, gefolgt von der Gießerei Hundhausen, Hoesch Schwerter Profile, dem Stahlwerk Ergste und der Zentrale von Blumen Risse. Viele Menschen, die in Schwerte wohnen, arbeiten jedoch in anderen Städten, z. B bei den Stadtwerken Dortmund.

3 Der Arbeitsmarkt in Schwerte im Februar 2012

4 Viele Menschen wohnen in Schwerte, arbeiten jedoch in anderen Städten.

Die Infrastruktur in Schwerte
Die Stadtwerke Schwerte versorgen den Ort mit Strom, Gas, Wasser und Telefon-/Internetdienstleistungen. Ein neues Glasfasernetz soll in den nächsten Jahren ganz Schwerte durchziehen. Der Abfall wird durch den städtischen Baubetriebshof entsorgt. Es gibt zwei regionale Tageszeitungen in Schwerte („Ruhr-Nachrichten“ und ‚Westfälische Rundschau“). Zwei Autobahnen führen durch die Stadt: die A 1 und die A 45. Der Flughafen Dortmund ist nur 15 km entfernt. Schwerte ist ein kleiner Eisenbahnknotenpunkt. Es gibt gute Zugverbindungen nach Köln, Düsseldorf, Dortmund, Hamm und ins Sauerland. In Schwerte gibt es viele Fachärzte, zwei Krankenhäuser und einige Altenheime. Die Kinder in Schwerte können mehrere Grundschulen, zwei Gymnasien, zwei Realschulen, eine Hauptschule, eine Gesamtschule und eine Förderschule besuchen. Berufsbildende Schulen gibt es in den Nachbarstädten – alle sind ca. 15 km weit entfernt. Die Universität in Dortmund ist genauso wie die Fachhochschulen in Hagen und Dortmund nur 15 km entfernt. In Schwerte gibt es viele Sportvereine, besonders erfolgreich sind die Kanuten. Im Sommer ist ein Freibad beliebter Treffpunkt. Leider gibt es kein Allwetter-Freizeitbad mehr in Schwerte. Auch um ins Kino zu kommen, muss ich mit dem Zug nach Dortmund fahren.

5 Timos Untersuchung der Infrastruktur

3. Schritt: Die Infrastruktur untersuchen 5

- Schreibe die Namen und Adressen der Unternehmen auf, die in deiner Stadt für die Wasser-, Gas und Stromversorgung und die Abfallentsorgung zuständig sind.
- Ermittle den Stand der Technik für moderne Kommunikationsmedien und die geplanten Modernisierungen.
- Beschreibe, welche Verkehrswege und öffentliche Verkehrsmittel in deiner Region vorhanden sind.
- Welche Einkaufsstätten, Verwaltungseinrichtungen und sonstigen Einrichtungen der technischen und sozialen Infrastruktur (siehe Abbildung 2 Seite 106) gibt es in deinem Ort?

Grunddaten ermitteln
↓
Arbeitsmarkt untersuchen
↓
Infrastruktur untersuchen

6 Ablaufschema

1 ⚇ **a)** Untersucht euren Wirtschaftsraum wie Timo (2, 3, 5).
b) Beurteilt, in welchen Bereichen eure Region besonders stark ist: Im Bereich der Dienstleistungen, im produzierenden Gewerbe oder in der Landwirtschaft?
c) Stellt eure Ergebnisse anschaulich dar.

2 **a)** Vergleicht die Arbeitsmarktdaten eurer Region mit Daten aus anderen Regionen in NRW. Fertigt eine Tabelle an.
b) Präsentiert eure Ergebnisse mit Hilfe von Schaubildern.
c) Formuliert in Kurzform, was die Gründe für die Unterschiede und Gemeinsamkeiten in den ermittelten Daten sein könnten.

3 ⚇ Teilt euch in drei Gruppen auf: – Bahnverkehr – Straßenverkehr – Luftverkehr. Ermittelt für alle drei Bereiche die Erreichbarkeit von eurem Wohnort. Benennt den zeitlichen Aufwand, um nach Berlin, London, Paris oder Prag mit dem PKW, der Bahn oder dem Flugzeug zu gelangen.

Expertenbefragung: Ausbildungsmarkt

Infos und Links
Experten/innen finden
9gv89x

Für deinen späteren Berufsweg solltest du die Situation auf dem Ausbildungs- und Arbeitsmarkt in deiner Region kennen. Informationen bekommst du über unterschiedliche Quellen wie Radio, Fernsehen, Internet oder Zeitungen. Doch oft passen diese Angaben nicht genau zu den Fragen, die du dir stellst. Wenn du Informationen zu einem ganz speziellen Thema benötigst, befrage Personen, die sich damit gut auskennen. Um eine Befragung durchzuführen, musst du dich gründlich vorbereiten.

1. Schritt: Thema festlegen

Grenze das Thema ein und formuliere eine „Überschrift" für deine Expertenbefragung, z. B. „Der Ausbildungs- und Arbeitsmarkt in meiner Region". Sammle vorab so viele Informationen wie möglich.

2. Schritt: Gesprächspartner/in finden

Überlege dir, wo du eine geeignete Gesprächspartnerin oder einen Gesprächspartner zu dem ausgewählten Thema finden kannst. Wenn es um Fragen rund um Ausbildung und Beruf geht, bist du bei der Bundesagentur für Arbeit 1 oder den Kammern 2 gut aufgehoben. Willst du unterschiedliche Standpunkte sammeln, solltest du verschiedene Gesprächspartner zu einem Thema interviewen. Informiere dich in jedem Fall gründlich über deine Gesprächspartnerin oder deinen Gesprächspartner: In welchem Bereich ist sie/er tätig? Welche Aufgaben hat sie/er?

3. Schritt: Fragen formulieren

Überlege, welche Fragen du unbedingt beantwortet haben willst. Formuliere diese Fragen 3 und erstelle einen Fragebogen. Lasse dabei genug Platz für die Antworten.

4. Schritt: Befragung vorbereiten

Vereinbare einen Befragungstermin und einen Ort mit der Expertin oder dem Experten. Bestätige den Termin am besten noch einmal schriftlich. Um sicherzugehen, dass du die richtigen Informationen bekommst, kannst du deine Fragen vorab an die betreffende Person schicken. Dann kann auch sie sich vorbereiten.

Die Bundesagentur für Arbeit gibt es in allen größeren Städten. Hier könnt ihr euch mit Unterstützung von Fachleuten über den Ausbildungsmarkt und Ausbildungsberufe in eurer Region (und darüber hinaus) informieren.

1 Berufsberatung durch die Bundesagentur für Arbeit

Die Kammern – Partner bei der Ausbildung
Die Handwerkskammern (HWK) und die Industrie- und Handelskammern (IHK) sind zuständig für die Berufsausbildung. Die meisten Unternehmen des Handwerks bzw. der gewerblichen Wirtschaft sind Mitglied einer Kammer.
Die Kammern sind wichtige Ansprechpartner für alle Fragen zur Berufsausbildung. In den Regionen haben sie Geschäftsstellen. Dort arbeiten Ausbildungberaterinnen oder Ausbildungsberater, die bei Fragen zur Ausbildung oder den Unternehmen weiterhelfen können.

2 Handwerkskammern und Industrie- und Handelskammern in Nordrhein-Westfalen

5. Schritt: Befragung durchführen

Wenn es soweit ist, sei pünktlich am vereinbarten Ort und trage angemessene Kleidung. Stelle dich vor und erkläre, warum du die Befragung durchführen willst. Anschließend stellst du deine Fragen. Notiere die Antworten auf deinem Fragebogen. Bedanke dich am Schluss für das Gespräch.

Wenn die Expertenbefragung in der Schule stattfindet, solltest du an Folgendes denken:
- Informiere deine Mitschülerinnen und Mitschüler über den Termin.
- Überlege dir eine Sitzordnung und bereite Namenskärtchen vor.
- Hole deinen Gast ab und führe ihn in den Klassenraum.

6. Schritt: Ergebnisse auswerten

Während der Befragung konntest du dir Notizen machen, aber bestimmt nicht alle Eindrücke festhalten. Fasse deshalb direkt nach der Befragung die wesentlichen Punkte in einem Protokoll zusammen. Anschließend stellst du deine Ergebnisse vor. Dies kann in Textform, durch ein Plakat, eine Präsentation oder andere Gestaltungsmittel sein. Betrachte die Befragung noch einmal abschließend: Was ist dir gut, was nicht so gelungen? Was möchtest du beim nächsten Mal anders machen?

Expertenbefragung zum Thema „Der Ausbildungs- und Arbeitsmarkt in meiner Region"
1. *Welche Betriebe sind die größten Arbeitgeber in der Region?*
2. *Welches sind die häufigsten Berufe?*
3. *Welche Betriebe bilden in der Region aus?*
4. *Welche Ausbildungsberufe werden vor allem angeboten?*
5. *Welche Anforderungen stellen die Betriebe an die Bewerberinnen und Bewerber?*
6. *Welche Hilfen für Ausbildungsplatzsuchende bieten Sie an?*
7. *...*

3 Mögliche Fragen zum Thema Ausbildungs- und Arbeitsmarkt

Thema festlegen, Informationen sammeln
↓
Gesprächspartner/in finden
↓
Fragen formulieren
↓
Befragung vorbereiten
↓
Befragung durchführen
↓
Ergebnisse auswerten

4 Ablaufschema einer Expertenbefragung

1 a) Nenne mindestens fünf Betriebe in deinem Wohn- oder Schulort, die Ausbildungsplätze anbieten.
b) Sammelt alle Nennungen und tragt die Betriebe in eine Karte eurer Umgebung ein.
c) Fügt hinzu, welche Ausbildungsberufe in den Betrieben vor allem angeboten werden.

2 Recherchiere die Namen und Adressen der zuständigen Ausbildungsberaterinnen oder Ausbildungsberater bei der IHK und der Handwerkskammer 2 und der zuständigen Ansprechpartnerin oder des Ansprechpartners bei der Bundesagentur für Arbeit 1.

3 a) Führt eine Expertenbefragung zum Thema „Der Ausbildungs- und Arbeitsmarkt in meiner Region" durch.
b) Stellt die Ergebnisse eurer Befragung auf einem Plakat oder einer Wandzeitung dar.
c) Vergleicht die Ergebnisse mit eurer Karte aus Aufgabe 1. Ergibt sich ein anderes Bild?

○ 1 ◒ 2 ● 3

Globalisierung: Was ist das?

Globalisierung =

Globus (Erdkugel, Erdball)

+ zunehmender Austausch von Ideen, Gegenständen, Mode, Liedern, Geld, Waren, …

1 Der Begriff „Globalisierung" wurde bekannt durch den Professor Theodore Levitt (1925 bis 2006).

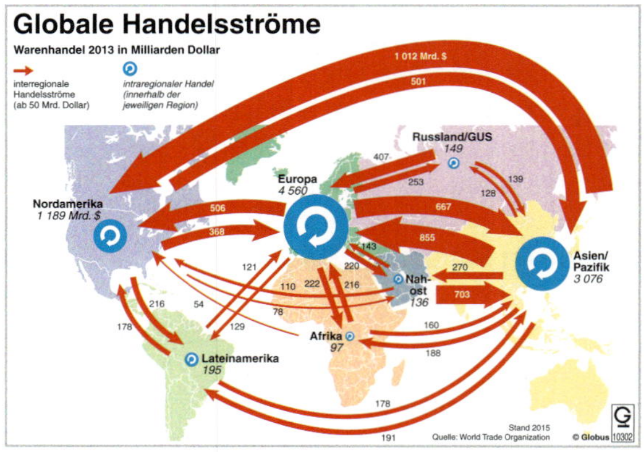

2 Verteilung des Welthandels

Starker Job
Kaufrau/-mann für Spedition und Logistik
ht55vj

Starker Job: Kauffrau/-mann für Spedition und Logistikdienstleistung
Isabel arbeitet bei der Spedition Schnell. Sie sorgt dafür, dass Waren, die aus aller Welt am Flughafen Köln/Bonn ankommen, mit dem Zug oder LKW weitertransportiert werden. Alle Stationen des Transports kann sie an ihrem PC überprüfen.

Bananen aus Ecuador, Kaffee aus Costa Rica, Kleidung aus Indien – Güter, die wir täglich nutzen, kommen aus allen Ländern der Erde und werden quer über den Globus geschickt. Telefon und Internet machen es heute ganz einfach, auch über Ländergrenzen hinweg zusammen zu arbeiten.

Globalisierung – eine neue Entwicklung?

Die Länder der Erde haben schon immer mit Waren gehandelt 2. Die wirtschaftlichen Beziehungen zwischen den Ländern der Erde werden immer zahlreicher. Aber auch in den Bereichen Kultur, Politik und Umwelt wird immer stärker zusammengearbeitet. Diese Entwicklung nennt man Globalisierung 1.

1 a) Beschreibe mit eigenen Worten den Begriff „Globalisierung".
b) Untersucht Dinge im Klassenraum (Kleidung, Gegenstände usw.). Wo wurden sie hergestellt? Zeigt die Länder auf einer Karte.
c) Nennt mindestens drei Unternehmen, die ihre Produkte in vielen Ländern verkaufen.
d) Beurteilt, welche Vorteile die Globalisierung für euch hat.

2 Nennt Beispiele für die Globalisierung in den Bereichen Wirtschaft, Politik, Kultur und Umwelt.

3 a) Begründe, warum die Autoteile 3 in verschiedenen Ländern hergestellt werden.
b) Erläutere die Vor- und Nachteile, die Verbraucher und Unternehmen durch die Arbeitsteilung in der Autoproduktion haben.

4 Mehr Handel führt zu mehr Verkehr – ob auf der Straße, der Schiene, dem Wasser oder in der Luft.
a) Erläutere die Vorteile und Nachteile dieser Entwicklung.
b) Immer häufiger beschweren sich Anwohner von Straßen oder Flughäfen über den Lärm. Stelle die Interessen der Anwohner den Interessen der Logistikunternehmen gegenüber.

Globalisierung ist die immer stärker werdende Verflechtung aller Länder der Erde in den Bereichen Wirtschaft, Politik, Kultur und Umwelt.

Beispiel Wirtschaft

Viele Unternehmen siedeln sich in den Ländern an, in denen sie ihre Waren am günstigsten produzieren oder verkaufen können. Entscheidend können die Lohnkosten sein, aber auch Rohstoffkosten, Transportwege oder niedrige ▷ Zölle. Vor allem große Unternehmen können diese Vorteile nutzen. Sie gewinnen weltweit immer mehr Einfluss. Auf der anderen Seite können durch Produktion und Handel mehr Menschen in der ganzen Welt am Wirtschaftleben teilhaben.

Beispiel Politik

Immer mehr Staaten treffen untereinander Vereinbarungen, wie sie ihre Beziehungen gestalten wollen. Sie schließen Verträge und treten weltweiten Organisationen bei. Im Jahr 2011 waren 193 Staaten Mitglied der ▷ „Vereinten Nationen".

Beispiel Kultur

Das Internet ermöglicht den Austausch von Musik aller Stilrichtungen. Vor allem westlich geprägte Musikstile sind heutzutage auf der Welt weit verbreitet. Auch in anderen Bereichen findet Globalisierung statt: In mehr als 100 Ländern kennt man „Wer wird Millionär?". Die Fastfood-Kette McDonalds ist noch weiter verbreitet.

Beispiel Umwelt

Die Zunahme des Welthandels bedeutet, dass mehr Menschen in der **Logistik** tätig sind: in LKWs, Flugzeugen, Zügen und Unternehmen, die Transporte organisieren. Der zunehmende Verkehr belastet mit Abgasen jedoch die Umwelt. Wenn mehr Waren produziert werden, wird dafür mehr Energie benötigt. Beides führt zu mehr Schadstoff-Emissionen.

die **Logistik:** Planung, Durchführung und Kontrolle von Transporten

die **Emission:** Ausstoß

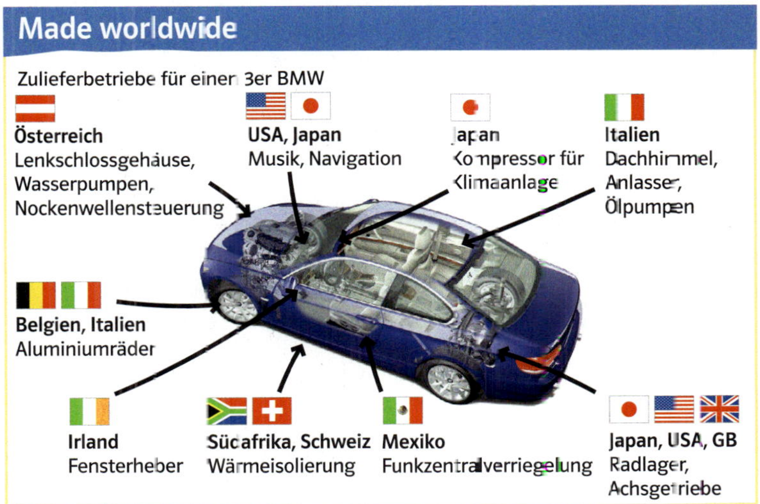

3 Weltweite Zusammenarbeit in der Autoproduktion

5 Betrachte die Grafik 2.
a) Nenne die Erdteile, zwischen denen die größten Handelsströme verlaufen.
b) Nenne die wichtigsten Handelspartner Europas.

6 Einige Erdteile nehmen nur sehr wenig am globalen Handel teil 2. Listet mögliche Gründe auf.

7 Erstelle eine Tabelle (+/-), was dir am Ausbildungsberuf „Kauffrau/-mann für Spedition und Logistikdienstleistung" gefällt und was nicht.

8 Recherchiert die Bedeutung des Flughafens Köln/Bonn als Frachtzentrum und erstellt eine Mind-Map.

9 „Die Ausbreitung westlicher Musikstile und Essgewohnheiten verdrängt typische Traditionen in anderen Ländern. Das macht die Welt insgesamt kulturell ärmer." Nimm Stellung zu dieser Aussage und begründe deine Meinung.

Die globalisierte Jeans

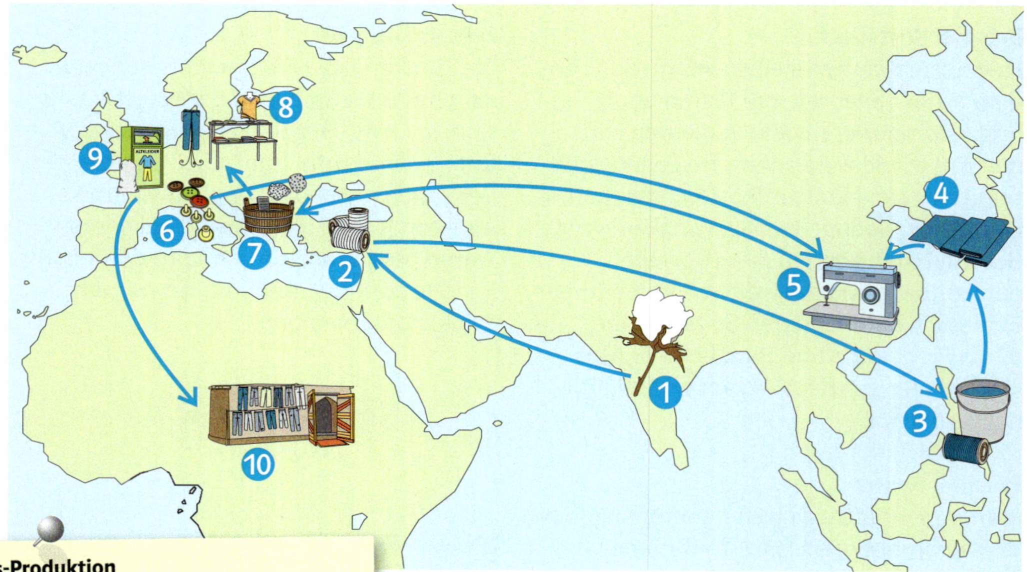

Stationen einer Jeans-Produktion
1. Die Baumwolle als Rohstoff kommt z. B. aus Indien.
2. In der Türkei wird daraus das Garn hergestellt.
3. Zum Färben gelangt das Garn auf die Philippinnen.
4. In Südkorea wird aus dem Garn der Jeans-Stoff gewebt.
5. Zum Nähen geht der Stoff nach China.
6. Aus Italien und Frankreich kommen Zubehörteile wie Nieten, Knöpfe, Waschanleitung.
7. In Griechenland erhält die Jeans durch eine Endbehandlung mit Bimsstein den Stone-washed-look.
8. Zum Verkauf kommt die fertige Jeans unter anderem nach Deutschland.
9. In den Niederlanden werden getragene Jeans als Altkleidung gesammelt.
10. Die gesammelten Alt-Jeans werden in Afrika verkauft.

1 Weltweite Stationen der Jeans-Produktion

Sicher hast du eine Jeans im Schrank. Wie andere Kleidungsstücke werden Jeans vor allem in Handarbeit hergestellt. Sie werden in Ländern wie China oder Bangladesh genäht, weil dort die Arbeitskosten sehr niedrig sind. Aber auch für die anderen Teile der Produktion werden die Standorte mit den geringsten Kosten gewählt 1.

Nachteile für Arbeiterinnen

Durch die Verlagerung der Textilproduktion nach Asien verloren in den letzten Jahren viele Näherinnen in Deutschland ihre Arbeitsplätze. Globalisierungs-Kritiker sagen, dass die niedrigen Herstellpreise nur möglich sind, weil die Menschen dort sehr wenig verdienen. Die Näherinnen werden oft so schlecht bezahlt, dass sie kaum von ihrem Lohn leben können. Sie arbeiten bis zu 14 Stunden täglich ohne ausreichende Arbeitssicherheit und Gesundheitsschutz.

Nachteile für die Umwelt

In manchen Produktionsländern gibt es nur wenige Bestimmungen zum Umweltschutz. In einigen Fabriken werden Chemikalien einfach in die Umwelt geleitet und vergiften Wasser und Boden. Durch die langen Transportwege wird viel Energie verbraucht und die Umwelt mit Abgasen belastet. Dadurch, dass heute immer mehr Waren hergestellt und transportiert werden, steigt der Ausstoß an gefährlichen ▷ Treibhausgasen 3. Sie sollen ein Grund für den ▷ Klimawandel sein.

- *Durch die Globalisierung werden viele Waren für uns preiswerter und die Auswahl wird größer.*
- *Die Globalisierung bringt häufig Nachteile für die Umwelt sowie die Lebens- und Arbeitbedingungen der Menschen in den Herstellerländern.*

Vorteile für Unternehmen
Werden die Kosten in der Produktion von Kleidung gesenkt, können die Unternehmen einen größeren Gewinn erwirtschaften. So können sie sich besser auf dem Markt behaupten. Das sichert auch bei uns Arbeitsplätze, denn die Entwicklung der Mode und ein großer Teil der Vermarktung erledigen Unternehmen in Europa.

Vorteile für die Verbraucher
Die Verbraucherinnen und Verbraucher freuen sich, denn sie können billige Kleidung kaufen. Ein voller Kleiderschrank und immer wieder neue Kleidung sind bei uns ganz normal. ▷ Fairtrade-Waren oder Kleidung, die in Deutschland hergestellt wird, sind teurer.

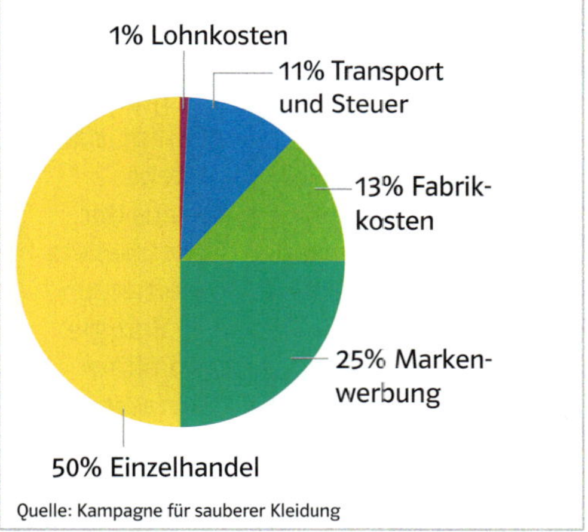

2 Preiszusammensetzung eines T-Shirts

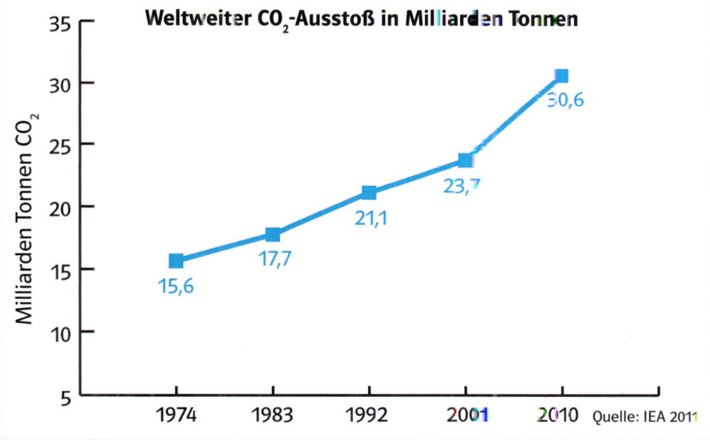

3 CO_2-▷ Emissionen entstehen vor allem bei der Energiegewinnung, bei der Produktion und beim Transport von Waren.

1 a) Nenne Gründe für die globalisierte Produktion von Jeans.
b) Listet Vorteile (Schüler/in 1) und Nachteile (Schüler/in 2) der globalisierten Produktion von Jeans für die Konsumenten, die Produktionsmitarbeiter, die Herstellerfirmen und die Umwelt auf.
c) Vergleicht eure Listen mit einem anderen Arbeitspaar. Erstellt gemeinsam eine Tabelle mit den Vor- und Nachteilen.

2 a) Berechnet die Lohnkosten 2 für ein T-Shirt, das 10 Euro kostet.
b) Was kostet das T-Shirt, wenn sich der Lohn für die Arbeiterinnen verdoppeln würde?
c) Bewerte die Auswirkungen der Lohnerhöhung auf die Kunden in Europa und die Arbeiter in Asien.

3 a) In einem Geschäft hast du die Wahl zwischen einem T-Shirt aus Asien für 5 Euro und einem fair gehandelten für 20 Euro. Wie entscheidest du dich? Begründe.
b) Erläutere den Konflikt, in dem du dich bei deiner Entscheidung befindest.

4 „Die Textilproduktion bringt Vorteile für die Arbeiter in Asien. Ohne sie gäbe es dort gar keine Arbeit."
a) Bildet 4er-Gruppen. Jeder schreibt seine Meinung zu der Aussage auf ein Blatt. Reicht das Blatt im Uhrzeigersinn weiter. Schreibt eine Anmerkung zur Meinung eures Vorgängers. Wiederholt diesen Vorgang so lange, bis ihr wieder euer ursprüngliches Blatt erhaltet.
b) Diskutiert die Meinungen.

○ 1 ◒ 2, 3 ● 4

Betriebe und Umweltschutz

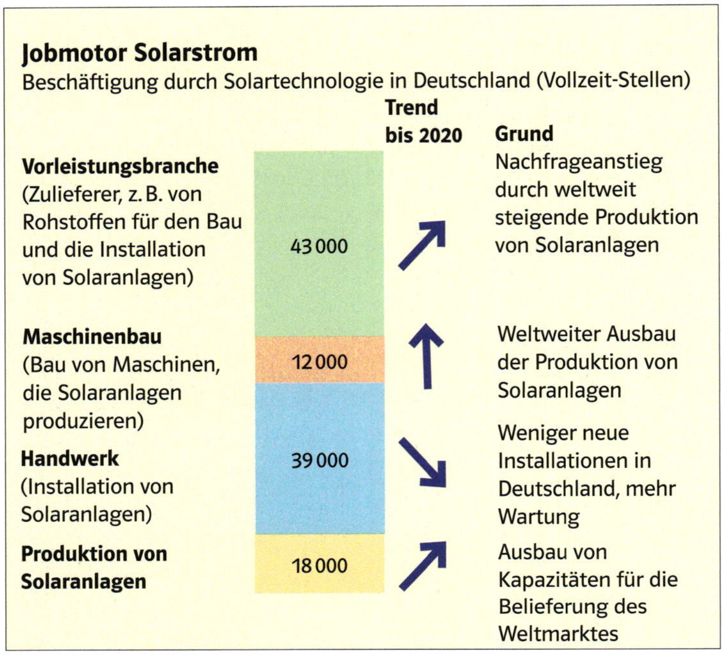

Quelle: Bundesverband Solarwirtschaft, Prognos, Roland Berger 2010

1 Neue Arbeitsplätze durch Solarenergie

Umweltschutz geht alle an. Konsumenten fordern deshalb, dass auch Unternehmen Umweltschutzmaßnahmen ergreifen. Viele Betriebe schrecken jedoch vor den hohen Kosten zurück. Bestimmte betriebliche Maßnahmen für den Umweltschutz können sich aber auch wirtschaftlich lohnen und sogar neue Arbeitsplätze schaffen.

Ressourcen schonen

Die Behrens Bio-Möbel GmbH stellt mit 15 Angestellten Bio-Möbel her. Die Produktion der Möbel ist zwar teurer, umweltbewusste Kunden zahlen dafür aber gerne einen höheren Preis. In unterschiedlichen Bereichen wird umweltfreundlich produziert:

- **Beschaffung**: Bei den Rohstoffen wird darauf geachtet, dass nur Hölzer aus nachhaltigem Anbau verwendet und keine Urwälder abgeholzt werden.
- **Produktion**: Umweltfreundliche Betriebsmittel (z. B. lösungsmittelfreie Lacke) sind weniger schädlich für die Umwelt und die Gesundheit der Beschäftigten. Die Möbelteile werden so ausgesägt, dass möglichst wenig Abfall entsteht.
- **Entsorgung**: Die Sägespäne aus der Holzproduktion werden zu Holzpellets gepresst, die wiederum in Heizungen verbrannt werden. Das spart Energie. Moderne Reinigungsanlagen filtern Schadstoffe aus Luft und Abwasser.

Umweltschutz spart Kosten

Durch einige Maßnahmen kann das Unternehmen sogar Kosten verringern: Die Müllvermeidung spart teure Müllgebühren, durch die Wiederverwertung von Abfällen (z. B. Holzresten) können Rohstoffe eingespart werden. Und auch der sparsame Umgang mit Wasser und Energie senkt die Kosten und spart ▷ Ressourcen.

1 Nenne Gründe, warum Unternehmen in den Umweltschutz investieren.

2 a) Die Firma Behrens hat sich für den Bau einer Solaranlage entschieden **2**. Begründe die Entscheidung mit wirtschaftlichen und ökologischen Argumenten.

b) Erklärt mithilfe der Grafik **1**, wie diese Investition auch heimischen Handwerkern und dem Arbeitsmarkt zu Gute kommt.

c) Hätte die Firma Behrens die Investition auch getätigt, wenn es keine finanzielle Förderung für die Stromeinspeisung gegeben hätte? Nimm Stellung.

3 a) Listet alle betrieblichen Umweltschutz-Maßnahmen auf, die in der Firma Behrens umgesetzt werden.

b) Erörtert, welche Chancen die Maßnahmen im Hinblick auf Klimaschutz, Ressourcenschonung und die Kosten bieten.

c) Erläutert mithilfe der Aussagen

- *Maßnahmen zum betrieblichen Umweltschutz können Ressourcen und Kosten sparen und Arbeitsplätze schaffen.*
- *Unternehmen müssen darauf achten, dass Investitionen wirtschaftlich sinnvoll sind.*

Arbeitsplätze durch Umweltschutz?

Die Behrens Bio-Möbel GmbH plant die Installation einer Solaranlage. Sie produziert umweltfreundlichen Strom und vermindert den Ausstoß von Treibhausgasen. Die Investition lohnt sich, weil der Staat die Betreiber finanziell unterstützt. Da immer mehr Privatleute und Unternehmen diesen Schritt gehen, sind in den letzten Jahren Arbeitsplätze in der Solarbranche entstanden 1. Durch die **staatliche Förderung** wird die Investition wirtschaftlich sinnvoll: das investierte Geld wird wieder eingenommen. So fördert der Staat gleichzeitig die Betriebe und den Umweltschutz.

Staatliche Umweltschutz-Bestimmungen

Einige Umweltschutz-Maßnahmen sind **vom Staat vorgeschrieben** und müssen umgesetzt werden. Es gibt z. B. Vorschriften zum Einbau von Lärmschutz-Einrichtungen, Luftfiltern oder Abwasser-Reinigungsanlagen. Diese kosten viel Geld, ohne dass ein wirtschaftlicher Gewinn entsteht. Viele Unternehmen klagen, dass die deutschen Umweltschutz-Bestimmungen sehr hart sind. Sie sind der Meinung, dass sie die deutschen Unternehmen dadurch Nachteile haben gegenüber Unternehmen in Ländern mit weniger strenger Gesetzen. Aber was wäre, wenn alle Schadstoffe einfach in die Umwelt geleitet würden?

Starker Job
Umweltschutz-technische/r Assistent/in
62h4e6

Berechnung für eine 200 m² große Solaranlage für das Firmendach 25 Kilowattstunden Spitzenleistung Anschaffungskosten: ca. 60 000 €	
Jährliche Vergütung durch die Stromeinspeisung nach Abzug aller Kosten (z. B. Reinigung):	+ 6 000 €
Jährliche Kosten für den Kredit:	– 4 800 €
Jährlicher Überschuss für die Behrens Bio-Möbel GmbH:	+ 1 200 €
Gewinn für die Umwelt: **Jährliche Einsparung von 12 500 kg CO_2**	

2 Rechnen sich die Anschaffungskosten einer Solaranlage? (Berechnung Stand 2011)

„Ein Unternehmen kann nicht endlos in den Umweltschutz investieren. Es muss die Kosten im Blick behalten."

„Energie und Wasser sparen ist ja schön und gut. Aber alles hat seine Grenzen. Irgendwann kann man einfach nicht mehr weitersparen."

„Rohstoffe aus umweltfreundlicher Produktion sind viel zu teuer. Wenn wir damit arbeiten, müssten wir unsere Produkte teurer machen – und dann kauft sie uns niemand mehr ab!"

„Die ökologische Produktion von Holz und Lebensmitteln braucht viel mehr Fläche als die konventionelle. Wenn alle ökologisch produzieren würden, hätten wir gar nicht genug Fläche zur Verfügung, um Güter für alle Menschen herzustellen."

3 Kritische Stimmen zum betrieblichen Umweltschutz

3, warum nicht alle Unternehmen so handeln wie die Firma Behrens.

4 a) Erläutere, wie der Staat den betrieblichen Umweltschutz fördern kann.
b) Nenne mindestens drei staatliche Regelungen zum Umweltschutz.

5 **a)** Beschreibt mithilfe des Schaubildes 1, wo in der Solartechnologie Arbeitsplätze entstanden sind.
b) Nennt wichtige Gründe, warum die Entwicklung in diesen Bereichen bis 2020 unterschiedlich verlaufen soll.

6 Erörtere, warum sich die Unternehmen gegen staatliche Umweltschutzauflagen wehren.

7 „Eine umweltfreundlichere Produktion bringt nicht automatisch mehr Kundinnen und Kunden." Überprüfe die Aussage und nimm Stellung.

○ 1 ◒ 2–4 ● 5–7

Mit Nachhaltigkeit werben

Kinderarbeit in Bangladesh aufgedeckt!
Sportartikelhersteller führt nach Protesten neue Umwelt- und Sozialstandards bei seinen Zulieferbetrieben ein. Unabhängige Institutionen prüfen die Einhaltung.

Umsatzeinbruch nach Explosion einer Ölplattform
Verölte Seevögel und tote Fische schrecken Kunden ab.
Unternehmen verspricht Aufklärung, aber die Kunden bleiben weg.

1 Schlagzeilen

Qualität bedeutet für uns nicht nur, den Erwartungen der Kunden zu entsprechen oder sie übertreffen. Qualität bedeutet auch, dass die Produktion unter guten Bedingungen stattfindet. Wir übernehmen Verantwortung dafür, wie Menschen und Umwelt von unserer Geschäftstätigkeit beeinflusst werden. Wir halten uns an diese sechs Verpflichtungen:

1. Verantwortungsbewusste Partner auswählen
2. Ethisch handeln
3. Klimaschonend handeln
4. Reduzieren, wiederverwerten, recyceln
5. Verantwortlich mit natürlichen Ressourcen umgehen
6. Die Gesellschaft unterstützen

2 Selbstverpflichtungserklärung einer Modekette

Immer mehr Verbraucherinnen und Verbraucher verhalten sich kritisch gegenüber Unternehmen, die die Umwelt verschmutzen, Ressourcen verschwenden oder ihre Waren unter schlechten Arbeitsbedingungen produzieren lassen. Doch wie können wir überhaupt herausfinden, unter welchen Bedingungen produziert wird?

Unternehmen tun etwas!

Viele Unternehmen haben erkannt, dass ihre Kundschaft auf Nachhaltigkeit bei der Produktion Wert legt. In **Nachhaltigkeits-Berichten** erklären sie, wie sie den Umweltschutz und die sozialen Bedingungen bei der Produktion verbessern wollen. Viele Unternehmen veröffentlichen **Selbstverpflichtungs-Erklärungen** 2, um die Ernsthaftigkeit ihres Handelns zu zeigen.

Manche Verbraucher- und Umweltschutzorganisationen überprüfen diese Erklärungen. Viele organisieren Proteste, wenn Missstände aufgedeckt werden. Denn wenn viele Verbraucher protestieren, wächst der Druck auf die Unternehmen.

Nachhaltigkeit: siehe S. 54

1 👥 **a)** Sammelt Beispiele für Unternehmen, die mit nachhaltigen Produkten oder einer nachhaltigen Produktion werben.
b) Begründet, warum die Unternehmen das tun.

2 👥 Erläutert mithilfe der Selbstverpflichtung 2, warum es schwierig ist, als Konsument/in die Aussagen in einer solchen Erklärung zu überprüfen.

3 Begründe, warum Unternehmen ein Öko-Audit 4 durchführen, obwohl dies viel Arbeit bedeutet.

4 a) Nimm Stellung zu den Motiven der Unternehmen für freiwilligen Umweltschutz 3.
b) Erläutere, wie du als Verbraucher/in dazu beitragen kannst, dass Unternehmen die sozialen Bedingungen und den Umweltschutz in ihrer Produktion verbessern.

5 Einige Unternehmen versuchen, ihr Nachhaltigkeitshandeln besser darzustellen als es eigentlich ist.
a) 👥 Nennt Folgen für Unternehmen, die tatsächlich nachhaltig handeln.
b) 👥 Nennt mögliche Folgen für Unternehmen, wenn ihre Informationen als falsch entlarvt werden.
c) 👥 Recherchiert Organisationen, die Missstände in der Produktion aufdecken.

- *Mit Nachhaltigkeits-Berichten und Selbstverpflichtungs-Erklärungen wollen Unternehmen ihren Kunden zeigen, dass sie sich um eine nachhaltige Produktion bemühen.*
- *Das EMAS-Verfahren ist eine unabhängige Überprüfung von Nachhaltigkeits-Standards.*

Wirklich nachhaltig?

Kritiker bemängeln, dass Selbstverpflichtungs-Erklärungen von den Verbraucherinnen und Verbrauchern nicht überprüft werden können. Immer wieder gibt es Fälle, bei denen Unternehmen nicht nach den von ihnen selbst aufgestellten Grundsätzen handeln. Das macht es für die Unternehmen schwerer, die wirklich nachhaltig produzieren. Sie müssen die Verbraucher gezielt und umfassend informieren, um mit ihrer Leistung zu überzeugen.

3 Motive von Unternehmen für freiwilligen Umweltschutz

Nachhaltigkeit nachweisen

Einige Unternehmen lassen ihre Aktivitäten von unabhängigen Organisationen überprüfen. So können die Verbraucher sicher sein, dass sich die Unternehmen an bestimmte **Standards** zur Verbesserung der Nachhaltigkeit halten. Ein Verfahren ist das **EMAS-Verfahren** **4** (auch als **Öko-Audit** bekannt). Viele Unternehmen können durch die Maßnahmen, die aus der Prüfung folgen, ihre Kosten senken (z. B. durch Energie-Einsparungen). Außerdem können sie mit ihrem Engagement für nachhaltiges Wirtschaften werben.

der **Standard:** einheitliche Art und Weise, etwas herzustellen oder durchzuführen

EMAS GEPRÜFTES UMWELTMANAGEMENT

Unternehmen, die das EMAS-Siegel bekommen wollen, müssen eine Umwelterklärung veröffentlichen, in der sie über die Umweltauswirkungen der Produktion berichten und Ziele für die Verbesserung des betrieblichen Umweltschutzes formulieren. Der Bericht und die Fortschritte des Unternehmens werden regelmäßig von einem Umweltgutachter überprüft.

4 EMAS-Siegel (Öko-Audit)

EMAS: Eco-Management and Audit Scheme

das **Audit:** Überprüfung

Infos und Links
Öko-Audit
2as69h

6 Ein Sportartikelhersteller hat als erstes großes Unternehmen die Umweltschäden benannt, die durch Herstellung, Transport und Vertrieb seiner Produkte entstehen: 94,4 Millionen Euro.

a) Warum veröffentlicht der Hersteller diese Zahlen? Stelle Vermutungen an.

b) Erörtere, warum es vielen Unternehmen schwerfällt, dies ebenso zu tun.

c) Begründet, warum Umweltschäden in Geld umgerechnet werden.

7 Viele Unternehmen handeln in ihrem Bereich nachhaltig und werben damit. In den von ihnen beauftragten Zuliefererbetrieben werden dagegen soziale Standards und Umweltvorgaben nicht eingehalten. Nimm Stellung zu diesem Verhalten.

8 a) Auch Schulen können ein Öko-Audit erwerben. Recherchiere, was Schulen unternommen haben, um das Zertifikat zu bekommen.

b) Vergleiche dies mit den Bedingungen an deiner Schule. Was könnte deine Schule verändern, um umweltschonender zu werden?

9 Stelle ein Unternehmen vor, dass ein EMAS Siegel bekommen hat und was es dafür tun musste.

Pro- und Kontra-Diskussion

1 Meinungen über die Notwendigkeit staatlicher Maßnahmen zum Umweltschutz.

„Diskutieren will gelernt sein." Bei vielen Themen gibt es unterschiedliche Meinungen. Oft gibt es kein Falsch oder Richtig, aber gute Gründe dafür (pro) oder dagegen (kontra). Bei der Pro- und Kontra-Diskussion vertrittst du eine Meinung – und es kann sein, dass es nicht deine eigene ist.
So lernst du, dich auch in andere Positionen hineinzuversetzen. Denn Probleme können ganz unterschiedlich betrachtet werden!

Mit einem **Argument** begründet oder widerlegt man eine Behauptung.

1. Schritt: Meinung abstimmen
Macht euch kurz mit dem Thema „Staatliche Maßnahmen zum Umweltschutz" vertraut 2. Stimmt ohne Diskussion mit Handzeichen über die beiden Standpunkte 1 ab.

2. Schritt: Argumente sammeln
Jeder erstellt zunächst in Einzelarbeit eine Pro- und Kontra-Tabelle mit mindestens 5 Argumenten für jede Ansicht 1. Teilt die Klasse in zwei Hälften, die jeweils wiederum 3er- oder 4er-Gruppen bilden. Die eine Hälfte der Klasse bildet „Pro-Gruppen", die Argumente für staatliche Umweltschutz-Regeln sammeln. Die andere Hälfte bildet die „Kontra-Gruppen", sie ist gegen staatliche Regelungen. Achtet darauf, auch Antworten auf mögliche Gegenargumente für eure Position vorzubereiten.

3. Schritt. Diskussion üben
Jeweils eine Pro- und eine Kontra-Gruppe setzen sich zusammen. Führt in dieser Gruppe von 6–8 Schülerinnen und Schülern jetzt eine Pro- und Kontra-Diskussion. Abwechselnd trägt ein Mitglied der Pro- und eins der Kontra-Gruppe ein Argument vor. Achtet darauf, eine Redezeit von je einer Minute nicht zu überschreiten. Jedes Gruppenmitglied sollte mindestens ein Argument vortragen.

4. Schritt: Diskussion führen
Eine Diskussionsleitung und je zwei Schülerinnen oder Schüler der Pro- und Kontra-Seite werden ausgelost, um eine **Podiumsdiskussion** zu führen.
Die anderen beobachten die Diskussion und machen sich Stichpunkte auf vorher vorbereitete Auswertungsbögen 3. Die Diskussionsleitung führt kurz in das Thema ein. Die beiden Gruppen tragen nacheinander ihre Argumente vor (je 3 Minuten). Danach können sie noch einmal auf die Argumente der Gegenseite eingehen (je 2 Minuten). Es schließt sich eine offene Diskussion der ganzen Klasse an, in der weitere Argumente vorgetragen werden können.

5. Schritt: Diskussion bewerten
Bewertet die Diskussion mit Hilfe eurer Aufzeichnungen auf dem Auswertungsbogen 3.

6. Schritt: Meinung erneut abstimmen
Stimmt jetzt noch einmal ohne weitere Diskussion ab. Hat sich das Ergebnis geändert? Diskutiert mögliche Gründe.

- Welche Argumente haben dich besonders überzeugt?
- Welchen Argumenten konntest du gar nicht zustimmen?
- Welche Argumente haben dich besonders überrascht?
- Hast du daraus etwas Neues erfahren?
- Was könnte bei der nächsten Pro- und Kontra-Diskussion besser gemacht werden?

3 Auswertungsbogen für die Pro- und Kontra-Diskussion

Der Staat fordert und fördert Umweltschutz
„Deutschland soll Vorreiter in Sachen Umweltschutz werden", darüber sind sich die Politiker weitestgehend einig. Doch wie kann der Staat umweltbewusstes Verhalten seiner Unternehmen und Bürger fördern?

Er kann **Gesetze und Verordnungen** erlassen, die umgesetzt werden müssen:
- Bei Neubauten und Haus-Sanierungen sind bestimmte Standards für die Wärmedämmung vorgeschrieben.
- Statt alter Glühbirnen mit hohem Stromverbrauch dürfen Verbraucher und Betriebe nur noch Energiesparlampen kaufen.

Er kann **Anreize setzen**, um die Unternehmen und Bürger zu bewegen, freiwillig Umweltschutzmaßnahmen umzusetzen:
- Wer eine Solaranlage baut, bekommt für den Strom, der in das öffentliche Stromnetz eingespeist wird, einen relativ hohen Strompreis vergütet. So „rechnet" sich die Anlage für die Betreiber.
- Besonders schadstoffarme Fahrzeuge werden von der Kraftfahrzeugsteuer befreit.

2 Worum geht es bei der Diskussion um staatliche Regelungen?

Meinung abstimmen

↓

Argumente sammeln
- Pro- und Kontra-Gruppen bilden
- Argumente auflisten
- Gegenargumente berücksichtigen

↓

Diskussion üben

↓

Diskussion führen
- Diskussionsleiter/in und je zwei Stellvertreter/innen für die Pro- und Kontra-Gruppe bestimmen
- Vortragen der Argumente (pro Gruppe 3 Minuten)
- Reaktion auf die Argumente (pro Gruppe 2 Minuten)
- offene Diskussion

↓

Diskussion bewerten

↓

Zweite Abstimmung

4 Ablaufschema einer Pro- und Kontra-Diskussion

Arbeiten hier und weltweit

Bogen zur Selbsteinschätzung
ub3rj5

1 Ordne die Begriffe links den passenden Erklärungen zu. Schreibe die Sätze vollständig auf.

Großstädte	… nehmen eine Zwischenstellung ein. Es sind z. B. größere Städte, die von ländlichen Räumen umgeben sind.
Ländliche Räume	… sind Regionen, in denen sehr viele Menschen auf engem Raum leben. Hier gibt es große Industriebetriebe und Dienstleistungszentren.
Mittelstädte	… sind Gebiete mit Dörfern und kleinen Städten. Hier gibt es viel Landwirtschaft.

2 Übertrage das Kreuzworträtsel **1** in dein Heft oder lade die Vorlage herunter. Trage dann die fehlenden Begriffe ein.

a) Die harten und weichen … spielen eine große Rolle bei der Entscheidung, ob sich ein Unternehmen an einem bestimmten Ort ansiedelt.

b) Rohstoffe, Wasser, und saubere Luft sind wichtige …, die immer knapper werden.

c) Unter … versteht man die Organisation, Durchführung und Kontrolle von Transporten. Durch ihre stetige Verbesserung sind die Transporte weltweit schneller geworden.

d) Die Produzenten von …-Produkten erhalten die Möglichkeit, durch festgelegte Umwelt- und Sozialstandards ihre Lebens- und Arbeitsbedingungen zu verbessern.

e) Das … ist ein Verfahren der Europäischen Union zur Überprüfung von Nachhaltigkeitsstandards.

f) Um den betrieblichen Umweltschutz zu fördern, kann der Staat Gesetze erlassen oder die Unternehmen durch … dazu bringen, freiwillig in den Umweltschutz zu investieren.

g) Hierzu gehören alle staatlichen und privaten Einrichtungen, die für das Leben und Arbeiten in deiner Region erforderlich sind.

h) So wird die immer stärker werdende Verflechtung zwischen den Ländern der Erde genannt.

Arbeitsblatt
Kreuzworträtselvorlage
fh2cu4

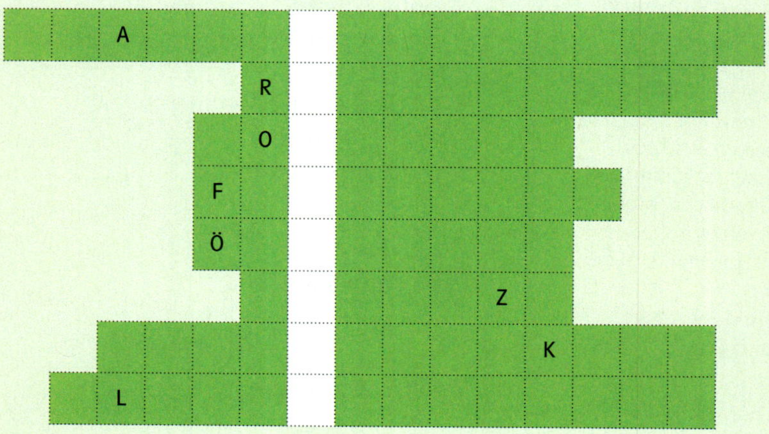

1

3 Ordne die Begriffe in einer Mind-Map den richtigen „Ästen" **2** zu:
Bodenpreise, Kulturangebot, Wohnumfeld, Sportangebot, Abfallbeseitigung, Wirtschaftsklima, Staatliche Unterstützung, Transportkosten, Medizinische Versorgung, Lohnkosten

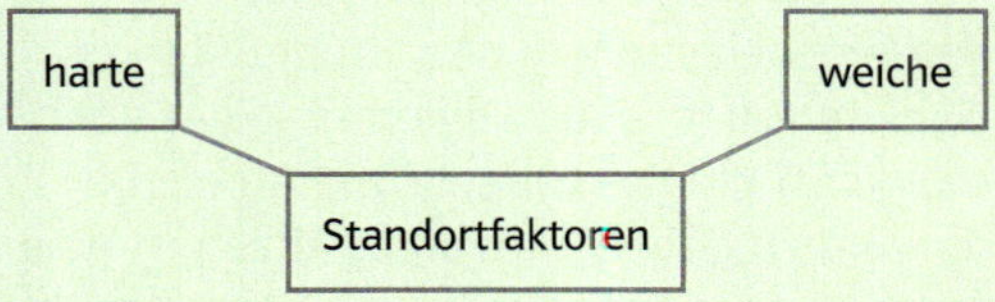

2 Mind-Map

4 Eine Bäckerei muss neue Lieferwagen anschaffen. Ein spritsparendes Modell kostet in der Anschaffung 5 000 € mehr als ein Modell mit durchschnittlichem Verbrauch. Die Fahrzeuge müssen mehr als 115 000 km fahren, damit dieser Betrag durch die geringeren Treibstoffkosten ausgeglichen wird.

a) Erläutere, welche Überlegungen das Unternehmen anstellen muss.

b) Wie würdest du entscheiden? Begründe.

5 a) Beschreibe die Sichtweise des Karikaturisten **3** zur Globalisierung.

b) Liste Argumente auf, die für bzw. gegen diese Sichtweise sprechen.

3

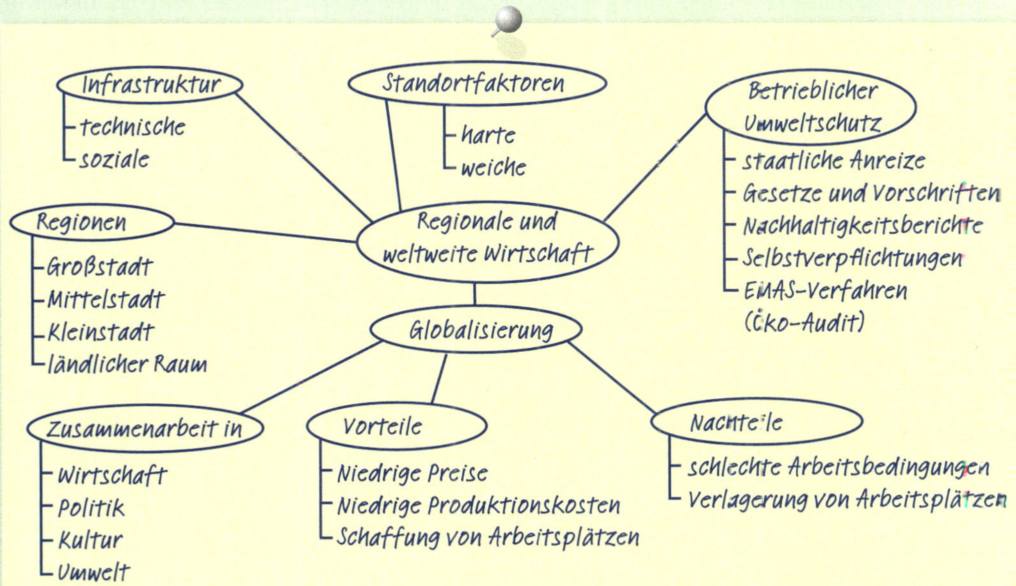

4 Diese Begriffe solltest du kennen.

Gute Aussichten für meine Region?

1 Vom Bergbaugelände zum Freizeit- und Einkaufszentrum: Oberhausen hat sich verändert.

Regionen unterscheiden sich in ihrer wirtschaftlichen Stärke. Vielleicht ärgerst du dich, dass es in deinem Wohnort oder Stadtteil kein Kino gibt oder die Busverbindungen abends schlecht sind? Einige Regionen haben eine bessere Infrastruktur als andere. Man unterscheidet strukturschwache und strukturstarke Regionen 3.

Gleiche Bedingungen für alle Regionen

Häufig ziehen Menschen aus strukturschwachen Gebieten weg, weil sie sich in stärkeren Regionen Arbeitsplätze oder einen höheren Lebensstandard versprechen. Diese Entwicklung schwächt die schwachen Regionen dann zusätzlich. Umgekehrt nehmen Probleme wie Wohnungsnot oder Verkehrsbelastung in den strukturstarken Gebieten zu. In allen Regionen soll es aber möglichst gleiche Lebens- und Arbeitsbedingungen geben. Dies umzusetzen ist eine Aufgabe des Staates und im ▷ Grundgesetz der Bundesrepublik Deutschland festgelegt.

Wen fördern und warum?

Vor allem strukturschwache Regionen werden vom Staat finanziell gefördert. Hier ist die Arbeitslosigkeit besonders hoch und das durchschnittliche Einkommen niedrig. Oft hat die Infrastruktur große Mängel, was verhindert, dass sich neue Betriebe ansiedeln. Dann hat der Staat die Aufgabe, diese Regionen zu unterstützen. Die Verbesserung der Infrastruktur aber auch Anreize zur Ansiedlung von Unternehmen können bei der Entwicklung eines Wirtschaftsraums helfen. Doch auch strukturstarke Regionen müssen sich weiterentwickeln. Dort geht es vor allem darum, Probleme wie Wohnungsnot und Verkehrsbelastung zu mildern.

1 Untersucht eure Region:
a) Bildet fünf Gruppen. Jede Gruppe wählt zwei Kennzeichen aus der Tabelle 3, die sie intensiv für eure Region untersucht. Bewertet sie als Kennzeichen für eine strukturstarke oder strukturschwachen Region.
b) Stellt eure Ergebnisse anschaulich der Klasse vor.
c) Analysiert, ob eure Region in diesen Bereichen insgesamt zu den strukturstarken oder strukturschwachen Regionen gehört.
Regionale Daten c6e5vg

2 a) Beschreibe, wie sich das Gelände in Oberhausen 1 verändert hat.
b) Nenne Fördermaßnahmen 2, die zur Veränderung der Situation auf Bild 1 geführt haben könnten.

3 a) Ordne zu, welche Maßnahmen 2 sich für strukturstarke und welche sich für strukturschwache Gebiete eignen.
b) Notiere dir fünf Ideen für Fördermaßnahmen, die du in deiner Stadt verwirklichen willst.

Wir unterscheiden strukturschwache und strukturstarke Regionen.
Der Staat versucht, die Entwicklung in den Regionen zu steuern, um gleiche Lebens- und Arbeitsbedingungen herzustellen.

- Finanzielle Unterstützung bei der Neuansiedlung von Unternehmen (z. B. Zuschüsse für Produktionsbetriebe, Hotels, Einkaufszentren, Kulturbtriebe …)
- Entwicklung neuer Gewerbegebiete zur Ansiedlung von Betrieben
- Renovierung alter Industriegebäude zur Steigerung der Attraktivität des Standortes
- Bau von ▷ Technologiezentren für Betriebe in Zukunftsbranchen (z. B. Solartechnologie)
- Bau von Straßen bzw. Umgehungsstraßen
- Ausbau des Radwegenetzes
- Verlegen neuer Telefon- und Internet-Leitungen (z. B. Glasfaser-Kabel)
- Einrichtung von Naturschutzgebieten und Parks

2 Maßnahmen zur Entwicklung einer Region

Strukturstarke Region	Strukturschwache Region
1) Großes Angebot an Arbeitsplätzen in der Produktion und bei den Dienstleistungen	1) Geringes Angebot an Arbeitsplätzen in der Produktion und bei den Dienstleistungen
2) Wenige Arbeitsplätze in der Land- und Forstwirtschaft	2) Viele Arbeitsplätze in der Land- und Forstwirtschaft
3) Das durchschnittliche Einkommen pro Kopf ist hoch	3) Das durchschnittliche Einkommen pro Kopf ist gering
4) Großes Angebot an qualifizierten Aus- und Weiterbildungsmöglichkeiten	4) Eingeschränktes Angebot an Aus- und Weiterbildungsmöglichkeiten
5) Gute Einkaufsmöglichkeiten in der Nähe	5) Oft keine Einkaufsmöglichkeiten in der Nähe
6) Gute Versorgung mit öffentlichen Verkehrsmitteln	6) Schlechte Versorgung mit öffentlichen Verkehrsmitteln
7) Großes Angebot an Freizeiteinrichtungen und Kulturstätten	7) Eingeschränktes Angebot an Freizeiteinrichtungen und Kulturstätten
8) Geringe Arbeitslosigkeit, man findet schnell eine neue Arbeitsstelle	8) Hohe Arbeitslosigkeit, man findet schwer eine neue Arbeitsstelle
9) Höhere Umweltbelastung	9) Geringere Umweltbelastung
10) Wenige Natur-Erholungsgebiete in der Nähe	10) Viele Natur-Erholungsgebiete in der Nähe

3 Kennzeichen strukturstarker und strukturschwacher Regionen

c) Tauscht eure Ideen aus und entscheidet euch für drei Ideen, die ihr genauer betrachten wollt.
d) Beschreibt, wie sich eure Ideen umsetzen lassen. Stellt die Vor- und Nachteile eurer Maßnahme für die Region dar.
e) Tragt alle Ideen zusammen.

4 a) Bewertet die Ideen aus Aufgabe 3 und legt eine Rangfolge fest. Begründet eure Entscheidung mit Hilfe verschiedener Kriterien (z. B. Verringerung der Arbeitslosigkeit oder der Umweltbelastung).
b) Beurteilt die Rangfolgen der Arbeitspaare und legt in der Gruppe die Maßnahmen fest, die ihr als erstes umsetzen würdet.

5 Führt eine Expertenbefragung (siehe Seite 112/113) zum Thema „Welche Perspektiven hat unsere Region?" durch. Experten können z. B. Stadtentwickler oder Mitarbeiter der Wirtschaftsförderung sein.

◒ 1–3 ● 4–5

Europa: Viele Partner, große Ziele

1 Die Länder der europäischen Union

Freier Personenverkehr
- Freie Wahl des Wohnsitzes
- Freie Wahl des Arbeitsplatzes
- Keine Personenkontrollen an Grenzen innerhalb der EU

Freier Warenverkehr
- Wegfall von ▷ Zöllen
- Keine Warenkontrollen an Grenzen innerhalb der EU
- Gegenseitige Anerkennung von Normen und Vorschriften

Freier Dienstleistungsverkehr
- Jede(r) darf Dienstleistungen überall in der EU anbieten
- Die Märkte für Telekommunikation, Transport und Energie sind für alle EU-Unternehmen offen

Freier Kapitalverkehr
- Freie Finanzmärkte: Jede/r kann in allen EU-Ländern Geld anlegen oder leihen

2 Die vier Grundfreiheiten in der EU

Starker Job
Fremdsprachen-Korrespondent/in
f59ca9

Deutschland ist ein eigenständiger Staat, es ist aber auch Teil der Europäischen Union (EU). Dieser Zusammenschluss von Staaten wurde 1957 gegründet. Italien, Frankreich, Belgien, die Niederlande, Luxemburg und die Bundesrepublik Deutschland schlossen sich zur Europäischen Wirtschaftsgemeinschaft (EWG) zusammen. Später schlossen sich weitere Länder an. Heute sind 28 Staaten Mitglieder der EU 1.

Die Ziele der EU

In den vergangenen Jahrhunderten hat es in Europa mehrere schreckliche Kriege gegeben. Nach diesen Erfahrungen ist es das oberste Ziel der EU, einen dauerhaften Frieden und Wohstand für die Menschen in Europa zu sichern. Dies soll vor allem durch eine enge wirtschaftliche Zusammenarbeit ermöglicht werden. Um diese zu erreichen, haben sich die Länder auf vier Grundfreiheiten 2 geeinigt.

Eine Währung – nicht überall in der EU

Eine Währung für die gesamt EU – dieses Ziel konnte nicht verwirklicht werden. Doch mittlerweile können wir in 18 Ländern mit der gleichen Währung bezahlen: dem Euro 1. Vorteile von einer gemeinsamen Währung haben vor allem Unternehmen, die in der Eurozone miteinander Handel treiben. Ohne das umständliche Umrechnen können die Preise direkt verglichen werden. Doch auch für Reisende entfällt der lästige Umtausch in eine fremde Währung.

- *Die Europäische Union ist die größte Staatengemeinschaft der Welt.*
- *Vier Grundfreiheiten der EU sind „Freier Warenverkehr“, „Freier Personenverkehr“, „Freier Kapitalverkehr“ und „Freier Dienstleistungsverkehr“.*

Die „Regierung“ der EU

Die Staaten in Europa wollen zusammenarbeiten. Die verschiedenen **Institutionen** 3 sollen die Zusammenarbeit in der EU ermöglichen. Sie können Gesetze beschließen, die für alle Staaten gelten. So hat das EU-Parlament beispielsweise beschlossen, dass es eine Obergrenze für die Kosten bei Handytelefonaten im europäischen Ausland gibt. Trotzdem ist es oft schwierig, gemeinsame Entscheidungen zu treffen, da die EU-Staaten unterschiedliche Interessen haben.

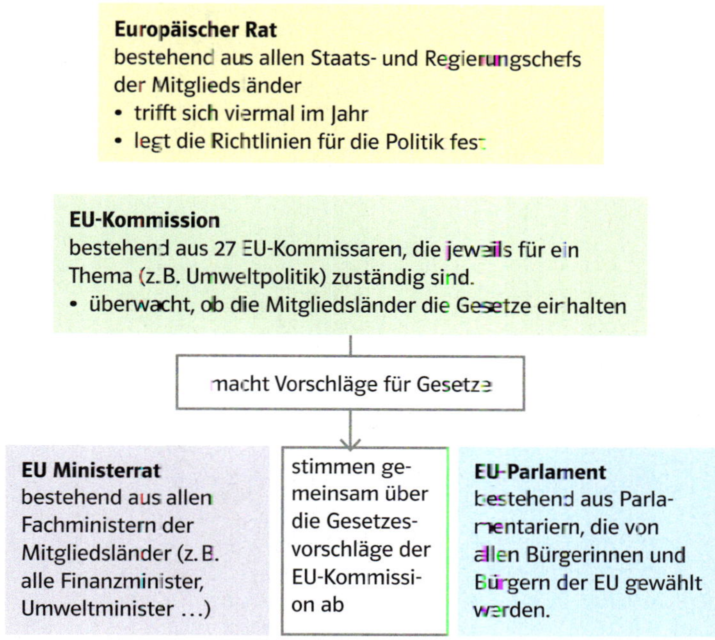

3 Die Institutionen der EU

1 a) Nenne die 28 EU-Länder 1 .
b) Erläutere, warum die EU gegründet wurde und welche Ziele sie hat.

2 a) Nenne die Länder der EU, die den Euro als Währung haben 1 .
b) Vielleicht sind einige von euch schon in ein Land gereist, in dem ihr Geld tauschen musstet? Erläutert der Klasse den Ablauf des Tauschs und was es bedeutet, mit einer anderen Währung zu zahlen.
c) Erläutert Vorteile für Unternehmen, die beim Handel mit anderen Euroländern nicht mehr in andere Währungen umrechnen müssen.

3 Beschreibe die Institutionen der EU 3 mit eigenen Worten.

4 a) Führt ein Gruppenpuzzle (siehe S. 140) durch. Jede Gruppe bearbeitet eine der vier Grundfreiheiten der EU 2 und schreibt erklärende Beispiele auf.
b) Erstellt ein gemeinsames Schaubild zu den vier Grundfreiheiten mit Skizzen zur Veranschaulichung.
Grundfreiheiten 53h6gc

5 Führt eine Befragung (siehe S. 48) durch zum Thema „Wissen und Meinungen zur EU“. Überlegt euch vorab Fragen zum Wissen der Befragten (z. B. Welche Länder haben den Euro?) und nach ihren Meinungen (z. B. Euro – für uns gut oder schlecht?). Befragt Verwandte, Nachbarn, Mitschüler oder Passanten und wertet die Ergebnisse aus.

6 Untersuche anhand von Pressemeldungen aktuelle Probleme der Europäischen Union und präsentiere sie der Klasse.

○ 1, 2 ◒ 3 ● 4–6

Arbeiten in Europa

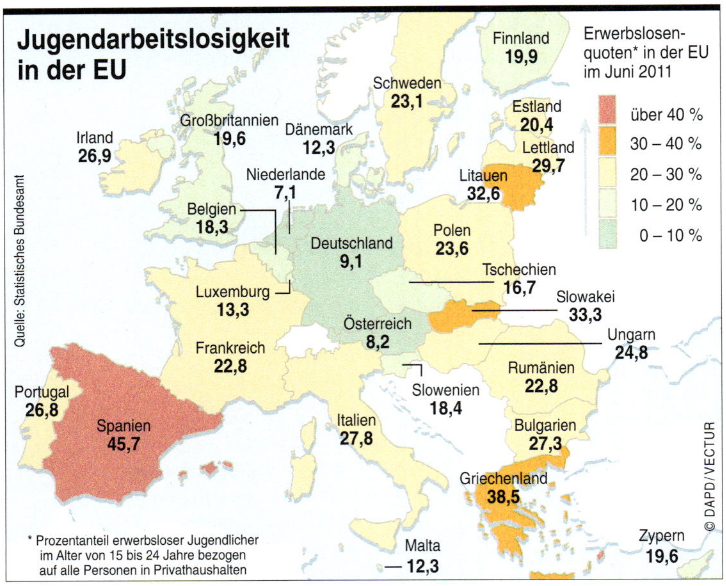

1 Zum Vergleich: Die allgemeine Arbeitslosigkeit in Europa lag im gleichen Zeitraum bei durchschnittlich 9,5 %.

Osteuropäer haben wenig Interesse an Jobs in Deutschland

Manche hatten schon einen Massenansturm osteuropäischer Arbeitskräfte befürchtet. Doch der große Run auf deutsche Jobs ist nach der Öffnung des deutschen Arbeitsmarktes für Osteuropäer ausgeblieben.

Die Öffnung des deutschen Arbeitsmarktes für Menschen aus Osteuropa hat nicht zu dem befürchteten Ansturm von Jobsuchern aus Polen oder dem Baltikum geführt. Im Mai hätten sich lediglich 10 000 Beschäftigte aus den acht EU-Beitrittsländern um eine Stelle in Deutschland bemüht. Dies seien nur rund 4 500 mehr als vor dem Start der EU-Arbeitnehmerfreizügigkeit, berichtete das Nürnberger Institut für Arbeitsmarkt- und Berufsforschung (IAB). [...]

Quelle: Handelsblatt Online vom 13.07.2011

2 Zeitungsartikel nach der Öffnung des Arbeitsmarktes

Als Bürgerin oder Bürger der EU hast du viele Rechte: Du kannst in jedem Land der EU leben und arbeiten. Du kannst ohne Ausweiskontrollen in andere Länder reisen und in vielen Länder mit dem Euro bezahlen. Den Freiheiten, die wir in der EU haben, stehen aber auch Probleme gegenüber. Einige betreffen den Arbeitsmarkt, der für dich nach der Schule wichtig sein wird.

das **Lohndumping**: Bezahlung unter Tariflohn, besonders niedrige Löhne

Jugend und EU

In der EU waren im Jahr 2011 mehr als fünf Millionen junge Menschen zwischen 15 und 24 Jahren arbeitslos **1**. In Deutschland sind dies vor allem junge Menschen ohne Schulabschluss oder Ausbildung. In anderen Ländern sind auch gut ausgebildete junge Menschen von Arbeitslosigkeit betroffen. In wirtschaftlich schwierigen Zeiten werden oft zuerst die jungen Menschen entlassen, um die erfahrenen Beschäftigen zu halten.

Grenzenloser Arbeitsmarkt

Seit dem Jahr 2011 haben die Bürgerinnen und Bürger aller Staaten der Europäischen Union das Recht, in jedem EU-Staat zu wohnen und dort auch zu arbeiten. Die Arbeitgeber hoffen, dadurch einfacher gute Arbeitskräfte für ihre Unternehmen zu finden. Viele Arbeitnehmer betrachteten die Öffnung des Arbeitsmarktes jedoch mit Angst. Sie befürchten Lohndumping, weil Menschen aus Ländern mit niedrigeren Löhnen bereit sind, für weniger Geld zu arbeiten. Dadurch könnten auch ihre Löhne sinken oder sie selbst ihren Arbeitsplatz verlieren. Diese Angst war bislang jedoch unbegründet **2**.

- *Der Arbeitsmarkt in der Europäischen Union ist offen, jede Bürgerin und jeder Bürger darf in jedem Land der EU arbeiten.*
- *Verdienstmöglichkeiten und Arbeitslosigkeit sind in den Ländern unterschiedlich.*

Mindestlöhne

Je mehr Arbeitslose es in einem Land gibt, desto größer ist die Gefahr, dass Menschen bereit sind, für sehr wenig Geld zu arbeiten. Eine Folge davon sind sinkende Löhne. Einige Staaten versuchen, diese Entwicklung durch die Festsetzung von Mindestlöhnen zu vermeiden 3. Auch in Deutschland gilt seit dem 01.01.2015 ein allgemeiner gesetzlicher Mindestlohn. Seine Höhe wurde zunächst auf 8,50 € pro Stunde festgelegt. In regelmäßigen Abständen wird die Höhe des Mindeslohns überprüft und angepasst.

Mindestlöhne in der EU (Auswahl)
Mindestlöhne pro Stunde in
Belgien: 9,10 €
Bulgarien: 1,06 €
Estland: 2,34 €
Frankreich: 9,61 €
Griechenland: 3,35 €
Großbritannien: 8,06 €
Irland: 8,65 €
Litauen: 1,82 €
Luxemburg: 11,12 €
Niederlande: 9,21 €
Polen: 2,42 €
Portugal: 3,04 €
Rumänien: 1,30 €
Spanien: 3,93 €
Tschechien: 2,00 €
Ungarn: 1,96 €
Quelle: WSI, Stand: Anfang 2015

3 Große Unterschiede bei den Mindestlöhnen in Europa

1 a) Untersuche mit Hilfe der Karte 1, in welchen Ländern die Jugendarbeitslosigkeit besonders hoch oder niedrig ist.
b) Beschreibt, welche Folgen es für ein EU-Land haben kann, wenn die Jugendarbeitslosigkeit sehr hoch ist. Tipp: Bedenkt, dass es einen offenen Arbeitsmarkt in der EU gibt!

2 a) Stelle die Mindestlöhne in den EU-Ländern 3 in einem Streifendiagramm anschaulich dar.
b) Sammelt Vermutungen, warum die Mindestlöhne in der EU so unterschiedlich sind.
c) Die Arbeitgeber in Deutschland wehren sich gegen die Einführung eines einheitlichen Mindestlohns für alle Branchen. Welche Gründe könnten sie dafür haben?
d) Nenne Gründe, die für einen Mindestlohn sprechen.

3 Stell dir vor, du bist eine Frau oder ein Mann aus einem osteuropäischen Land mit niedrigen Löhnen und hoher Arbeitslosigkeit.
a) Beschreibe, was dich veranlassen könnte umzuziehen, um in einem anderen Land zu arbeiten. Beschreibe auch, was dagegen spricht, dies zu tun.
b) Deutsche Arbeitnehmer haben Angst vor sinkenden Löhnen durch die Konkurrenz auf dem Arbeitsmarkt. Sammelt Argumente, die für und gegen diese Haltung sprechen.

4 a) Stelle Vermutungen an, warum die Jugendarbeitslosigkeit in einigen Ländern der EU so hoch und in anderen relativ niedrig ist 1.
b) Vergleicht eure Vermutungen und erstellt eine gemeinsame Mind-Map zu den Ursachen für eine hohe Jugendarbeitslosigkeit.
c) Erkundigt euch bei der Bundesagentur für Arbeit (und anderen Institutionen deiner Stadt), welche Maßnahmen gegen Jugendarbeitslosigkeit in deinem Wohnort ergriffen werden.

5 Recherchiere den aktuellen Stand zum Thema Mindestlöhne in Deutschland. Stelle deine Ergebnisse übersichtlich dar.

Klimaschutz international

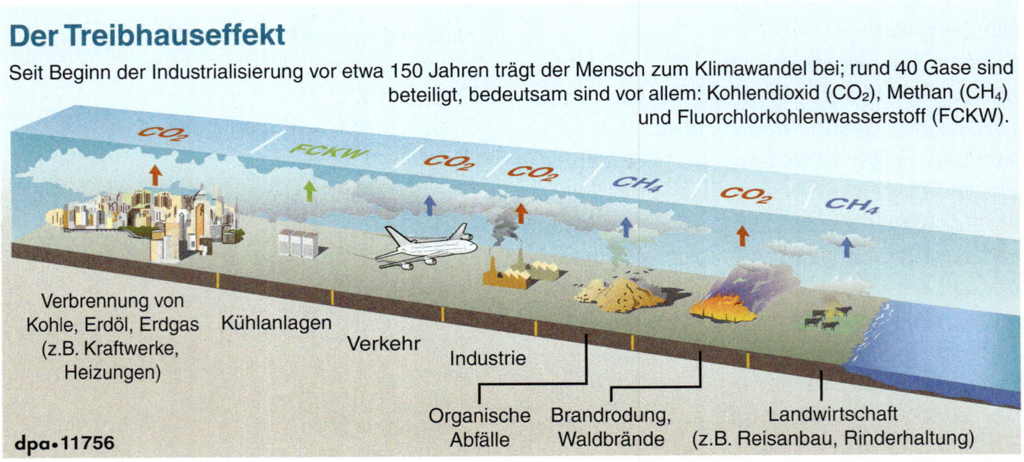

1 Die Erde wird verheizt.

Im Jahr 2007 veröffentlichte der **Weltklimarat** der UN einen Forschungsbericht mit alarmierenden Erebnissen: Der ▷ Klimawandel wird dramatische Folgen für alle Menschen haben. Wenn weiterhin so viele Treibhausgase 1 produziert werden, steigt die Temperatur der Erde bis im Jahr 2100 um mindestens 3° Celsius an. Die Folgen können schlimm sein: Gletscher schmelzen, der Meerwasserspiegel steigt und führt zu Überflutungen und es gibt häufiger extreme Wettersituationen (Hitze, Dürre, Stürme, lang anhaltende Regenfälle).

Konferenz in Kyoto – ein Startschuss?

Bereits 1997 trafen sich Vertreter vieler Staaten in der japanischen Stadt Kyoto, um sich auf neue Standards für den Umweltschutz zu einigen. Dort wurde das **Kyoto-Protokoll** verabschiedet. In diesem Dokument verpflichten sich die Industriestaaten, den Ausstoß von sechs Treibhausgasen bis 2012 um mindestens fünf Prozent im Vergleich zu 1990 zu senken. Doch die USA, eines der Länder mit den höchten Pro-Kopf-▷ Emissionen 2, hat das Kyoto-Protokoll nocht nicht ratifiziert. Und Kanada ist 2011 aus den Verträgen ausgestiegen.

ratifizieren: einen Vertrag oder eine Bestimmung in geltendes Recht umsetzen

Konferenzen ohne Ergebnisse

Nach Kyoto folgten weitere Klimakonferenzen, auf denen verbindliche Maßnahmen zur Minderung der Treibhausgas-Emissionen vereinbart werden sollten. Denn viele ▷ Industrieländer taten nicht genug, um die Ziele aus Kyoto umzusetzen. Zudem stieg der Ausstoß in ▷ Schwellenländern wie China und Indien aufgrund der wirtschaftlichen Entwicklung drastisch an. Im Kyoto-Protokoll sind sie nicht verpflichtet, ihre Emissionen zu senken. Das verschärft jedoch das weltweite Problem.

Wie geht es weiter?

Bereits 2007 war klar, dass die Ziele des Protokolls 2 nicht eingehalten werden können. Deshalb wollten die Länder im Jahr 2011 bei der **Konferenz in Durban** (Südafrika) ein Nachfolgeabkommen beschließen. Neben den Industrieländern sollen nun auch die ▷ Schwellenländer ihre Emissionen reduzieren. Das Ergebnis der Konferenz war: Bis Ende 2015 sollen sich alle Länder auf neue Emissionsziele einigen. Diese Ziele müssen dann von allen Staaten ab 2020 verbindlich umgesetzt werden.

✗ *Nur durch gemeinsames Handeln aller Staaten kann die Erderwärmung verhindert werden.*
✗ *Staaten befürchten Wohlstandsverlust durch Maßnahmen zur Treibhausgas-Reduzierung.*

Wo liegt das Problem?
Treibhausgase werden vor allem in der Industrie, der Energieproduktion und der Landwirtschaft freigesetzt 1. Durch unseren Lebensstil mit viel Autoverkehr, Flugreisen und Konsum steigt der Energie- und Ressourcenverbrauch. Deshalb produzieren Industrieländer (z. B. Deutschland) sehr viel mehr Treibhausgase als Entwicklungsländer oder Schwellenländer.

Industrieländer gegen Schwellenländer?
Auf den Konferenzen ergibt sich das folgende Bild: Die Industrieländer wollen sich nicht darauf einlassen, ihre Treibhausgas-Emissionen zu stark zu senken. Sie befürchten, dass dies auf Kosten ihres Wohlstandes geht, denn Klimaschutzmaßnahmen sind teuer. Die Schwellenländer wollen sich dagegen einen Anstieg ihrer Emissionen nicht verbieten lassen. Sie argumentieren, dass sie den gleichen Wohlstand erreichen wollen wie die Industrieländer – und das ist mit mehr Industrie und den daraus entstehenden Emissionen verbunden. Sie meinen, dass die reichen Industrieländer beim Klimaschutz Vorreiter sein sollten.

Staat (blaue Schrift: Schwellenland)	Gesamte CO_2-Emissionen in Mio.	CO_2-Emissionen pro Einwohner in Tonnen	Entwicklung seit 1990	Ziel laut Kyoto-Protokoll bis 2012
China	8333 t	6,2	+ 294 %	– *
USA	6145 t	19,3	+ 16 %	– 7 %**
Indien	2428 t	2,0	+ 242 %	– *
Russland	2093 t	15,0	– 34 %	0 %
Japan	1308 t	10,3	+ 8 %	– 6 %
Brasilien	975 t	5,0	+ 47 %	– *
Deutschland	828 t	10,1	– 21 %	– 21 %
Kanada	747 t	21,9	+ 38 %	– 6 %
Südafrika	551 t	11,0	+ 30 %	– *
Großbritannien	548 t	8,8	– 17 %	– 12 %
Australien	541 t	24,1	+ 30 %	+ 8 %
Italien	439 t	7,3	+ 7 %	– 7 %
Frankreich	403 t	6,4	– 5 %	0 %

Quellen: Bundesministerium für Wirtschaft und Technologie, WWF, UNFCCC

* Keine Klimaziele gesetzt in Kyoto
** Ursprüngliches Ziel, aber nicht ratifiziert

2 Klimabilanz ausgewählter Staaten im Jahr 2010

1 a) Beschreibe, woher die Treibhausgase 1 stammen.
b) Für welche Emissionen sind vor allem die Menschen in den Industrieländern verantwortlich? Begründe deine Einschätzung.
c) Begründe, warum die Menschheit den Ausstoß der Treibhausgase einschränken sollte.

2 a) Erläutere die Ziele des Kyoto-Protokolls.
b) Beurteile mithilfe der Tabelle 2, ob das Kyoto-Protokoll erfolgreich umgesetzt wurde.
c) Erstellt eine neue Tabelle, in der der Pro-Kopf-Ausstoß von CO_2 die Reihenfolge bestimmt.
d) Vergleicht den Pro-Kopf-Ausstoß von Treibhausgasen mit den Gesamtemissionen der Länder. Beschreibt, was euch auffällt.

3 Bildet zwei Gruppen. Eine Gruppe vertritt die Industrieländer, die andere die Schwellenländer.
a) Listet jeweils Argumente auf, warum ihr euren Treibhausgas-Ausstoß nicht reduzieren könnt.
b) Listet Argumente auf, warum die andere Seite ihren Ausstoß reduzieren soll.
c) Tauscht eure Argumente aus und versucht, eine Lösung zu finden, die die Treibhausgasemissionen insgesamt senkt.

4 Bewerte die Ergebnisse der Konferenz in Durban vor dem Hintergrund des Klimawandels.

5 Recherchiere, wo die letzte Klimakonferenz stattgefunden hat und was die Ergebnisse waren. Erarbeite einen Kurzvortrag.

○ 1 ◒ 2, 3 ● 4, 5

5 Welcher Beruf passt zu mir?

Weißt du schon, welchen Beruf du einmal ausüben möchtest? Oder bist du dir noch nicht sicher, was zu dir passt? Wenn du eine Entscheidung über deine Berufswahl treffen willst, brauchst du viele Informationen über die Anforderungen verschiedener Berufe. Denn auch wenn dein Wunschberuf bereits feststeht, solltest du immer eine Alternative haben.

Ich werde …

- *Berufe und Berufsfelder beschreiben und untersuchen.*
- *meine Stärken und Schwächen kennenlernen.*
- *herausfinden, welcher Beruf zu meinen Interessen und Fähigkeiten passt.*
- *Veränderungen in der Berufswelt untersuchen.*
- *ein Praktikum vorbereiten, durchführen und auswerten.*

Wusstest du, dass ..

- du deine Stärken und Schwächen sowie Fähigkeiten und Interessen mit Hilfe von Fragebögen herausfinden kannst?
- es ca. 500 verschiedene Ausbildungsberufe gibt?
- ein Betriebspraktikum der beste „Türöffner" für einen Ausbildungsplatz ist?

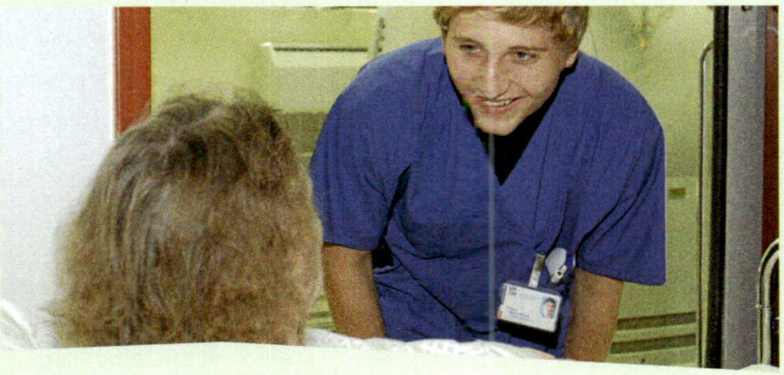

Der „Schlüssel" zum Beruf

1 Schlechte Umgangsformen

die **Kompetenzen**: Fähigkeiten und Fertigkeiten

Eine Elektrikerin muss Schaltpläne lesen können, ein Bäcker Teige zubereiten. In jeder Berufsausbildung lernst du, auf welche fachlichen Kenntnisse es in einem Beruf ankommt. Neben den **Fachkompetenzen** sind jedoch viele weitere gefragt. Man nennt sie **Schlüsselkompetenzen** 2. Sie sind der Schlüssel für deinen Weg in einen Beruf, helfen dir aber auch im täglichen Leben.

Welche Einstellungen hast du?

Selbstkompetenzen 2 sind persönliche Eigenschaften wie Verantwortungsbewusstsein und Zuverlässigkeit. Sie sind in allen Berufen gefragt. Dazu ist deine Lern- und Leistungsbereitschaft von großer Bedeutung. Wer sich nicht selbst bemüht, kommt nicht ans Ziel.

Wie verhältst du dich gegenüber anderen?

Nur mit guten Umgangsformen kannst du den Berufseinstieg meistern. Dazu gehören vor allem die nötige Höflichkeit und Freundlichkeit. **Sozialkompetenzen** 2 ermöglichen dir Kommunikation und Kooperation mit deinen Mitmenschen, im Beruf wie in der Freizeit. Aufgeschlossenheit gegenüber anderen Ländern und Kulturen (interkulturelle Kompetenz) wird durch die Globalisierung immer wichtiger.

Welche Methoden kannst du anwenden?

Lena lernt ihre Englisch-Vokabeln mit einer Lernkartei, Sven mit einem Vokabeltrainer aus dem Internet. Die Anwendung solcher Verfahren gehört zur **Methodenkompetenz** 2. Einige dieser Kompetenzen lernst du in der Schule. Dazu gehören Arbeitsverfahren wie das Experiment, die Erkundung, das Rollenspiel und die Präsentation. Du lernst selbständig Informationen zu beschaffen und mit dem Computer umzugehen. Diese Kompetenzen benötigst du nicht nur in den ▷ IT-Berufen, sondern in fast allen Berufen.

Was fordert die Wirtschaft?

Betriebe, die ausbilden wollen, suchen nach Jugendlichen, die gut zu den Anforderungen des Berufs und des Betriebs passen. Sie haben bestimmte Vorstellungen davon, welche Schlüsselkompetenzen sie von den Bewerberinnen und Bewerbern erwarten. Dabei sind einige Kompetenzen wichtiger als andere 3.

Selbstkompetenz	**Sozialkompetenz**	**Methodenkompetenz**
Verantwortungsbewusstsein	Konfliktfähigkeit	Informationsbeschaffung
Lern- und Leistungsbereitschaft	Teamfähigkeit	Lern- und Arbeitstechniken
Zuverlässigkeit	Kommunikationsfähigkeit (schriftlich und mündlich)	Anwendung des Computers
Selbständigkeit	Interkulturelle Kompetenz	Anwendung mathematischer Verfahren
Kreativität	Umgangsformen …	…
…		

2 Übersicht über die wichtigsten Schlüsselkompetenzen

- *Die Unternehmen erwarten von ihren Beschäftigten fachliche Kenntnisse und Schlüsselkompetenzen.*
- *Zu den Schlüsselkompetenzen gehören Selbst-, Sozial- und Methodenkompetenzen.*

Ausbildungsreife – was zählt dazu?
So viel Prozent der befragten Unternehmen halten diese Kompetenzen bereits zu Beginn der Ausbildung für zwingend erforderlich.

bis 29 %
Kreativität (26 %)
Betriebswirtschaftliche Kenntnisse (23 %)
Grundkenntnisse der englischen Sprache (13 %)

30 bis 49 %
Körperliche Belastbarkeit (49 %)
Computer-Grundkenntnisse (47 %)
Schriftliche Ausdrucksfähigkeit (41 %)
Mathematische Grundkenntnisse der Längen-, Flächen- und Volumenmaße (39 %)

50 bis 79 %
Problemlösefähigkeit (77 %)
Flexibilität (76 %)
Kenntnis der eigenen Fähigkeiten (76 %)
Frustrationstoleranz (76 %)
Prozentrechnung (75 %)
Dreisatzrechnung (71 %)
Psychische Belastbarkeit (71 %)
Kommunikationsfähigkeit (68 %)
Wissen über den Ausbildungsberuf (67 %)
Selbstständigkeit (62 %)
Mündliche Ausdrucksfähigkeit (61 %)
Entwicklungspotenzial (57 %)
Teamfähigkeit (56 %)
Rechtschreibung (56 %)
Selbstsicherheit (50 %)

80 % und mehr
Zuverlässigkeit (98 %)
Lernbereitschaft (98 %)
Bereitschaft, Leistung zu zeigen (95 %)
Verantwortungsbewusstsein (94 %)
Konzentrationsfähigkeit (92 %)
Durchhaltevermögen (91 %)
Beherrschung der Grundrechenarten (91 %)
Einfaches Kopfrechnen (91 %)
Sorgfalt (90 %)
Rücksichtnahme (89 %)
Höflichkeit (87 %)
Toleranz (85 %)
Fähigkeit zur Selbstkritik (85 %)
Konfliktfähigkeit (83 %)
Anpassungsfähigkeit (82 %)
Bereitschaft, sich in der betrieblichen Hierarchie einzuordnen (81 %)

Quelle: BIBB Expertenmonitor 2005

3 Forderungen der Unternehmen an die Ausbildungsreife von Schülerinnen und Schülern vor der Ausbildung

Infos und Links
Schlüsselkompetenzen
3a98yx

1 a) Beschreibe, wie der Bewerber in der Karikatur 1 auftreten müsste, um erfolgreich zu sein.
b) Benenne die Kompetenzen, die ihm fehlen.

2 a) Nenne Beispiele für Arbeitstechniken der Methodenkompetenz „Informationsbeschaffung".
b) Listet Lerntechniken auf, mit denen ihr arbeitet.
Tipp: Überlegt, wie ihr euch auf Klassenarbeiten vorbereitet.

3 a) Erstellt eine Tabelle, in der ihr die Schlüsselkompetenzen aus der Grafik 3 den Überschriften aus Abbildung 2 zuordnet.
b) Vergleicht eure Tabellen.

4 Was ist mit den Schlüsselkompetenzen „Kritikfähigkeit" und „Kommunikationsfähigkeit" genau gemeint? Recherchiert die Kriterien mithilfe des starkeSeiten-Codes.

5 a) Erstelle eine Mind-Map mit Schlüsselkompetenzen. Einige findest du in den Abbildungen 2 und 3, weitere über den starkeSeiten-Code.
b) Vergleicht eure Mind-Maps und ergänzt eure Aufzeichnungen.

6 Aus der Grafik 3 kannst du entnehmen, dass Kreativität viel schwächer nachgefragt wird als Zuverlässigkeit. Nimm Stellung.

Berufsfelder als Orientierungshilfe

Infos und Links
Berufs-
informationen
q83m6t

Über die rund 500 **Ausbildungsberufe** kann man sich kaum einen kompletten Überblick verschaffen. Die Einteilung in 16 **Berufsfelder** ist sehr hilfreich, wenn du dich zunächst einmal orientieren möchtest. Jedes Berufsfeld umfasst wiederum verschiedene Bereiche, denen einzelne Berufe zugeordnet sind 1.

Berufsfelder schaffen Überblick

In einem Berufsfeld sind Berufe zusammengefasst, bei denen die Tätigkeiten oder Arbeitsmittel ähnlich sind. Auf den ersten Blick können die Berufe jedoch sehr unterschiedlich erscheinen. Hier ist genaueres Hinsehen gefragt.

Elektro
Bau, Architektur, Vermessung
Naturwissenschaften
Metall, Maschinenbau
Medien
Gesundheit
Landwirtschaft, Natur, Umwelt
Soziales, Pädagogik
Technik, Technologiefelder
Produktion, Fertigung
Gesellschafts- und Geisteswissenschaften
Dienstleistungen
IT, Datenverarbeitung, Computer
Kunst, Kultur, Gestaltung
Verkehr, Logistik
Wirtschaft, Verwaltung

Elektro
- Elektrische Energietechnik
- Elektrische Gerätetechnik
- Elektroinstallation
- Informations- und Kommunikationstechnik
- Mechatronik und Automatisierungstechnik

Berufe in der elektrischen Energietechnik
- Elektroanlagenmonteur/in
- Elektroniker/in

…

Elektroanlagenmonteur/in
Elektroanlagenmonteure und Elektroanlagenmonteurinnen montieren, installieren, warten und reparieren Anlagen der Energieversorgungstechnik, der Steuerungs- und Regelungstechnik, der elektronischen Meldetechnik, …

Verkehr, Logistik
- Auto und Straßenverkehr
- Flugzeug und Luftfahrt
- Schiff und Schifffahrt
- Eisenbahn und Schienenverkehr
- Transport, Lager und Logistik

Berufe im Eisenbahn- und Schienenverkehr
- Gleisbauer/in
- Eisenbahner/in im Betriebsdienst

…

Gleisbauer/in
Gleisbauer/innen bauen Gleisanlagen, halten sie instand, montieren und verlegen Schienen und sie stellen Bahnübergänge her. Sie arbeiten in Betrieben des Tiefbaus, beim Bau von Bahnverkehrsstrecken sowie in der Gleisunterhaltung …

1 Den 16 Berufsfeldern sind einzelne Berufe zugeordnet.

- 16 Berufsfelder geben dir einen Überblick über die zahlreichen Ausbildungsberufe.
- Jedes Berufsfeld enthält weitere Bereiche mit einzelnen Ausbildungsberufen.
- Informationsbroschüren und Internetseiten geben dir eine Übersicht.

Übersicht im Berufenet

Wenn du dich für ein bestimmtes Berufsfeld interessierst, kannst du genaue Informationen über die enthaltenen Ausbildungsberufe bekommen. Im **Berufenet** auf den Internetseiten der Bundesagentur für Arbeit erhältst du eine Übersicht über alle Berufsfelder [1].

Informationsbroschüren

Mit Hilfe der Informationsbroschüre „Beruf aktuell“ [2] kannst du ein genaueres Bild der einzelnen Berufe bekommen. Dort erhältst du zu jedem Beruf Informationen
- zum Berufsbild,
- zu möglichen Arbeitsorten,
- zur Dauer der Ausbildung,
- zur Ausbildungsvergütung.

[2] „Beruf aktuell“ enthält Kurzbeschreibungen von allen anerkannten Ausbildungsberufen, Bildungsgängen an beruflichen Schulen und Ausbildungsmöglichkeiten im ▷ Beamtenverhältnis.

1 Benenne jeweils vier Ausbildungsberufe …
a) … aus dem Berufsfeld „Dienstleistung“.
b) … aus einem Berufsfeld deiner Wahl.

2 Kiras und Pauls große Leidenschaft sind Pferde. Sie suchen nach Berufen, die etwas mit Pferden zu tun haben.
a) Recherchiert in dem passenden Berufsfeld, welche Berufe es gibt, in denen Kira und Paul mit Pferden zu tun haben.
b) Welche anderen Möglichkeiten hätten die beiden noch, um beruflich mit Tieren umzugehen?

3 Toni und Karla sind begeisterte Eisenbahnfahrer. Sie möchten einen Beruf erlernen, der mit dem Schienenverkehr zu tun hat. Recherchiert in dem passenden Berufsfeld, welche Möglichkeiten es für Toni und Karla gibt.

4 Die Berufe Altenpfleger/in und Sportfachfrau/-mann sind im gleichen Berufsfeld. Vergleiche die Berufsbeschreibungen und begründe, warum du sie im selben Berufsfeld findest.

5 Untersuche die Berufsfelder nach Berufen mit Fremdsprachen. Benenne die entsprechenden Berufsfelder, Bereiche und die Ausbildungsberufe. Überprüfe, welche Abschlüsse normalerweise erwartet werden.

6 **a)** Ordne die folgenden Berufsbezeichnungen den entsprechenden Berufsfeldern zu.

1. Bau, Architektur, Vermessung
2. Dienstleistung
3. Gesundheit
4. Kunst, Kultur, Gestaltung
5. Landwirtschaft, Natur, Umwelt
6. Medien
7. Technik, Technologiefelder
8. Verkehr, Logistik
9. Wirtschaft, Verwaltung

a) Reiseverkehrskauffrau/mann
b) Altenpfleger/in
c) Bühnenmaler/in (Malerei)
d) Fahrradmonteur/in
e) Gleisbauer/in
f) Industriekauffrau/mann
g) Drucker/in
h) Tierpfleger/in (Zoo)
i) Vermessungstechniker/in

b) Finde zu jedem Berufsfeld eine weitere entsprechende Berufsbezeichnung.

Gruppenpuzzle: Berufsfelder

1 Ein Gruppenpuzzle hilft, gemeinsam mit anderen viele Informationen über unterschiedliche Themen zusammenzutragen.

Infos und Links
Berufsfelder
q83m6t

Mit dieser Methode lernt ihr, in einer Gruppe selbstständig und arbeitsteilig ein Thema zu bearbeiten. Das Besondere daran ist, dass sich jede/r Einzelne ein Expertenwissen aneignet, das sie/er dann den anderen Gruppenmitgliedern präsentiert und erklärt. Ein Gruppenpuzzle 1 eignet sich immer dann besonders gut, wenn ihr euch über ein Thema informieren wollt, dass sich in mehrere Einzelthemen aufteilen lässt, z. B. unterschiedliche Berufsfelder.

1. Schritt: Stammgruppen bilden

Teilt eure Klasse in Gruppen auf. Wenn ihr vier Berufsfelder erarbeiten möchtet, bildet Vierergruppen, bei fünf Feldern Fünfergruppen, bei sechs Feldern Sechsergruppen usw. 2. Diese Gruppen werden als Stammgruppen 3 bezeichnet.
In jeder Gruppe wird besprochen, wer welches Berufsfeld bearbeitet und damit zum Experten für das Thema wird. Wichtig ist, dass in allen Stammgruppen jeweils die gleichen Berufsfelder erarbeitet werden.

2. Schritt Expertengruppen bilden

Aus den einzelnen Stammgruppen werden nun neue Gruppen gebildet. Den neuen Gruppen gehören die Mitglieder an, die sich für dasselbe Thema entschieden haben. Also gibt es jetzt eine Gruppe für jedes Berufsfeld. Diese Gruppen werden als Expertengruppen 4 bezeichnet. Für alle Gruppen wird die Zeit festgelegt, die sie für die Bearbeitung ihres Themas zur Verfügung haben.

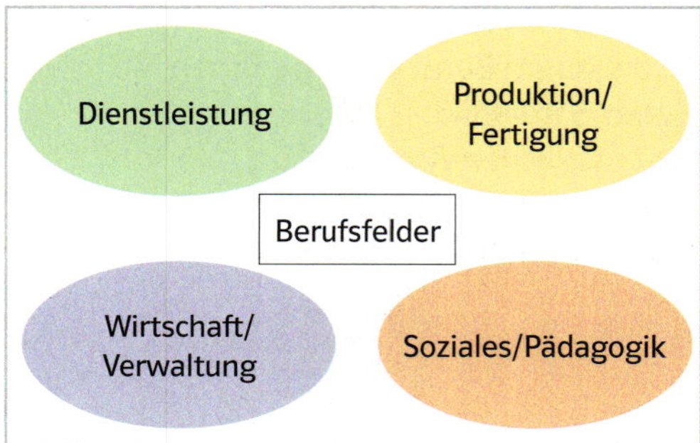

2 Die Klasse hat sich für die Bearbeitung von vier Berufsfeldern entschieden.

3. Schritt: Expertenwissen erarbeiten

Stellt folgende Informationen über „euer" Berufsfeld zusammen:
- Anzahl der Bereiche
- Anzahl der verschiedenen Ausbildungsberufe in jedem Bereich
- Besonders bekannte Berufe
- Besonders ungewöhnliche Berufe
- Die wichtigsten Interessen und Kompetenzen, die in diesem Berufsfeld gefordert sind

Nutzt das Internet für eure Recherchen (siehe Seite 142), auch der starkeSeiten-Code kann euch helfen. Bei Fragen steht eure Lehrerin oder euer Lehrer zur Verfügung. Jeder von euch erstellt ein Infoblatt (maximal 2 Seiten), das euch später hilft, euer Wissen in eurer Stammgruppe zu erläutern.

4. Schritt: Expertenwissen vermitteln
Nach der vereinbarten Zeit trefft ihr euch wieder in der anfangs gebildeten Stammgruppe 3. Nun gibt es in jeder Gruppe Experten zu den verschiedenen Berufsfeldern. Jeder Experte präsentiert und erklärt nun sein Wissen zu „seinem" Thema. Am Ende haben alle Gruppenmitglieder einen Überblick über jedes bearbeitete Berufsfeld. Eine Zusammenfassung aller Ergebnisse könnte z. B. in Form einer Mind-Map gemacht werden.

5. Schritt: Nachbetrachtung durchführen
Als letzten Schritt solltet ihr eine Nachbetrachtung im Klassengespräch durchführen. Dabei können Tipps gegeben werden, wie man das Gruppenpuzzle das nächste Mal noch besser machen könnte.

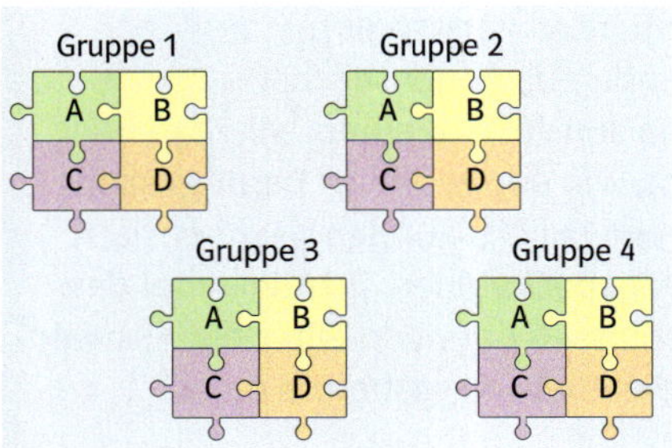

3 Die Themen A, B, C und D werden in jeder Stammgruppe verteilt.

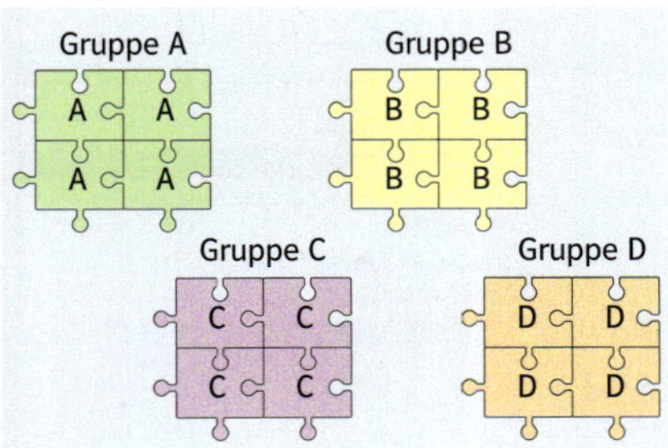

4 Jede Expertengruppe bearbeitet ein Thema.

Stammgruppen bilden
- Die Anzahl der Mitglieder entspricht der Anzahl der Themen
- Einigen, wer welches Thema bearbeitet

↓

Expertengruppen bilden und Expertenwissen erarbeiten
- Alle Schülerinnen und Schüler mit dem gleichen Thema bilden eine Expertengruppe
- Gemeinsam Expertenwissen erarbeiten
- Infoblatt erstellen

↓

Expertenwissen vermitteln
- In der Stammgruppe das Expertenwissen präsentieren, das in der Expertengruppe erarbeitet wurde

↓

Nachbetrachtung durchführen
- Was war gut?
- Was wollen wir verbessern?

5 Ablaufschema für ein Gruppenpuzzle

Berufsinformationen im Internet finden

Links
Berufenet,
Planet Beruf
rs482b

1 Logo „Berufenet"

2 Logo „Planet Beruf"

Aktuelle Informationen über alle Ausbildungsberufe kannst du mit dem Internet herausfinden. Doch je nachdem wo du suchst, bekommst du ganz unterschiedliche Informationen, die nicht immer richtig sind. Deshalb bist du hier auf zuverlässige Quellen angewiesen. Eine davon ist die Bundesagentur für Arbeit (BA).

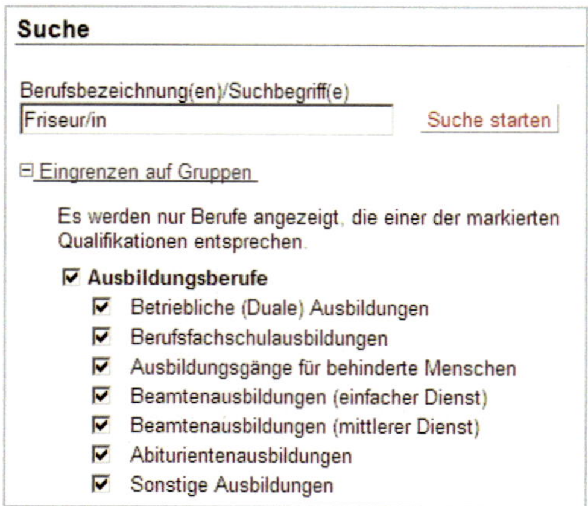

3 Klicke nur die Ausbildungsarten an, die für dich in Frage kommen.

1. Schritt: Datenbank aufrufen

Die BA bietet zwei Datenbanken an, in denen du nach Informationen suchen kannst: das „Berufenet" 1 und „Planet Beruf" 2. Rufe eine der Datenbanken mit dem starkeSeiten-Code auf.

2. Schritt: Berufsinformationen suchen

Mit dem „Berufenet" 1 : Die Seite ist in drei Spalten unterteilt. Konzentriere dich auf die Spalte mit der Überschrift „Suche" 3. Du hast mehrere Möglichkeiten:

- **Suche über das Suchfeld:** Gib in das Suchfeld die genaue Berufsbezeichnung oder einen ähnlichen Begriff ein. Damit dir keine Berufe angezeigt werden, die für dich nicht in Frage kommen, markiere unter dem Punkt „Eingrenzen auf Gruppen" die Arten von Ausbildungen, die dich interessieren 3 .
  Achtung: Weiterbildungen kommen für dich nicht in Frage, denn dafür muss man schon eine Ausbildung gemacht haben. Ein Studium kannst du nur beginnen, wenn du das Abitur machst.
- **Suche von A – Z:** Wenn du nicht genau weißt, wie der gesuchte Beruf geschrieben wird, klicke auf den gewünschten Anfangsbuchstaben. Schränke bei den Ergebnissen über den Filter die Auswahl auf die Ausbildungsberufe ein 5.

4 „Planet Beruf" zeigt nur Ausbildungsberufe, keine Studienfächer.

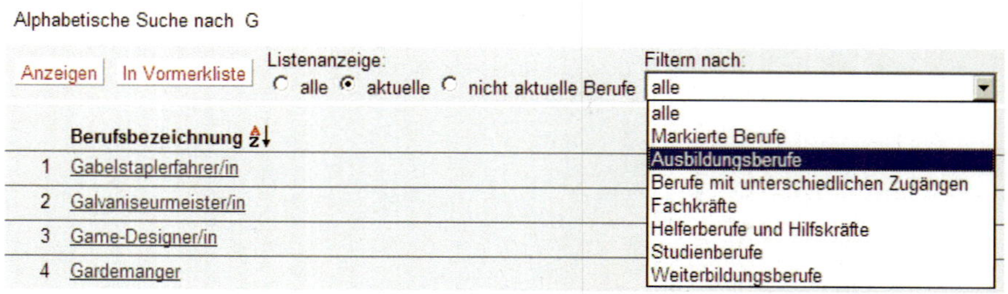

5 Nutze den Filter oben rechts, um die Auswahl auf die gesuchte Ausbildungsart einzuschränken.

- **Suche nach Berufsfeldern:** Hier kannst du über Berufsfelder nach möglichen Berufen suchen. Auch hier hilft der Filter 5.

Mit „Planet Beruf“: Klicke auf Entscheiden, dann auf „Berufe von A–Z“ 4. Suche dann nach dem richtigen Anfangsbuchstaben.

3. Schritt: Ergebnisse festhalten

Deine Suche gibt dir Informationen zu einem Beruf. Hier findest du neben einer Kurzbeschreibung umfangreiche Informationen über die Tätigkeiten, die Ausbildung (mit Dauer, Prüfungen und Zugangsvoraussetzungen), Interessen und Fähigkeiten, die du mitbringen solltest und viele weitere Themen 6. Notiere dir alle benötigten Informationen und die Internetadresse, unter der du sie gefunden hast.

6 Die Kurzbeschreibung liefert Informationen über den Beruf im Überblick.

Datenbank aufrufen

↓

Berufsinformationen suchen
Bei „Berufenet“:
- Über das Suchfeld
- Suche von A – Z
- Über die Berufsfelder

Bei „Planet Beruf“:
- Klick auf „ENTSCHEIDEN“
- Klick auf „Berufe von A-Z“

↓

Ergebnisse festhalten
- Name des Ausbildungsberufs
- Tätigkeiten
- Ausbildungsdauer
- ...

Notiere immer die Internetadresse!

7 Ablaufschema der Internetsuche nach Berufsinformationen

1 Sucht den Beruf „Änderungsschneider/in“ im Internet und beantwortet die folgenden Fragen:
- Wie lange dauert die Ausbildung?
- Welchen Schulabschluss benötigt man für diesen Beruf?
- Welche Ausbildungsalternativen werden für diesen Beruf vorgeschlagen?
- Wie viel Prozent der Ausbildungsanfänger im letzten Jahr hatten einen Hauptschulabschluss?

2 Überprüft, ob ihr unmittelbar nach eurem Schulabschluss den Beruf „Aerobic-Trainer/in“ erlernen könntet.

3 Julia interessiert sich für Naturwissenschaften, besonders für Chemie. Ermittle über die „Berufsfeldsuche“ in der Datenbank Berufenet, welche Ausbildungsberufe in Frage kommen.

4 Nils möchte LKW-Fahrer werden. Er findet mit der Eingabe „LKW-Fahrer“ aber keinen entsprechenden Beruf.
a) Schreibe auf, wie Nils zu einem Ergebnis kommen kann.
b) Drei Ausbildungsberufe kommen für Nils in Frage. Finde sie heraus und notiere sie.
c) Beurteile, ob Nils mit seinem Hauptschulabschluss eine Chance auf eine Ausbildung in einem der Berufe hat. Begründe.

○ 1 ◐ 2, 3 ● 4

Berufsbilder untersuchen

1 Ist das der Alltag eines Polizisten?

die **duale Ausbildung**: Ausbildung in Betrieb und Berufsschule (siehe S. 178)

Bestimmt kennst du viele Berufe bereits aus Filmen, Zeitschriften oder Erzählungen. Oft sind die Informationen aus diesen Quellen jedoch unvollständig, einseitig oder ergeben sogar ein falsches Bild von einem Beruf. Auch Freunde, Verwandte und Bekannte geben meistens nur ihre eigene Sicht wieder, wenn sie einen Beruf beschreiben. Deshalb ist es sehr wichtig, dass du dich selbst aus zuverlässigen Informationsquellen über verschiedene Berufe informierst.

Infos und Links
Berufsinformationen
f7wp9t

Viele Berufsbilder

In Deutschland gibt es fast 500 staatlich anerkannte Ausbildungsberufe. Die Ausbildung findet als **duale Ausbildung** statt. Viele weitere Berufe kann man in speziellen Schulen oder in betrieblichen Lehrgängen erlernen. Jeder Beruf hat sein eigenes Berufsbild, das die Tätigkeiten und Arbeitsbedingungen darstellt.

Fragen und Antworten

Jeder Beruf stellt besondere Anforderungen an dich. Gemeint sind damit Fähigkeiten und Eigenschaften, die von dir verlangt werden, wenn du den Beruf erlernen und ausüben möchtest. Zur Information über einen bestimmten Beruf helfen dir die **W-Fragen** 6. Achtung: Einige Berufe stellen besondere Anforderungen an deine Gesundheit.

So findest du Antworten auf die W-Fragen: Auf den Seiten 142/143 ist beschrieben, wie du in den Datenbanken der Agentur für Arbeit suchen kannst. Weitere Internetseiten mit Berufsinformationen findest du über den starkeSeiten-Code.

1 a) Beschreibe die Tätigkeiten, Arbeitsorte und Arbeitsmittel auf den Bildern 2 – 5.
b) Welche Berufe sind auf den Bildern dargestellt? Nenne jeweils einen passenden Beruf und begründe deine Auswahl.
c) Überlege, welche weiteren Tätigkeiten, Arbeitsorte und Arbeitsmittel für die Berufe typisch sein könnten. Erstelle eine Tabelle.
d) Vergleicht eure Tabellen und ergänzt eure Einordnungen.

2 a) Benennt Berufe, in denen der Umgang mit Menschen im Vordergrund steht.
b) Zählt Berufe auf, die an folgenden Arbeitsorten ausgeübt werden: Bahnhof, Einkaufspassage, Baustelle, Hotel.
c) Benennt Berufe, in denen Farben und Chemikalien zu den wichtigsten Arbeitsmitteln gehören.

3 Analysiere das Berufsbild eines Berufs, der dich interessiert, mit Hilfe des Erkundungsbogens.
Erkundungsbogen 2548fs

- *Durch Medien und Erzählungen entstehen oft falsche Vorstellungen von einem Beruf.*
- *Jeder Beruf hat sein besonderes Berufsbild und stellt Anforderungen an dich.*
- *Die W-Fragen „Was?“, „Wo?“ und „Womit?“ helfen dir, Berufsbilder zu untersuchen.*

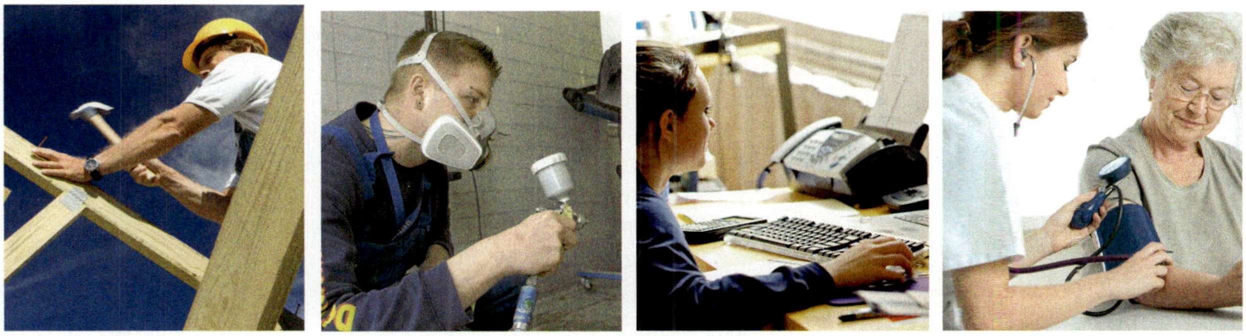

2 – 5 Tätigkeiten, Arbeitsorte und Arbeitsmittel der Berufe stellen unterschiedliche Anforderungen an dich.

Was wird getan?	**Wo wird der Beruf ausgeführt?**	**Womit wird die Arbeit geleistet?**
In jedem Beruf gibt es typische Tätigkeiten, für die du bestimmte Fähigkeiten mitbringen solltest. In Bauberufen wird viel körperliche Arbeit geleistet, deshalb musst du körperlich fit sein. Für die Bearbeitung von Daten in den Büroberufen benötigst du eine gute Konzentration. Bei der Versorgung und Betreuung von Menschen in einem Pflegeberuf musst du aufmerksam und hilfsbereit sein.	Der Arbeitsort bestimmt die äußeren Bedingungen, unter denen gearbeitet wird. Eine Arbeit im Freien stellt andere Anforderungen an dich als die Arbeit in einer Fabrikhalle oder hinter dem Lenkrad eines Lkw. Manche Berufe haben wechselnde Arbeitsorte. Metallbauer/innen arbeiten beispielsweise in Werkstätten oder bei Kunden. Die Einsätze können am Wohnort sein, bei Montageeinsätzen aber auch weit entfernt.	In jedem Beruf gibt es typische Arbeitsmittel. In Handwerks- und Industriebetrieben musst du mit Maschinen, Handwerkzeugen und Werkstoffen umgehen. Die Büroeinrichtung, Computer und Anwendungsprogramme sind wichtige Arbeitsmittel in kaufmännischen Berufen. Der Umgang mit den Arbeitsmitteln verlangt von dir bestimmte Fähigkeiten. Der richtige Einsatz wird in der Ausbildung gelernt.

6 Die W-Fragen helfen dir, dich über Berufe zu informieren und sie zu vergleichen.

4 Gruppenpuzzle (S. 140): Untersucht die folgenden Berufe auf besondere Anforderungen wie Ausdauer, Sorgfalt usw. Nutzt den Erkundungsbogen von Aufgabe 3.
A: Kaufmann/-frau für Bürokommunikation
B: Elektroanlagenmonteur/in
C: Drogist/in
D: Fachkraft für Wasserversorgungstechnik

5 a) Gestalte ein Informationsplakat zu deinem Wunschberuf. Veranschauliche deine Arbeit mit Bildern und Zeichnungen.
b) Stellt eure Plakate im Klassenraum aus und lasst euch eine Rückmeldung geben.

6 a) Beschreibe, wie der Beruf „Polizist/in“ im Fernsehen dargestellt wird 1.
b) Überprüfe deine Annahmen mit Hilfe der Informationen aus einer Berufe-Datenbank. Die Berufsbezeichnung ist „Polizeivollzugsbeamt(er/in) (mittlerer Dienst)“.

Wo bin ich stark?

Was liegt dir mehr: Drinnen arbeiten oder draußen, mit Menschen arbeiten oder lieber alleine? Liest du gerne? Magst du Tiere? Vor deiner Berufswahl solltest du dir ein genaues Bild über deine Interessen, Fähigkeiten und besonderen Stärken machen. Wenn diese mit den Anforderungen des Berufs zusammenpassen, hast du gute Aussichten auf Erfolg.

Wie sehe ich mich, wie sehen mich andere?

Mit einem Fragebogen zu deinen Stärken, Interessen und Fähigkeiten kannst du viel über dich herausfinden. Wenn du ihn selbst ausfüllst, hast du eine **Selbsteinschätzung** vorgenommen. Wenn du ihn zusätzlich von anderen (z. B. deinen Eltern) ausfüllen lässt, hast du eine **Fremdeinschätzung**. Diese kannst du mit deiner eigenen vergleichen und kritisch überprüfen.

Kompetenzen durch Tests feststellen

Einige Schulen ermöglichen die Teilnahme an **Kompetenzfeststellungs-Tests**. Manche werden dabei durch außerschulische Partner unterstützt und erhalten Testmaterial und Hilfe durch Fachleute.

- Das Verfahren beginnt oft mit einem umfangreichen **Test am Computer.** Hier werden vor allem Fähigkeiten, Fertigkeiten und Interessen getestet.
- In einem zweiten Teil werden dir **praktische Aufgaben** gestellt, die du zum Teil in Gruppenarbeit ausführst. Hier werden vor allem deine persönlichen und sozialen Eigenschaften überprüft.

Nach Abschluss des Tests erhältst du eine Rückmeldung, wo deine Stärken liegen.

Kompetenzfeststellungs-Tests sind z. B. der geva-Test oder das Profil-AC.

Infos und Links
Kompetenz-Tests
t69tp9

1 Höhepunkt im Berufsorientierungscamp: Die Übungen im Klettergarten zeigen Grenzen auf und machen den Wert gegenseitiger Hilfe erfahrbar.

Berufsorientierung außerhalb der Schule

Ein **Berufsorientierungs-Camp** findet außerhalb der Schule statt und dauert mehrere Tage. Typische Aufgaben sind:

- die Beschaffung von Informationen,
- die Erkundung von Berufen,
- die Befragung von Experten und Auszubildenden,
- Interaktions- und Erlebnisspiele z. B. in einem Klettergarten 1.

Im Camp kannst du eigene Stärken und Fähigkeiten entdecken, aber auch Wünsche für eine berufliche Zukunft entwickeln. Der Austausch unter den Teilnehmern hilft dir, deine eigenen Erfahrungen mit denen von anderen zu vergleichen.

2 Berufswahlpass

- *Vor der Berufswahl brauchst du Klarheit über deine Fähigkeiten und Stärken.*
- *Verschiedene Angebote zur Berufsorientierung unterstützen dich bei der Suche.*
- *Wähle deine Berufe nach den Stärken aus, die du bei dir herausgefunden hast.*

Ayleen, 15 Jahre, hat mit Hilfe eines Kompetenzchecks ihre Stärken ermittelt. Dazu gehören Kommunikationsfähigkeit, eine freundliche Ausstrahlung, Zuverlässigkeit und Sorgfalt sowie eine gute Rechtschreibung und sprachliche Ausdrucksfähigkeit. Mathematik und Naturwissenschaften dagegen gehören nicht zu ihren ganz starken Seiten. Durch ihre ältere Schwester hat Ayleen die Arbeit in einer Drogerie kennen gelernt. Nun ist ihr erster Berufswunsch eine Ausbildung zur Drogistin. Sie fragt sich, ob der gewünschte Beruf zu ihren Fähigkeiten passt.

3 Ayleen nutzt die Ergebnisse ihres Kompetenzfeststellungs-Verfahrens für ihre Berufswahl.

Die Berufswahl dokumentieren

▷ **Portfolios** wie der Berufswahlpass 2 helfen dir, deine Fähigkeiten, Interessen und Stärken einzuschätzen. Einige enthalten Materialien zur Planung, Information und Dokumentation deiner Berufsvorbereitung. So können dich Eltern, Lehrkräfte, die Berufsberatung und Betriebe bei der Berufsfindung unterstützen.

Tim, 16 Jahre, hat sich mithilfe eines Fragebogens einen Überblick über seine Kompetenzen zusammengestellt. Zu seinen ganz schwachen Seiten zählen Textverständnis und Kommunikationsfähigkeit. Nun will Tim beurteilen, welche Berufe zu seinen Stärken und Schwächen passen. Er interessiert sich für kaufmännische Berufe, aber noch lieber möchte er handwerklich arbeiten.

	niedrig				hoch
	1	2	3	4	5
körperliche Ausdauer					
Geschicklichkeit					
Räumliches Denken					
Organisationsfähigkeit					
Hilfsbereitschaft					
Kritikfähigkeit					
Konfliktfähigkeit					
Selbstständigkeit					
Leistungsbereitschaft					
Durchhaltevermögen					

4 Ein Test hilft Tim, mehr über sich herauszufinden.

1 Lade die beiden Einschätzungsbögen herunter. Drucke sie aus.
a) Fülle die Selbsteinschätzung für dich aus.
b) Lasse die Fremdeinschätzung von einer Person deines Vertrauens ausfüllen und vergleiche die Ergebnisse. Wo gibt es Übereinstimmungen und Unterschiede?
c) Bewerte das Ergebnis des Vergleichs.
Einschätzungsbögen xp6nb9

2 **a)** Nennt Interessen und Fähigkeiten, die man für den Beruf „Drogist/in" mitbringen sollte.
b) Beurteilt, ob Ayleens Berufswunsch 3 zu ihren Fähigkeiten passt.

3 **a)** Benennt Stärken und Schwächen von Tim 4, die für oder gegen
– einen kaufmännischen Beruf sprechen.
– einen handwerklichen Beruf sprechen.
b) Beurteilt, welche Berufsgruppe eher für Tim geeignet ist und begründet euer Ergebnis.

4 **a)** Benennt die persönlichen Stärken, die jemand besitzen sollte, der den Beruf „Medizinische/r Fachangestellte/r" erlernen möchte.
b) Welche fachlichen Fähigkeiten wird sie/er zudem erlernen? Notiert Stichpunkte.

Passende Berufe finden

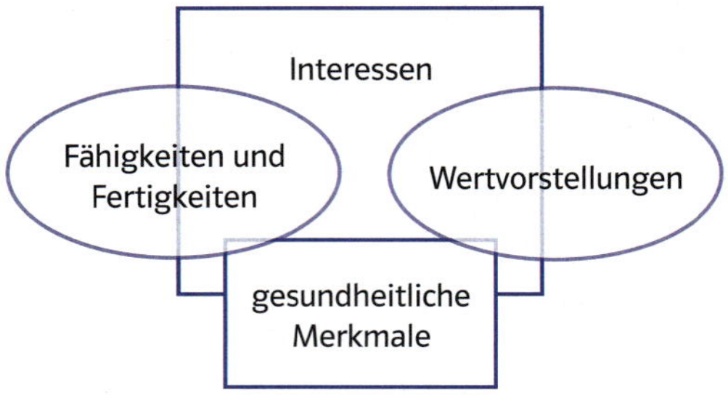

1 Bei der Berufswahl sollte alles passen.

Bei der Berufswahl stehen die eigenen Interessen ganz oft im Mittelpunkt. Möchtest du „etwas mit Elektronik" machen oder interessierst du dich eher für den sozialen oder künstlerischen Bereich? Um einen Beruf zu finden, den man über längere Zeit gerne ausübt, sollten wir aber noch andere Dinge betrachten 1.

Was kannst du gut, was interessiert dich?

Dein Wunschberuf sollte zu deinen **Interessen** und **Fähigkeiten** passen. Wenn dir einzelne Fähigkeiten fehlen, ist dies aber noch lange kein Grund, einen Beruf nicht zu wählen. Schließlich kannst du immer noch daran arbeiten, in deinen „schwachen" Bereichen besser zu werden.

Was ist dir wichtig?

Dem einen ist das Geld wichtig, dem anderen die Freunde. Jeder Mensch hat ganz eigene **Wertvorstellungen**. Das sind Vorstellungen davon, was jemandem im Leben wichtig ist 2. Man unterscheidet materielle Werte (z. B. Geld) und nicht-materielle Werte (z. B. Glück, Freundschaft, Glaube, Gerechtigkeit, Einfluss). Wertvorstellungen lassen sich mit unterschiedlichen Berufen mehr oder weniger gut vereinbaren. Wem Selbstständigkeit wichtig ist, sollte sich einen Beruf suchen, in dem selbstständig gearbeitet wird 3.

Gesundheitliche Merkmale

Ein blinder Kameramann, ein Dachdecker mit Höhenangst oder ein Bäcker mit Mehl-Allergie? Auch bei großem Interesse für einen Beruf solltest du dir rechtzeitig Gedanken machen, ob es gesundheitliche Gründe gibt, die gegen einen Beruf sprechen. Sie können der Grund sein, dass ein Beruf für dich nicht in Frage kommt.

Stärke Glück Glaube Selbstständigkeit
Geld
Pflichterfüllung Macht Gerechtigkeit
Durchsetzungsvermögen Freundschaft
Zusammenhalt Einfluss

2 Welche Werte sind dir wichtig?

1 a) Nenne Annas und Niklas' 3 Wertvorstellungen.
b) Nenne deine eigenen Wertvorstellungen.

2 👥 **a)** Befragt euch gegenseitig zu euren Wertvorstellungen und stellt sie in einer Tabelle gegenüber.
b) Benennt Unterschiede und Gemeinsamkeiten.

3 a) Beurteile, ob Olivers ursprünglicher Wunsch 5 noch zu seinen Wertvorstellungen passt.
b) Nenne zwei andere Berufe, die zu Olivers Vorstellungen passen könnten.

4 a) Stelle in eigenen Worten dar, wie es zu Elenas 4 vorläufiger Berufsentscheidung gekommen ist.
b) 👥 Elena hat sich schon oft über die langen Arbeitszeiten am Wochenende geärgert. Nennt Gründe, warum sie sich nach Alternativen zur Übernahme der Pizzeria umsehen sollte.

- *Bei deiner Berufswahl spielen deine Fähigkeiten und Fertigkeiten, deine Wertvorstellungen und gesundheitliche Merkmale eine Rolle.*
- *Falsche Vorstellungen von Berufen können zu Enttäuschungen führen.*

Niklas: „Für mich ist ganz wichtig, dass ich mich frei entscheiden kann. Ich möchte einen Beruf haben, mit dem ich genug Geld verdienen kann, der mir aber Raum für meine Familie lässt. Ich brauche meine Freunde und meine Geschwister. Die Gemeinschaft in meinem Fußballverein finde ich auch gut. Dort möchte ich bleiben und vielleicht bei der Nachwuchs-Betreuung einsteigen. Man muss sich gegenseitig helfen und aufeinander verlassen können."

Anna: „Ich konzentriere mich erst mal auf die Schule. Wenn ich den Realschulabschluss schaffe, habe ich bessere Chancen für eine Berufsausbildung. Eigentlich weiß ich noch gar nicht genau, was ich mal werden will. Auf jeden Fall soll es etwas mit Natur und Umweltschutz zu tun haben. Meine Eltern arbeiten ehrenamtlich in einer Umweltschutzorganisation. Ihren Einsatz und ihre Hilfsbereitschaft finde ich gut. Heiraten und eine Familie gründen möchte ich später auch. Ich glaube, das ist mir wichtiger, als unbedingt viel Geld zu verdienen."

3 Niklas und Anna haben unterschiedliche Wünsche und Wertvorstellungen

Alles schon klar?
Elenas Eltern haben eine Pizzeria. Für sie steht fest: Elena wird das Restaurant einmal übernehmen. Sie fragt sich, warum sie noch andere Berufsfelder kennenlernen soll. Und ein Praktikum in einem Betrieb macht doch auch keinen Sinn, wenn doch ohnehin schon alles geregelt ist …

4 Für Elena steht schon fest, was sie einmal werden will.

Die richtige Wahl?
Oliver betreut seit seiner Kindheit Haustiere und kann gut mit ihnen umgehen. Seit langem stand fest: Er wird Tierpfleger. Inzwischen hat er bemerkt, dass sich seine Wertvorstellungen erweitert haben. Er ist sehr auf seinen persönlichen Erfolg bedacht, möchte Unabhängigkeit und Wohlstand im Leben erreichen. Seit einem Schüleraustausch steht für ihn außerdem fest, dass er unbedingt mit Menschen aus anderen Ländern arbeiten und seine Fremdsprachen anwenden möchte.

5 Ist „Tierpfleger" wirklich der richtige Beruf für Oliver?

c) Formuliert Fragen, die sich Elena stellen sollte, wenn sie überlegt, den Vorstellungen ihrer Eltern zu folgen.

5 Lade den Fragebogen herunter und fülle ihn aus. Beurteile, ob danach der Beruf „Industriemechaniker/in" zu dir passen könnte. Begründe deine Antwort.
Fragebogen k5t692

6 a) Erstelle einen Fragebogen wie in Aufgabe 5 für einen Beruf deiner Wahl.
b) Tauscht die Fragebögen aus und überprüft, ob die Berufe für euch in Frage kommen.

7 Diskutiert, welche Folgen es haben könnte, wenn jemand einen Beruf gewählt hat, der
- seinen Wertvorstellungen widerspricht oder
- nicht seinen Fähigkeiten und Stärken entspricht.

Schreibt eure Ergebnisse auf und begründet sie an Beispielen.

Berufswelt im Wandel

1 Kfz-Mechatroniker/in – ein Beruf wie viele, der mit den ständigen technischen Fortschritten im Wandel ist.

Die heutige Arbeitswelt verlangt von den Arbeitnehmerinnen und Arbeitnehmern eine immer schnellere Anpassung: an neue Technologien, neue Arbeitsinhalte oder andere Anforderungen. Wenn du dich für einen Beruf entscheidest, heißt das nicht, dass du ihn dein ganzes Leben lang so ausüben wirst, wie du ihn in der Ausbildung gelernt hast. Die Bereitschaft zur eigenen Weiterbildung und zum „lebenslangen Lernen" ist eine von mehreren wichtigen Voraussetzungen.

Immer auf dem Laufenden bleiben!

Schlüsseltechnologien 3 verändern die Berufe und die Inhalte beruflicher Aufgaben und Tätigkeiten. Neue Techniken erhöhen die Anforderungen an die fachlichen Kenntnisse und Fähigkeiten der Beschäftigten. Schlüsselkompetenzen (siehe S. 136) werden als berufsübergreifende Kompetenzen immer wichtiger.

Berufsübergreifendes Wissen

Heute reicht es nicht mehr, nur im „eigenen Beruf" Spezialist zu sein: Technisches Grundwissen wird auch in kaufmännischen Berufen erwartet, wirtschaftliche Grundkenntnisse in gewerblich-technischen Berufen vorausgesetzt. Bei deiner Berufswahl solltest du beachten, in welchem Maß von dir erwartet wird,

- offen gegenüber Veränderungen und Neuerungen zu sein und
- bereit zu sein für Weiterbildungen.

Wir stellen ein:
Elektroniker/in Automatisierungstechnik
Die Bewerberin/der Bewerber sollte im Team arbeiten können, kontaktfreudig sein, sich immer wieder auf neue Aufgaben einstellen können und Fortbildungsbereitschaft zeigen. Wir sind ein junges Unternehmen der Elektronikbranche mit einem dynamischen Team, das für technische Neuerungen aufgeschlossen ist. Bewerbungen werden erbeten an …

Wir suchen
Konstruktionsmechaniker/in
für die Bedienung einer CNC-gesteuerten Maschine. Wir erwarten eine sichere Beherrschung der CNC-Technik und selbstständiges Arbeiten. Da nur Kleinserien produziert werden, muss der Bewerber/die Bewerberin sich auf neue Aufgaben einstellen können. Wir bieten einen sicheren Arbeitsplatz, gute Entlohnung und Entfaltungsmöglichkeiten in einem aufgeschlossenen Team.

2 Die Stellenangebote zeigen, dass sich technische Systeme in den Berufen ständig verändern. Von den Bewerbern wird Anpassung und Weiterbildung erwartet.

- *Neue technische Systeme führen zum Wandel in den meisten Berufen.*
- *Der Wandel fordert von dir Anpassungsfähigkeit und Weiterqualifizierung.*
- *Die Folgen dieses Wandels sollten bei deiner Berufswahl beachtet werden.*

Schlüsseltechnologien beeinflussen die wirtschaftliche Entwicklung

Mikrotechnik

… kommt in allen Bereichen des Lebens vor – Mikroelektronik z. B. in Computern, Handys oder Chipkarten. Sensoren als künstliche Sinnesorgane, Schlüssellochchirurgie und Mikroantriebe sind neue Entwicklungen. Die Nanotechnik stößt in noch kleinere Dimensionen vor.

Informations- und Kommunikationstechnik

Im Berufsleben ist der Computer ein selbstverständliches Werkzeug. Per Computer können sich Fachleute aber auch Unterlagen aus themenspezifischen und allgemein zugänglichen Datenbanken verschaffen. Stichworte: Telekommunikation und Expertensysteme

Biotechniken

… werden in vielen Bereichen angewandt, besonders bei der Herstellung von Nahrungsmitteln oder bei der Produktion von Antibiotika und im Umweltschutz.

Neue Werkstoffe

… wie Keramik, Polymere, Hochleistungsverbundwerkstoffe. Sie werden immer häufiger in Industriezweigen wie Kfz-Herstellung, Maschinenbau, Elektroindustrie und Chemie verwendet.

Sensortechnik

… wird bei der Herstellung vieler Produkte des täglichen Lebens, zum Beispiel von elektronischen Bauteilen, elektrischen Haushaltsgeräten oder in der Fabrik- und Büroautomation eingesetzt.

Lasertechnik

… bietet ein breites Spektrum von Anwendungsbereichen, zum Beispiel industrielle Materialbearbeitung (Schweißen, Schneiden von Metallen), Mess- und Prüftechnik, Medizin.

3 Schlüsseltechnologien – die Vielfalt der technischen Systeme und ihre Bedeutung für die wirtschaftliche Entwicklung

1 Nenne mindestens drei Gründe, warum es heute wichtig ist, sich weiterzubilden.

2 a) Erkläre den Begriff „Schlüsseltechnologie“ 3 mit eigenen Worten.
b) Vergleicht eure Erklärungen und findet eine gemeinsame Definition.

3 a) Informiert euch über die Berufe in den Stellenanzeigen 2. Beantwortet die W-Fragen (S. 145).
b) Benennt die Fähigkeiten und Interessen, die in den beiden Berufen gefragt sind.
c) Beschreibe, was es für die Berufe bedeutet, wenn sich technische Systeme weiterentwickeln.

4 a) Recherchiert, aus welchen Einzelberufen sich der Beruf „Kfz-Mechatroniker/in“ 1 entwickelt hat. Beschreibt diese Entstehungsgeschichte mit eigenen Worten.
b) Begründet, warum der neue Beruf entstanden ist.
c) Zählt die verschiedenen Fachrichtungen auf, in denen heute Kfz-Mechatroniker/innen ausgebildet werden.

5 Im Überblick über die Schlüsseltechnologien 3 kommen Begriffe vor, die dir vielleicht noch unbekannt sind.
a) Suche in einem Lexikon oder im Internet nach einer Erklärung.
b) Erkläre die Begriffe
- Schlüssellochchirurgie
- Nanotechnik
- Expertensystem
- Hochleistungsverbundwerkstoffe
- Sensor

6 Die Arbeitswelt wird sich insgesamt immer weiter und schneller entwickeln. Beurteilt die Folgen für die Arbeitnehmer.

○ 1, 2 ◒ 3, 4 ● 5, 6

Erfolg durch Weiterbildung

Links
Neue und modernisierte Berufe
ez3rv9

1 Neue Technologien an den Arbeitsplätzen erfordern zusätzliche Qualifikationen.

Arbeit verändert sich ständig, weil neue Technologien Einfluss auf die Arbeitsplätze und Arbeitsabläufe haben 1. Arbeitsplätze sind zunehmend international verknüpft und stellen völlig neue Anforderungen an die Beschäftigten in den Unternehmen und damit auch an die Auszubildenden. Neben Veränderungen innerhalb der Berufe entstehen auch völlig neue 3.

Berufe werden angepasst

Um neuen Anforderungen noch besser gerecht werden zu können, werden die Ausbildungsordnungen regelmäßig modernisiert 3. Eine Übersicht über die Veränderungen der Berufe gibt die Bundesagentur für Arbeit.

Chancen durch „lebenslanges Lernen"

In der Produktion finden immer weniger Beschäftigte Arbeit, bei den Dienstleistungen dagegen immer mehr. Mitarbeiterinnen und Mitarbeiter mit guter Ausbildung haben größere Chancen, einen sicheren Arbeitsplatz zu bekommen 2. Das setzt die Bereitschaft zur Weiterbildung voraus. Deshalb musst du dich darauf einstellen, dein Leben lang Neues zu lernen.

Weiterbildungen

Weiter lernen nach der Ausbildung? Dafür gibt es viele Gründe. Weiterbildungen zum Meister 4 oder Betriebswirt können die Aufstiegschancen ermöglichen. Sie sind oft Voraussetzung, um in eine Führungsposition aufzusteigen. Daneben können Veränderungen des Arbeitsmarktes 5 oder gesundheitliche Probleme 6 Weiterbildungen notwendig machen.

Qualifikations- Trends 2010

in Prozent aller Beschäftigten

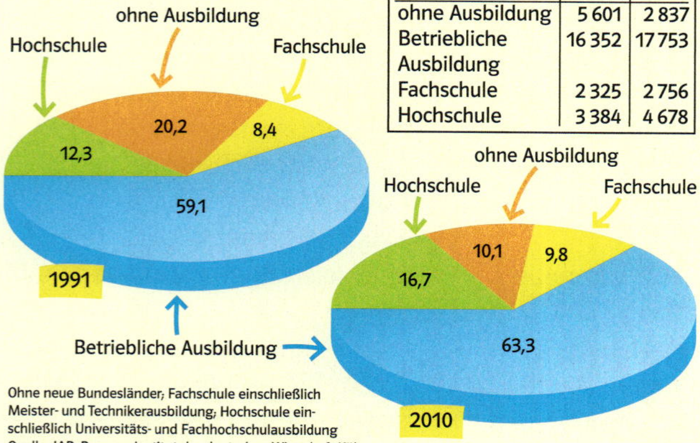

Erwerbstätige

in 1 000	1991	2010
ohne Ausbildung	5 601	2 837
Betriebliche Ausbildung	16 352	17 753
Fachschule	2 325	2 756
Hochschule	3 384	4 678

Ohne neue Bundesländer; Fachschule einschließlich Meister- und Technikerausbildung; Hochschule einschließlich Universitäts- und Fachhochschulausbildung
Quelle: IAB, Prognos Institut der deutschen Wirtschaft Köln

2 Eine Ausbildung heißt: bessere Chancen auf dem Arbeitsmarkt

Modernisierte Ausbildungsberufe:
Geomatiker/in (bisher: Kartograf/in)
Böttcher/in
Büchsenmacher/in
Pferdewirt/in
Revierjäger/in
Segelmacher/in

Neu entstandene Ausbildungsberufe:
Industrieelektriker/in
Werkfeuerwehrmann/-frau

Aufgehobene Ausbildungsberufe:
Schiffszimmerer/-zimmerin

Quelle: Bundesagentur für Arbeit 2012

3 Veränderungen 2009-2011 (Auswahl)

✗ *Neue Technologien verändern die Arbeitswelt.*
✗ *Manche Berufe entfallen, neue kommen dazu, fast alle verändern sich.*
✗ *Für ein erfolgreiches Berufsleben ist lebenslanges Lernen erforderlich.*

„Ich habe vor über 20 Jahren eine Ausbildung zum Stahlbetonbauer gemacht. Die Arbeit hat mir von Anfang an viel Freude bereitet. Mit 25 Jahren bin ich dann Produktionsleiter geworden. Etwas später habe ich meinen Meister gemacht. Heute leite ich eine Gruppe von 18 Leuten. Das ging natürlich nur mit persönlichem Einsatz, Weiterbildungen und etwas Glück."

4 Herr Reimer berichtet.

„Seit 9 Jahren lebe ich nun schon mit meiner Familie im Großraum Köln. Wir haben unsere Heimat an der ostfriesischen Küste schweren Herzens verlassen, weil dort das Angebot an Arbeitsplätzen sehr schlecht war. Das Arbeitsamt hat damals eine Umschulung zum Schuhmacher bezahlt. Auch meine Frau hat hier Arbeit gefunden. Der Umzug hat sich für uns aus beruflicher Sicht also gelohnt."

5 Herr Penkow hat umgeschult.

„Als ich den Beruf „Köchin" gelernt habe, konnte ich mir nichts Besseres vorstellen. Die Arbeit in einer Großküche hat mich aber nach einiger Zeit so belastet, dass ich auf ärztlichen Rat gekündigt habe. Eine Stelle in einer kleineren Küche gab es nicht. So machte mir die Berufsberatung den Vorschlag, mich zur Hauswirtschafterin weiterzubilden. Heute leite ich eine Jugendherberge und bin mit dieser Arbeit sehr zufrieden."

6 Frau Maibaum hat es geschafft.

1 a) Nenne Gründe, warum „lebenslanges Lernen" in fast allen Berufen erforderlich ist.
b) Vergleicht eure Ergebnisse und ergänzt sie.

2 Nenne die Maßnahmen, die bei Herrn Reimer **4**, Herrn Penkow **5** und Frau Maibaum **6** den beruflichen Erfolg gesichert haben.

3 a) Beschreibe die Unterschiede in der Zusammensetzung der Erwerbstätigen zwischen 1991 und 2010 **2**.
b) Beurteile, wie wichtig eine gute Ausbildung heute ist und belege deine Argumente mit der Grafik **2**.

4 Analysiere den neuen Beruf „Geomatiker/in" **3**:
a) Wo kannst du für diesen Beruf ausgebildet werden?
b) Welche Fähigkeiten werden von dir erwartet?
c) Bewerte deine Chancen auf einen Ausbildungsplatz mit dem
- Hauptschulabschluss
- Realschulabschluss

5 Erläutert die dargestellten Fakten in der Grafik **2**.
a) In welchem Bereich gibt es zahlenmäßig die größten Veränderungen von 1991 zu 2010?
b) Nennt Gründe für die Veränderungen zwischen 1991 und 2010.
c) Bewertet die Aussage „Es gibt genug gut bezahlte Jobs, da muss man keine Ausbildung haben."
d) Diskutiert die Frage, ob es sich lohnt, über einen weiteren Schulbesuch eine Hochschulausbildung anzustreben.

6 a) Befragt außerhalb der Schule Verwandte und Freunde nach deren beruflichem Werdegang, Erfahrungen und Erlebnissen in der Arbeitswelt. Haltet die Ergebnisse schriftlich fest.
b) Informiert euch gegenseitig in der Gruppe und arbeitet heraus, wo sich in den Berichten Hinweise auf ein lebenslanges Lernen ergeben haben.

○ 1, 2 ◒ 3, 4 ● 5, 6

Männerjobs und Frauenberufe?

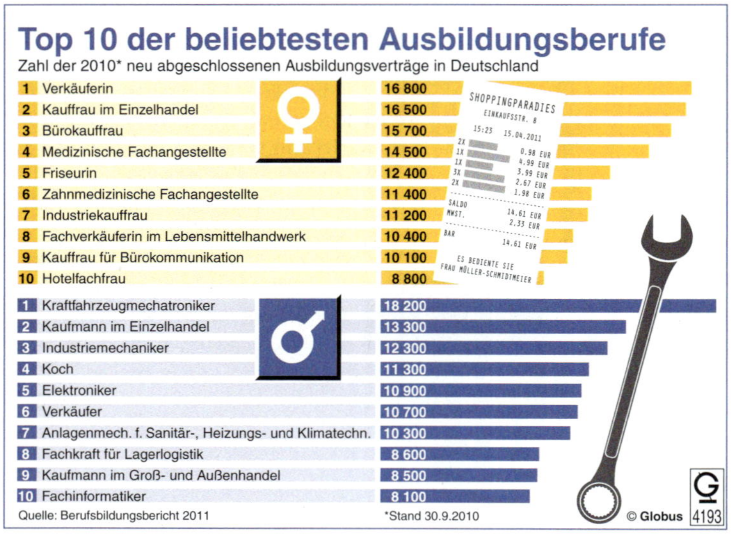

1 Berufswahlentscheidung von Jungen und Mädchen

Ausbildungsstellen werden heute zugleich für männliche und weibliche Bewerberinnen und Bewerber ausgeschrieben. Denn wer sich gut für einen Beruf eignet, hängt nicht vom Geschlecht ab, sondern vielmehr von den Interessen und Fähigkeiten. Trotzdem wählen Mädchen meistens eine Ausbildung in klassischen Frauenberufen, Jungen wählen typische Männerberufe 1.

Geht es auch anders?

Immer mehr Jugendliche orientieren sich nicht mehr an „typisch männlich" oder „typisch weiblich". Manche Betriebe versuchen zudem ganz gezielt, Mädchen für technische Berufe zu begeistern und ihr Interesse an Informatik und Technik zu wecken. Und auch Jungen, die einen Beruf im sozialen Bereich ergreifen wollen, bekommen viel Zuspruch und Unterstützung.

Starker Job
Industriemechaniker/in, Gesundheits- und Krankenpfleger/in
a54p8b

Starker Job: Industriemechaniker/in
Zuerst hat Claudia gar nicht an eine technische Ausbildung gedacht. Doch nach einem Praktikum in einem Industriebetrieb wurde ihr sofort ein Ausbildungsplatz angeboten. Die Arbeit an den Maschinen zur Herstellung von Bauteilen macht ihr besonderen Spaß. Technische Zusammenhänge versteht sie schnell und bei der Programmierung von Steuerungen macht ihr so schnell niemand was vor. Mädchen und Technik? Kein Problem!

Starker Job: Gesundheits- und Krankenpfleger/in
Leano macht eine Ausbildung in einer Klinik. Er ist immer noch überrascht, dass er dort als Junge so viel Anerkennung erhält. Der Pflegeberuf bietet sehr viel Abwechslung und fordert viel Verantwortung. Schon im ersten Lehrjahr durfte er sogar bei einer kleinen Operation assistieren. Die meiste Zeit verbringt er mit der Versorgung „seiner" Patienten. Er ist in dieser Woche zuständig für die Ausgabe von Essen und Getränken.

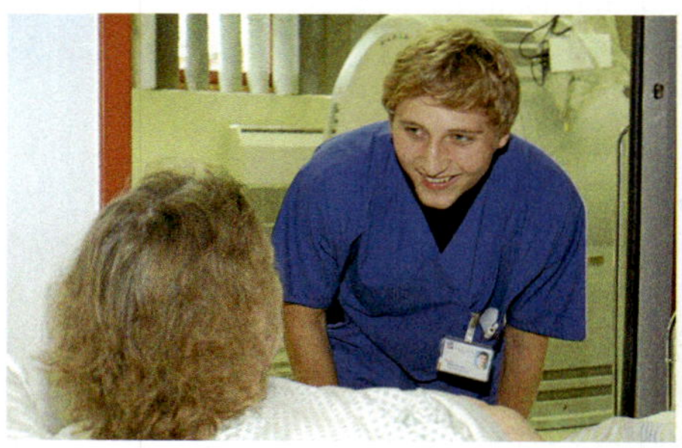

- *Bei der Wahl der Ausbildung zählt weniger das Geschlecht, vielmehr spielen die Interessen und Fähigkeiten eine Rolle.*
- *Informiere dich über alle Berufe und bewerte sie für dich.*

Der Girls'Day – Mädchen-Zukunftstag

Einmal im Jahr öffnen technische Unternehmen, Betriebe mit technischen Abteilungen und Ausbildungen, Hochschulen und Forschungszentren in ganz Deutschland ihre Türen für Schülerinnen ab der Klasse 5. Die Mädchen lernen am Girls'Day Ausbildungsberufe und Studiengänge in Technik, IT, Handwerk und Naturwissenschaften kennen, in denen Frauen bisher eher selten vertreten sind oder begegnen weiblichen Vorbildern in Führungspositionen aus Wirtschaft oder Politik.

Und die Jungen?

Für Jungen findet parallel zum Girls'Day der Boys'Day – Jungen-Zukunftstag statt. Bundesweit laden Einrichtungen, Organisationen, Schulen und Hochschulen sowie Unternehmen Schüler ab der 5. Klasse ein. Sie lernen an diesem Tag Dienstleistungsberufe z. B. in den Bereichen Erziehung, Soziales, Gesundheit und Pflege kennen sowie weitere Berufsfelder, in denen bislang wenige Männer arbeiten. Oder sie besuchen Angebote zu den Themen Lebensplanung und soziale Kompetenzen.

2 Beim bundesweiten Girls'Day und Boys'Day kannst du eigene Erfahrungen in einem für dein Geschlecht untypischen Beruf sammeln.

3 Fragwürdige Rollenzuweisung in typisch weiblichen und typisch männlichen Berufen.

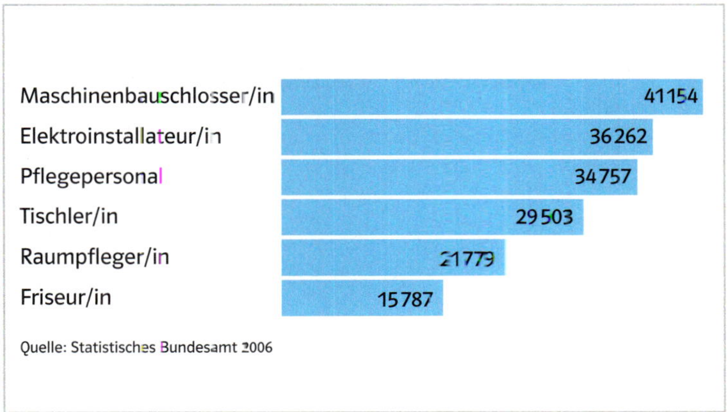

4 Durchschnittlicher Jahresverdienst (brutto) in ausgewählten Berufen

1 a) Nenne die beiden Berufsgruppen, die in der Karikatur 3 angesprochen werden.
b) Analysiere, was die Karikatur 3 über schwere körperliche Arbeit in den beiden Berufsgruppen aussagt.
c) Ordne zu, welche Berufsgruppe als „typisch weiblich" bzw. „typisch männlich" angesehen wird und beurteile diese Einordnung.
d) Nennt weitere Vorurteile bezüglich Männer- und Frauenarbeit und nehmt dazu Stellung.

2 Analysiere die Abbildung 4:
a) Welche Berufe sind „typisch männliche", welche „typisch weibliche" Berufe?
b) Untersuche die geschlechterspezifischen Verdienstmöglichkeiten und fasse die Ergebnisse in einer Gesamtaussage zusammen.
c) Nimm Stellung zu deinen Untersuchungsergebnissen.

3 a) Recherchiere, welche Interessen und Fähigkeiten bei den „Starken Jobs" eine Rolle spielen
b) Überprüfe, ob die Berufe für dich in Frage kommen könnten.

4 a) Recherchiert, wann der nächste Girls' bzw. Boys' Day 2 stattfindet.
b) Findet heraus, welche Angebote es in eurer Nähe gibt, Berufe kennen zu lernen, die nicht „typisch Mädchen" oder „typisch Junge" sind. Erstellt ein Infoplakat für eure Mitschülerinnen und Mitschüler.

Beratung – Hilfen zur Berufswahl

Schulische Angebote:
- Schülerfirma „Herstellen und Vermarkten"
- AGs. Energie, Tontechnik, Lichttechnik, Theater
- Praxisklasse
- Langzeitpraktika
- Beratung durch Klassenlehrer/innen, Beratungslehrer/innen, Fachlehrer/innen

Unterstützung durch die Partnerbetriebe:
- Betriebserkundungen
- Bewerbungstrainings
- Azubis on Tour (Auszubildende beraten Schüler)
- Bereitstellen von Praktikumsplätzen (auch für Langzeitpraktika)

Angebote der Ausbildungscoaches:
Beratung bei der Zukunftsplanung

Unterstützung durch:
- IHK, Handwerkskammern
- Agentur für Arbeit

1 Gut vernetzt: Berufsorientierung an der Martin Niemöller-Gesamtschule Bielefeld

Schulen und Unternehmen – gemeinsam stark!
Viele Schulen arbeiten heute intensiv mit Unternehmen in ihrer Umgebung zusammen. Bei einer solchen Kooperation können beide Seiten gewinnen: Die Schule kann Informationsangebote nutzen, die gute Einblicke in Betriebe und die Ausbildung bieten. Die Betriebe können mit Schülerinnen und Schülern rechnen, die auf die Arbeits- und Berufswelt gut vorbereitet sind und frühzeitig qualifizierten Nachwuchs finden. Beispiele für Maßnahmen sind:
- Die Unternehmen stellen im Unterricht mögliche Ausbildungsberufe vor.
- Schule und Betrieb organisieren Azubi-Schüler-Treffen, in denen Auszubildende über ihre Erfahrungen und Tätigkeiten während der Ausbildung berichten.
- Unternehmen organisieren Bewerbungstrainings.
- Schule und Unternehmen führen gemeinsam Unterrichtsprojekte durch, bei denen typische Aufgaben aus dem Arbeitsalltag bearbeitet werden.

2 Kooperation hilft Schulen und Unternehmen.

Links
Ausbildungsberater finden
v73gp6

Kooperation: Zusammenarbeit

Wenn du ein Problem hast oder vor einer wichtigen Entscheidung stehst, liegt es nahe, andere Menschen um Rat zu fragen. Das können Personen in deiner Familie, deinem Freundeskreis oder in Institutionen sein. Im Fall deiner Berufswahlentscheidung stehen dir hierfür zahlreiche **Kooperationspartner** 1 innerhalb und außerhalb der Schule zur Verfügung.

Unterstützung durch Beratung

Eine gute Beratung hilft dir,
- einen Überblick über das Angebot an Berufen und Ausbildungsplätzen zu bekommen,
- deine Wünsche mit den tatsächlichen Bedingungen in der Praxis zu vergleichen,
- dich für einen Ausbildungsberuf zu entscheiden,
- dich um einen Ausbildungsplatz zu bewerben.

Eltern als Berater?

Deine Eltern sind sicher keine professionellen Berufsberater. Sie kennen dich aber besser als jede andere Person und können deine Stärken und Schwächen gut einschätzen. Deshalb sind ihre Meinung und ihr Rat hilfreich, wenn es um die Wahl deines Berufes geht. Vielleicht beurteilen sie deine Vorstellungen anders als du es erwartest. Natürlich kannst du auch andere Personen, denen du vertraust, um Rat bitten.

Eine Beratung ist jedoch noch keine Entscheidung – die triffst du am Ende selbst!

- *Zahlreiche Partner innerhalb und außerhalb der Schule können dich durch ihre Informations- und Beratungsangebote unterstützen.*
- *Wenn du die Angebote nutzen willst, bemühe dich um Kontakte für Beratungen.*

3 Lernen in der Ausbildungswerkstatt: Wahlpflichtangebot der Hakemicke Hauptschule Olpe

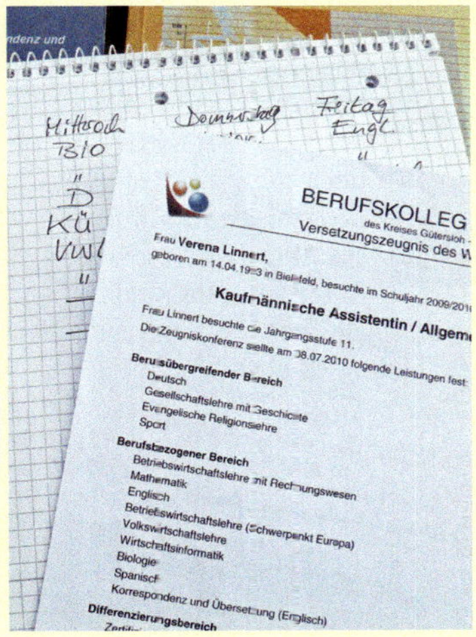

Beratung
Wir helfen Ihnen, wenn Sie sich über die verschiedenen Bildungsgänge unserer Schule informieren wollen, wenn Sie Hilfe beim Übergang von der Schule in den Beruf suchen, wenn Sie Beratung bei Schwierigkeiten in der Berufsausbildung oder Beratung in besonderen Lebenssituationen wünschen.
Wir sind da für Schülerinnen und Schüler, Eltern, Kolleginnen und Kollegen, Ausbilderinnen und Ausbilder in Betrieben.
Quelle: berufskolleg-leverkusen.de, Abrufdatum 10.06.2011

4 Beratungsangebot des Berufskollegs in Leverkusen

Außerschulische Partner

Bei den **Industrie- und Handelskammern** sowie den **Handwerkskammern** arbeiten Ausbildungsberater, die Informationen über Ausbildungsmöglichkeiten und Betriebe in deiner Region geben können.

Auch viele **Berufskollegs** bieten Beratung an 4. Die Berufsberaterinnen und Berufsberater der **Bundesagentur für Arbeit** kennen sich nicht nur mit Ausbildungsberufen aus, sondern auch mit weiterführenden Schulen (z. B. Berufsfachschulen) oder anderen Qualifizierungsmaßnahmen.

1 **a)** Erkundigt euch, welche Beratungsmöglichkeiten an eurer Schule angeboten werden, und erstellt ein Infoblatt.
b) Recherchiert, welche Betriebe eure Schule als Kooperationspartner 2 hat und stellt die jeweiligen Angebote in einer Tabelle dar.
c) Sucht weitere Beratungsangebote außerhalb der Schule 1, die ihr bisher noch nicht erfasst habt. Ermittelt arbeitsteilig, welche Angebote sie bereitstellen, und notiert die Kontaktadressen.
d) Gestaltet eine Wandzeitung zum Thema „Berufsberatungsangebote in meiner Nähe".

2 **a)** Beurteile, welche der ermittelten Beratungsangebote für dich persönlich in Frage kommen.
b) Lege eine Rangfolge fest, in der du die Angebote nutzen möchtest, und nimm Kontakt zu den Beratern auf.

3 Wenn du ein Beratungsangebot genutzt hast: Verfasse ein Kurzreferat und stelle es der Klasse vor.

4 Benennt Angebote, die ihr euch von einem Kooperationsbetrieb wünscht (z. B. 2, 3).

5 **a)** Organisiert eine Expertenbefragung (Methode siehe S. 112) zu den Berufserfahrungen von Eltern und älteren Geschwistern.
b) Stellt die wichtigsten Ergebnisse in einer Form eurer Wahl dar.

Ein Praktikum vorbereiten

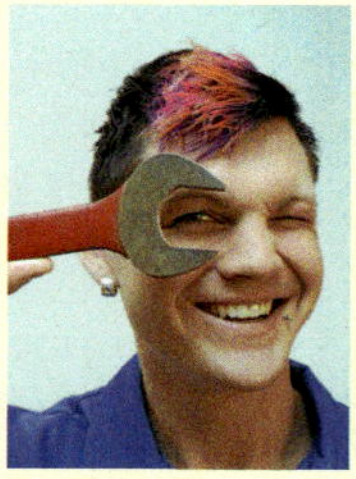

„Durch mein Praktikum habe ich einen Ausbildungsplatz gefunden, denn ich konnte zeigen, was ich drauf habe. Ich habe feststellen können, dass mir der Beruf liegt. Die Mitarbeiterinnen und Mitarbeiter im Betrieb konnten mich kennenlernen. Der Chef hat mir dann einen Ausbildungsplatz angeboten.

1 Ein Praktikum erhöht die Chancen auf einen Ausbildungsplatz.

2 Du kannst ein Praktikum nutzen, um als Mädchen einen „typischen Männerberuf" oder als Junge einen „typischen Frauenberuf" auszuprobieren.

Bei einem Praktikum arbeitest du ganz praktisch in einem Betrieb mit. Es ermöglicht dir einen praxisnahen Einblick in die Anforderungen, die Tätigkeiten und die Besonderheiten eines Berufes. Durch deine mehrwöchige Anwesenheit lernst du die Menschen, die Zusammenhänge und die Arbeitsabläufe in einem Betrieb kennen. Und du hast Gelegenheit, deine Kompetenzen in der Praxis zu erproben und zu verbessern.

Wann mache ich ein Praktikum?

Im Lauf deines 9. oder 10. Schuljahres ist ein zwei- bis dreiwöchiges Betriebspraktikum Pflicht. Deine Schule kann zuvor auch ein weiteres Praktikum mit der Dauer von einer Woche bis zu drei Wochen anbieten **3**. Informiere dich rechtzeitig über den Termin für deine Schule und Klasse.

Wochen	Zusätzliches Betriebspraktikum	Verbindliches Betriebspraktikum
3		
2		
1		
	7./8. Schuljahr	9./10. Schuljahr

3 Betriebspraktika sind wichtige Bausteine deiner Berufsorientierung

Mache möglichst ein Praktikum in einem Betrieb, der auch ausbildet. Achte darauf, dass die Betriebe in einer erreichbaren Entfernung von deinem Wohnort liegen, sodass du zum Praktikumsplatz hin- und wieder zurückkommen kannst.

1 a) Begründe, warum ein Betriebspraktikum sinnvoll ist.
b) Nenne die Gründe, die dir persönlich am wichtigsten sind.
c) Nenne Kompetenzen, die du im Praktikum erproben oder erwerben könntest.
d) Vergleicht die Ergebnisse von 1a, 1b und 1c und erklärt die Unterschiede in euren Antworten.

2 Findet für jeden von euch mindestens zwei Betriebe in eurer Nähe, die ein Praktikum in eurem Wunschberuf oder einem Alternativberuf anbieten.

- *Ein Praktikum vermittelt praxisnahe Erfahrungen in einem ausgewählten Beruf.*
- *Durch ein Praktikum kannst du herausfinden, ob ein Beruf zu dir passt.*
- *Ein Praktikum hilft dir, einen Ausbildungsplatz zu finden.*

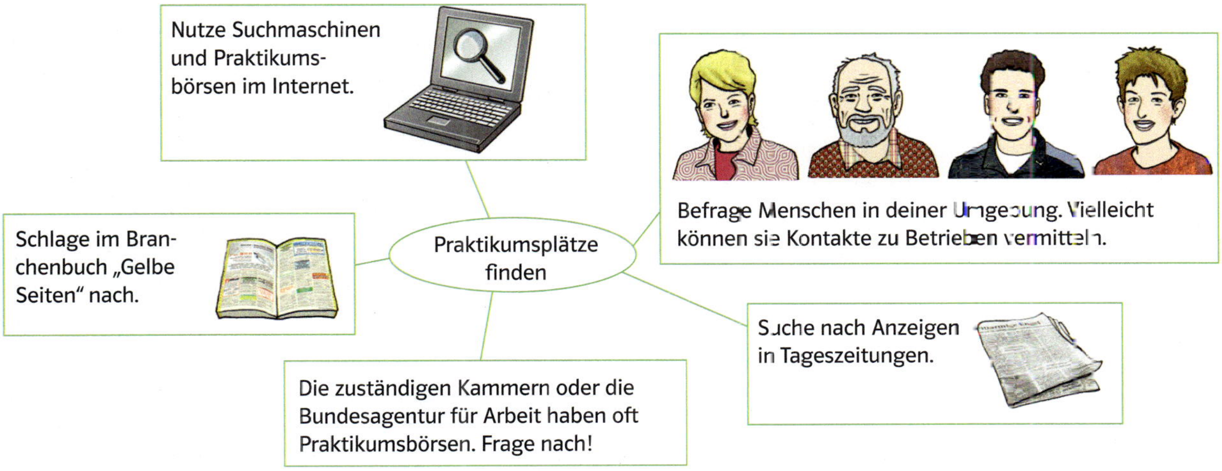

4 Möglichkeiten für die Suche nach Praktikumsplätzen

Betriebe finden

Die Suche nach Praktikumsplätzen wird an den verschiedenen Schulen unterschiedlich organisiert. Manche Schulen besitzen eine Liste mit Betrieben, die Praktika für Schüler anbieten. Bist du bei der Suche nach Betrieben für dein Praktikum auf dich allein gestellt, hast du verschiedene Möglichkeiten, Betriebe zu finden 4.

Kein Praktikum im Wunschberuf?

Selbst wenn du kein Praktikum in deinem Wunschberuf erhältst, kannst du viele wertvolle Erfahrungen machen. Manche Berufe sind viel interessanter und vielseitiger, als du dir sie vorgestellt hast. Außerdem ist es auch ein Vorteil, zu wissen, was dir nicht so liegt. Dann kannst du besser bestimmen, was richtig für dich ist.

Vorbereitungen treffen

Viele Unternehmen möchten eine schriftliche **Bewerbung** von ihren zukünftigen Praktikanten haben. Aus dem Anschreiben muss hervorgehen, wer du bist, wann du das Praktikum machen möchtest und warum du denkst, dass du dafür geeignet bist. Versuche so viele Informationen wie möglich über den Beruf und den Betrieb herauszufinden. Die Fragen 5 helfen dir.

Bewerbungen: siehe S. 190

Wer sind meine Betreuer/innen in der Schule und im Betrieb?
Was wird in dem Betrieb hergestellt/Welche Dienstleistungen werden angeboten?
Wer sind die Kunden des Betriebs?
Was erwarte ich von meinem Praktikum?
Was erwartet der Praktikumsbetrieb von mir?

5 Fragen zur Praktikumsvorbereitung

3 Verfasse ein Bewerbungsschreiben an einen Betrieb deiner Wahl.
Anschreiben 7ef5gx

4 Erstelle einen Steckbrief über deinen Praktikumsberuf und den Betrieb, in dem du dein Praktikum absolvieren wirst.

5 **a)** Es kann vorkommen, dass ihr keinen Praktikumsplatz in eurem Wunschberuf bekommt. Nennt Gründe, warum das Praktikum dennoch hilfreich sein kann.
b) Präsentiert der Klasse eure Ergebnisse auf einem DIN-A-3 Plakat.

6 Formuliere deine Erwartungen an dein Praktikum.

7 **a)** Findet weitere Fragen wie in Abbildung 5, die zur Vorbereitung des Praktikums nützlich sind (z. B. zu den Arbeitszeiten).
b) Präsentiert eure Ergebnisse.

Ein Praktikum durchführen

1 Mit „guten Karten" in ein erfolgreiches Betriebspraktikum

Ein Praktikum ist eine große Chance für dich, Berufe ganz praktisch auszuprobieren. Hier kannst du deine Kompetenzen ganz gezielt überprüfen und trainieren 3. In vielen Betrieben kannst du neben deinem Praktikumsberuf auch andere Bereiche des Unternehmens kennenlernen 4. Nutze diese Möglichkeiten, wenn sie sich bieten.

3 Kira ist etwas schüchtern und fühlt sich oft unsicher im Umgang mit Menschen. Sie möchte ihr Praktikum in einer Drogerie vor allem nutzen, um ihre Kommunikationskompetenz zu verbessern.

Betrieb statt Schule

In einem Betrieb läuft es ganz anders ab als in der Schule. Doch auch hier gibt es Regeln, die du befolgen solltest 2. Vielleicht ist die Situation für dich am Anfang sehr ungewohnt. Umgekehrt ist dein Praktikum für die Mitarbeiterinnen und Mitarbeiter im Betrieb aber häufig auch nichts Alltägliches.

Erscheine pünktlich am Arbeitsplatz.
Sei höflich und hilfsbereit.
Arbeite sorgfältig und gewissenhaft.
Beobachte und frage.
Wenn du krank bist, benachrichtige telefonisch deine Schule und den Betrieb.
Sage deine persönliche Meinung, achte aber auch die Meinung anderer.

2 Der Betrieb erwartet, dass du diese Regeln einhältst.

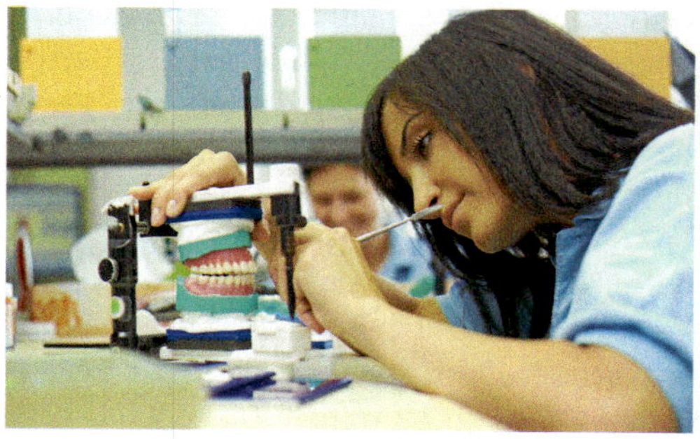

4 Bei ihrem Praktikum als Bürokauffrau in einem großen Zahnlabor darf Shirin auch andere Bereiche kennen lernen. Die Tätigkeit als Zahntechnikerin gefällt ihr sehr!

1 a) Benennt weitere Beispiele für gute Umgangsformen im Betrieb 2.
b) Bewertet die folgenden Punkte als positives bzw. negatives Beispiel für euer Verhalten im Betrieb und begründet euer Urteil:
- Aufmerksam und interessiert sein
- bei Unklarheiten häufig nachfragen
- unangenehme Tätigkeiten ablehnen
- Hinweise und Vorschriften strikt beachten
- Im Zweifel bei den Betreuern nachfragen
- Handygespräche jederzeit annehmen

2 Begründet, warum es sinnvoll ist, tägliche Berichte zu schreiben und Material zu sammeln.

3 Findet heraus, welche Kompetenzen ihr im Praktikum überprüfen bzw. trainieren wollt und welche Möglichkeiten sich dafür in euren Betrieben ergeben.

Offenheit und Zusammenarbeit sichern den Erfolg deines Praktikums.
Nutze Chancen für Einblicke und Erfahrungen in verschiedenen Bereichen.
Du kannst deine Kompetenzen in einem Praktikum prüfen und trainieren.

5 Sicherheitszeichen

Infos und Links
Sicherheitszeichen
jr7y5e

Sicherheit an erster Stelle!

Dieses Motto herrscht in jedem Betrieb, in dem Gefahren drohen. Zeichen, Aufkleber oder Schilder weisen auf Gefahren und Schutzeinrichtungen hin 5:

- **Verbotszeichen** (rot, rund) zeigen, was du auf keinen Fall tun darfst.
- **Warnzeichen** (gelb) warnen vor bestimmten Gefahren.
- **Gebotszeichen** (blau) weisen dich auf Schutzmaßnahmen hin.
- **Rettungs- und Erste-Hilfe-Zeichen** (grün) helfen dir bei einem Unfall.
- **Brandschutzzeichen** (rot, eckig) weisen auf Löscheinrichtungen hin.

Unfälle vermeiden

Informiere dich über die Sicherheitsmaßnahmen in deinem Betrieb. Die **Unfallverhütungs-Vorschriften** musst du ebenso beachten wie die Anweisungen der Mitarbeiterinnen und Mitarbeiter. Wenn doch etwas passiert ist, informiere sofort deine Betreuerin oder deinen Betreuer.

Berichte müssen sein

Um alle Einzelheiten deiner Tätigkeit im Praktikum zu erfassen, fertigst du Tages- oder Wochenberichte an. Mit ihrer Hilfe kannst du deine Arbeit dokumentieren, dein Praktikum nachbereiten und die Ergebnisse präsentieren. Die Form der Berichte kann unterschiedlich sein (z. B. ein ausformulierter Text oder eine Tabelle). Notiere in jedem Fall bei allen Arbeitsschritten Zeit, Ort, Tätigkeiten, Arbeitsmittel und den Arbeitsablauf.

Denke schon während deines Praktikums an die Auswertung und die Präsentation. Sammle hierzu Informationsmaterial über deinen Betrieb, wie Flyer, Kataloge oder Info-Broschüren. Wenn du die Erlaubnis dazu erhältst, erstelle Fotos und Videos, um deine Arbeit zu dokumentieren.

4 a) Ordne die Bedeutungen den Sicherheitszeichen 5 zu:
Allgemeines Verbotszeichen – Gehörschutz tragen – Handschuhe tragen – Rauchen verboten – Vorsicht vor elektrischer Spannung – Vorsicht vor brandfördernden Stoffen – Rettungsweg – Feuerlöscher – Durchgang verboten

b) Ordne die Abbildungen den vier Arten von Sicherheitszeichen in einer Tabelle zu.
c) Vergleicht eure Einordnungen und korrigiert, wenn nötig.

5 Im Praktikum unterliegt ihr dem Jugendarbeitsschutz. Recherchiert arbeitsteilig auf Seite 84/85 und im Internet:
a) Wie hoch darf die Arbeitszeit täglich und wöchentlich höchstens sein und welche Pausenzeiten sind vorgeschrieben?
b) Welche Arbeiten sind verboten oder eingeschränkt?
Jugendarbeitsschutz im Praktikum a8v7xf

○ 1, 2 ◐ 3, 4 ● 5

Ein Praktikum auswerten

1 Bei der Auswertung ihres Praktikums arbeiten Anne, Jan und Ina zusammen.

Deine Schule legt fest, ob und wie die Auswertung deines Praktikums in deine Leistungsbewertung eingeht. Erkundige dich danach und beachte die entsprechenden Vorgaben.

Infos und Links
Praktikumsbericht, Vorlagen
4yb6kw

In deinem Praktikum wirst du viel erleben. Damit du auch später noch weißt, was du alles gelernt hast, solltest du dein Praktikum gründlich auswerten und alle Erfahrungen ordnen und festhalten. Mit dieser Auswertung lassen sich Entscheidungen für die zukünftige Schul- oder Berufsausbildung sicherer treffen.

Dein Praktikumsbericht

In deinem Praktikumsbericht dokumentierst du den Verlauf des Praktikums, deine täglichen Tätigkeiten, den Aufbau und die Organisation des Betriebs und vieles andere mehr. In der Checkliste 2 findest du weitere Anregungen für den Inhalt.

Selbst – und Fremdeinschätzung

Durch deine Schule und deinen Praktikumsbetrieb 3 bekommst du eine Einschätzung deiner im Praktikum gezeigten Kompetenzen und Leistungen. Dies kann ein **Praktikumszeugnis** oder eine **Praktikumsbescheinigung** sein. Überprüfe, inwieweit die Beurteilung mit deiner eigenen Einschätzung übereinstimmt. Wenn sich im Vergleich Unterschiede ergeben, finde die Gründe.

Zum Schluss: Die Bewertung

Wenn du alle Informationen über dein Praktikum zusammengetragen und geordnet hast, kannst du zum Abschluss deiner Auswertung eine zusammenfassende Bewertung vornehmen 5.

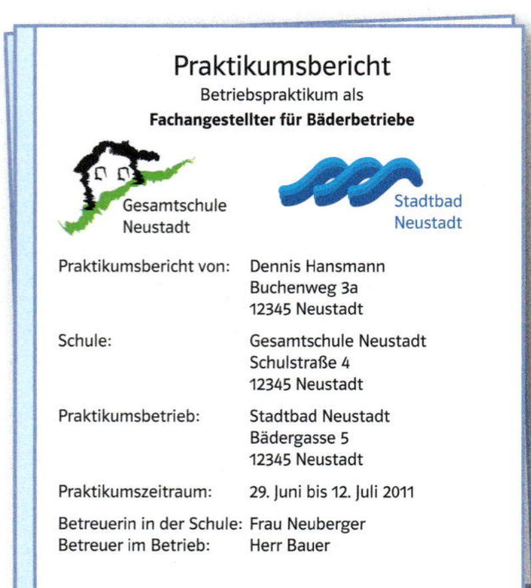
Praktikumsbericht
Betriebspraktikum als
Fachangestellter für Bäderbetriebe

Gesamtschule Neustadt
Stadtbad Neustadt

Praktikumsbericht von:	Dennis Hansmann Buchenweg 3a 12345 Neustadt
Schule:	Gesamtschule Neustadt Schulstraße 4 12345 Neustadt
Praktikumsbetrieb:	Stadtbad Neustadt Bädergasse 5 12345 Neustadt
Praktikumszeitraum:	29. Juni bis 12. Juli 2011
Betreuerin in der Schule:	Frau Neuberger
Betreuer im Betrieb:	Herr Bauer

Checkliste für deinen Praktikumsbericht
- Formales: deine persönlichen Daten, Daten des Praktikumsbetriebs und der Betreuer/innen
- Zeitplan deines Praktikums
- Bericht über den ersten Tag
- Tagesberichte über deine Tätigkeit
- Aufbau und Organisation des Betriebes
- Beschreibung der Berufe, die du kennen gelernt hast, mit ihren Anforderungen
- Erfahrungen in typischen Männer- bzw. Frauenberufen
- Vergleiche mit den „Steckbriefen" zu den Berufen aus dem „Berufenet"
- Ausbildungsmöglichkeiten im Betrieb
- Erprobung und Verbesserung von Kompetenzen (Schlüsselqualifikationen)
- Abschließende Bewertung
- Anlagen: Broschüren, Flyer, Prospekte, Arbeitsblätter, eigene Fotos usw.

2 Mögliche Inhalte des Praktikumsberichts

- *Ein ausführlicher Praktikumsbericht ist die Grundlage deiner Auswertung.*
- *Im Vergleich von Selbst- und Fremdeinschätzung findest du wichtige Ergebnisse.*
- *Die Ergebnisse der Auswertung helfen dir bei zukünftigen Entscheidungen.*

3 Florian hat ein Praktikum in einer Maschinenfabrik gemacht. Am Ende führt er ein Gespräch mit seinem Praktikumsbetreuer und erfährt, wie sein Verhalten und seine Leistungen während des Praktikums durch den Betrieb bewertet werden.

5 Beispiele für Fragen zur abschließenden Bewertung

1. Mit den anderen Mitarbeiterinnen und Mitarbeitern habe ich …
- ☐ immer gut zusammengearbeitet
- ☐ meistens gut zusammengearbeitet
- ☐ wenig zusammengearbeitet
- ☐ kaum Kontakt gehabt.

2. Wenn es mit anderen Mitarbeiterinnen und Mitarbeitern Konflikte gab, dann konnte ich sie
- ☐ immer lösen
- ☐ zum Teil lösen
- ☐ gar nicht lösen
- ☐ es gab keine Konflikte

4 Beispiele für Fragen in einem Selbsteinschätzungsbogen

1 Untersucht die Checkliste **2**:
a) Benennt Punkte, die unverzichtbar sind und welche in eurem Fall wegfallen können.
b) Ergänzt die Checkliste um weitere Punkte.

2 a) Entwirf ein Inhaltsverzeichnis für deinen Praktikumsbericht.
b) Vergleicht eure Entwürfe und einigt euch auf eine Struktur.

3 a) Beschreibt, in welchen Formen die Fremdeinschätzungen durch den Betrieb und die Schule erfolgen können.
b) Entwickelt einen Selbsteinschätzungs-Bogen **4**, der euch hilft, die Fremdeinschätzungen mit eurer eigenen Beurteilung zu vergleichen.

4 Findet noch weitere Fragen zur abschließenden Bewertung **5** und beantwortet sie.

Ergebnisse präsentieren

1 Einige Schulen veranstalten „Praktikumstage“, an denen die Schülerinnen und Schüler ihre Praktika präsentieren können.

Gliederung
1 Mein Praktikumsbetrieb
1.1 Anschrift
1.2 Aufbau und Organisation
1.3 Produkte
2 Mein Arbeitsplatz
2.1 Lage im Betrieb
2.2 Beschreibung der Räume und Einrichtungen
2.3 Tätigkeiten
...

2 Beispiel für eine Gliederung des Hauptteils

Eure Eltern interessieren sich sicher für eure Praktikumserfahrungen. Überlegt gemeinsam in der Klasse, wie ihr sie als Publikum für eure Präsentationen gewinnen könnt.

Die Auswertung eures Praktikums hat viel Mühe gekostet. Wenn ihr eure Ergebnisse präsentiert, haben auch andere etwas davon. Ihr vermittelt, was ihr selbst erfahren habt. Umgekehrt könnt ihr aus den Präsentationen der anderen wertvolle Informationen gewinnen.

1. Schritt: Material sammeln
Stelle alle Materialien (Notizen, Berichte, Prospekte, Fotos ...) zusammen, die für eine Verwendung in deiner Präsentation in Frage kommen. Notiere in einer Liste oder Mind-Map spontan, was in deiner Präsentation vorkommen könnte.

2. Schritt: Informationen gliedern
Wähle für den **Hauptteil** deiner Präsentation aus deiner Materialsammlung die interessantesten Punkte aus. Stelle sie in eine sinnvolle Reihenfolge. Unterteile sie in Hauptpunkte, die du wiederum in Unterpunkte gliederst **2**. Denke dir eine **Einleitung** aus, die kurz erklärt, was du mit deiner Präsentation beabsichtigst, und einen **Schluss**, in dem du deine Ergebnisse zusammenfasst.

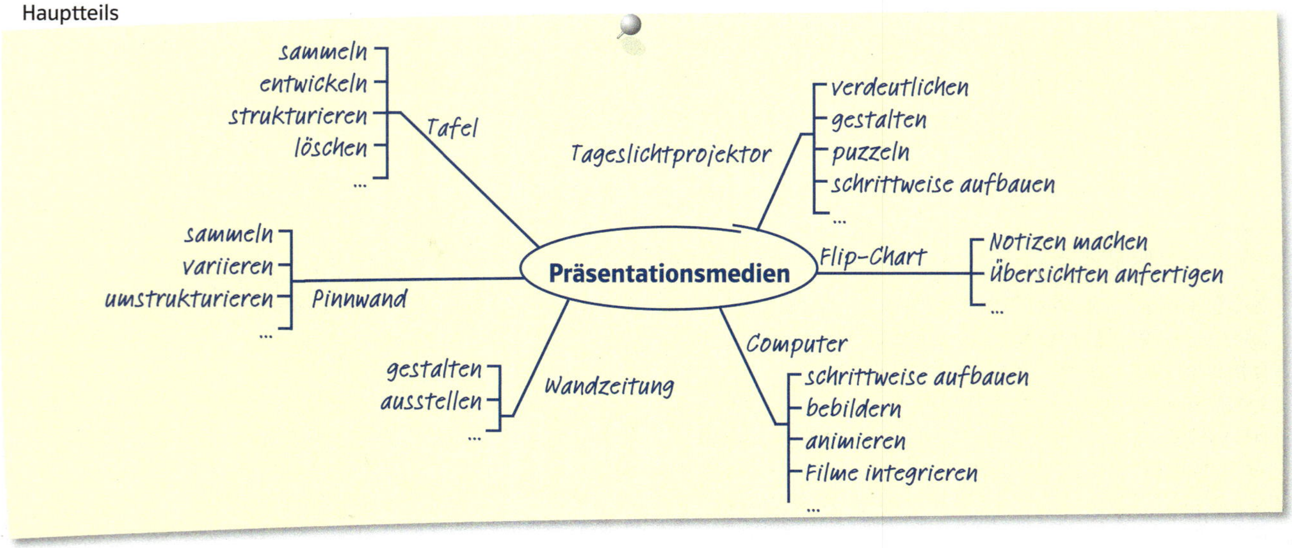

3 Medien zur Gestaltung einer Präsentation

3. Schritt: Präsentation mediengerecht ausarbeiten und gestalten
Suche dir passende Präsentationsmedien 3 und gestalte damit deinen Vortrag. Formuliere die Texte zu den Unterpunkten in deiner Gliederung und suche anschauliche Materialien heraus (Gegenstände, Fotos, Arbeitsblätter, …).

4. Schritt: Präsentation vorbereiten
Schreibe dir Stichworte zu deinem mündlichen Vortrag auf. Mit diesem „Redemanuskript“ als Gedächtnisstütze kannst du frei sprechen. Benutze die Gliederung als „roten Faden“. Stelle einige Zeit vor deiner Präsentation alle Materialien und Medien bereit, die du brauchst, und mache eine „Generalprobe“. Achte während des Probens auf die Zeit und besondere Probleme, die noch abgestellt werden müssen.

5. Schritt: Präsentation durchführen
Achte auf ein gepflegtes Outfit. Beginne mit der Einleitung, gib dann die Informationen aus dem Hauptteil wieder und ende mit der Zusammenfassung.
- Sprich laut und deutlich.
- Sprich nicht zu schnell und nicht zu langsam.
- Halte Blickkontakt zum Publikum.
- Nimm Bezug auf Bilder und Gegenstände.
- Benutze nur Wörter, die du erklären kannst.

Material sammeln und ordnen

↓

Gliederung erstellen
- Reihenfolge der Hauptpunkte festlegen
- Unterpunkte auflisten
- Einleitung und Schluss überlegen

↓

Ausarbeitung und Gestaltung
- Texte zu Unterpunkten formulieren
- Passende Materialien zuordnen
- Inhalte mediengerecht aufbereiten

↓

Präsentation vorbereiten
- Redemanuskript erstellen
- Medien und Materialien bereitstellen
- Vortrag proben

↓

Präsentation durchführen
- Einleitung
- Hauptteil
- Schluss

4 Ablaufschema

1 **a)** Besprecht, in welcher Form eure einzelnen Präsentationen in einer Veranstaltung (z. B. auf einem Elternabend oder bei einem Tag der offenen Tür) zusammengetragen werden können.
b) Einigt euch, in welcher Form die Eltern einbezogen werden können.

2 **a)** Formuliert einen Einladungsbrief an alle Eltern eurer Klasse
• Legt einen Termin weit genug im Voraus fest.
• Beschreibt euer Vorhaben.
• Gebt Hinweise auf besonders interessante Präsentationen.
• Gestaltet den Brief mit Schrift, Grafik und Abbildungen einladend.
b) Vergleicht die Gruppenarbeitsergebnisse und wählt einen Vorschlag aus.

3 Stellt die Vor- und Nachteile der folgenden Präsentationsmedien gegenüber:
- PowerPoint-Darstellung
- Wandzeitung

○ 1 ◐ 2, 3

Welcher Beruf passt zu mir?

Arbeitsblatt
Kreuzworträtselvorlage
z8i2hf

Bogen zur Selbsteinschätzung
4t9y9h

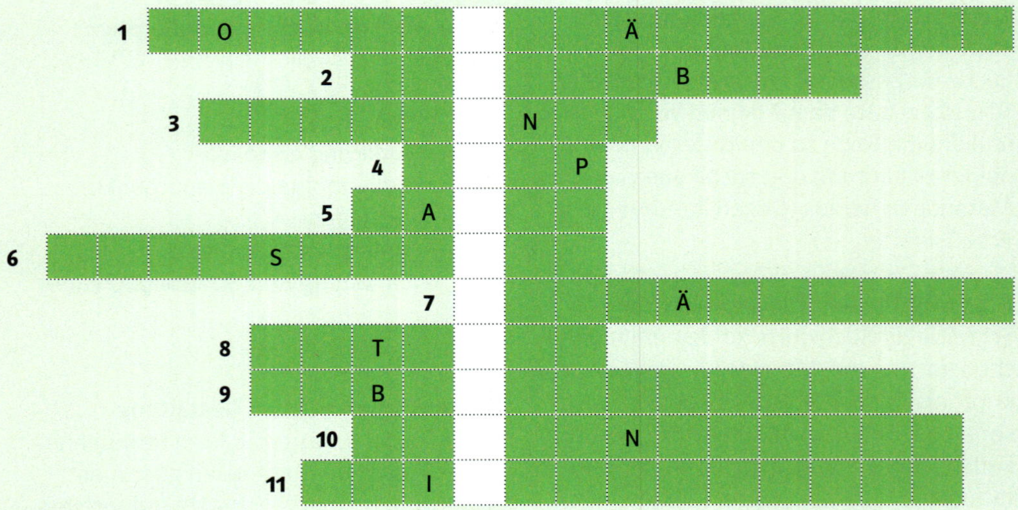

1 Kreuzworträtsel

1 Übertrage das Kreuzworträtsel in dein Heft oder lade dir die Vorlage herunter. Die weißen Kästen ergeben das Lösungswort.

1 … ist eine wichtige Sozialkompetenz.
2 Jeder Beruf hat sein eigenes …, das mit den W-Fragen untersucht werden kann.
3 Dieses Internetangebot der Agentur für Arbeit ist eine wichtige Informationsquelle bei der Recherche über Berufe.
4 In einem Berufsorientierungs-… kannst du deine Teamfähigkeit üben.
5 Menschen haben unterschiedliche Wertvorstellungen. Für viele ist der Schutz und die Erhaltung der … wichtig.
6 Der technische … verändert die Berufe.
7 … ist der Ausbildungsberuf für Mädchen, der am häufigsten begonnen wird.
8 Die Kooperation deiner Schule mit einem … hilft bei der Berufsorientierung
9 … sind blaue Sicherheitszeichen, die dich auf Schutzmaßnahmen hinweisen.
10 Mit der … deiner Ergebnisse schließt du dein Betriebspraktikum ab.
11 Dadurch bleibst du auch bei Veränderungen im Beruf immer auf dem neuesten Stand.

Lösung: Eine Kompetenz, die nicht nur im Beruf nützlich ist: …

2 In den Zeilen sind Silben von wichtigen Informationsquellen und Beratungsangeboten für deine Berufsorientierung versteckt. Finde sie heraus und setze sie in der richtigen Reihenfolge zusammen.

a) Lan – Kle – net – ger – ter – lich – men – In – gen – fre
b) be – ent – Haus – Be – se – ma – den – trie – ner
c) ti – Al – kum – kal – prak – Be – Ge – trab – triebs – pre
d) re– trum – Be – zahl – ti – in – ma – an – ons – zen – for –rufs
e) mer – werks – haupt – In – dus – Hand – ver – kam – re – aus
f) Schla – rufs – Ver – Be – leg – ler – lehr – kol – haus

3 Ordne die Stichworte auf den gelben Karten den blauen Überschriften zu 2. Finde eine passende Anordnung dafür und schreibe sie auf.

4 Nimm Stellung zu dieser Aussage: „Der Beruf „Baugeräteführer/in" ist ein typischer Männerberuf."

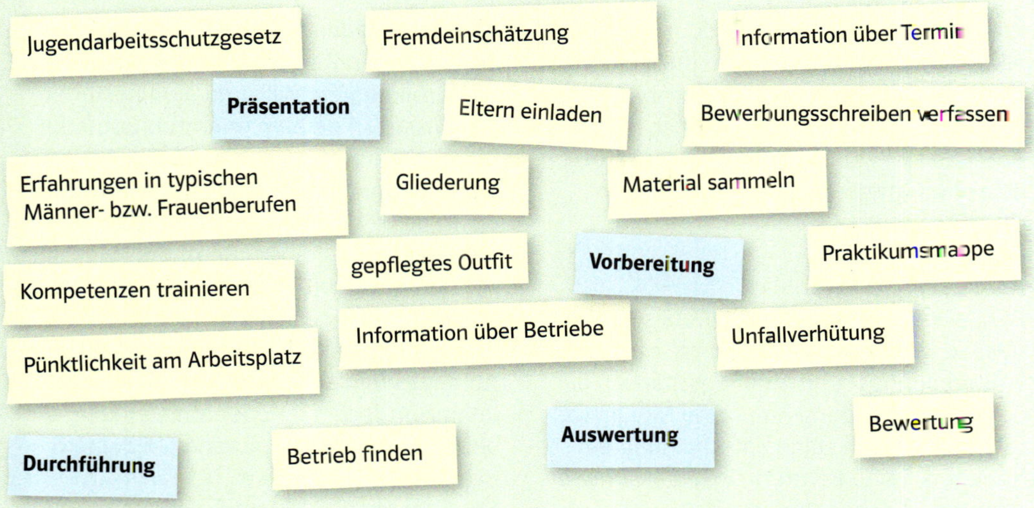

2 Stichworte zum Betriebspraktikum

5 a) Beantworte die W-Fragen für das Berufsbild „Bürokaufmann/-frau“.
b) Nenne die Schlüsselkompetenzen, auf die es in diesem Beruf ankommt.
c) Liste die fachlichen Kompetenzen auf, die der Beruf erfordert.
d) Stelle die Ergebnisse von 5a bis 5c in einer Mind-Map oder in einer Tabelle dar.

6 Führt die Aufgaben 5a bis 5c für einen Beruf eurer Wahl durch. Präsentiert eure Ergebnisse mit einem Präsentationsmedium eurer Wahl.

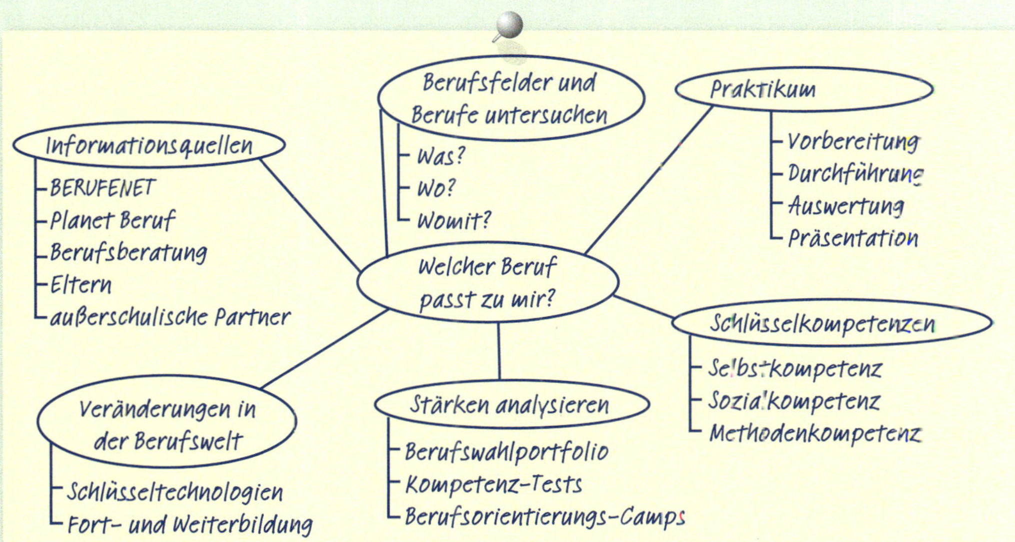

3 Diese Begriffe solltest du kennen.

Ausbildung – und dann?

Während einer Berufsausbildung lernst du alles, was du für die Arbeit in diesem Beruf wissen musst. Doch nach der Ausbildung ist noch lange nicht Schluss: Meister, Fachwirt, Betriebswirt – auch ohne Studium kannst du es im Betrieb in die „oberen Etagen" schaffen.

Berufswahl mit Weitblick

Felix will es wissen: Bei der Wahl seines Ausbildungsberufes interessiert ihn, welche Weiterbildungs- und Aufstiegschancen er nach der Ausbildung hat. Diese Möglichkeiten möchte er in seine Entscheidung einbeziehen. Seine Beraterin von der Bundesagentur für Arbeit gibt ihm Auskunft.

Anpassung oder Aufstieg?

Es gibt zwei unterschiedliche Arten von Weiterbildungen: Willst du dein bestehendes Wissen in deinem erlernten Beruf auffrischen, kannst du eine **Anpassungsweiterbildung** machen. Dies ist sinnvoll, wenn du dich z. B. wegen technischer Veränderungen in deinem Beruf oder Betrieb auf den neuesten Stand bringen möchtest Möchtest du einen „höherwertigen" Berufsabschluss erreichen, machst du eine **Aufstiegsweiterbildung**. Eine Weiterbildung zum Techniker oder Meister kann dir beispielsweise einen Aufstieg in deinem Betrieb ermöglichen (1, 3). Auch ein **Studium** kann zu einem Aufstieg führen 4.

optional: wahlweise

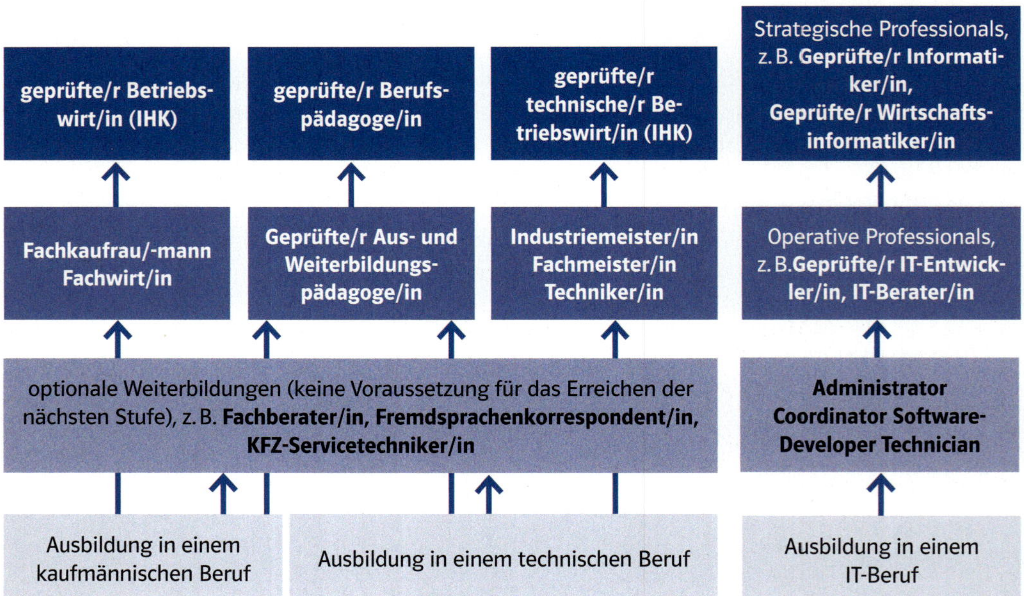

1 Aus- und Weiterbildungssystem der Industrie- und Handelskammern (IHK)

1 a) Erkläre den Unterschied zwischen Anpassungs- und Aufstiegsweiterbildungen.
b) Begründe, warum Weiterbildungen schon bei der Berufswahl eine Rolle spielen können.
c) Recherchiere, welche Weiterbildungsmöglichkeiten es in deinem Wunschberuf gibt. Liste sie wie in 4 getrennt nach den beiden Weiterbildungsarten auf.
Weiterbildungen xt9g32

2 a) Richtig oder falsch (1, 3)? Ordne zu und berichtige falsche Aussagen.
- Nach einer Ausbildung im Handwerk kann man Ausbilder werden.
- Als IT-Entwickler kann man

- *Weiterbildung nach der Berufsausbildung kann zu beruflichem Aufstieg führen.*
- *Handwerkskammern, Industrie- und Handelskammern sowie Universitäten stellen ein vielfältiges Angebot zur Verfügung.*

2 Wer einen Meistertitel hat, ist „Meister seines Fachs".

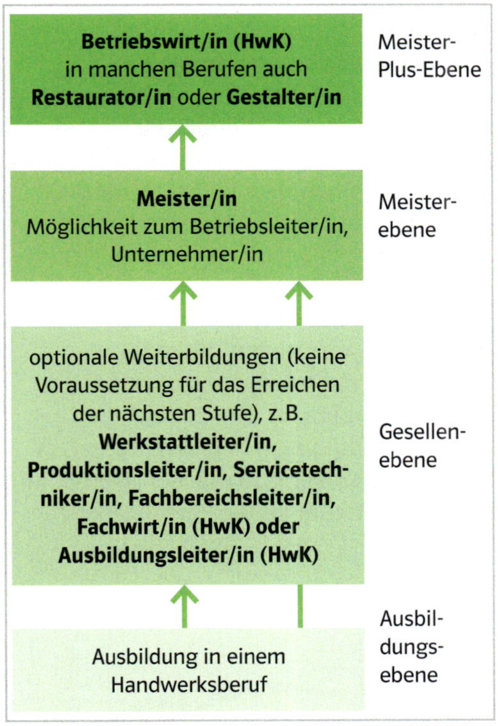

3 Aus- und Weiterbildungssystem der Handwerkskammern (HwK)

Fachkraft für Veranstaltungstechnik

Anpassungsweiterbildungen (Auswahl)
Qualifizierungslehrgänge in den Bereichen
- Elektrotechnik - Fachfortbildung
- Rundfunk- und Fernsehtechnik, Videotechnik Tontechnik
- Arbeitssicherheit, Arbeitsschutz

Aufstiegsweiterbildungen (Auswahl)
- Meister/in für Veranstaltungstechnik
- Betriebswirt/in (Fachschule) für Event-Management
- Technische/r Fachwirt/in
- Geprüfte/r Requisiteur/in
- Ausbilder/in für anerkannte Ausbildungsberufe

Hochschulbildungsgänge (Studiengänge):
- Ingenieur/in für Veranstaltungstechnik
- Bühnen- und Kostümbildner/in

4 Weiterbildungsmöglichkeiten für den Beruf „Fachkraft für Veranstaltungstechnik".

Starker Job
Fachkraft für Veranstaltungstechnik
d3we5a

geprüfter Berufspädagoge werden.
– Nach einer Ausbildung in der Industrie kann man Servicetechniker werden.
– Als Werkstattleiter kann man Ingenieur werden.

b) Vergleicht eure Antworten.
c) Stellt euch gegenseitig weitere Fragen zu den Abbildungen.

3 Roland besucht abends eine Meisterschule. Die Ausbildung kostet ihn 7000 Euro und er muss zwei Jahre lang an zwei Abenden in der Woche und samstags ganztägig zur Schule. Erörtere, ob es sich für ihn trotzdem lohnt, diese Weiterbildung zu machen.

Chancen durch Vielfalt

1 Kulturelle Vielfalt in der 9a.

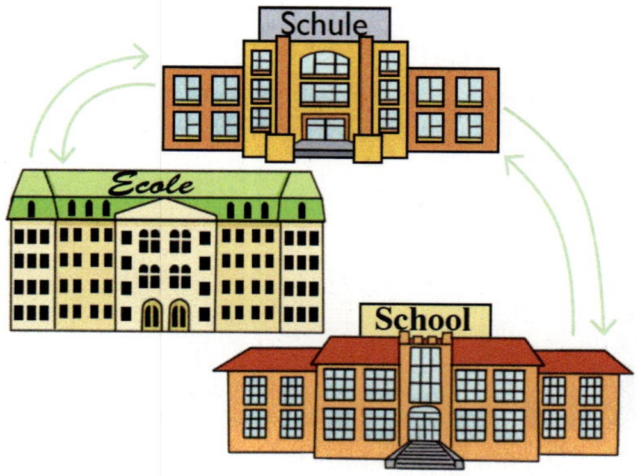

2 Beim Schüleraustausch lernst du Schülerinnen und Schüler aus deiner Partnerschule kennen

In fast jeder Schulklasse begegnen sich Schülerinnen und Schüler mit deutscher und ausländischer Herkunft 1. Oft sind die anderen Lebensgewohnheiten, Wertvorstellungen und Religionen bereichernd.

Interkulturelle Kompetenz

Die meisten Unternehmen haben heute Kontakte mit Firmen in anderen Ländern – egal ob sie Rohstoffe im Ausland kaufen oder ihre eigenen Güter dort anbieten. Die internationale Zusammenarbeit erfordert von allen Menschen auch im Berufsleben Offenheit und Toleranz gegenüber anderen Wertvorstellungen, Lebensweisen, Kulturen und Religionen. Diese interkulturelle Kompetenz ist deshalb eine wichtige **Schlüsselqualifikation**.

Auslandserfahrungen sammeln

Immer mehr Schulen bieten ihren Schülerinnen und Schülern die Möglichkeit, ins Ausland zu gehen:

- Viele Schulen haben **Partnerschaften** mit Schulen im Ausland und organisieren einen mehrtägigen Schüleraustausch 2.
- Bei **Comenius-Projekten** arbeiten mehrere Schulen aus unterschiedlichen Ländern gemeinsam an einem Projekt 3.
- Manche Schulen sind **zertifizierte Europaschulen** 4.
- Statt ein Praktikum in einem Betrieb in deiner Umgebung zu machen, kannst du dein **Praktikum im Ausland** absolvieren.

Infos
Auslandserfahrungen sammeln
s7g34g

GD Bildung und Kultur
Programm für lebenslanges Lernen

3 Typische Comenius-Projekte sind gemeinsame Ausstellungen, Filme, Theaterstücke oder Zeitungen.

EUROPASCHULE
in Nordrhein-Westfalen

4 Europaschulen legen besonderen Wert auf Fremdsprachen, Austauschprogramme und die Auseinandersetzung mit europäischen Inhalten im Unterricht.

- *Interkulturelle Kompetenz ist eine Schlüsselkompetenz in der Arbeitswelt.*
- *Unternehmen und ihre Beschäftigten profitieren von den unterschiedlichen Sichtweisen, die durch Vielfalt entstehen.*

Vielfalt bringt Offenheit

Wenn unterschiedliche Menschen ohne gegenseitige Vorurteile miteinander arbeiten, können sie bessere Arbeitsergebnisse erzielen. Durch die Vielfalt der unterschiedlichen Denk- und Handlungsweisen entstehen mehr Ideen und Lösungsansätze. Die gegenseitige Anerkennung und Wertschätzung führt außerdem zu einem guten Betriebsklima. Dies gilt nicht nur in Bezug auf die Herkunft 5, sondern auch auf das Alter, das Geschlecht oder die Integration von Menschen mit Behinderungen. Bei vielen unterschiedlichen Ansichten gewinnen am Ende alle Mitarbeiterinnen und Mitarbeiter.

Ausbildung interkulturell

Aktuell haben zirka 40 Prozent der 660 Auszubildenden in unserem Unternehmen einen Zuwanderungshintergrund. […] Wir achten darauf, dass Auszubildende in möglichst heterogenen* Gruppen zusammenarbeiten, da solche Gruppen erfahrungsgemäß erfolgreicher sind.

*heterogen = unterschiedlich

Quelle: www.charta-der-vielfalt.de

5 Die Ausbildungspraxis bei einem großen Autohersteller in Köln setzt auf kulturelle Vielfalt.

Fremdsprachen gesucht

Viele ▷ Migrantinnen und Migranten bringen durch ihre Muttersprache und die guten Kenntnisse der anderen Kultur eine Qualifikation mit, die ihnen oft nicht bewusst ist. Denn in der Arbeitswelt ist das Beherrschen von Fremdsprachen eine zusätzliche Qualifikation. Doch auch die Tatsache, dass sie sich in die Situation anderer Menschen mit ausländischen Wurzeln hineinversetzen können, kann ein Vorteil sein, beispielsweise bei der Arbeit im Krankenhaus 6 oder im Vertrieb.

Vorteile durch Sprachkenntnisse

Als Kind hat Emina neben Deutsch auch die türkische Muttersprache ihrer Eltern erlernt. In der Schule lernte sie dann zusätzlich Englisch. Emina meint: „Bei meiner Bewerbung in einem großen Krankenhaus habe ich auf meine sprachlichen Fähigkeiten besonders hingewiesen. Natürlich wurde erwartet, dass ich zuerst perfekt in der deutschen Sprache bin. Durch meine Sprachkenntnisse habe ich schon während der Ausbildung mehrmals als Übersetzerin ausgeholfen."

6 Emina hat einen Ausbildungsplatz als Kinderkrankenschwester bekommen.

1 a) Erkläre mit eigenen Worten, was „Interkulturelle Kompetenz" ist.
b) Beschreibe, warum diese Kompetenz in der heutigen Zeit wichtig ist.
c) Liste auf, welche interkulturellen Kompetenzen du selbst hast und woher sie kommen.

2 Recherchiert, ob es an eurer Schule internationale Projekte gibt oder gegeben hat und stellt sie kurz in einem Steckbrief vor.

3 Erläutere, welche weiteren Vorteile Eminas 6 kultureller Hintergrund für ihren Beruf haben kann.

4 Simon sitzt nach einem Verkehrsunfall im Rollstuhl. Er macht eine Ausbildung zum Bürokaufmann. „Am Anfang hat mein Büroteam mir nicht viel zugetraut. Heute spielt meine Behinderung keine Rolle mehr. Alle haben gelernt, mit mir normal umzugehen."
a) Nenne Vorurteile, die das Büroteam gegenüber Simon vermutlich hatte.
b) Stelle dar, was die Kolleginnen und Kollegen von Simon lernen können.

5 Begründe, warum ein Auslandspraktikum ein Vorteil bei der Lehrstellensuche in Deutschland sein kann.

6 Ein Kaufhaus wählt einen Teil seiner Auszubildenden aus Bewerbern mit Migrationshintergrund aus. Erklärt die Gründe, die das Kaufhaus für seine Entscheidung haben könnte.

Einen Ferienjob annehmen?

Ein neues Handy, schicke Kleidung, Eintritt für ein Konzert – alles vom Taschengeld? Hast du schon einmal daran gedacht, einen Ferienjob anzunehmen? Das selbst verdiente Geld kannst du sicher gut gebrauchen. Aber es gibt auch andere Gründe, warum sich ein Ferienjob lohnt.

Wie komme ich an einen Ferienjob?

Angebote für Ferienjobs 1 findest du im Internet, in Anzeigen (in Zeitungen, an schwarzen Brettern usw.), durch Nachfragen bei Freunden und Verwandten oder durch direkte Anfragen in Betrieben. Bevor du dich schriftlich bewirbst, frage telefonisch oder persönlich nach. Es ist meistens notwendig, dass du dich weit im Voraus um einen Ferienjob bemühst.

Jugendarbeitsschutzgesetz: siehe S. 84

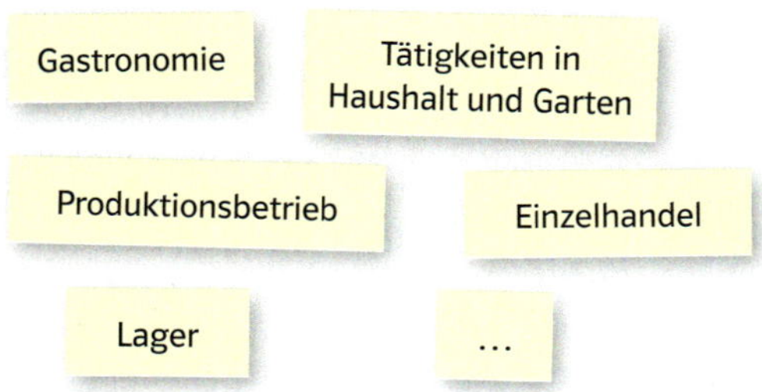

1 Tätigkeitsbereiche für einen Ferienjob

Jobben während der Schulzeit?

Du kannst auch einen Job annehmen, den du regelmäßig neben der Schule ausübst, z. B. mit Nachhilfeunterricht, bei einem Pizzabringdienst, als Prospektverteiler, Zeitungsausträger oder durch Babysitting. Aber Vorsicht: Die Schule darf nicht darunter leiden! Nimm den Job wirklich nur an, wenn du ihn nebenher schaffst.

Die Arbeitszeit hat Grenzen

Wäre Nils 3 noch 14 Jahre alt, hätte sich sein Ferienjob im Lager eines Internethandels nicht gelohnt. Nach dem **Jugendarbeitsschutzgesetz** hätte er nur zwei Stunden täglich arbeiten dürfen. Durch seinen Ferienjob hat er herausgefunden, dass die Arbeit im Lager gut zu seinen beruflichen Vorstellungen passt. Und der Chef hat schon angefragt, ob er nicht eine Ausbildung bei ihm machen möchte.

> Immer wenn du in einem Betrieb arbeitest, lasse dir ein Zeugnis ausstellen oder zumindest eine Bescheinigung über die Arbeit geben. Du kannst sie später gut bei deiner Bewerbung gebrauchen!

1 **a)** Macht eine Umfrage an eurer Schule und stellt fest:
- Wie viele Schülerinnen und Schüler schon einmal einen Ferienjob hatten oder neben der Schule gearbeitet haben,
- in welchen Berufen gejobbt wurde,
- in welchen Unternehmen gejobbt wurde,
- wie hoch der Verdienst war.

b) Wertet die Informationen aus und stellt sie grafisch dar.

2 Nennt Gründe, die für und gegen die Annahme eines Ferienjobs oder eines Jobs während der Schulzeit sprechen.

3 **a)** Recherchiert die Möglichkeiten für einen Ferienjob in erreichbarer Nähe und erstellt eine Liste.
b) Vergleicht die Listen und fasst die Ergebnisse auf einem Aushang für die Klasse zusammen.

4 Erörtere, ob ein Ferienjob bei der Berufsorientierung helfen kann.

5 Recherchiert,
- was eine Gesundheitszeugnis ist,
- wann es erforderlich wird,
- wie und wo ihr es bekommt.

erstellt ein Infoblatt für eure Mitschülerinnen und Mitschüler.
Gesundheitszeugnis 2iu5dv

- *Ein Ferienjob bringt nicht nur Geld, sondern auch Erfahrungen im Berufsleben.*
- *Nach einem Job kannst du in vielen verschiedenen Bereichen suchen.*
- *Für Schülerjobs gilt das Jugendarbeitsschutzgesetz.*

Wenn du einen Job annimmst, der mit unverpackten Lebensmitteln zu tun hat, benötigst du ein Gesundheitszeugnis vom Gesundheitsamt!

Starker Job: Restaurantfachmann/frau
„Restaurantfachleute bedienen die Gäste in Gastronomiebetrieben. In erster Linie beraten wir bei der Auswahl von Speisen und Getränken, servieren und kassieren. Wir bereiten aber auch größere Veranstaltungen vor. Manchmal bin ich ganz schön lange auf den Beinen, aber es ist immer wieder schön, wenn die Gäste zufrieden nach Hause gehen."

Starker Job
Restaurantfach-frau/-mann
q4w7yv

Lange suchte Leonie einen Ferienjob. Sie will unbedingt Geld für einen Tablet-PC verdienen. Jetzt arbeitet sie in einem Restaurant für drei Wochen als Aushilfe. „Anfangs war es sehr anstrengend und ungewohnt," meint Leonie, „aber bald hat mir die Arbeit Spaß gemacht und ich bin stolz auf mein selbst verdientes Geld. Außerdem lerne ich den Betrieb kennen. Eine Auszubildende berichtete mir von ihren Erfahrungen im ersten Lehrjahr als Restaurantfachfrau. So bekomme ich einen echten Einblick in diesen Beruf. Vielleicht wäre das später auch etwas für mich!"

2 Leonie an ihrem Arbeitsplatz als Aushilfskellnerin.

„Jetzt bin ich fünfzehn und kann bis zu acht Stunden am Tag arbeiten. Die Arbeit ist gar nicht so schwer, fordert aber viel Konzentration. Im Vergleich zur Schule ist ein Arbeitstag mit acht Stunden ganz schön lang. Mit den fest Beschäftigten im Lager komme ich gut zurecht. Interessant ist auch, wie der Betrieb und die Lagerhaltung organisiert sind. Pro Woche verdiene ich 160 €. Das Geld für mein neues Mountainbike habe ich bald zusammen."

3 Nils bestückt Regale im Lager eines Internethandels.

6 Prüft, ob die jeweiligen Bedingungen mit dem Jugendarbeitsschutzgesetz vereinbar sind und begründet euer Ergebnis.
a) Leonie 2, gerade 16 geworden, hat ihren Ferienjob für 4 Wochen bekommen. Sie arbeitet 30 Stunden in der Woche, meisten abends von 17:00 bis 22:00 Uhr.
b) Nils 3 hilft 5 Wochen lang 8 Stunden pro Tag in einer Firma aus. Weil viel zu tun ist, soll er auch am Samstag 6 Stunden arbeiten.

7 Jennifer findet die folgende Anzeige im Internet: „Schülerjob zu vergeben: Zustellung von adressierten Druckerzeugnissen an private Haushalte in Wohnortnähe. Zustelltage sind jeweils Montag und Donnerstag, Zustellung an die Kunden bis 20:00 Uhr". Sie möchte sich um diesen Job bemühen.
a) Beschreibt, wie Jennifer vorgehen sollte, um den Job zu bekommen.
b) Beschreibt die Bedingungen, die Jennifer prüfen muss, um den Job annehmen zu können.
c) Der Jobgeber möchte gerne eine schriftliche Bewerbung. Erstellt einen Entwurf für ein Bewerbungsschreiben.

○ 1, 2 ◒ 3–5 ● 6, 7

6 Mein Weg in die Arbeitswelt

Viele Jugendliche in deinem Alter suchen eine Ausbildungsstelle. Zur Entscheidung über deinen Berufseinstieg solltest du dir über deine eigenen Ziele klar werden und den Ausbildungs- und Arbeitsmarkt kennenlernen. Denn eine gute Orientierung sowie Sicherheit im Bewerbungsverfahren sind wichtige Voraussetzungen für einen erfolgreichen Weg in die Arbeitswelt.

Ich werde ...

- ✗ ***eine Vorstellung meiner persönlichen und beruflichen Zukunft entwickeln.***
- ✗ ***mich zwischen den verschiedenen Ausbildungsmöglichkeiten nach der Schule entscheiden.***
- ✗ ***Alternativen finden, wenn sich mein Berufswunsch nicht umsetzen lässt.***
- ✗ ***Stellenanzeigen finden und mich auf den Bewerbungsprozess vorbereiten.***

Wusstest du, dass ...

- du nach einer Aus- und Weiterbildung auch ohne Abitur studieren kannst?
- Bewerbungstests oft so aufgebaut sind, dass du gar nicht alle Aufgaben schaffen kannst?
- dein Auftreten im Vorstellungsgespräch mehr Einfluss auf deine Bewertung hat als das, was du sagst?

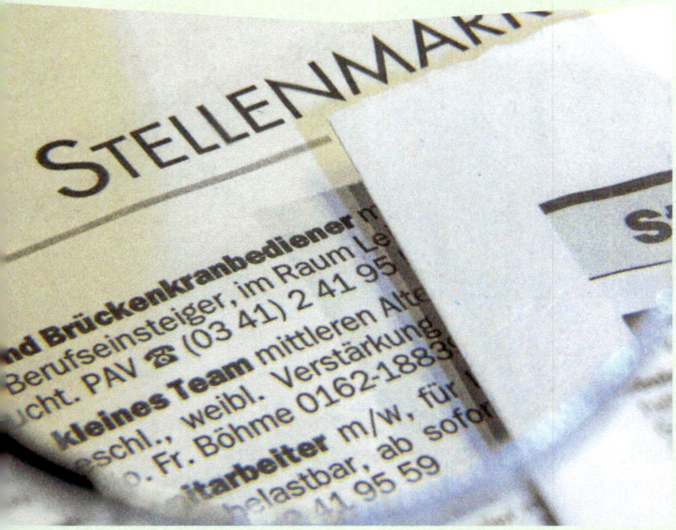

Weichenstellung Schulabschluss

1 Viele Wege führen zum Ziel.

Hauptschulabschluss Typ A oder B, mittlerer Schulabschluss mit Qualifikationsvermerk oder ohne: Bei so vielen Schulabschlüssen ist es schwierig, den Überblick zu behalten. Damit du deine Zukunft gut planen kannst, solltest du wissen: Welchen Abschluss kannst du erreichen und was kannst du damit anfangen?

Viele Wege führen zum Ziel

Allgemein gilt: Je besser dein Schulabschluss, desto größer ist die Zahl der Ausbildungsberufe, aus denen du wählen kannst. In NRW gibt es verschiedene Abschlüsse:

- Hauptschulabschluss der Klasse 9
- Hauptschulabschluss der Klasse 10 (Typ A oder B)
- Mittlerer Schulabschluss – Fachoberschulreife (FOR)
- Mittlerer Schulabschluss – Fachoberschulreife (FOR) mit Qualifikationsvermerk
- Fachabitur/Abitur (allgemeine Hochschulreife)

Das Berufskolleg – eine gute Alternative

Einen (höheren) Schulabschluss kannst du nicht nur in einer allgemeinbildenden Schule (Hauptschule, Realschule, Gesamtschule, Gymnasium …) erreichen. Auch an einem Berufskolleg oder Weiterbildungskolleg kannst du deinen Abschluss verbessern. Der Unterricht im Berufskolleg ist mit einer beruflichen Grundbildung verbunden. Dabei wechseln sich Schulunterricht und berufliche Praxis ab, z. B. durch Praktika.

Das Erreichen höherer Schulabschlüsse über ein Berufskolleg oder ein Weiterbildungskolleg wird **Zweiter Bildungsweg** genannt. Das können auch Abschlüsse sein, die sonst über das Gymnasium erreicht werden: Fachhochschulreife und allgemeine Hochschule.

- *Dein Schulabschluss entscheidet über deine Ausbildungsmöglichkeiten.*
- *Mit einem höheren Schulabschluss hast du deutlich mehr Chancen.*
- *Es gibt viele verschiedene Wege zum (höheren) Schulabschluss.*

Chancen nutzen

Viele Jugendliche bekommen gleich im Anschluss an die Schule einen Ausbildungsplatz. Doch auch wenn es nicht gleich klappt, hast du mehrere Möglichkeiten: Etwa jeder zweite Schulabgänger mit Hauptschulabschluss wartet ein Jahr auf seinen Ausbildungsplatz und macht in dieser Zeit eine Qualifizierung – zum Beispiel ein Berufsgrundschuljahr (BGJ) im Berufskolleg.

Informiere dich!

Allgemein gilt: Drei Jahre nach dem Schulabschluss sind 9 von 10 Jugendlichen in einer Berufsausbildung. Für den (manchmal schwierigen) Weg in die Ausbildung gibt es mehrere Beratungsangebote und unterschiedliche Wege. Werde aktiv und finde deinen Weg!

Die Schulpflicht beträgt 10 Jahre. Wer keine allgemeinbildende Schule mehr besucht, muss mindestens einen Tag in der Woche zum Berufskolleg.

„Nach dem Hauptschulabschluss gehen wir weiter zur Schule. Wir wollen die Fachoberschulreife schaffen!"

„Ich habe in der Schlosserei mein Schulpraktikum gemacht. Nun kann ich dort eine Ausbildung als Metallbauer beginnen. An zwei Tagen in der Woche besuche ich dann die Berufsschule."

„Mit meinen Noten bekomme ich wahrscheinlich nicht gleich einen Ausbildungsplatz. Dann mache ich erst mal ein Berufsgrundschuljahr Fachrichtung Hauswirtschaft. Damit steigen meine Chancen auf eine Ausbildung."

„Ohne Schulabschluss habe ich so gut wie keine Chancen auf einen Ausbildungsplatz. Ich werde versuchen, im Berufsorientierungsjahr meinen Hauptschulabschluss nachzuholen."

2 Schülerinnen und Schüler der Klasse 9a berichten.

1 a) Welche Aussage **2** kommt deinen eigenen Vorstellungen am nächsten? Begründe.
b) Tauscht eure Ergebnisse aus.

2 a) Recherchiere, welche Möglichkeiten für eine weitere schulische oder berufliche Ausbildung es für dich persönlich nach Klasse 9 gibt. Berücksichtige deine Schulnoten und deine Wünsche und erstelle ein Schaubild.
b) Erklärt euch gegenseitig eure Wege.
Schulsystem kc48y4

3 a) Recherchiert, welche Schulen oder Berufskollegs in eurer Region ein für euch passendes Angebot haben.
b) Stellt eure Ergebnisse in einem Plakat der Klasse vor.

4 Recherchiere, welche Möglichkeit es für Schülerinnen und Schüler gibt, die keinen Schulabschluss haben.

Wie geht's weiter nach der Schule?

Was willst du tun, wenn du dein Abschlusszeugnis in der Tasche hast? Du kannst eine Ausbildung beginnen. Du kannst dich auch für ein Studium entscheiden – aber dann musst du erstmal ein Abitur machen. Du kannst auch direkt arbeiten gehen, aber das ist mit einigen Risiken verbunden.

Ausbildung im „Dualen System"

Die duale Ausbildung wird auch **betriebliche Ausbildung** genannt.

Fast zwei Drittel der Jugendlichen mit Hauptschul- oder mittlerem Abschluss beginnen eine **duale Ausbildung** 1. Die praktischen Fähigkeiten werden in einem Betrieb vermittelt. An der Berufsschule stehen berufsbezogene, fachtheoretische Inhalte auf dem Plan, aber auch allgemeine Fächer wie Deutsch und Politik.

Rechtzeitig bewerben: Die meisten Ausbildungen beginnen am 1. August oder am 1. September eines Jahres. Viele große Firmen schreiben ihre Plätze schon ein Jahr vor dem Ausbildungsbeginn aus, andere zu Jahresbeginn. Informiere dich!

Duale Ausbildung
Ausbildungszeit 2 – 3 1/2 Jahre, je nach Beruf

Betrieb
Praktische Ausbildung

Berufsschule
Theoretische Ausbildung 1 – 2 Tage pro Woche oder als Blockunterricht

Abgeschlossene Berufsausbildung

1 Die beiden Teile der dualen Ausbildung

Wer bildet aus?

In den folgenden Bereichen werden Ausbildungsplätze angeboten:
- im Handwerk
- in Industrie und Handel
- im Dienstleistungsbereich
- in der Schifffahrt
- in der Landwirtschaft
- bei Freiberuflern (z. B. Ärzten, Apothekern, Rechtsanwälten, Steuerberatern)
- im ▷ Öffentlichen Dienst

Für jeden Beruf gibt es eine **Ausbildungsordnung**. In ihr sind die Ausbildungsdauer, die Prüfungsanforderungen und die zu vermittelnden Kenntnisse und Fähigkeiten festgelegt.

Berufe in schulischer Ausbildung

Einige Berufe werden überwiegend in einer beruflichen Schule gelernt (z. B. an einer (höheren) Berufsfachschule oder einer Fachschule). Neben dem Unterricht sind Praktika Pflicht. Diese können an bestimmten Tagen unter der Woche, mehrere Wochen am Stück oder als ▷ Anerkennungsjahr stattfinden. Bekannte Berufe mit einer schulischen Ausbildung sind Assistentenberufe (z. B. staatlich geprüfte/r Elektrotechnischer Assistent/in) oder Berufe im Bereich Erziehung (z. B. staatlich geprüfte/r Kinderpfleger/in).

Berufe, die durch eine schulische Ausbildung erlernt werden, erkennst du im „Berufenet" an der Kennzeichnung „BFS" (Berufsfachschule).

Servicefahrer/in	Ausbildungsberufe - Dual
Servicekraft	Ausbildungsberufe - BFS

- Ausbildung (dual oder schulisch), Arbeit, Studium und Freiwilligendienste sind mögliche Anschlusswege nach dem Schulabschluss.
- Arbeit ohne Ausbildung ist gering bezahlt und nicht krisensicher.

Weiter Richtung Abitur und Studium

Generell gilt: Je besser die Ausbildung, desto besser die Chancen auf dem Arbeitsmarkt 2. Andererseits dauert es viele Jahre, bis du nach Ende des Studiums endlich Geld verdienen kannst.

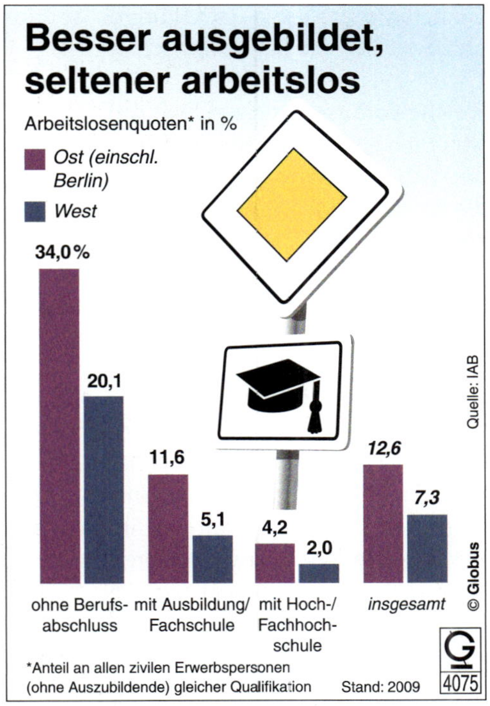

2 Schlechter ausgebildet, häufiger arbeitslos

Direkt arbeiten gehen?

Nach der Erfüllung deiner 10-jährigen Schulpflicht kannst du auch ohne Berufsausbildung einer Arbeit nachgehen. Bis du 18 Jahre alt bist, musst du aber an mindestens einem Tag in der Woche in der Berufsschule eine **KSOB-Klasse** besuchen. Ohne Ausbildung kannst du nur einfache Arbeiten übernehmen, die oft schlecht bezahlt werden. Zudem werden ungelernte Arbeiter in Krisen meist zuerst entlassen.

KSOB: Klasse für Schülerinnen und Schüler ohne Berufsausbildungsverhältnis

Freiwilliges Engagement gefragt!

Als Alternative zu einer Ausbildung kannst du dich freiwillig engagieren. Als Möglichkeiten stehen dir der **Bundesfreiwilligendienst**, ein **Freiwilliges Ökologisches Jahr (FÖJ)** oder ein **Freiwilliges Soziales Jahr (FSJ)** offen. Dabei unterstützt du 6 bis 18 Monate lang Einrichtungen, z. B. im sozialen, ökologischen, kulturellen oder sportlichen Bereich, im Zivil- und Katastrophenschutz. Du arbeitest etwa 39 Stunden in der Woche, bist krankenversichert und erhältst eine finanzielle Unterstützung. Freiwilligendienste können deine Chancen auf dem Arbeitsmarkt verbessern. Du zeigst, dass du dich für andere einsetzt und sammelst viele praktische Erfahrungen.

Links
Weitere Möglichkeiten nach der Schule 299a69

1 Erläutere den Unterschied zwischen dualer und schulischer Ausbildung.

2 a) Fertige eine Mind-Map an, aus der alle Anschlusswege hervorgehen, die dir nach der Schule zur Verfügung stehen.
b) Vergleicht eure Mind-Maps.

3 Welchen Weg möchtest du nach der Schule nehmen? Beschreibe deine berufliche Wunschvorstellung und begründe sie.

4 Analysiere, welche Aussagen aus der Grafik 2 hervorgehen. Notiere sie in Stichpunkten.

5 Führt eine Pro- und Kontra-Diskussion (siehe Seite 122) durch zum Thema „Ist ein Engagement in einem Freiwilligendienst für Schulabsolventen sinnvoll?"

6 Recherchiert Möglichkeiten für Freiwilligendienste in eurer Nähe und stellt die Ergebnisse anschaulich dar.

7 Begründet, warum Arbeitgeber bei einer Krise oft zuerst die ungelernten Arbeitnehmerinnen und Arbeitnehmer entlassen.

8 Erkläre, warum die Arbeitslosenquoten in Ost und West 2 unterschiedlich sind.

○ 1–3 ◐ 4, 5 ● 6–8

Eine Berufswahl treffen

Mit der Entscheidung für einen Berufsausbildung oder eine weitere schulische Bildung bestimmst du, was du die nächsten Jahre tun wirst. Klar, dass sie dir schwerfällt! Wundere dich nicht, wenn du unsicher bist – das geht vielen so! Doch auch wenn es dir schwerfällt: Um eine Entscheidung kommst du nicht herum.

die **Partizipation**: Teilhabe, Mitbestimmung

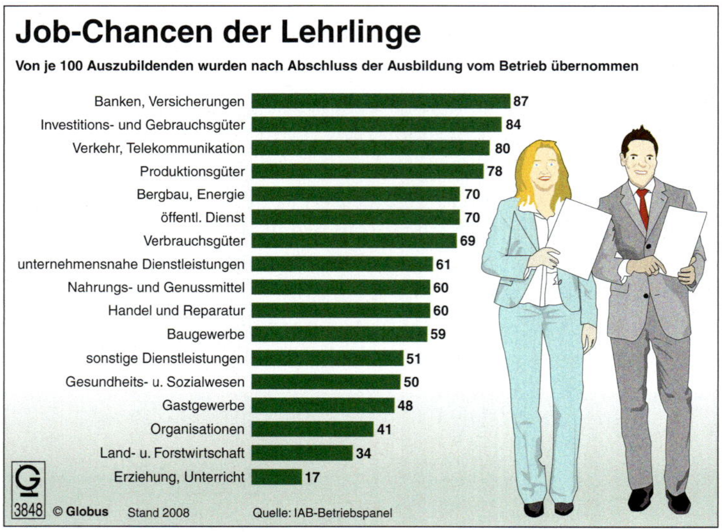

1 Übernahmen nach der Ausbildung

Was ist dir wichtig?

Für das spätere Berufsleben hat jeder Mensch andere Vorstellungen: Wie wichtig sind dir Einkommen, Arbeitsinhalte, Arbeitsplatzsicherheit, Zukunftsaussichten, Vereinbarkeit von Beruf und Familie, die Möglichkeit zum selbstständigen Arbeiten oder **Partizipation**? Überprüfe, wie deine Einstellung zu diesen Bedingungen ist und ob sie zu deinem Berufswunsch passen.

Welche Voraussetzungen hast du?

Natürlich solltest du die Qualifikationen und Fähigkeiten haben oder erwerben, die für den Beruf deiner Wahl gefordert werden. Die Arbeitsinhalte (Tätigkeiten, Orte, Arbeitsmittel), mit denen du in deinem späteren Beruf zu tun haben wirst, sollten zu deinen Vorstellungen passen.

Wie sicher ist dein Arbeitsplatz?

Für immer den gleichen Job im gleichen Betrieb machen? Was für die einen eine Wunschvorstellung ist, finden andere abschreckend. Die Sicherheit des Arbeitsplatzes spielt dennoch für viele Menschen eine große Rolle. Sie ist je nach Beruf und Betrieb sehr unterschiedlich. Das zeigt sich auch bei der Übernahme nach der Ausbildung 1. Die Anzahl von befristeten Arbeitsverhältnissen und Leiharbeit hat in den letzten Jahren zugenommen (siehe S. 71). Doch manchmal sind sie ein „Sprungbrett" auf eine unbefristete Stelle.

1 a) Lege fest, in welcher Reihenfolge die folgenden Bedingungen für dich wichtig sind – von 1 (sehr wichtig) bis 7 (unwichtig): Arbeitsinhalte, Einkommen, Arbeitsplatzsicherheit, Partizipation, Vereinbarkeit von Beruf und Familie, selbstständiges Arbeiten, Aufstiegsmöglichkeiten

b) Stellt euch eure Einordnungen gegenseitig vor und begründet, warum ihr so bewertet habt.
c) Wertet die Ergebnisse der ganzen Klasse aus und stellt sie grafisch dar.

2 a) Vergleiche die Einstellung von Theresa 3 und Jan 4.

b) Analysiere anhand der Fallbeispiele, wie die Berufe „Polizist/in" und „Grafiker/in" in Bezug auf Einkommen, Arbeitsplatzsicherheit, Partizipation und Aufstiegsmöglichkeiten abschneiden.

3 Nimm Stellung, ob es in Betrieben mit einem Betriebsrat 2 mehr Partizipationsmöglichkeiten gibt.

- *Berücksichtige bei der Berufswahl Bedingungen und Werte, die dir wichtig sind.*
- *Auch die Zukunftsaussichten spielen eine Rolle bei deiner Entscheidung.*
- *Deine Berufswahl hat Einfluss auf dein weiteres Leben.*

Kannst du mitbestimmen?

Möchtest du später gerne mitentscheiden, was in „deinem" Unternehmen passiert? Die Mitarbeit in einem Betriebsrat ist eine gute Möglichkeit, Ideen einzubringen 2. Aber auch am Arbeitsplatz selbst gibt es unterschiedliche Möglichkeiten der Partizipation. In kreativen Berufen und kleinen Betrieben ist es oft einfacher, eigene Ideen zu verwirklichen, als in der Verwaltung oder großen, durchorganisierten Unternehmen.

Was bringt die Zukunft?

Wie werden sich das Berufsbild und die Arbeitsbedingungen zukünftig entwickeln? Wird sich dein Beruf durch den technologischen Wandel verändern und lebenslanges Lernen von dir erfordern? Diese Überlegungen sollten bei deiner Berufsentscheidung eine Rolle spielen. Vielleicht ist dir auch wichtig, wie es mit Aufstiegsmöglichkeiten aussieht. Auch hier sind die Voraussetzungen unterschiedlich 3, 4.

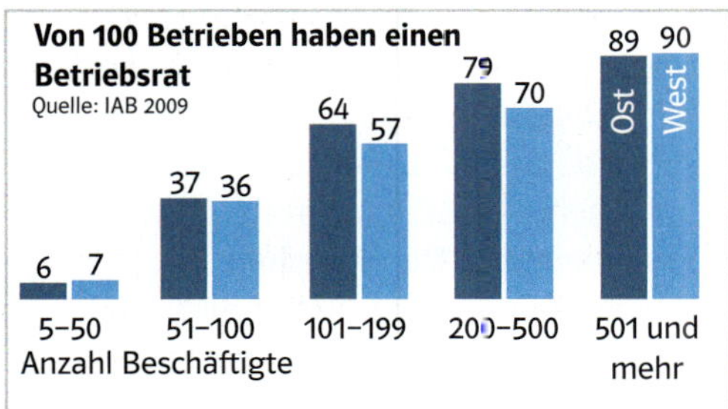

2

„Ich wollte immer Polizistin werden! Das ist ein spannender Beruf und als Beamte ist mein Arbeitsplatz sicher. Das Gehalt stimmt auch und wenn man gute Arbeit leistet stehen im Staatsdienst alle Türen für eine Beförderung offen. Dafür nehme ich den Schichtdienst in Kauf. Mit meinem Notendurchschnitt und meiner Fitness habe ich gute Chancen, einen Ausbildungsplatz zu bekommen."

3 Theresa hat klare Vorstellungen von ihrer beruflichen Zukunft.

„Ich möchte einen kreativen Beruf, in dem ich selbstständig arbeiten kann. Grafiker wäre toll. Da muss ich nicht jeden Tag zur gleichen Zeit ins Büro, die meisten Grafiker sind sowieso selbstständig. Mit Laptop und Internet ist das doch kein Thema. Das mit dem Einkommen wird sich schon finden und Karriere machen muss ich auch nicht unbedingt."

4 Für Jan sind andere Kriterien wichtig.

4 a) Recherchiere, wie dein Wunschberuf in Bezug auf die in Aufgabe 1a genannten Bedingungen abschneidet. Ordne die Punkte auf einer Skala von 1 (sehr gut) bis 7 (sehr schlecht) ein.
b) Überprüfe, ob der Beruf zu deinen Wunschvorstellungen aus Aufgabe 1a passt.

5 a) Erläutere, was die Grafik 1 über die unterschiedlichen Branchen aussagt.
b) „Eine Ausbildung erhöht deine Chancen auf dem Arbeitsmarkt, auch wenn du nicht übernommen wirst." Nimm Stellung zu dieser Aussage.

6 Führt eine Befragung durch und befragt Menschen, wie zufrieden sie in ihrem Beruf mit den Arbeitsinhalten, dem Einkommen, der Arbeitsplatzsicherheit, der Partizipation und den Aufstiegsmöglichkeiten sind. Stellt die Ergebnisse anschaulich dar.

Mein „Plan B"

„Ich wollte schon immer Tierpfleger werden. Ich habe auch ein Praktikum gemacht, das mir sehr gefallen hat. Leider gibt es in meiner näheren Umgebung keine Ausbildungslätze. Da muss ich wohl noch einmal nachdenken."

1 Aslan, 16 Jahre

„Mein Praktikum im Hotel hat mich darin bestätigt, dass Hotelfachmann der richtige Beruf für mich ist. Wegen der Nachtarbeit stellen aber fast alle Hotels erst Auszubildende ab 18 Jahren ein."

2 Mirco, 16 Jahre

„Eigentlich wollte ich Mediengestalterin Bild und Ton werden. Aber die Unternehmen stellen vor allem Auszubildende mit Hochschulreife ein. Da reicht mein Schulabschluss nicht aus."

3 Jana, 16 Jahre

„Mein Traumberuf ist Zahntechnikerin. Im Praktikum habe ich dann aber festgestellt, dass ich gegen einige Materialien allergisch bin, mit denen man im Labor arbeitet."

4 Elena, 17 Jahre

Nicht zu früh festlegen

Es gibt viele Gründe, warum ein Berufstraum platzen kann. Hier kann die Gesundheit ebenso eine Rolle spielen wie das Alter, der Schulabschluss oder das Angebot an Ausbildungsplätzen in der Region 1 – 4. Aber bei den vielfältigen Berufswahlmöglichkeiten in Deutschland gibt es sicherlich für jeden eine Alternative!

Alternativen finden

Überlege in Ruhe, wie du Alternativen zu deinem Wunschberuf finden kannst.

- **Ausbildung an einem anderen Ort**: Wenn es in deine Nähe keinen Ausbildungsplatz gibt, könntest du umziehen. Erkundige dich, ob du dann Anrecht auf finanzielle Unterstützung vom Staat (▷ Wohngeld oder ▷ Berufsausbildungsbeihilfe) hast.
- **Ausbildung zu einem späteren Zeitpunkt:** Die Zeit bis zum Ausbildungsbeginn kannst du mit einer freiwilligen Arbeit, oder einem Praktikum überbrücken. Durch praktische Erfahrungen im Berufsfeld steigen deine Chancen auf einen Ausbildungsplatz. Auch eine weitere schulische Ausbildung ist möglich.
- **Einen anderen Beruf suchen**: In einem Berufsfeld sind ähnliche Ausbildungsberufe zusammengefasst. Hier findest du sicher Berufe, die deinem Wunschberuf ähnlich sind. Schaue vor allem nach Berufen, in denen die Tätigkeiten ähnlich sind oder ähnliche Anforderungen an dich gestellt werden.

Du versuchst dir auszumalen, wie das Leben mit deinen Wunschberuf ist? Vielleicht hast du ja schon eine sehr genaue Vorstellung davon, wie und wo du später einmal arbeiten möchtest. Allerdings solltest du dich immer auch mit **Alternativen** beschäftigen. Denn man weiß ja nie, ob sich der Berufswunsch auch umsetzen lässt.

die **Alternative**: andere oder weitere Möglichkeit

Das „Berufe Universum" kann dir helfen herauszufinden, welche Berufe zu dir passen könnten. Da es immer mehrere passende Berufe zeigt, ist es eine gute Hilfe bei der Suche nach Alternativen.

- *Ein alternativer Berufswunsch erhöht deine Chancen, einen passenden Ausbildungsplatz zu finden.*
- *Eine Selbstständigkeit sollte wegen des hohen Risikos gut überlegt sein.*

Ich mach mein eigenes Ding?!

„Was in der Schülerfirma funktioniert, das kann ich auch. Ich mache mich selbstständig!" Was sich so einfach anhört, erfordert eine funktionierende Geschäftsidee, viel Wissen, Mut und oft eine Menge Startkapital (siehe Seite 80). Zwar gibt es Schülerinnen oder Schüler, die sich direkt nach der Schule selbstständig machen. Sie sind aber die Ausnahme 5. Vielen fehlt die notwendige Erfahrung, um als Selbstständige bestehen zu können. Beratung für Menschen, die sich selbstständig machen wollen, bieten die Kammern (IHK und Handwerkskammer). Wenn du noch nicht 18 Jahre alt bist, müssen deine Eltern deiner Selbstständigkeit zustimmen. Du bist noch nicht voll geschäftsfähig!

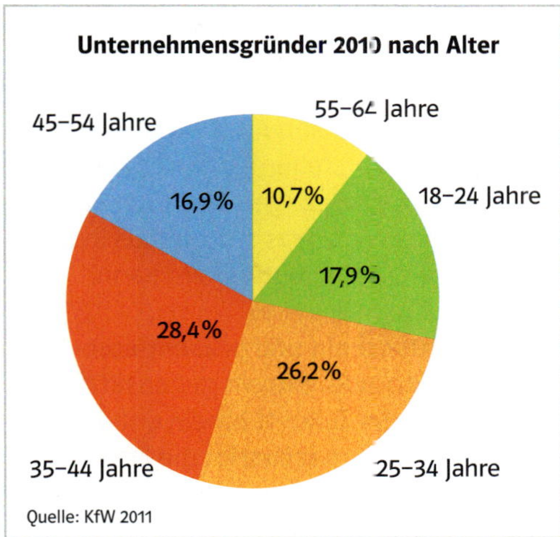

5 Insgesamt haben sich im Jahr 2010 in Deutschland 936 000 Menschen selbstständig gemacht.

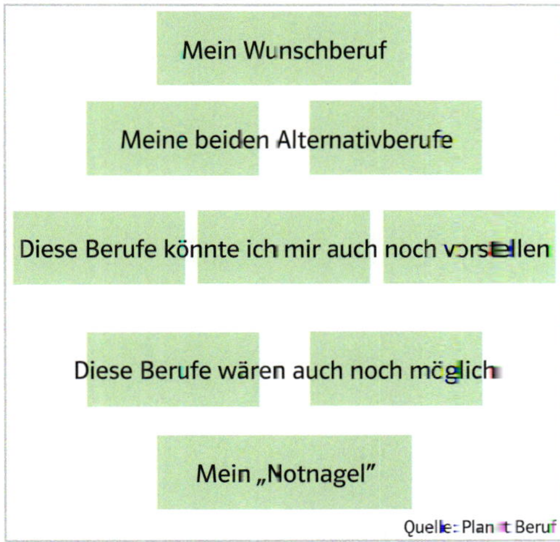

6 Der „Alternativen-Diamant" kann dir bei der Suche nach Alternativen helfen.

Links
Berufe-Universum
fg3r9v

1 a) Welche Gründe sprechen bei den Schülerinnen und Schülern 1 bis 4 gegen den Wunschberuf? Nenne jeweils ein Stichwort.
b) Welche Möglichkeiten haben Aslan, Mirco, Jana und Elena? Gebt ihnen Tipps, was sie als nächstes tun könnten.
c) Stellt die Möglichkeiten zur Suche nach Alternativen für die Situation 1 – 4 in einem Schaubild dar. Tipp: Nutze die Stichworte aus Aufgabe 1a und die Tipps aus Aufgabe 1b.
d) Gruppenpuzzle (siehe Seite 140): Recherchiert, welche Alternativberufe für die vier Jugendlichen 1 – 4 möglich wären.

2 a) Lass deine Phantasie spielen: Nenne mindestens drei Alternativen zu deinem Berufswunsch. Begründe, warum auch diese Berufe zu dir passen.
b) Vergleiche deinen Wunschberuf mit deinen drei Alternativen. Erörtere die Vor- und Nachteile der Berufe für deine berufliche Zukunft.

3 a) Fülle den „Alternativen-Diamant" 6 aus. Trage in jedes Feld eine Berufsbezeichnung ein.
Tipp: Um Berufe zu finden, nutze das Berufe-Universum!
b) Vergleicht eure „Diamanten" und begründet eure Einordnungen.
Arbeitsblatt h5v4ua

4 Führt eine Pro- und Kontra-Diskussion zum Thema „Selbstständigkeit nach der Schule – Risiko oder Karrierechance?"

Szenario: Mein Beruf in 20 Jahren

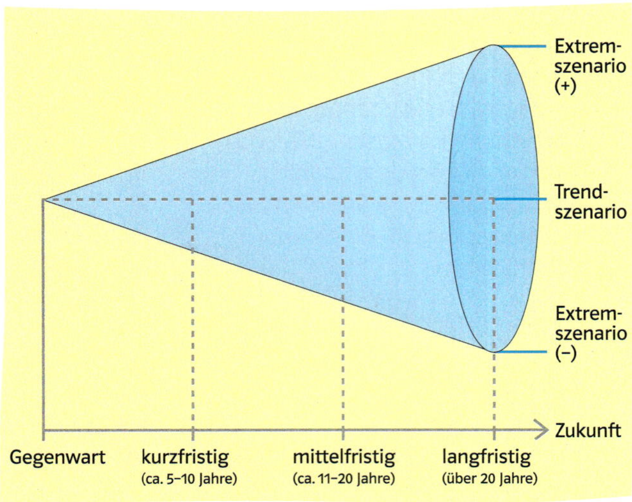

1 Das Trendszenario ist oft der Mittelweg zwischen den beiden Extremen.

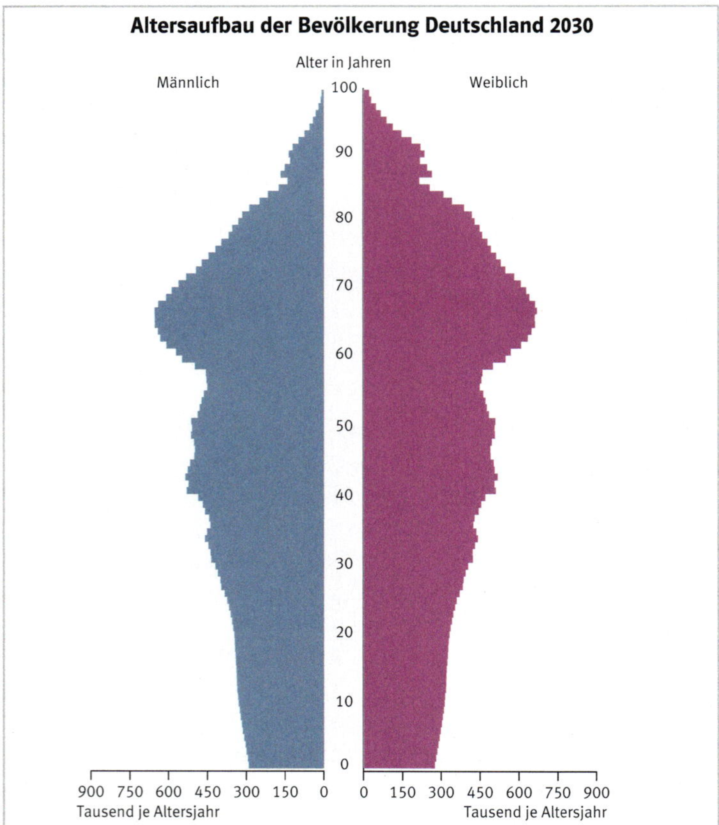

2 In Zukunft wird es sehr viel mehr alte als junge Menschen geben.

3 Werden Altenpflegerinnen und Altenpfleger auch in Zukunft noch gebraucht?

In einem Szenario entwirfst du eine möglichst genaue Vorstellung von der Zukunft. Du gehst von der jetzigen Situation aus. Dann überlegst du, was sich daraus in den kommenden Jahren entwickeln kann.

Modelle entwickeln und präsentieren

Meist werden zwei extrem gegensätzliche Szenarien in die Zukunft hinein entwickelt:

- **Positives Extremszenario:** die Entwicklung mit dem denkbar günstigsten Verlauf (best-case-scenario)
- **Negatives Extremszenario:** die Entwicklung mit dem denkbar schlechtesten Verlauf (worst-case-scenario)

Daraus wird ein **Trendszenario** abgeleitet, das den wahrscheinlichsten Weg der Entwicklung darstellt 1.

1. Schritt: Thema eingrenzen

Unser Thema ist: „Wie wird sich mein Wunschberuf Altenpfleger/in entwickeln?" Dabei prüfen wir, wie sich Angebot und Nachfrage bei der Altenpflege verändern und welche Beschäftigungsarten es gibt.

2. Schritt: Zeitraum festlegen

Überlegt zu Beginn der Arbeit, welchen Zeitraum ihr betrachten wollt, z. B. „Wie wird die Arbeit als Altenpfleger/in in 20 Jahren aussehen?"

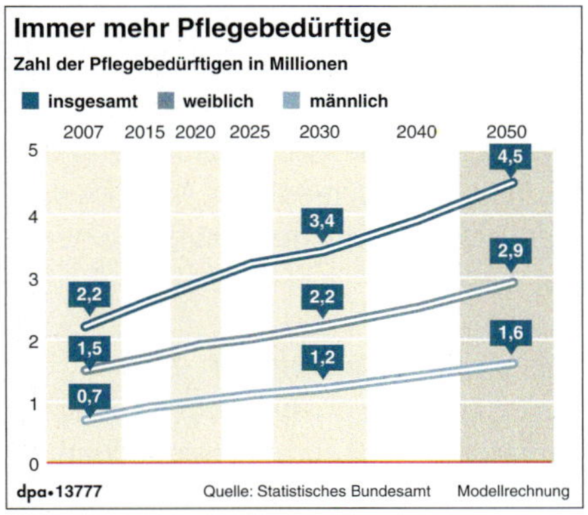

4 Entwicklung der Anzahl der Pflegebedürftigen

3. Schritt: Informationen sammeln

- **Wie ist der aktuelle Stand zum Thema?**

Viele Altenpfleger sind angestellt und werden nach dem Tarifvertrag des öffentlichen Dienstes bezahlt. Daneben gibt es selbstständige Altenpfleger und ▷ Bürgerarbeit.

- **Welche Entwicklungen gab es bisher?**

Mit dem Gesetz über die Berufe der Altenpflege wurde 2003 die Ausbildung einheitlich geregelt. Der Beruf hat ein klares Profil.

- **Welche Entwicklungen zeichnen sich ab?**

Die Medizin macht große Fortschritte, Menschen werden in Zukunft noch länger leben. Neue Technologien verändern die Arbeitsbedingungen (z. B. GPS-Ortung von Demenzkranken, Pflegeroboter usw.).

- **Welche Prognosen liegen bereits vor?**

Es werden immer weniger Menschen geboren **2**, der Anteil der alten Menschen an der Gesamtbevölkerung nimmt zu. Der Bedarf an Altenpflegern wird weiter ansteigen. Die Zahl der Pflegebedürftigen wird wachsen **4** und somit auch die Kosten.

- **Welche Einflüsse (zum Beispiel aus Politik, Gesellschaft) sind zu beachten?**

Wenn es mehr ältere Menschen gibt als jüngere, werden ihre Interessen mehr Gewicht bekommen. Die Qualität in der Pflege sowie eine gute Aus- und Weiterbildung des Personals werden wichtiger.

4. Schritt: Szenarien entwickeln

- **Positives Extremszenario:**
  Die starke Nachfrage nach Altenpflegern erhöht das Einkommen deutlich.
- **Negatives Extremszenario:**
  Wegen der Kostenexplosion gehen die Pflegedienste in Konkurs. Altenpflege wird nur noch in Form von öffentlich finanzierter Bürgerarbeit angeboten und Beschäftigte durch Roboter ersetzt.
- **Trendszenario:**
  Die Nachfrage nach Altenpflege wird sehr unterschiedlich sein – je nach Pflegebedürftigkeit und eingesetzter Technik. Daher gibt es verschiedene Pflegedienste und viele selbständige Altenpfleger mit unterschiedlichen Einkommen.

5. Schritt: Trendszenario präsentieren

Präsentiert die Ergebnisse möglichst übersichtlich, verständlich und überzeugend. Wählt nur die Informationen aus, die zur Erklärung unbedingt notwendig sind.

Thema eingrenzen

↓

Zeitraum festlegen

↓

Informationen sammeln

↓

Szenarien entwickeln
- Positives Extremszenario
- Negatives Extremszenario
- Trendszenario

↓

Trendszenario präsentieren

5 Ablaufschema der Szenario-Methode

die **Prognose:** Vorhersage

Angebote nutzen: Stellenanzeigen

Das **Sonnenschein-Team** braucht Unterstützung!
Zum 01.08. suchen wir für unsere Küche eine/n Auszubildende/n für den Beruf Koch/Köchin.

Idealerweise haben Sie bereits Erfahrungen in einer Küche gesammelt, sind kreativ, belastbar und offen, Neues zu lernen. Wenn Sie mindestens einen Hauptschulabschluss und mindestens befriedigende Leistungen in Mathematik und Hauswirtschaft haben, freuen wir uns auf Ihre schriftliche Bewerbung.

Altenpflegeheim „Haus Sonnenschein"
Waldstraße 15
12345 Neustadt
Email: info@haus_sonnenschein.de

1 Stellenanzeige in einer Zeitung

Links
Stellenbörsen
g348td

Auch wenn du dich noch nicht für einen Ausbildungsberuf entschieden hast, können Stellenanzeigen sehr interessant sein. Du bekommst beim Lesen eine Vorstellung davon, wie viele unterschiedliche Ausbildungsberufe es gibt und welche Qualifikationen erwartet werden.

Wo finde ich Stellenanzeigen?

Stellenanzeigen von ausbildenden Unternehmen findest du an unterschiedlichen Orten:

- in der Zeitung
- auf den Homepages der Unternehmen
- in der Jobbörse der „Agentur für Arbeit"
- in den Ausbildungsbörsen der Kammern
- in Internetportalen
- auf Aushängen in Betrieben und Geschäften

Stellenangebot

Überblick über das Stellenangebot

Arbeitgeber	Zweirad Jung GmbH Branche: Einzelhandel mit Fahrrädern, Betriebsgröße: zwischen 6 und 50
Stellenbeschreibung	Wir sind ein 1924 gegründetes, überregional bekanntes Familienunternehmen. Zum nächsten Ausbildungsjahr bieten wir engagierten Bewerbern/innen mit Interesse an Fahrrädern und Werkzeugen einen Ausbildungsplatz an. Bitte sendet uns eure aussagekräftigen Bewerbungsunterlagen schriftlich oder per Email zu.
Arbeitsorte	Stadtring 75, 12345 Neustadt
Beginn der Tätigkeit	Ausbildungsbeginn zum 01.08.2012

Konditionen des Stellenangebots

Arbeitszeit	Vollzeit, 40 Wochenstunden, Mo – Fr 7:30 bis 16:00 Uhr

Anforderungen an den Bewerber

Schulbildung	Geforderter Bildungsabschluss: Hauptschulabschluss (mindestens) Deutschnote: 2 Mathematiknote: 2
Persönliche Stärken	Motivation/Leistungsbereitschaft, Teamfähigkeit, Zuverlässigkeit, Lernbereitschaft

2 Stellenangebot in der Jobbörse

- *Viele Stellenanzeigen findest du in der Zeitung und im Internet.*
- *Prüfe genau, ob die Ausbildung und das Unternehmen zu dir passen.*
- *Bewirb dich nur, wenn du die „Muss-Anforderungen" einer Stellenanzeige erfüllst.*

Betriebe direkt fragen

Vielleicht kennst du einen Betrieb, bei dem du gerne eine Ausbildung machen möchtest? Dann kannst du gezielt nachfragen, ob dieses Unternehmen ausbildet.

Wer passt zu wem?

Beim Lesen der Stellenanzeige gilt es, wichtige Fragen zu klären:

- Ist das eine Ausbildung, die zu mir passt? Ist es ein Unternehmen, das mich gut ausbilden wird und mir dadurch Zukunftschancen eröffnet?
- Habe ich die notwendigen und gewünschten Voraussetzungen und passe ich zu dem Unternehmen?

Muss oder Kann?

Jeder Beruf erfordert bestimmte Qualifikationen. Welche Erwartungen eine Bewerberin oder ein Bewerber erfüllen muss oder soll, steht in der Stellenanzeige:

> Bei den Anforderungen formulieren die Unternehmen ihre Wünsche. Oft erfüllt keine Bewerberin/kein Bewerber alle Erwartungen. Bewirb dich also auch, wenn du nicht alle, aber die wesentlichen Erwartungen erfüllst.

3 So suchen Unternehmen ihre Mitarbeiter

- **Muss-Anforderungen** sind notwenige Voraussetzungen, die unbedingt erfüllt werden müssen. Im Text steht dann „vorausgesetzt sind …", „unabdingbar ist …" oder „nur berücksichtigt werden …"
- **Kann-Anforderungen** sind wünschenswerte Voraussetzungen. Ein Bewerber sollte sie mitbringen, sie sind aber nicht zwingend. Im Anzeigentest steht die Formulierung „Idealerweise", „von Vorteil sind …" oder „wünschenswert ist …".

1 a) Nenne sechs unterschiedliche Möglichkeiten, an Informationen über Ausbildungsplätze zu kommen.
b) Erläutere den Unterschied zwischen Muss-Anforderungen und Kann-Anforderungen in einer Stellenanzeige.

2 a) Vergleicht die Informationen zu Unternehmen, Ausbildungberuf, Muss- und Kann-Anforderungen und Bewerbungsart aus den Stellenanzeigen 1, 2 in einer Tabelle.
b) Beurteile, in welcher Anzeige du die Informationen besser gefunden hast und begründe deine Einschätzung.

3 Sammle mindestens vier Stellenanzeigen für Ausbildungsplätze in deinem Wunschberuf und erstelle eine Tabelle mit den gleichen Informationen wie in Aufgabe 2 a.

4 Analysiere mit Hilfe der Abbildung 3 die Maßnahmen, die Unternehmen zur Stellenbesetzung ergreifen und wie wirkungsvoll diese Maßnahmen sind.

5 Schreibe selbst eine Stellenanzeige für deinen Wunschberuf und deinen Wunschbetrieb.

Bewerben – aber wie?

1 Stellenanzeigen

Auf der Suche nach einem passenden Ausbildungsplatz wirst du viele interessante Stellenanzeigen finden. Den Stellenanzeigen kannst du entnehmen, ob die Firma vollständige Bewerbungsunterlagen oder eine Kurzbewerbung erwartet.

Vollständige Unterlagen

Sie bestehen aus

- dem **Anschreiben** (siehe S. 190),
- deinem **Lebenslauf** mit Foto (siehe S. 192),
- den **Anlagen**, also einer Kopie vom letzten Zeugnis, Kopien der Praktikumsbeurteilungen und Kopien von Leistungsnachweisen wie Bescheinigungen über einen Erste-Hilfe-Kurs, zusätzliche Sprach- oder Computerkurse oder Ähnliches (wenn vorhanden).

Du kannst ein **Deckblatt** mit deinen Namen, deinen Ausbildungswunsch und einem Foto von dir gestalten.

Du schickst die geforderten Unterlagen auf Papier mit der Post an das Unternehmen oder bringst die Unterlagen persönlich vorbei.
Wenn du deine vollständige Bewerbung verschickst, dann benutze eine Bewerbungsmappe für alle Unterlagen.
Aber: Das Anschreiben wird auf die Bewerbungsmappe gelegt!

1,45
Euro

Berger GmbH
Frau Eva Karr
Hauptstr. 1
12345 Neustadt

2 Schriftliche Bewerbung

Sparen Sie sich Arbeit! Bewerben Sie sich NICHT ...
... wenn Sie keine Zeit oder Lust haben, dies sorgfältig zu tun. Ihre Bewerbung landet schnell im „Mülleimer", wenn die Verantwortlichen der Unternehmen den Eindruck gewinnen, dass Sie das Stellenangebot des Unternehmens nicht ernst nehmen. Halten Sie ein paar wichtige Regeln ein – und Ihre Bewerbung wird wesentlich effektiver sein.
Quelle: www.jobware.de (11.06.2011)

3 Hinweis in einem Stellenportal

1 a) Nenne die drei üblichen Bewerbungsarten.
b) Erstellt eine Übersicht mit Regeln, die ihr bei der jeweiligen Bewerbungsart beachten müsst.
c) Vergleicht eure Listen und ergänzt, wenn möglich.

2 Richte dir eine seriöse E-Mail-Adresse ein.

3 Sucht mindestens 20 Stellenanzeigen. Welche Bewerbungsarten werden wie oft verlangt? Erstellt eine Grafik.

4 a) Fertige Kopien und Scans von deinen Zeugnissen und Leistungsnachweisen an.
b) Vergleicht eure Unterlagen und bewertet, welche Fähigkeiten ihr mit euren Leistungsnachweisen belegen könnt.

- ✗ *In eine Bewerbungsmappe gehören dein Lebenslauf mit Foto und die Zeugnisse.*
- ✗ *Das Anschreiben wird zusammen mit der Bewerbungsmappe verschickt.*
- ✗ *Personalverantwortliche achten sehr genau auf die Form und auf den Inhalt.*

Kurzbewerbung
Hier verschickst du
- dein Bewerbungsanschreiben und
- deinen Lebenslauf mit Foto.

Bewerbungsarten
In der Stellenanzeige steht meistens, wie du deine Unterlagen einreichen sollst. Übliche Formen sind die schriftliche Bewerbung 1, die E-Mail-Bewerbung 4 oder die Online-Bewerbung 5. Bitte richte dich danach.

Bewerber-Homepages
Für alle, die Internetseiten erstellen können, ist die Bewerber-Homepage eine Möglichkeit, sich vorzustellen. Dort bietest du deine vollständigen Bewerbungsunterlagen zur Ansicht oder zum Download an. Dann kannst du dem Unternehmen eine E-Mail schicken mit dem Link zu dieser Seite. Achtung: Diese Bewerbungsart ist bei Unternehmen nicht sehr beliebt. Es wird dem Personalverantwortlichen nicht deutlich gemacht, warum die Stelle und der Bewerber gut zusammen passen.

Für Bewerbungen im Internet brauchst du eine seriöse (d.h. vertrauenswürdige) E-Mail-Adresse, am besten: vorname.nachname@mailadresse.de

Von:	max.mustermann@email.de
An:	bewerbung@unternehmen.de
Betreff:	E-Mail-Bewerbung

Du schickst die geforderten Unterlagen als Dateianhang an die E-Mail Adresse des Unternehmens. Die Inhalte der Email-Bewerbung sind die gleichen wie bei einer schriftlichen Bewerbung. Am besten verschickst du alles in einer pdf-Datei. Im Textteil der E-Mail steht dann in höflicher Form, auf welche Stelle du dich bewirbst und dass sich deine Bewerbungsunterlagen im Anhang befinden.
Bitte beachte: Die Anlagen sollten nicht zu groß sein (insgesamt max. 3 MB).

pdf
Bewerbung

4 E-Mail-Bewerbungen

1 persönliche Daten → 2 Lebenslauf → 3 Zeugnisse → 4 Anschreiben → 5 Senden

Online-Bewerbungen sind Bewerbungsformulare, die du auf der Firmenhomepage im Internet ausfüllst. Oft musst du dich zunächst registrieren und erhältst dann einen eigenen Zugang zum geschützten Bewerbungsbereich.
Meist kannst du am Ende eine Vorschau erstellen. Drucke die Vorschau aus und lese alles noch einmal genau durch, bevor du deine Daten verschickst. Bewahre den Ausdruck auf.

5 Bei einer Online-Bewerbung gibst du deine Daten direkt auf der Internetseite des Unternehmens ein.

5 **a)** Gib den Namen deiner Arbeitspartnerin/deines Arbeitspartners in die gängigen Suchmaschinen und sozialen Netzwerke ein. Erstelle eine Liste der gefundenen Einträge und schaue dir die entsprechenden Internetseiten an. Was für ein Bild über die Person entsteht bei der Internetrecherche?
b) Stellt euch gegenseitig vor, was ihr im Internet gefunden habt. Überlegt, was ihr machen könnt, um den Eindruck zu verbessern.

6 Welche Regeln sollten eingehalten werden, damit die Bewerbung nicht im „Mülleimer" landet 3? Formuliert mindestens fünf Regeln.

Dein Bewerbungsanschreiben

Karoline Eisner
Stockholmer Straße 1
12345 Neustadt
Telefon: 0123 - 98765
E-Mail: k.eisner@e-mail.de

> Verwende das aktuelle Datum.

17. September 2014

> Vermerke beim Absender alle Möglichkeiten, wie man dich erreichen kann.

Hotel Palme
Ulrich Hansmann
Bahnhofstraße 33
12345 Neustadt

Bewerbung um einen Ausbildungsplatz als Köchin

> Im Betreff schreibst du kurz und knapp, worum es geht.

Sehr geehrter Herr Hansmann,

> Wähle eine höfliche Anrede. Am besten ist es, wenn du eine/n direkte/n Ansprechpartner/in kennst.

mit großem Interesse habe ich gestern Ihre Stellenanzeige für einen Ausbildungsplatz als Koch/Köchin bei der IHK Wuppertal gelesen. Auf Ihrer Homepage habe ich mich über Ihr Hotel und Ihr gastronomisches Angebot informiert. Das motiviert mich zu meiner Bewerbung.

> Im ersten Absatz erwähnst du, woher du von der Stelle erfahren hast. Hier kannst du deutlich machen, dass du dich über das Unternehmen informiert hast.

Während meines zweiwöchigen Praktikums im Restaurant Mühlenschänke konnte ich erste Erfahrungen in der Restaurantküche gewinnen. Besonderen Spaß hat mir die Zuarbeit für die Kaltspeisen gemacht. In meiner Beurteilung wird mir bescheinigt, dass ich körperlich fit, flexibel und belastbar bin. Seit einem Jahr arbeite ich zudem bei unserem Schülerkiosk mit. Dort verkaufen wir in der Pause belegte Brötchen.

> Hier schreibst du deine Fähigkeiten und Eigenschaften auf, die zur ausgeschriebenen Stelle passen. Beschreibe sie möglichst mit einem Beispiel. Achte darauf: Beschreiben – nicht bewerten!

Zurzeit besuche ich die neunte Klasse der Tal-Gesamtschule, die ich im kommenden Sommer mit dem Hauptschulabschluss verlassen werde.

> Hier schreibst du, was du zurzeit machst und ab wann du zur Verfügung stehst.

Gerne biete ich Ihnen an, sich bei einem Probearbeitstag von meinen Fähigkeiten zu überzeugen. Auf eine Einladung zum Gespräch freue ich mich.

> Sage, dass du dich auf eine Einladung zum Gespräch freust. Du kannst auch einen Probearbeitstag anbieten.

Mit freundlichen Grüßen

Karoline Eisner

> Unterschreibe den Brief mit der Hand.

Anlagen

> Du kannst alle beigefügten Anlagen einzeln aufzählen. Allerdings ist dies heutzutage nicht mehr unbedingt notwendig.

1 Anschreiben

- *Dein Anschreiben erklärt sachlich, warum die Firma dich nehmen soll.*
- *Dein Anschreiben soll motivieren, deinen Lebenslauf genau zu lesen.*
- *Achte darauf, die Anlagen sorgfältig auszuwählen.*

Das Bewerbungsanschreiben 1 ist der wichtigste Teil deiner Bewerbung. Aber keine Panik: Das Anschreiben zu formulieren ist für fast alle Bewerber schwierig. Das Anschreiben enthält Informationen über deine Qualifikation. Und es gibt kurz Auskunft darüber, warum du dich gerade bei dieser Firma bewirbst.

Korrekte Form des Anschreibens

Halte dich an die offiziellen Vorgaben für Geschäftsbriefe 1. Das macht einen professionellen Eindruck. Beachte die folgenden Tipps für den Inhalt:

- **Text einteilen:** Es ist geschickt, den Brief in drei oder vier Absätze einzuteilen. Ein Absatz besteht meist aus zwei bis vier Sätzen, die fortlaufend hintereinander geschrieben werden. Nach einem Absatz machst du eine Leerzeile.
- **Dritte zitieren:** Schaue deine Praktikumsbeurteilung an. Suche nach positiven Urteilen über deine Tätigkeit und beziehe dich auf die Beurteilung (Beispiel: „Mein Praktikumsbetrieb bescheinigt mir, dass ich pünktlich, zuverlässig und freundlich im Umgang mit Kunden bin.").
- **Informiert sein:** Zeige mit einem gut formulierten Satz, was dich an der Firma anspricht: Das Produkt, das Ausbildungskonzept, das Image …

Ganz wichtig: Korrektur lesen lassen

Auch wenn du dir noch so viel Mühe gibst – du wirst alleine kaum eine perfekte Bewerbung abschicken können. Deshalb solltest du dein Anschreiben und den Lebenslauf immer von einer anderen Person sorgfältig lesen lassen.

Nicht aufgeben!

Es kann immer passieren, dass du keine Antwort oder eine Absage erhältst, auch wenn du alle Hinweise beachtest. Das hat nicht unbedingt etwas mit dir persönlich zu tun. Die Gründe für eine Absage sind vielfältig. Bitte gib nicht auf und bewirb dich weiter!

Personalverantwortliche bekommen meist sehr viele Bewerbungsunterlagen. Möchtest du positiv auffallen? Dann mache an bestimmten Punkten deutlich, dass du dich gut informiert hast und deine Bewerbung nur für dieses Unternehmen formuliert hast:

- durch eine persönliche Anrede
- durch einen treffenden Satz über die Firma
- durch die Darstellung deiner Fähigkeiten in Bezug auf die von der Firma erwarteten Fähigkeiten

Infos und Links
Anschreiben,
Schreibvorlagen
z4a2mz

1 Entscheide dich für einen Ausbildungsberuf bei einer bestimmten Firma. Formuliere nun dein Bewerbungsanschreiben. Wenn du dich nicht für einen konkreten Beruf entscheiden kannst, dann formuliere dein Anschreiben für die Stelle des „Ostereiermalers" oder des „Oberknödelkneters".

2 **a)** Tauscht eure Anschreiben aus. Überprüft gegenseitig die Briefe: Gibt es Schreibfehler? Ist die Gestaltung ansprechend? Ist der Text glaubwürdig und überzeugend? Erklärt euch gegenseitig eure Einschätzung.
b) Stell dir vor, du arbeitest in einer Personalabteilung und sollst einen Ausbildungsplatz besetzen. Hat dich das Bewerbungsanschreiben neugierig gemacht auf die weiteren Unterlagen der Bewerberin oder des Bewerbers? Gebt euch gegenseitig eine Rückmeldung über die Gründe für euer Interesse oder für das Fehlen von Interesse.

3 **a)** Erstelle eine E-Mail-Bewerbung aus den zuvor erstellten Unterlagen.
b) Schickt euch eure Bewerbungs-E-Mails gegenseitig zu und gebt euch eine Rückmeldung.

Dein Lebenslauf

Infos und Links
Lebenslauf,
Schreibvorlagen
3sd7kw

Dein Lebenslauf gibt dem Personalverantwortlichen Auskunft darüber, ob du für die offene Stelle geeignet bist. Der Lebenslauf ist das Kernstück deiner Bewerbung, deine „Visitenkarte".

Lebenslauf

Persönliche Daten

Name:	Karolina Eisner
geboren am:	04.07.1999
Geburtsort:	Neustadt
Anschrift:	Stockholmer Str. 1 12345 Neustadt
Eltern:	Hanna Eisner, Verkäuferin Michael Eisner, Tischler
Telefon:	0123 - 4567
E-Mail:	k.eisner@e-mail.de

Name, Geburtstag und -ort sind Pflicht. Staatsangehörigkeit, Aussagen zur Familie oder Religion sind freiwillige Angaben.

Schulischer Werdegang

08.2005 - 06.2009	Grundschule, Neustadt
08.2009 - bis heute	Tal-Gesamtschule, Neustadt
Angestrebter Schulabschluss:	Hauptschulabschluss, Sommer 2015

Hier listest du deine besuchten Schulen und die betreffenden Zeiträume auf. Die Zeitangaben müssen einheitlich sein und umfassen Tag, Monat und Jahr (01.04.2009 - 31.10.2010) oder nur Monat und Jahr (04.2009 - 10.2010).

Berufliche Erfahrungen

seit 04.2013	Mitarbeit im Schülerkiosk der Tal-Gesamtschule, Zubereitung und Verkauf von belegten Brötchen
03.2014	zweiwöchiges Praktikum in der Küche des Restaurants Mühlenschänke, Neustadt

Hierzu gehören Schulpraktika, Ferienjobs und später die Berufsausbildung, deine Berufserfahrung und eventuell Freiwilligendienste.

Zusatzkenntnisse

Englisch	sehr gut in Wort und Schrift
EDV	Word und Excel (Grundkenntnisse), Internetrecherche

Was genau kannst du wie gut? „Englisch gut in Wort und Schrift" oder „Russisch Muttersprache", „MS Office Grundkenntnisse" usw.

Hobbys Kochen und neue Rezepte ausprobieren, Tennis

Mit der Angabe von Hobbys, Interessen und Engagements kannst du dich als Persönlichkeit beschreiben. Wichtig ist, dass es eine Verbindung zu dem angestrebten Beruf gibt.

Neustadt, 17. September 2014

Karoline Eisner

Bei Bewerbungen auf Papier musst du deinen Lebenslauf unterschreiben. Bei Online- und Email-Bewerbungen ist das nicht notwendig, du kannst aber einen Scan deiner Unterschrift einfügen.

1 Lebenslauf

- *Dein Lebenslauf soll dein individuelles Profil sichtbar machen.*
- *Foto und Inhalt sollten ansprechend gestaltet sein.*
- *Dein Lebenslauf darf keine formellen oder inhaltlichen Fehler enthalten.*

Überzeugen durch Form und Inhalt

Gestalte deinen Lebenslauf übersichtlich und nachvollziehbar. Wähle eine gut lesbare Schriftart, Schriftgröße und Textanordnung. Wichtig ist, dass deine Anschrift, deine Telefon- und Handynummer und Mailadresse aktuell und vollständig angegeben sind. Wenn ein Personalverantwortlicher Interesse hat dich einzuladen, dann will er oder sie dich schnell und unkompliziert erreichen können!

Reihenfolge und Vollständigkeit

Als Schulabgängerin oder Schulabgänger kannst du mit dem ersten Schuljahr beginnen. Wichtig ist, dass es keine zeitlichen Lücken im Lebenslauf gibt. Du musst deshalb für jeden Zeitraum nach Schulbeginn angeben, wie du deine Zeit verbracht hast.

Dein Bewerbungsfoto

In Deutschland ist es üblich, die Bewerbung mit einem Foto zu versenden. Dein Foto ist aktuell und seriös. Es zeigt dich in Kleidung, die zur angestrebten Stelle passt. Zu sehen sind Kopf- und Schulterpartie, du bist ausgeschlafen und gekämmt. Digitale Bewerbungsfotos kannst du direkt in deine Bewerbung einbinden und mit einem guten Drucker ausdrucken.

Im **chronologischen Lebenslauf** werden die Daten zeitlich so geordnet, dass die Dinge am Anfang stehen, die zuerst geschehen sind. Für Bewerberinnen und Bewerber mit Berufserfahrung wird empfohlen, mit der Gegenwart anzufangen und die Stationen „rückwärts“ aufzuzählen.

2 Welches Foto ist besser geeignet für eine Bewerbung?

Modellprojekt anonymisierte Bewerbung
Durch die Anonymisierung soll ausgeschlossen werden, dass eine Bewerberin oder ein Bewerber aufgrund des Alters, des Geschlechts, des Wohnortes oder des Aussehens benachteiligt wird.
Erstmals wurden in Deutschland im Herbst 2010 anonymisierte Bewerbungsverfahren angeboten. Bei Bewerbungen für 225 ausgewählte Stellen sollte auf persönliche Daten wie Name, Alter, Geschlecht, Herkunft und Familienstand und auf das Bewerbungsfoto verzichtet werden.

3 Anonyme Bewerbungen – Chance oder Hindernis?

1 a) Schreibe deinen Lebenslauf.
b) Tauscht eure Lebensläufe aus und überprüft sie: Gibt es Schreibfehler? Ist die Gestaltung übersichtlich, ansprechend und einheitlich? Ist der Lebenslauf vollständig? Erklärt euch eure Einschätzung gegenseitig.
c) Untersuche, ob es Informationen in deinem Lebenslauf gibt, die für den einen Ausbildungsberuf wichtig wären, für einen anderen Beruf jedoch nicht.
d) Überprüfe, ob das Bewerbungsanschreiben zum Lebenslauf passt.

2 a) Stelle dir vor, du bist Personalverantwortlicher und sollst entscheiden, ob eine Bewerberin oder ein Bewerber mit deinem Lebenslauf zum Vorstellungsgespräch eingeladen wird. Begründe deine Entscheidung.
b) Diskutiert, welche Gründe in eurem Fall für und gegen eine Einladung sprechen.

3 Welche Gründe sprechen für eine anonymisierte Bewerbung 3 und welche dagegen? Sammelt Argumente und nehmt Stellung.

Keine Angst vor Einstellungstests

Links
Einstellungstests
k9a8hb

1 Eine Einladung zum Test - Grund zur Panik oder zur Freude?

Carolina hat eine Einladung zum Einstellungstest bekommen. Ratlos schaut sie auf den Brief, denn sie hasst Tests. Ihr Vater macht ihr Mut: „Das Unternehmen findet deine Bewerbung interessant, sie wollen mehr über dich wissen. Damit bist du einen Schritt weiter!"

Unterschiedliche Tests

Einstellungstests sind sehr unterschiedlich. Wenn die Ausbildung einen Hauptschulabschluss voraussetzt, sind die Fragen anders, als wenn die Fachoberschulreife verlangt wird. Bei kaufmännischen Berufen wird eher Deutsch und Mathematik geprüft, bei Handwerksberufen kann es auch praktische Aufgaben geben. Auch Assessment-Center 3 sind eine Art Eignungstest.

Was kommt im Test vor?

In den letzten Jahren klagen viele Firmen darüber, dass die Schüler nicht genug Mathematik- und Rechtschreibkenntnisse haben. Deshalb gibt es häufig Lese- und Verständnisübungen. Aber auch Fachthemen können eine Rolle spielen. Dabei wird aber nur Wissen abgefragt, dass du schon vor Ausbildungsbeginn haben kannst, wenn dich der Beruf wirklich interessiert.

Vor dem Test:
- Übe vorab einige Einstellungstests. So weißt du, was auf dich zukommt und du bist weniger aufgeregt.
- Stehe rechtzeitig vor dem Termin auf, frühstücke ordentlich. Recherchiere vorher den Anfahrtsweg und lass genug „Zeitpuffer", damit du auf jeden Fall pünktlich zum Test kommst. Wenn du krank wirst, sage rechtzeitig ab.
- Trage die gleiche Kleidung, die du auch bei einem Vorstellungsgespräch tragen würdest.

Beim Test:
- Nimm eine Uhr mit und achte auf die Zeitvorgaben.
- Lies dir jede Aufgabe vor der Bearbeitung aufmerksam durch. Frage nach, wenn du etwas nicht verstehst.
- Bearbeite zuerst die Aufgaben, die dir leicht fallen und beiß dich nicht an zu schweren Aufgaben fest. Einige Tests sind so gestaltet, dass du gar nicht alles schaffen kannst.
- Belohne dich mit einer kleinen Pause, wenn du einen Teil der Aufgaben geschafft hast. Du kannst z. B. aus dem Fenster schauen, tief Luft holen oder kurz die Augen schließen. Damit sammelst du Energie für die weiteren Aufgaben.

2 Tipps für den Einstellungstest

Steckbrief: Assessment-Center
Was ist das?
Ein Auswahlverfahren, in dem Bewerber beurteilt werden. Anschließend werden die Besten zum Gespräch eingeladen.

Wie geht das?
Mehrere Bewerber werden an einem oder mehreren Tagen gründlich geprüft. Du musst alleine oder in der Gruppe Aufgaben lösen. Dabei wirst du meist von mehreren Personalverantwortlichen beobachtet. Auch in den Pausen und beim Essen wird dein Verhalten beobachtet.

Was sind typische Aufgaben?
Präsentationen zu vorgegebenen Themen erarbeiten, Rollenspiele oder Konfliktgespräche durchführen (z. B. Verkaufsgespräch), Diskussionen führen, …

3 Assessment-Center – auch eine Art Einstellungstest

- *Je nach Ausbildungsberuf und Unternehmen werden verschiedene Kenntnisse und Fähigkeiten getestet.*
- *Wer sich gut auf den Einstellungstest vorbereitet, bekommt bessere Ergebnisse.*

Englisch
1) He … to work every day.
a) drive b) drives
c) drived d) driving
2) … are you from?
a) What b) Why
c) Where d) Who

Mathematik
1) Wie viel sind 30 Prozent von 240?
2) Addieren Sie die Brüche und kürzen Sie so weit wie möglich.
$\frac{3}{6} + \frac{5}{9} : \frac{6}{7} + \frac{4}{13}$

Räumliches Denken
Wie viele Flächen hat der Körper?

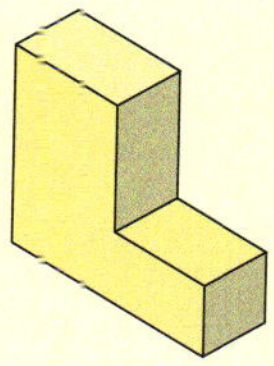

Deutsch
1) Wie wird das Wort „einander" richtig getrennt?
a) ein – an – der b) einan – der c) ein – and – er d) ei – nand – er
2) Welches ist die richtige Schreibweise?
a) entgültich b) endgültig c) entgültig d) entgültik

Allgemeinwissen
1) Was versteht man unter Subventionen?
a) Sparvermögen
b) Sonderzahlungen an Verbraucher
c) Spezialkredite für Baufirmen
d) staatliche Hilfe für Unternehmen
2) Nennen Sie 5 deutsche Bundesländer.

Logisches Denken
1) Welche Zahl setzt die Reihe sinnvoll fort?
8 7 9 8 10 9 11 10 12 11 ?
2) Welcher Dominostein setzt die Reihe sinnvoll fort?

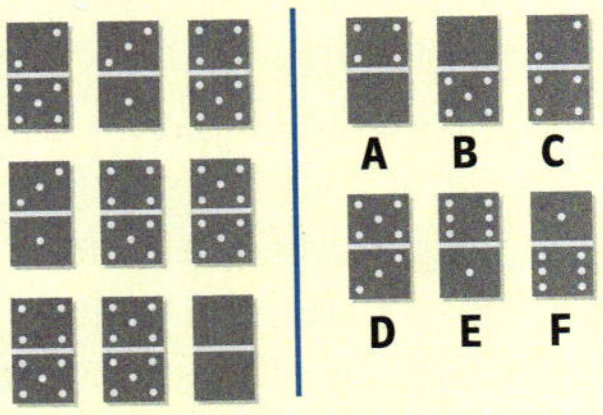

Technisches Verständnis
Sind die Pfeile richtig eingezeichnet?

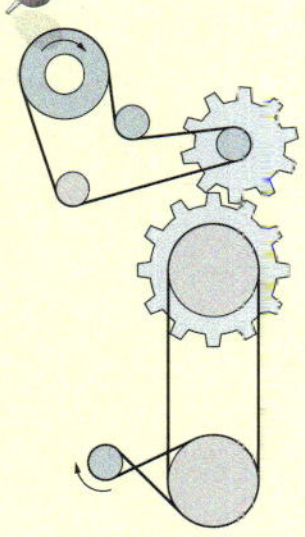

4 Dies sind typische Testaufgaben für unterschiedliche Themen.

1 a) Begründe, warum Einstellungstests für unterschiedliche Berufe unterschiedlich aufgebaut sind.
b) Erläutere, warum Unternehmen Einstellungstests durchführen.
c) Erkläre den Unterschied zwischen einem Einstellungstest und einem Assessment-Center **3**.

2 Anke meint: „Es ist sinnvoll, Aufgaben in einem Eignungstest zu überspringen, für die man nicht sehr bald eine Lösung findet." Nimm Stellung zu Ankes Aussage.

3 a) Bearbeitet in Einzelarbeit die Aufgaben aus dem Einstellungstest **4**.
b) Überprüft gegenseitig eure Lösungen.
c) Gebt euch gegenseitig eine Rückmeldung, bei welchen Aufgaben der andere gut war und bei welchen Schwierigkeiten bestanden.

4 a) Suche aus dem Internet mindestens zwei Portale, die Training zum Einstellungstest anbieten.
b) Fertigt eine Liste an mit den Portalen, die ihr gefunden habt.
c) Vergleicht die Portale und beschreibt Gemeinsamkeiten und Unterschiede.
d) Entscheide dich für ein Portal und arbeite mindestens einen Test durch.
e) Berichtet von euren Erfahrungen mit dem Test.

Das Vorstellungsgespräch

1 Das Vorstellungsgespräch ist eine ungewohnte Situation. Eine gute Vorbereitung hilft dir, es gut zu meistern.

Links
Vorstellungsgespräch
su9cb3

Endlich ist ein Brief im Briefkasten. Sandra hat tatsächlich eine Einladung zum Vorstellungsgespräch erhalten! Nun ist sie natürlich ganz aufgeregt.

Neugierig auf dich

Unternehmen laden nur die Bewerberinnen und Bewerber ein, an denen sie ein echtes Interesse haben. Wenn du also eingeladen bist, bedeutet das, dass deine Bewerbung gut angekommen ist und du die erste Hürde genommen hast.

Warum Vorstellungsgespräche?

Durch das Gespräch möchte der Betrieb herausfinden, ob du für den vorgesehenen Ausbildungsplatz geeignet bist und ob du zum Unternehmen passt. Deshalb solltest du dich auf das Vorstellungsgespräch gut vorbereiten. Die Checkliste 2 hilft dir dabei.

Entscheidend: Die ersten drei Sekunden

Jeder kennt es: Wenn du einen Menschen das erste Mal siehst, dann hast du schnell eine Vorstellung davon, wer vor dir steht. Dieser erste Eindruck entsteht durch deine Kleidung, deine Körperhaltung und deinen Gesichtsausdruck. Bei einem positiven ersten Eindruck sind wir eher bereit, uns ausführlich mit dem Gegenüber zu beschäftigen. Beim Vorstellungsgespräch wachsen deine Chancen, wenn du einen gepflegten und interessierten Eindruck machst.

... und wie läuft das ab?

In kleinen Betrieben führt oft die Chefin oder der Chef selbst das Gespräch, in größeren Betrieben Mitarbeiter aus der Personalabteilung. Häufig sind außerdem Personen anwesend, mit denen du später zusammenarbeiten wirst. Der Ablauf ist oft ähnlich 3. Viele Betriebe erwarten, dass du Fragen stellst. Deshalb solltest du einige Fragen vorbereitet haben.

- Wenn du eine Einladung bekommst, bestätige den Termin (telefonisch oder schriftlich). Es macht einen guten Eindruck, wenn du dich für die Einladung bedankst.
- Sammle mehr Informationen über die Firma. Wer gut informiert ist, zeigt Interesse.
- Schreibe deine Fragen an die Firma auf, zum Beispiel über deine Arbeitszeit, deinen Einsatzort, wie viele Auszubildende ausgebildet werden ...
- Finde den Weg zum Unternehmen heraus. Wie komme ich dort hin und wie viel Zeit benötige ich? Tipp: Probiere den Weg vorher aus.
- Lies deine Bewerbungsunterlagen noch einmal durch. Es ist hilfreich, wenn du deine Daten und Argumente aus dem Anschreiben im Kopf hast.
- Suche angemessene Kleidung aus. Prüfe, ob dein Outfit sauber und gepflegt ist und ob die Schuhe geputzt sind.

2 Checkliste Vorstellungsgespräch

Begrüßung/Einleitung des Gesprächs
↓
Vorstellung des Betriebs/der ausgeschriebenen Stelle
↓
Fragen an die Bewerberin/den Bewerber
↓
Fragen der Bewerberin/des Bewerbers
↓
Verabschiedung

3 Ablauf eines Vorstellungsgesprächs

- *Eine gute Vorbereitung verbessert die Chancen auf ein gelungenes Gespräch.*
- *Wichtig sind die Qualifikation und der erste Eindruck.*
- *Die Liste typischer Fragen hilft dir bei deiner Vorbereitung.*

	Mit dieser Frage …	möchte der Betrieb herausfinden …
1	Schildern Sie mir doch kurz, was Sie bisher gemacht haben. Erzählen Sie uns etwas über sich.	… ob du deinen Lebenslauf verständlich und interessant darstellen kannst.
2	Warum haben Sie sich bei uns beworben?	… ob du dich gut über den Betrieb informiert oder nur irgendeinen Ausbildungsplatz gesucht hast.
3.	Warum haben Sie sich für diesen Ausbildungsberuf entschieden?	… ob du dich gut über die Ausbildung informiert hast und wirklich motiviert bist.
4	Wo liegen Ihre Stärken und Schwächen?	… ob du dich gut einschätzen kannst und deine Stärken zum Beruf passen.
5	Wieso sollten wir gerade Ihnen den Ausbildungsplatz geben?	… wie du dich deiner Meinung nach von anderen Bewerbern unterscheidest.
6	Was machen Sie in Ihrer Freizeit? Welche Hobbys haben Sie?	… ob deine Freizeitaktivitäten zum Beruf passen und ob du einen Ausgleich hast.
7	Welche Fächer sind Ihre Lieblingsfächer?	… ob du Interesse für die Fächer zeigst, die für den Beruf wichtig sind.
8	Was machen Sie, wenn Sie diesen Ausbildungsplatz nicht bekommen?	… wie du mit Rückschlägen umgehst und ob du eine Alternative hast.
9	Welche praktischen Erfahrungen haben Sie bisher gemacht?	… ob du schon weißt, auf was es in diesem Beruf ankommt und ob du damit zurechtkommst.
10	Wie sehen Sie Ihre berufliche Zukunft?	… ob du längerfristig Interesse an diesem Beruf und dem Betrieb hast.

4 Fragen, die in einem Vorstellungsgespräch vorkommen können.

1 Erläutere aus Sicht der Arbeitgeber, warum Vorstellungsgespräche bei der Auswahl der Bewerber wichtig sind.

2 a) Notiere deine Antworten auf die zehn typischen Fragen im Vorstellungsgespräch **4**.
b) Rollenspiel Vorstellungsgespräch: Einer spielt die Rolle des Firmenvertreters, einer die des Bewerbers. Anschließend tauscht ihr die Rollen. Fragt und antwortet in ganzen Sätzen. Gebt euch gegenseitig eine ehrliche Rückmeldung.

3 Überlege dir drei Fragen, die du dem Firmenvertreter stellen kannst.

4 Was hilft dir, vor einer Prüfung oder einem Bewerbungsgespräch ruhiger zu werden? Berichte in der Gruppe, sammelt eure Tipps auf einem Plakat.

5 Ein Bewerber fragt am Ende des Vorstellungsgesprächs nach den Produkten, die der Betrieb herstellt. Bewerte das Verhalten.

6 Nicht alle Fragen in einem Vorstellungsgespräch sind erlaubt. Fragen nach deiner Religionszugehörigkeit, deiner politischen Meinung, nach Krankheiten oder deinem Vermögen sind nicht zulässig. Als Bewerber/in musst du diese Fragen nicht beantworten oder darfst sogar ausnahmsweise falsche Angaben machen.
a) Begründe, warum die oben genannten Fragen in einem Vorstellungsgespräch unzulässig sind.
b) Überlegt, wie ihr auf unzulässige Fragen reagieren könntet.

Mein Weg in die Arbeitswelt

Bogen zur Selbsteinschätzung
ai428j

1 Ordne die folgenden Begriffe einer der sechs Aussagen 1 zu.

a) Beruf Aktuell
b) Internet
c) Kleidung
d) Beratungsangebote nutzen
e) gut formuliert
f) Inititativbewerbung
g) Berufskolleg
h) Persönliche Angaben
i) Stellenanzeigen
j) Vollzeit-Ausbildung
k) Foto
l) Zweiter Bildungsweg
m) Vollständige Bewerbung
n) Kenntnis der typischen Fragen
o) Duale Ausbildung
p) wichtige Daten
q) aussagekräftig
r) fehlerfrei
s) Kurzbewerbung
t) „Alternativen-Diamant"
u) Freiwilliges Jahr
v) Berufsfachschule
w) Online-Bewerbung
x) Ausdauer

① Hilfreich bei der Ausbildungsplatzsuche ist …

② Anschlussmöglichkeiten nach der Schule sind …

③ Dies sind die wichtigsten Bewerbungsarten.

④ Ein gutes Anschreiben ist …

⑤ Dein Lebenslauf enthält …

⑥ Wichtig für das Vorstellungsgespräch sind …

1 Aussagen

2 Eine Freundin oder ein Freund wird den gleichen Schulabschluss erreichen wie du. Erkläre ihr/ihm mithilfe eines Schaubildes, welche Möglichkeiten ihr/ihm nach dem Schulabschluss offen stehen.

3 Schreibe mindestens drei Tipps auf, wie Fabian 2 eine Alternative zu seinem Wunschberuf finden kann.

„Dachdecker ist ein toller Beruf. Da kann man praktisch arbeiten und kommt ganz schön rum. Aber leider bin ich nicht schwindelfrei …"

2 Fabian sucht seinen Wunschberuf.

4 a) Ordne die Vor- und Nachteile der drei Formen von Berufstätigkeit „abhängige Beschäftigung", „Selbstständigkeit" und „Bürgerarbeit" in eine Tabelle ein.
b) Begründe, ob und warum die jeweilige Form der Berufstätigkeit für dich in Frage kommt oder nicht.

5 Liste mindestens fünf Punkte auf, die du beim Verfassen deines Lebenslaufs beachten musst.

6 Herr Meier von der Firma Buntekuh hat ein Bewerbungsanschreiben 3 bekommen, das typische Fehler enthält. Finde mindestens 10 Fehler und formuliere zu jedem Fehler einen Tipp, wie es besser geht.

Ferdinand Frech
Müllerstraße 5
Burgdorf
0123-4567

Buntekuh
Herr Meier
Dorfstraße 17
9876 Burgdorf

Bewerbung um einen Ausbildungsplatz als Tischler

Sehr geehrter Herr Hansmann,

Auf ihrer Internetseite habe ich gesehen, das Sie einen freien Ausbildungsplatz haben. Dafür möchte ich mich bewerben.

Im Sommer werde ich meinen Hauptschulabschluss an der Realschule Burgdorf machen. Meine Lieblingsfächer sind Sport und Kunst. In Mathe habe ich keinen guten Lehrer, daher sind meine Noten gerade nicht so gut.

Ich bin sportlich und Kontaktfreudig. Ich gehe gern mit meinen Freunden aus. Fast jedes Wochenende spiele ich Fußball, weil ich der Stürmer der U 17 bin. Auf dem Platz bin ich der Beste!

Nächste Woche rufe ich sie an, dann machen wir einen Termin aus.

Bis dann

Ferdinand

3 Anschreiben

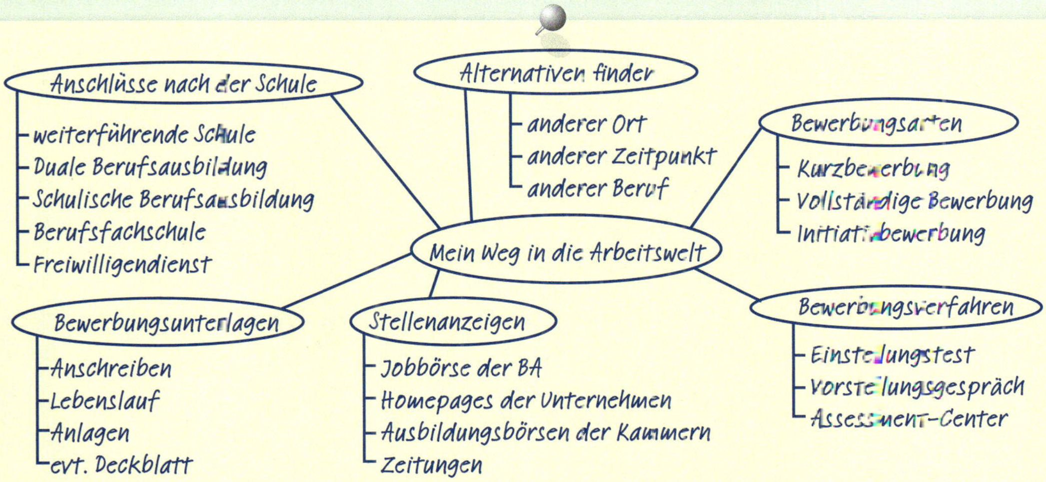

4 Diese Begriffe solltest du kennen.

Kleider machen Leute

1 Ist an dieser Aussage etwas Wahres?

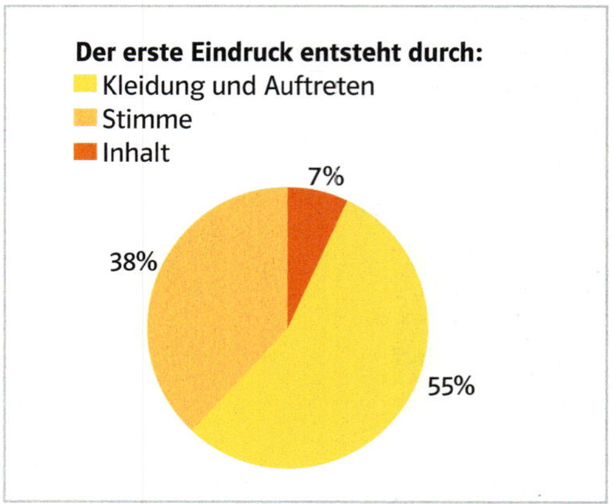

2 Kleidung und Körpersprache spielen eine entscheidende Rolle beim ersten Eindruck.

Mit dem Kleidungsstil, den du auswählst, mit dem Stoff, der Marke, den Farben und den Kombinationen gibst du Hinweise auf deine Persönlichkeit. Du zeigst, wie du von anderen wahrgenommen werden möchtest. Wer dich sieht, kann diese Zeichen meist innerhalb kürzester Zeit deuten.

Der erste Eindruck

Der erste Eindruck stützt sich stark auf das, was wir als erstes wahrnehmen 2. Die Kleidung, die du beim Vorstellungsgespräch trägst, ist deshalb sehr wichtig. Sie prägt den ersten Eindruck, den deine Gesprächspartner von dir gewinnen. Dieses Wissen kannst du nutzen, um beim Bewerbungsgespräch gut zu starten.

Wahrnehmung mit vielen Sinnen

Beim ersten Eindruck – und daher auch beim Vorstellungsgespräch – wirst du mit verschiedenen Sinnen wahrgenommen:

- **Mit den Augen**:
  Zieh frische Kleidung an. Vermeide fehlende Knöpfe oder Flecken auf der Kleidung. Trage geputzte Schuhe ohne schief getretene Absätze. Pflege deine Hände und Nägel.
- **Mit der Nase:**
  Achte auf frisch gewaschene Haare und dusche dich. Vermeide Schweiß- und Mundgeruch. Auch Zigaretten- und Knoblauchgeruch gelten als unangenehm.
- **Mit den Händen:**
  Dein erster Händedruck erzählt viel. Er kann lasch oder fest sein, lang oder kurz, zupackend oder zögerlich, feucht oder trocken.
- **Mit den Ohren:**
  Auch deine Stimme vermittelt einen Eindruck über dich: Sie wird als laut oder leise wahrgenommen, selbstbewusst oder schüchtern, fest oder unsicher …

3 Welche Kleidung empfiehlst du?

- *Deine Kleidung signalisiert viel über dich und deine Einstellung.*
- *Im Berufsleben wird erwartet, dass deine Kleidung zu deinem (angestrebten) Beruf und der Firma passt.*

Schick oder lässig-gepflegt?
Je nachdem, in welchem Beruf du dich bewirbst, wird unterschiedliche Kleidung akzeptiert. Wer sich in Alltagskleidung um eine Ausbildungsstelle als Bankkaufmann bewirbt, hat wenige Chancen. Beim Vorstellungsgespräch für eine Ausbildung zum Tischler in einem kleinen Handwerksbetrieb ist es wiederum unüblich, in einem Anzug zu kommen 3.

Arbeitskleidung – Berufskleidung
Nicht nur im Vorstellungsgespräch, auch im Beruf spielt Kleidung eine wichtige Rolle. Wir können uns nicht immer aussuchen, was wir tragen möchten. Das kann ganz unterschiedliche Gründe haben:

- **Schutz**: Auf dem Bau und in der Produktion dienen Sicherheitsschuhe und Schutzhelme der eigenen Sicherheit. Im Krankenhaus, im Labor und in der Gastronomie ist die Berufskleidung aus hygienischen Gründen wichtig.
- **Erkennbarkeit**: Kunden erkennen die Mitarbeiter einer Handwerksfirma oder eines Kaufhauses oft an der Kleidung. Sie wissen so besser, an wen sie sich wenden können.
- **Befugnisse**: Polizisten und Feuerwehrleute sind schnell zu erkennen. Ihre Uniform zeigt, dass sie bestimmte Rechte haben.
- **Ausstrahlung**: Angestellte einer Bank sollen seriös wirken. Sie tragen deshalb Business-Kleidung und keine Jeans.

die **Business-Kleidung**: Anzug oder Kostüm

Don'ts für Frauen und Männer:
Baggy-Hosen
kurze Hosen
alte, ungepflegte oder ausgelatschte Schuhe
sichtbare Tattoos und Piercings

Don´ts speziell für Männer
weiße Sportsocken
Sandalen
Mützen oder Baseball-Kappen
Trainingsanzug
Krawatte mit wildem Muster oder Comics
karierte Krawatte zum gestreiften Hemd

Don'ts speziell für Frauen
bauchfreie Shirts
durchsichtige, extrem eng anliegende oder tief ausgeschnittene Oberteile
kurze Röcke
Hüfthosen mit freiem Blick auf die Unterwäsche
High Heels
schrille Frisuren
übertriebenes Nagelstyling
zu viel Make-up, Parfum, Schmuck

4 So bitte nicht!

1 a) Beurteile, ob an Abbildung 1 etwas Wahres ist. Begründe deine Meinung mit mindestens zwei Argumenten.
b) Vergleicht eure Ergebnisse.

2 Begründet an Beispielen, warum die in Abbildung 4 dargestellten Don'ts nicht gewünscht sind.

3 a) Welche Kleidung 3 ist deiner Meinung nach angemessen für welche Berufe? Nenne mindestens zwei Beispielberufe pro Kleidung.
b) Nennt Berufe, in denen unbedingt ein Anzug oder ein Kostüm getragen werden muss.

4 Nennt mindestens fünf unterschiedliche Berufe, für die Vorschriften für die Arbeitskleidung gelten. Beschreibt die vorgeschriebene Kleidung und nennt die Gründe dafür.

5 Begründe aus Sicht eines Arbeitgebers, warum es Kleidungsregeln für das Vorstellungsgespräch gibt.

6 a) „Heute sind die Kleidungsvorschriften doch nicht mehr so streng. Eine Krawatte zu tragen sehe ich gar nicht ein." Nimm Stellung zu dieser Aussage.
b) Vergleicht eure Einschätzungen.

Mit dem Körper sprechen

Die Körpersprache ist allgegenwärtig. Unser Körper drückt unsere Stimmungen aus, in der Schule ebenso wie in der Freizeit. Gleichzeitig interpretieren wir die Körperhaltung unserer Freunde, der Lehrer, der Eltern. So gewinnen wir einen Eindruck, wie es dem anderen geht.

Ein Lächeln sagt mehr als 1000 Worte

Der Tonfall, der Gesichtsausdruck oder eine kleine Geste beeinflussen, wie etwas verstanden wird. Es kommt eben nicht nur darauf an, was gesagt wird, sondern auch, wie es gesagt wird. Wir alle achten sehr stark auf die Körpersprache – auch wenn uns dies nicht immer bewusst ist. Deshalb ist es gut, sich bewusst zu machen, wie wir wirken. An der Körpersprache können wir feststellen, ob zwei Menschen offen zu einander sprechen oder eher eine abwehrende Haltung einnehmen 1.

die **Körpersprache**: Mimik (Gesichtsausdruck) und Gestik (Körperhaltung und Körperbewegung)

Der Körper – ein Spiegel der Seele?

Wir schließen von der Körpersprache auf die innere Haltung. Ein paar Beispiele:

- Wer mit geschwellter Brust den Raum betritt, wird vielleicht als bedrohlich wahrgenommen. Wer dagegen mit hängenden Schultern den Raum betritt, gilt meist als schüchtern.
- Wer bei der Begrüßung die Hand packt und ganz dicht heran kommt, der rückt seinem Gesprächspartner buchstäblich „auf die Pelle", er tritt dem anderen zu nahe. Wer die weit ausgestreckte Hand entgegenhält, macht den Eindruck, er hat Angst vor Nähe.
- Wer auf der Stuhlkante sitzt, vermittelt das Gefühl, dass er gleich fliehen will. Wer mit dem ganzen Gewicht auf dem Stuhl sitzt, scheint selbstsicher zu sein.
- Wer die Arme verschränkt, der wirkt abweisend. Geöffnete Arme machen klar: Ich bin offen für Neues!

Haltung zeigen

Wir gehen davon aus, dass die Körpersprache die innere Haltung ausdrückt. Wenn ich nicht will, dass meine innere Haltung sichtbar wird, kann ich meine Körpersprache beeinflussen. Dann spiele ich bewusst eine Rolle: Ich geben mich z. B. selbstsicher, obwohl ich unsicher bin. Wenn ich übertreibe, werde ich wahrscheinlich durchschaut.
Beispiel: Beim Bewerbungsgespräch bin ich nervös. Deshalb achte ich darauf, dass ich die Schultern zurücknehme, wenn ich den Raum betrete und wirke damit selbstbewusster, als mir zumute ist.

1 Kleine Unterschiede in der Körpersprache bewirken einen deutlichen Unterschied in der Ausstrahlung.

Wir nehmen wahr, ob das Gesagte mit der Körpersprache übereinstimmt. Wenn das gesprochene Wort nicht mit der Körpersprache übereinstimmt, dann wirkt der Sprechende nicht glaubwürdig.

✗ *Die Körperhaltung sagt viel über uns und unseren Gesprächspartner aus.*
✗ *Wenn ich meine Körperhaltung verändere, hat das Einfluss auf das Gespräch.*

2 Sitzhaltung, Arm- und Fußstellung geben Hinweise auf die Gedanken.

Tipps für gelungene Körpersprache
- Ein Lächeln kann Wunder bewirken.
- Wer dem anderen in die Augen schaut, strahlt Sicherheit aus.
- Ein zustimmendes Nicken zeigt Aufmerksamkeit.
- Wer auf beiden Beinen steht, wirkt sicher.
- Ein zugewandter Oberkörper zeigt Offenheit.
- Die Hände sind nicht in den Hosentaschen.

3 Kleine Veränderungen, große Wirkung

Die Körpersprache ist auch von der Kultur beeinflusst. In Lateinamerika zum Beispiel ist die Begrüßung sehr viel körperbetonter als bei uns. In China ist es eher ungewöhnlich, sich in den Arm zu nehmen.

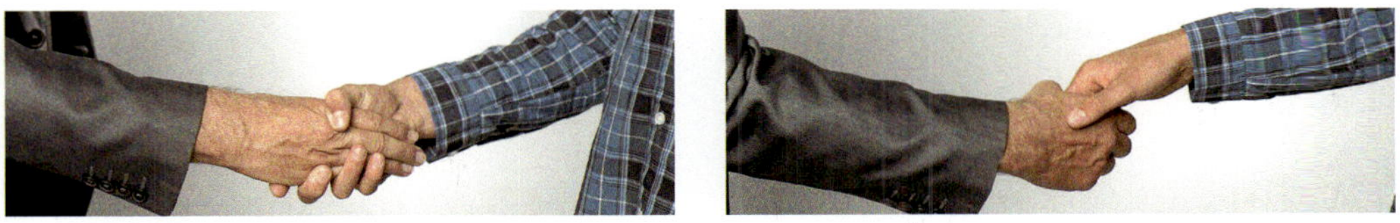

4 Unbeliebt: Der „Knochenquetscher" und der „lasche Lappen".

1 Beschreibe mit eigenen Worten, welche Arten von Körpersprache es gibt und warum Körpersprache so wichtig ist.

2 a) Beschreibt die Körpersprache auf den Abbildungen 1, 2, 4.
b) Stellt die einzelnen Abbildungen abwechselnd nach und beobachtet euch gegenseitig. Sprecht nach jeder Darstellung darüber, wie ihr euch fühlt.
c) Erläutere, welche unterschiedlichen inneren Einstellungen die Personen auf den Abbildungen 1 und 2 ausdrücken.
d) Vergleicht dann eure Eindrücke und nennt Gemeinsamkeiten und Unterschiede.

3 Erläutere, was der „Knochenquetscher" und der „lasche Lappen" 4 über die Person aussagen.

4 Paul Watzlawik, ein bekannter Kommunikationsexperte, schreibt „Man kann nicht nicht kommunizieren". Erörtere, ob diese Aussage stimmt. Die Fotos helfen dir.

Werbung in eigener Sache

Infos
Flyer-Vorlage
k8r484

Du kennst das sicher: Wenn ein neuer Pizzaservice seinen Dienst anbietet, hast du schnell einen Flyer im Briefkasten. Auch andere Unternehmen informieren auf diese Weise über ihr Angebot. Wenn du einen Ausbildungsplatz suchst, bist du ebenfalls ein Anbieter: Du bietest deine Arbeitskraft und deinen Lernwillen auf dem Arbeitsmarkt an. Warum also nicht ein bisschen Werbung in eigener Sache machen?

Initiative zeigen!

Nicht alle Unternehmen schreiben ihre Stellen in Zeitungen oder im Internet aus. Das heißt aber nicht, dass sie nicht ausbilden. Bei diesen Unternehmen, aber auch bei vielen anderen, fällst du positiv auf, wenn du eine **Initiativbewerbung** schickst. Das heißt, du schickst deine Bewerbungsunterlagen an ein von dir ausgewähltes Unternehmen, obwohl es keine aktuelle Ausschreibung gibt. Durch diese Art der Bewerbung zeigst du Engagement und Eigeninitiative. Bevor du deine Unterlagen schickst, solltest du allerdings nachfragen, ob überhaupt ausgebildet wird. Das erspart dir Enttäuschungen.

Welche Unterlagen schicke ich?

Die Unterlagen bei einer Initiativbewerbung sind die gleichen wie bei der Kurzbewerbung: Du brauchst ein Anschreiben und einen Lebenslauf mit Foto.

Werbung für mich

In manchen Situationen gibt es nicht viel Zeit für ein ausführlicheres Gespräch. Dies ist vor allem bei Ausbildungs- oder Jobmessen 1, auf „Tagen der offenen Tür" 2 oder Betriebsbesichtigungen der Fall. Auch in anderen Situationen brauchst du für die erste Anfrage nicht unbedingt eine vollständige Bewerbungsmappe, z. B. in kleineren Geschäften, bei Frisören oder Ärzten in deiner Umgebung oder im Handwerksbetrieb nebenan. Dann gibt es eine wirkungsvolle Art, Werbung für dich zu machen und im Gedächtnis zu bleiben: Einen **Bewerbungs-Flyer** mit Informationen, den du persönlich abgeben kannst.

1 Auf der Ausbildungs- oder Jobmesse kannst du direkt Mitarbeiterinnen und Mitarbeiter ansprechen.

2 Bei „Tagen der offenen Tür" in Betrieben kannst du erste Kontakte zu möglichen Ausbildungsbetrieben knüpfen.

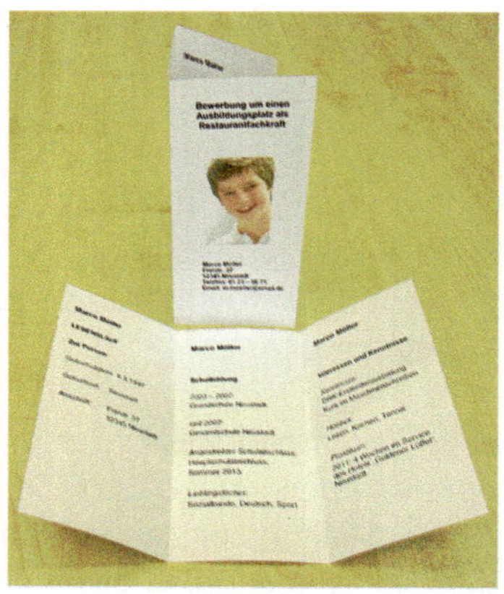

3 So sieht der fertige Bewerbungs-Flyer aus.

Mit einer Initiativbewerbung fällst du positiv auf und zeigst Engagement.
Ein individuell gestalteter Bewerbungsflyer macht Eindruck.

Marco Möller

Eine Ausbildung im Restaurant strebe ich an

- weil ich gerne im Team arbeite.
- weil ich als freundlich und hilfsbereit gelte.
- weil ich schon gut Englisch kann.

Bewerbung um einen Ausbildungsplatz als Restaurantfachkraft

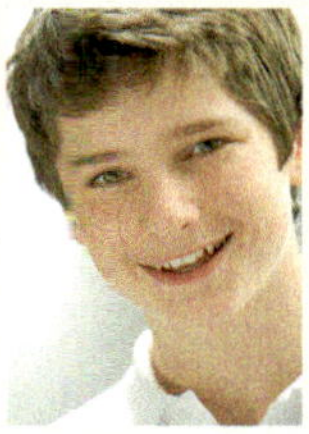

Marco Möller
Freistr. 37
12345 Neustadt
Telefon: 0123 – 8675
E-Mail: m.moeller@email.de

Seite 5
Stichworte zu deinem Berufsziel (drei Punkte reichen aus)

Seite 6
Diese Seite kann frei bleiben. Sie ist die Rückseite.

Seite 1
Überschrift, Bild, Name und Kontaktdaten

4 Außenseite

Marco Möller

LEBENSLAUF

Zur Person:

Geburtsdatum:	6.3.2000
Geburtsort:	Neustadt
Anschrift:	Freistr. 37 12345 Neustadt

Marco Möller

Schulbildung

2006 – 2010:
Grundschule Neustadt

seit 2010:
Gesamtschule Neustadt

Angestrebter Schulabschluss:
Hauptschulabschluss, Sommer 2016

Lieblingsfächer:
Sozialkunde, Deutsch, Sport

Marco Möller

Interessen und Kenntnisse

Kenntnisse:
DRK-Ersthelferausbildung
Kurs im Maschinenschreiben

Hobbys:
Lesen, Kochen, Tennis

Praktikum:
2014: 4 Wochen im Service des Hotels „Goldener Löffel", Neustadt

Seite 2, 3 und 4
Lebenslauf

5 Innenseite

1 Gestalte einen Bewerbungsflyer mit den wichtigsten Daten und deinem Foto.

2 Tauscht eure Bewerbungsflyer und diskutiert die positiven Aspekte. Besprecht auch, was verbessert werden kann.

3 Gestalte deinen Bewerbungsflyer um, indem du zum Beispiel passende Fotos einfügst, die Schriftarten änderst oder den Hintergrund farbig machst.

◒ 1, 2 ● 3

7 | Das Leben nach der Schule

Gehst du gerne zur Schule oder freust du dich schon darauf, endlich fertig zu sein? Egal was du darüber denkst, irgendwann ist für jeden die Schulzeit vorbei. Doch dann stellen sich wichtige Fragen: Wie sichere ich meinen Lebensunterhalt? Wer sichert mich ab, wenn mir etwas passiert? Was muss ich bei Ausbildung, Umzug oder in rechtlichen Fragen beachten? Antworten auf viele wichtige Fragen findest du auf den nächsten Seiten.

Ich werde ...

- Angebot und Nachfrage auf dem Arbeitsmarkt untersuchen.
- das Sozialversicherungssystem beschreiben.
- meine private Vorsorge planen.
- wissen, was ich im Fall von Arbeitslosigkeit tun kann.
- Maßnahmen gegen Arbeitslosigkeit untersuchen.
- wichtige Informationen bekommen, die ich im Alltag benötige.

Wusstest du, dass ...

- die Höhe des Gehalts oft vom Verhandlungsgeschick der Bewerber abhängt?
- du als Rentnerin oder Rentner einmal darauf angewiesen sein wirst, dass viele Menschen Arbeit haben?
- du dich beim Einwohnermeldeamt anmelden musst, deinen Hund aber auch?

Arbeits- und Ausbildungsverträge

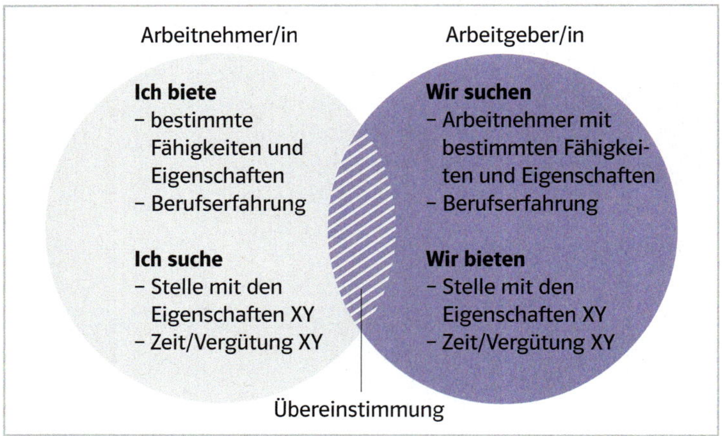

1 Ein Arbeitsverhältnis entsteht

Unternehmen brauchen die Arbeitskraft von Arbeitnehmerinnen und Arbeitnehmern, um Güter produzieren zu können. Diese wiederum benötigen ihren Verdienst für ihren Lebensunterhalt. Beide Seiten sind aufeinander angewiesen.

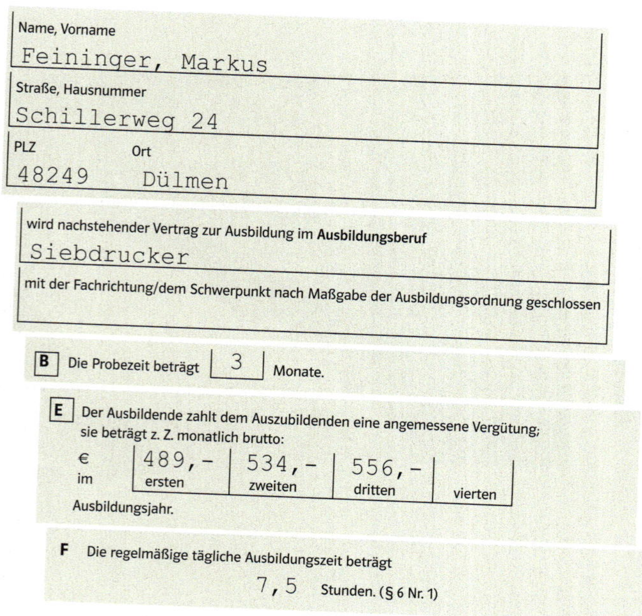

Name, Vorname
Feininger, Markus

Straße, Hausnummer
Schillerweg 24

PLZ 48249 Ort Dülmen

wird nachstehender Vertrag zur Ausbildung im **Ausbildungsberuf**
Siebdrucker

mit der Fachrichtung/dem Schwerpunkt nach Maßgabe der Ausbildungsordnung geschlossen

B Die Probezeit beträgt 3 Monate.

E Der Ausbildende zahlt dem Auszubildenden eine angemessene Vergütung; sie beträgt z. Z. monatlich brutto:

€ im	489,– ersten	534,– zweiten	556,– dritten	vierten

Ausbildungsjahr.

F Die regelmäßige tägliche Ausbildungszeit beträgt 7,5 Stunden. (§ 6 Nr. 1)

2 Auszüge aus einem Ausbildungsvertrag

Bestandteile des Arbeitsvertrags

Bevor ein Arbeitsverhältnis entsteht, müssen sich Arbeitgeber und Arbeitnehmer auf die **Bedingungen** einigen, unter denen gearbeitet werden soll **1**. Dann wird ein Arbeitsvertrag abgeschlossen. Er enthält Angaben zu den Aufgaben des Arbeitnehmers, zur Arbeitszeit, zum Urlaub, zur Kündigung, zum Einkommen und weitere Vereinbarungen. Durch ihre **Unterschrift** zeigen beide Seiten, dass sie mit den Vereinbarungen im Vertrag einverstanden sind. Erst durch die Unterschriften wird der Vertrag gültig.

Auch wenn du einen Ferien- oder Minijob annimmst, solltest du auf einen schriftlichen Arbeitsvertrag bestehen.

Der Vertrag zur Ausbildung

Bekommst du nach der Schule eine Ausbildungsstelle im Betrieb, dann wird ein **Berufsausbildungsvertrag** **2** abgeschlossen. Hier werden Angaben zu deiner Ausbildung schriftlich festgehalten. In ihm findest du unter anderem Angaben zum Ausbildungsberuf, zur Arbeitszeit, zur Dauer und Durchführung der Ausbildung, zum Urlaub und zur Höhe der Ausbildungsvergütung. Bist du noch nicht 18 Jahre alt, müssen deine Eltern mit unterschreiben.

Rechte und Pflichten durch Verträge

Der Abschluss eines Arbeits- oder Berufsausbildungsvertrags ist immer mit Rechten und Pflichten für die Vertragspartner verbunden. Die Zahlung von Vergütung ist eine Pflicht des Arbeitsgebers, die Einhaltung der vereinbarten Arbeitszeit eine Pflicht des Arbeitnehmers oder Auszubildenden **3**.

- *Ein Arbeitsverhältnis ist der regelmäßige Tausch von Arbeitskraft gegen Geld.*
- *Die rechtliche Grundlage eines Arbeitsverhältnisses ist der Arbeitsvertrag, die eines Berufsausbildungsverhältnisses ein Berufsausbildungsvertrag.*

Verträge sind verbindlich!
Wer sich nicht an die Pflichten im Vertrag hält, kann große Probleme bekommen: Hält sich ein Arbeitgeber nicht an den Vertrag, kann der Arbeitnehmer vor Gericht klagen und die Einhaltung der Vereinbarungen erzwingen. Hält sich ein Arbeitnehmer nicht an den Vertrag, kann der Arbeitgeber ihm ▷ Abmahnungen schreiben und ihm später auch kündigen.

Die Auszubildenden müssen …
…sich bemühen, alle notwendigen Kenntnisse und Fähigkeiten zu erwerben, um das Ausbildungsziel zu erreichen.
…alle ihnen aufgetragenen Aufgaben im Rahmen der Ausbildung sorgfältig ausführen.
…regelmäßig an der Berufsschule und an den (Zwischen-)Prüfungen teilnehmen.
… den Weisungen der Ausbilderin/des Ausbilders folgen, die ihnen im Rahmen der Berufsausbildung erteilt werden.
…Werkzeuge, Maschinen und sonstige Einrichtungen pfleglich behandeln.
…ein Berichtsheft führen und regelmäßig dem Ausbilder vorlegen.
…das Fernbleiben von der betrieblichen oder schulischen Ausbildung unverzüglich den entsprechenden Stellen melden.

Die Ausbilder müssen …
…den Auszubildenden alle wichtigen Kenntnisse und Fertigkeiten so vermitteln, dass diese in der vorgesehenen Ausbildungszeit das Ziel ihrer Berufsausbildung erreichen.
…die Auszubildenden nur solche Tätigkeiten verrichten lassen, die dem Zweck der Ausbildung dienen.
…Ausbildungsmittel wie Werkzeuge und Fachliteratur kostenlos zur Verfügung stellen.
…die Auszubildenden für den Besuch der Berufsschule freistellen.
…die Auszubildenden rechtzeitig zu allen Prüfungen anmelden.
…das Berichtsheft regelmäßig durchsehen.
…am Ende der Ausbildung ein Zeugnis ausstellen.

3 Beispiele für Pflichten von Ausbildern und Auszubildenden

Links
Rechte und Pflichten in der Ausbildung
s5y36t

1 Erläutere an einem Beispiel, welche Vorteile Arbeitgeber und Arbeitnehmer haben, wenn sie ein Arbeitsverhältnis eingehen.

2 Beschreibt die Abbildung 1 mit eigenen Worten und erklärt sie mithilfe von Beispielen.

3 a) Nenne die wichtigsten Inhalte eines Arbeitsvertrags.
b) Erörtert, warum ein schriftlicher Arbeitsvertrag wichtig ist. Welche Vor- und Nachteile bringt er für Arbeitnehmer und für Arbeitgeber?

4 a) Begründet, warum Ausbilder nach der Ausbildung ein Zeugnis schreiben müssen.
b) Diskutiert, welche Vor- und Nachteile ein Arbeitszeugnis für den weiteren beruflichen Weg eines Arbeitnehmers haben kann.
c) Erläutere aus Sicht eines Arbeitgebers, wobei ein Arbeitszeugnis helfen kann.

5 Stellt passende Pflichten von Ausbildern und Auszubildenden 3 in einer Tabelle gegenüber.

6 a) Fülle den Ausbildungsvertrag, den du über den starke-Seiten-Code erreichst, so weit wie möglich aus. Trage deinen Wunschberuf und Wunschbetrieb ein. Recherchiere hierzu fehlende Angaben.
b) Vergleicht den Ausbildungsvertrag mit dem Arbeitsvertrag. Stellt Gemeinsamkeiten und Unterschiede in einer Tabelle gegenüber.
Ausbildungs-/Arbeitsvertrag
qd3ci5

Wie wirst du bezahlt?

Herr Güngör arbeitet als Fliesenleger in einem Handwerksbetrieb. Er hat eine Leistungsvorgabe und muss 3 m² Fliesen pro Stunde verlegen. Dafür erhält er pro Stunde 10,50 Euro. Schafft er 4,5 m² in der Stunde, erhält er 5,25 Euro mehr Stundenlohn, also 15,75 Euro.

Frau Mazenko ist Abteilungsleiterin in der Verkaufsabteilung einer Spedition. Sie erhält neben ihrem Grundgehalt von 2400 Euro 1% Umsatzprämie und 150 Euro Termineinhaltungsprämie.

Herr Schürmann ist Erzieher in einer Tageseinrichtung für Kinder. Er arbeitet 20 Stunden in der Woche und verdient monatlich 925 Euro.

1 Unterschiedliche Bezahlung

Die meisten Menschen gehen arbeiten, um ihren Lebensalltag zu finanzieren. Sie bekommen Geld im Tausch gegen ihre Arbeitskraft. Doch wie viel Geld jemand bekommt und wie die Bezahlung berechnet wird, kann sehr unterschiedlich sein.

Viele Begriffe für die Bezahlung

Das Geld, das Beschäftigte für ihre Arbeit bekommen, wird **Einkommen**, **Entgelt**, **Vergütung** oder **Verdienst** genannt. Manchmal werden auch die Bezeichnungen ▷ **Lohn** oder ▷ **Gehalt** verwendet.

Lohnformen

Es gibt unterschiedliche Möglichkeiten, das Einkommen zu berechnen. Das ist vom Unternehmen und der Arbeitstätigkeit abhängig. Sollen Beschäftigte nach den geleisteten Arbeitsstunden bezahlt werden? Oder sollte die Leistung eine Rolle spielen – also das, was sie in ihrer Arbeitszeit geschafft haben? Vieles ist möglich 2.

Gesetzlich festgelegte Zahlungen

Für besondere Belastungen oder Leistungen werden **Zulagen** gezahlt. Die Höhe ist im Tarifvertrag oder gesetzlich festgelegt, z. B. für Überstunden, Sonntags-, Feiertags- oder Nachtarbeit, körperlich belastende oder gefährliche Arbeiten.

Freiwillige Zahlungen

Die meisten Unternehmen wollen, dass ihre Mitarbeiter gute Arbeit leisten und lange im Betrieb bleiben. Freiwillige zusätzliche Zahlungen können helfen, Beschäftigte an das Unternehmen zu binden. Ein Beispiel ist das Weihnachts- oder Urlaubsgeld, ein zusätzliches Gehalt, das in der Ferienzeit bzw. an Weihnachten gezahlt wird.

1 Erläutere, warum die Arbeit für den Lebensalltag wichtig ist.

2 a) Beschreibe mithilfe der Übersicht 2 die verschiedenen Lohnformen.
b) Untersucht in den Beispielen 1, nach welchen Lohnformen 2 die Beschäftigten bezahlt werden.
c) Findet für jede Lohnform ein weiteres Beispiel.

3 a) Erörtert, welche Vor- und Nachteile die einzelnen Lohnformen für Arbeitnehmer haben. Notiert Stichworte.
b) Vergleicht eure Stichwortlisten und stellt die Vor- und Nachteile in einer Tabelle zusammen.

4 a) Ordne den Stellenangebote die passenden Lohngruppen 3 zu:
- „Wir suchen eine erfahrene Fachkraft, die sich auch in neue Aufgaben schnell einarbeiten kann."
- „Wir suchen Helfer/in ohne Vorkenntnisse für einfache Arbeiten."
- „Suchen Meister/in mit Berufserfahrung für unsere neue Produktionsanlage."

- *Arbeitnehmer bekommen Einkommen für ihre geleistete Arbeit.*
- *Das Einkommen wird entweder nach der Arbeitszeit oder nach der Leistung berechnet oder ist eine Kombination aus beiden Formen.*

Lohnformen:
- Wie wird die Bezahlung des Beschäftigten berechnet?

Zeitlohn: Hier wird die Dauer der geleisteten Arbeitszeit entlohnt.
- Wie viele Stunden hat die/der Beschäftigte im Monat gearbeitet?

Leistungslohn: Hier wird die Arbeitsleistung entlohnt.
- Wie viel hat die/der Beschäftigte in einer bestimmten Zeit geschafft?

Prämienlohn: Die/der Beschäftigte bekommt einen Grundlohn plus eine Prämie für die geleistete Arbeit. Die Prämie kann nach der produzierten **Menge** oder nach der produzierten **Qualität** berechnet werden.
- Welche besonderen Leistungen des Beschäftigten werden berechnet?

Akkordlohn: Entlohnung nach mengenmäßiger Leistung, z. B. Stückzahl pro Stunde
- Wie viel Stück hat der Beschäftigte pro Stunde entsprechend seiner Vorgabe geschafft?

2 Lohnformen

Lohngruppe 1
Arbeiten einfachster Art, die ohne vorherige Arbeitskenntnisse und ohne jegliche Ausbildung nach kurzer einmaliger Anweisung sofort ausgeführt werden können.
Lohngruppe 5
Arbeiten, die eine Anlernzeit bis zu 2 Monaten erfordern.
Lohngruppe 7
Arbeiten, die in Bezug auf das fachliche Können einen Ausbildungsstand erfordern, wie er entweder durch eine fachentsprechende Berufsausbildung oder durch eine Anlernausbildung und zusätzliche Berufserfahrung erzielt wird.
Lohngruppe 10
Arbeiten, die außer Berufskenntnissen und einer mehrjährigen Berufserfahrung ein hohes fachliches Können voraussetzen.

3 Die Lohngruppen werden in den Tarifverhandlungen zwischen den Arbeitgebern und den Gewerkschaften ausgehandelt (hier: Metall-Tarifvertrag).

Wer bestimmt die Einkommenshöhe?

In vielen Betrieben gilt ein Tarifvertrag. Dort richtet sich die Höhe des Einkommens nach der Lohngruppe, in die jemand eingeordnet wird. Je besser jemand ausgebildet ist oder je mehr Berufserfahrung jemand hat, desto höher sind die Lohngruppe 3 und das Einkommen. Die Art und die Höhe des Einkommens sind im Arbeitsvertrag festgelegt.

b) Vergleicht eure Einordnungen und einigt euch auf eine Lösung.

5 Beschreibe, welche Vor- und Nachteile …
a) … die Zahlung von Urlaubs- und Weihnachtsgeld für Arbeitnehmer und Arbeitgeber hat.
b) … die Bezahlung nach Lohngruppen für Arbeitnehmer und Arbeitgeber hat.

6 **a)** Führe drei Befragungen in deinem Familien- oder Bekanntenkreis durch. Finde heraus
- in welchem Betrieb die/der Befragte arbeitet und was sie/er dort macht.
- nach welcher Lohnform sie/er bezahlt wird.
- welche Zuschläge und Sonderzahlungen sie/er und die Kollegen/innen bekommen.

b) Bereite einen Kurzvortrag vor, in dem du deine Mitschüler über deine Ergebnisse informierst.

Der Preis der Arbeit

1 Angebote auf dem Arbeitsmarkt

Wenn wir etwas kaufen, müssen wir bezahlen. Was knapp ist, kostet mehr. Gold ist ziemlich teuer, denn es ist sehr selten. Erdbeeren sind während der Erntesaison billig. Unternehmen kaufen die Arbeitskraft ihrer Mitarbeiterinnen und Mitarbeiter. Wird sie auch teurer oder billiger?

Unternehmen kaufen Arbeitskraft

Zur Produktion von Waren oder Dienstleistungen benötigen Unternehmen Betriebsmittel und Werkstoffe. Daneben brauchen sie die Arbeit von Menschen. Sie müssen die Arbeitskraft „kaufen", indem sie Menschen für ihre geleistete Arbeit bezahlen. Auf dem **Arbeitsmarkt** 1 treffen Unternehmen und Arbeitskräfte aufeinander.

Wie teuer ist Arbeit?

Der Preis der Arbeit wird durch das Einkommen bestimmt, das wir für unsere Arbeit bekommen. Die Bezahlung vieler Beschäftigter richtet sich nach den Tarifen und Lohngruppen, die für die Branche gelten. Arbeitnehmer mit ähnlichen Aufgaben und Erfahrungen verdienen dann gleich viel. Bei einigen Unternehmen gibt es die Möglichkeit, eine **übertarifliche Zulage** auszuhandeln. Dann ist das Einkommen etwas höher als der Tariflohn.

Wann wird das Einkommen festgelegt?

Arbeitgeber und Arbeitnehmer handeln die Bezahlung zunächst im **Einstellungsgespräch** aus. Später kann die Bezahlung in einem **Gehaltsgespräch** angepasst werden. Gehaltserhöhungen werden oft vereinbart, wenn jemand besonders gute Arbeit macht oder zusätzliche Aufgaben übernimmt.

Unterschiedliche Interessen

Die Interessen von Arbeitnehmern und Arbeitgebern auf dem Arbeitsmarkt sind unterschiedlich: Arbeitnehmer wollen ein möglichst hohes Einkommen aushandeln. Arbeitgeber wollen dagegen möglichst wenig bezahlen. Wer seine Forderung durchsetzt hängt stark von der Lage auf dem Arbeitsmarkt ab.

1 Erkläre, wann die Preise für Waren oder Dienstleistungen steigen oder fallen.

2 a) Erläutere mithilfe des Schaubildes 4, wie sich die Lage auf dem Arbeitsmarkt auf den Preis der Arbeit (also die Höhe des Einkommens) auswirken kann.
b) Begründe, warum sich Angebot und Nachfrage auf dem Arbeitsmarkt verändern.

3 Beschreibe die unterschiedlichen Interessen von Arbeitgebern und Arbeitnehmern beim Aushandeln des Einkommens.

4 a) Beurteilt, wie hoch die Chancen für Herrn Nikolajew 2 sind, die Stelle zu bekommen und seine Gehaltsvorstellungen durchzusetzen. Begründet eure Standpunkte.
b) Die Optikerin Frau Heise bewirbt sich bei einem Brillengeschäft, das schon seit über einem Jahr nach einer Optikerin sucht. Sie möchte gerne überdurchschnittlich verdienen und freitags früher nach Hause gehen. Beurteilt mithilfe des Zeitungsartikels 3 ihre Chancen, die Stelle zu bekommen und ihre Vorstellungen durchzusetzen.

- *Angebot und Nachfrage auf dem Arbeitsmarkt beeinflussen den Preis der Arbeit.*
- *Arbeitnehmer wollen ein möglichst hohes Einkommen aushandeln. Arbeitgeber ein möglichst niedriges bezahlen.*

Herr Nikolajew ist Automobilkaufmann. Er hat ein Vorstellungsgespräch bei einem Autohändler, der einen Mitarbeiter für den Außendienst sucht. Außer ihm gibt es zwölf weitere Bewerberinnen und Bewerber. Der Personalchef schlägt eine Bezahlung vor, die etwas unter dem Durchschnitt in der Branche liegt. Herr Nikolajew ist nicht einverstanden, er möchte gerne mehr verdienen.

2 Herr Nikolajew sucht Arbeit.

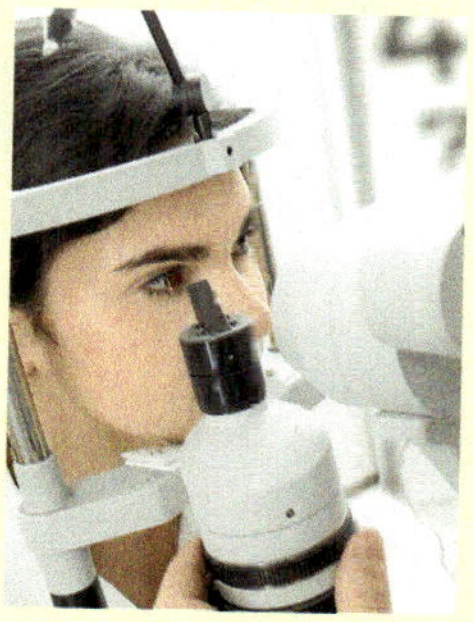

Die gefragtesten Fachkräfte sind aktuell Optiker. Die Nachfrage ist fast vier Mal so hoch wie das Angebot an Arbeitskräften: Jeder arbeitslose Bewerber kann statistisch zwischen 3,9 Stellen wählen. Experten gehen allerdings davon aus, dass die Lücke zwischen Nachfrage und Angebot in den nächsten Jahren noch größer werden wird.

Quelle: Handelsblatt Online vom 08.11.2010

3 Angebot und Nachfrage bei Optikern

Starker Job
Automobilkauffrau/-mann, Augenoptiker/in
zg4nb7

Arbeitsmarkt: Angebot und Nachfrage

Wenn viele Menschen bereits eine Arbeit haben, ist das Angebot an Arbeitskräften klein. Dann versuchen viele Unternehmen, gut ausgebildete Kräfte mit höheren Löhnen anzuziehen. Der Preis der Arbeit steigt. In Wirtschaftskrisen, wenn wenig produziert und verkauft wird, ist die Nachfrage nach Arbeitskräften gering. Um überhaupt Arbeit zu bekommen, sind die Arbeitnehmer eher bereit, für weniger Lohn zu arbeiten. Der Preis der Arbeit sinkt 4.

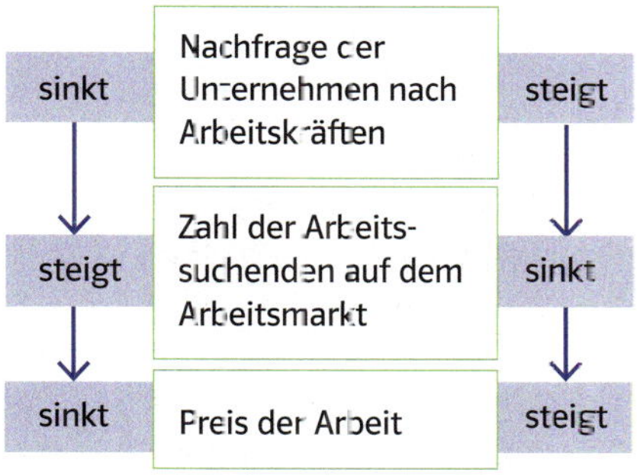

4 Angebot und Nachfrage haben Einfluss auf den Preis der Arbeit.

c) Erkläre, warum die Einstellungsvoraussetzungen von Frau Heise und Herr Nikolajew so unterschiedlich sind.

5 Begründet, warum eine abgeschlossene Ausbildung, eine Recherche der Arbeitsmarktsituation und des durchschnittlichen Verdienstes in der Branche für ein Einstellungsgespräch sinnvoll sind.

6 Viele Jugendliche interessieren sich für die gleichen Berufe. Erläutere, welche Folgen es für den Arbeitsmarkt hat, wenn viele Jugendliche in den gleichen Berufen ausgebildet werden.

7 Der Einsatz moderner Technologien erfordert auch den Einsatz qualifizierter Fachkräfte. Diese sind in Deutschland jedoch knapp.

a) Diskutiert, welche Auswirkungen der Fachkräftemangel auf das Einkommen qualifizierter Fachkräfte, auf deren Arbeitsbedingungen und auf die Produktionskosten von Unternehmen hat.
b) Diskutiert, welche Auswirkungen die Einstellung von Fachkräften aus dem Ausland auf den Arbeitsmarkt, auf die Durchschnittsverdienste und die Arbeitsbedingungen haben kann.

Sicher ist sicher

Artikel 1 GG: „Die Würde des Menschen ist unantastbar. Sie zu achten und zu schützen ist Aufgabe des Staates."
Artikel 20 GG: „Die Bundesrepublik ist ein demokratischer und sozialer Bundesstaat".

1 Das Recht auf Würde und Unterstützung ist im Grundgesetz (GG) festgelegt.

Nicht jeder Mensch in Deutschland kann arbeiten gehen und sein Einkommen selbst verdienen. Um auch die Schwachen in der Gesellschaft zu schützen, soll der Staat dafür sorgen, dass alle Menschen abgesichert sind – egal ob jung oder alt, ob gesund oder krank. Diese Aufgabe ist im Grundgesetz 1 festgelegt.

Absicherung für jeden

In Deutschland hat jeder Mensch ein Recht auf die Befriedigung der Grundbedürfnisse. Das betrifft z. B. die Bedürfnisse nach Essen, Kleidung, Wohnen, Gesundheit und die Teilnahme am öffentlichen Leben (z. B. Kino, Disco, Sportveranstaltungen). Durch Arbeiten verdienen wir Geld und können für uns und unsere Familien sorgen. Was aber ist, wenn etwas Unvorhergesehenes passiert? Was ist, wenn wir durch eine Krankheit oder einen Unfall nicht arbeiten können?

Sozialversicherungen ...

Die soziale Absicherung teilt sich in zwei Bereiche: In die **Sozialversicherungen** 2 zahlen alle Arbeitnehmer und Arbeitgeber ein. Wenn einer der Fälle eintritt, der über die Versicherung abgedeckt ist, trägt sie die Kosten.

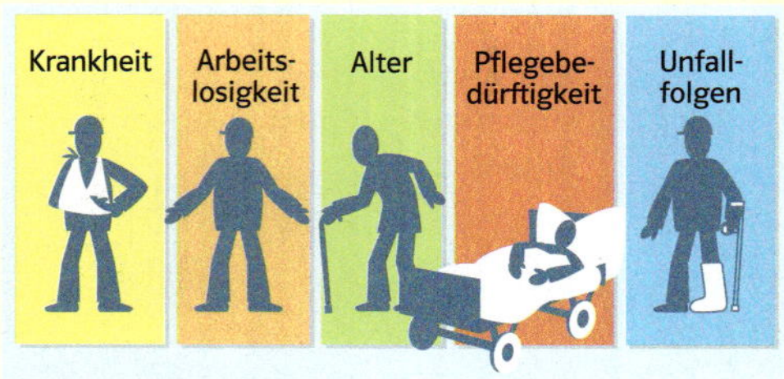

Beitragssätze 2012

	Arbeitnehmer	Arbeitgeber
KV:	8,2 %	7,3 %
PV:	1,225 % mit Kind: 0,975 %	0,975 %
RV:	9,8 %	9,8 %
AV:	1,5 %	1,5 %
UV:		je nach Gefährdung

Das System der **Sozialversicherungen** besteht aus der Krankenversicherung (KV), der Rentenversicherung (RV), der Arbeitslosenversicherung (AV), der Pflegeversicherung (PV) und der Unfallversicherung (UV). Diese fünf Versicherungen nennt man auch das „soziale Netz". Die **Krankenversicherung** bezahlt deine Arzt- und Krankenhausbesuche, Arzneimittel oder Vorsorgeuntersuchungen. Wenn du länger als sechs Wochen ausfällst, zahlt sie ein Krankengeld, das deinen Lohn teilweise ersetzt. Die **Rentenversicherung** zahlt ab einem bestimmten Lebensalter eine Rente. Wenn ein versicherter Ehepartner stirbt, zahlt sie eine Hinterbliebenenrente. Die **Arbeitslosenversicherung** zahlt bei Arbeitslosigkeit, für Maßnahmen der Umschulung und Weiterbildung. Die **Pflegeversicherung** hilft, wenn du häusliche oder stationäre Pflege brauchst. Sie finanziert einen Teil der Sachleistungen (z. B. für einen Rollstuhl) sowie das Pflegepersonal. Für Heilbehandlungen nach einem Arbeitsunfall, Maßnahmen der Unfallverhütung oder die Zahlung von Verletztengeld gibt es die **Unfallversicherung**.

2 Die Sozialversicherung (SV) im Überblick

- *Jeder Mensch in Deutschland hat das Recht auf die Befriedigung seiner Grundbedürfnisse.*
- *Die gesetzliche Sozialversicherung und die Sozialleistungen helfen, die Grundbedürfnisse in Notsituationen zu sichern.*

Frau Schneider hat 40 Jahre lang als Verkäuferin in einem Supermarkt gearbeitet. Jetzt geht sie in den Ruhestand.

3 Fallbeispiel Frau Schneider

Frau Sonntag arbeitet seit zwei Jahren in der Fahrzeuglackiererei in der Nähe ihres Wohnortes. Sie hat eine eigene Wohnung. Das Geschäft geht schlecht und ihr wird betriebsbedingt gekündigt.

4 Fallbeispiel Frau Sonntag

... und Sozialleistungen

Neben den Sozialversicherungen gibt es die **Sozialleistungen**. Sie sollen die Situation von Menschen verbessern, die nicht oder nicht in Vollzeit arbeiten können. Sie können auch gewährt werden, wenn das Einkommen oder die Rente nicht zum Leben ausreichen. Sozialleistungen werden vom Staat aus den Steuereinnahmen bezahlt.

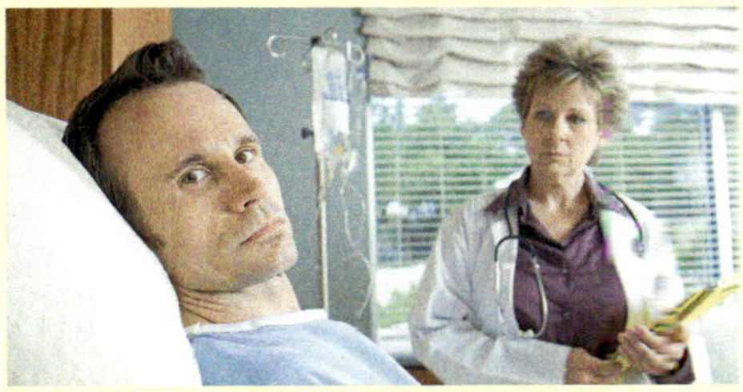

Herr Beluki liegt mit einer Lungenentzündung im Krankenhaus. Der Arzt teilt ihm mit: „Sie dürfen vier Wochen lang nicht arbeiten."

5 Fallbeispiel Herr Beluki

Sozialleistungen: siehe auch S. 220 und S. 222

1 a) Listet in Stichpunkten auf, was eurer Meinung nach alles zur Teilnahme am öffentlichen Leben gehört.
b) Fasst in einer Mind-Map zusammen, was ihr unter einem menschenwürdigen Leben versteht.
c) Tragt eure Ergebnisse zusammen und tauscht eure Meinungen aus.

2 Beschreibe die Unterschiede zwischen der gesetzlichen Sozialversicherung und den Sozialleistungen.

3 Stelle die Sozialversicherungen 2 in einem Schaubild dar. Aus dem Schaubild soll hervorgehen
- wie die Versicherung heißt,
- welche Fälle sie absichert,
- wer sie finanziert.

4 Untersuche die drei Fallbeispiele 3 – 5. Beantworte zu jedem Fallbeispiel die folgenden Fragen:
- In welcher persönlichen Situation befindet sich die Person?
- Wobei benötigt die Person Unterstützung?
- Welche Sozialversicherung oder Solzialleistung kann die Situation der Person verbessern?

5 Begründet, warum nur der Arbeitgeber in die Unfallversicherung einzahlt.

6 Recherchiert die Aufgaben des Sozialgesetzbuchs. Sie stehen im §1 SGB 1. Fasst die Aufgaben mit eigenen Worten zusammen.
Sozialgesetzbuch cc7sd3

Schwarz auf weiß: Die Lohnabrechnung

1 Alles richtig gerechnet?

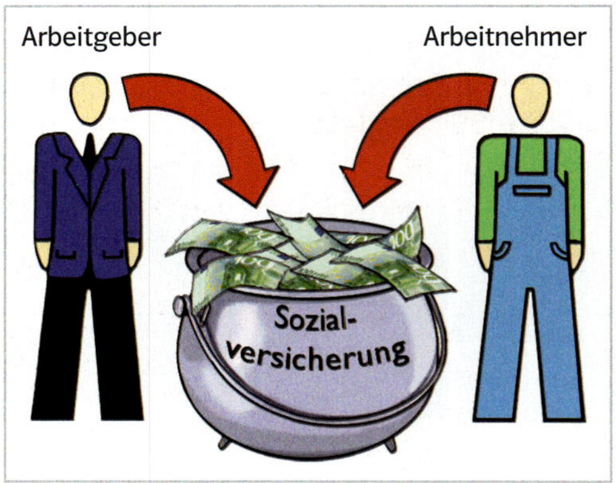

2 Finanzierung der Sozialversicherung

Am Ende eines Monats bekommen Beschäftigte bescheinigt, wie viel sie im Monat verdient haben. Alle Lohnabrechnungen sind ähnlich aufgebaut. Sie enthalten nicht nur die Mitteilung, wie viel Geld auf das Konto überwiesen wird. Aus ihnen geht auch hervor, wie die Berechnung zustande kommt.

Allgemeine Angaben

Eine Lohnabrechnung enthält die Anschrift der Arbeitnehmerin oder des Arbeitnehmers und die des Unternehmens. Außerdem sind Angaben aufgeführt, die für die Berechnung des Einkommens wichtig sind. Das sind zum Beispiel Angaben zur vereinbarten und geleisteten Arbeitszeit, zur ▷Steuerklasse, zur Lohngruppe und zum Abrechnungszeitraum.

Jeder muss etwas abgeben

Arbeitgeber und Arbeitnehmer zahlen Beiträge in die Sozialversicherung. Mit diesem Geld wird das „soziale Netz" finanziert (2, siehe auch S. 214). Beide Seiten bezahlen außerdem Steuern an den Staat, damit dieser seine Aufgaben erfüllen kann. Ein Teil des Lohns wird direkt für Steuern und Sozialversicherung abgezogen 3.

Brutto und Netto

Zwei wichtige Zahlen auf der Verdienstabrechnung sind die Angabe des Brutto- und des Nettolohns. Der **Bruttolohn** gibt an, wie viel ein Beschäftigter ohne Abzüge von Steuern und Sozialabgaben bekommen würde. Der **Nettolohn** gibt an, wie viel er nach allen Abzügen tatsächlich „auf die Hand" bekommt.

1 a) Notiere die Antworten:
- Worüber informiert eine Lohnabrechnung?
- Welche allgemeinen Angaben findest du in einer Lohnabrechnung?
- Warum behält der Staat einen Teil des Lohns vor der Auszahlung gleich ein?
- Was ist der Unterschied zwischen Brutto- und Nettolohn?
- Wieso ist es wichtig, dass Beschäftigte ihre Lohnabrechnungen gut aufheben?

b) Vergleicht eure Ergebnisse und ergänzt eure Aufzeichnungen, wenn nötig.

2 Schaue dir die Lohnabrechnung 3 aufmerksam an.

a) Liste auf, was die Abkürzungen bedeuten.

b) Welche persönlichen Angaben über Herrn Bäcker und seine Arbeitsstelle kannst du der Abrechnung entnehmen?

- Beschäftigte erhalten für ihre geleistete Arbeit eine Lohnabrechnung.
- Der Bruttolohn ist das monatliche Einkommen ohne Abzug von Steuern und Sozialabgaben.
- Der Nettolohn ist das Einkommen nach Abzug der Steuern und Sozialabgaben.

Wichtige Unterlagen!
Lohnabrechnungen sollten wir immer gut aufheben. Sie sind dann wichtig, wenn wir einen Kredit bei einer Bank aufnehmen möchten oder soziale Leistungen beantragen wollen. Auch bei der Berechnung von Unterhaltszahlungen für Kinder oder geschiedene Partner ist sie notwendig.

ABC TECHNOLOGY GMBH   BAHNSTRASSE 5   12345 NEUSTADT

Herrn
Christoph Bäcker
Leimstr. 38
12345 Neustadt

Personal-Nr.	**585**
Abteilung	Optik
Abr.-Monat	05.2015
Wo.Arbzeit Std.	40,00
Urlaubsanspruch Tage	30
genommen insg.	8
genommen lauf. Mon.	2
Religion	ev.
Kalendertage	31
Arbeitstage	22
Steuerklasse	4
Krankenkasse	Techniker Krankenkasse

Lohnabrechung
Konto-Nr. 890359508 BLZ 370 100 50 Postbank Neustadt
Empfänger: Christoph Bäcker

Lohngruppe 8

Bezeichnung	**Betrag in Euro**	
Bruttolohn monatlich	3 050,00	+
Lohnsteuer	484,95	–
▷ Solidaritätszuschlag	21,67	–
▷ Kirchensteuer	35,45	–
KV-Arbeitnehmeranteil	250,10	–
RV-Arbeitnehmeranteil	303,48	–
AV-Arbeitnehmeranteil	45,75	–
PV-Arbeitnehmeranteil	29,74	–
Nettolohn	**1 878,86**	

Zuschläge/Abzüge

Kindergeld

David	voller Zuschlag	184,00	+
Auszahlungsbetrag		**2 062,86**	

Informativer Teil:

KV-Arbeitgeberanteil	222,65	RV-Arbeitgeberanteil	303,48
AV-Arbeitgeberanteil	45,75	PV-Arbeitgeberanteil	29,74
		UV-Arbeitgeberanteil	48,80

3 Lohnabrechnung

c) Stellt euch gegenseitig mindestens fünf Fragen zur Abrechnung und lasst sie beantworten.

3 Berechne, wie viel Prozent vom Bruttolohn Herr Bäcker ausgezahlt bekommt.

4 a) Berechnet, wie viel Prozent vom Bruttoverdienst für die Lohnsteuer gezahlt wurden 3.
b) Berechne, wie viel die ABC Technology GmbH ingesamt für Herrn Bäcker ausgeben muss.
c) Herr Bäcker bekommt eine Lohnerhöhung von 500 €. Er muss 627 € Lohnsteuer, 29,13 € Solidaritätszuschlag und 47,66 € Kirchensteuer bezahlen. Erstelle eine neue Lohnabrechnung. Tipp: Nutze die Beitragssätze von Abbildung 2 auf Seite 214.
d) Vergleiche, wie viel Prozent vom Bruttolohn vor und nach der Lohnerhöhung als Nettolohn übrig bleiben.

Arbeitslos – und nun?

Kündigung der/des Beschäftigten →

Innerhalb von 3 Tagen: Meldung bei der Agentur für Arbeit →

persönliches Gespräch mit der Arbeitsvermittlerin/dem Arbeitsvermittler

Antrag auf Arbeitslosengeld und Vermittlung einer Arbeitsstelle stellen →

Bezug von Arbeitslosengeld, aktive Suche nach neuer Arbeitsstelle durch die/den Arbeitslose/n und die Agentur für Arbeit →

?

1 Was tun bei Arbeitslosigkeit

Die Auftragslage von Unternehmen ist mal besser und mal schlechter. Bei schlechter Lage passiert es, dass Beschäftigten gekündigt wird. Für die Betroffenen bedeutet das zunächst harte Einschnitte beim Einkommen. Doch niemand muss auf der Straße leben, das „soziale Netz" fängt uns auf.

Arbeitslos – ein Recht auf Hilfe

Der Staat hat die Verpflichtung übernommen, arbeitslos gewordene Menschen zu unterstützen, bis sie wieder eine neue Arbeitsstelle gefunden haben. Dies gilt für alle Menschen, die erwerbsfähig sind. Zuständig ist in diesem Fall die **Bundesagentur für Arbeit**. Sie hat in Städten und größeren Gemeinden Geschäftsstellen, die für die Menschen vor Ort zuständig sind.

erwerbsfähig: in der Lage sein, eine berufliche Tätigkeit auszuüben und die Anforderungen eines Arbeitsalltages zu bewältigen.

Womit kann ich rechnen?

Wer arbeitslos wird, muss sich bei der Agentur für Arbeit **arbeitslos** und zugleich **arbeitssuchend** melden. Dann kann die Hilfe anlaufen: Für den Lebensunterhalt wird Arbeitslosengeld gezahlt. Gleichzeitig wird versucht, eine neue Stelle zu finden 1.

Erste Hilfe: Arbeitslosengeld I

Wer vor der Arbeitslosigkeit mindestens ein Jahr lang sozialversicherungspflichtig gearbeitet hat, bekommt **Arbeitslosengeld I** (ALG I). Die Dauer der Zahlung liegt zwischen 6 und 24 Monaten, je nachdem, wie lange man vorher gearbeitet hat und wie alt man ist. Die Höhe der Zahlung liegt etwa bei 60 Prozent des vorherigen Verdienstes, mit Kindern 67% (Stand 2012).

1 Nenne Gründe, warum Menschen arbeitslos werden können.

2 Beschreibe mithilfe der Abbildung 1, was ein Beschäftigter tun muss, wenn er seine Kündigung bekommt und mit welchen Hilfen er rechnen kann.

3 Vergleicht Arbeitslosengeld I und II in einer Tabelle: Wer hat Anspruch und welche Beträge werden wie lange bezahlt?

4 **a)** Analysiert, in welcher finanziellen Situation Familie Köhler 3 nach der Kündigung steckt.

b) Notiert mehrere Lösungsvorschläge, wie die Familie ihre Ausgaben verringern oder ihr Einkommen erhöhen kann, damit sie über die Runden kommt.

c) Spielt die Diskussion der Familie als Rollenspiel.

- *Wer arbeitslos ist, hat das Recht auf Hilfe und die Pflicht, eine neue Arbeitsstelle zu suchen.*
- *Die Bundesagentur für Arbeit ist der Ansprechpartner für die Vermittlung einer neuen Arbeitsstelle und die Zahlung von Arbeitslosengeld.*

alleinstehende Erwachsene	399 €
erwachsene Partner in einer Ehe oder Lebenspartnerschaft	360 €
Kind unter 6 Jahren	234 €
Kind zwischen 6 und 13 Jahren	267 €
Kind zwischen 14 und 17 Jahren	302 €
Personen unter 25, die im Haushalt der Eltern wohnen oder ohne Zustimmung der Eltern alleine leben	320 €

2 Höhe des ALG II (Stand 2015)

Arbeitslosengeld II

Für Arbeitslose, die kein ALG I beziehen, besteht Anspruch auf **Arbeitslosengeld II** (ALG II, auch **Hartz IV** genannt). Voraussetzung ist, dass im Haushalt kein Vermögen (z. B. ein Haus, ein Sparkonto …) und kein weiteres Einkommen zur Verfügung steht. Pro Person und pro Kind wird ein fester Betrag bezahlt **2**. Dieser Betrag soll die Kosten für den Lebensalltag abdecken. Das sind zum Beispiel die Kosten für Ernährung und Kleidung, Körperpflege, Hausrat und die Teilnahme am öffentlichen Leben. Zusätzlich werden die Miete einer angemessenen Wohnung und die Heizkosten übernommen.

Herr und Frau Köhler haben drei Kinder: vier, zwölf und vierzehn Jahre. Sie wohnen in einer Vierzimmerwohnung. Herr Köhler arbeitet in Köln als Mechatroniker in einem Industriebetrieb. Er fährt jeden Morgen mit dem Auto zur Arbeit. Das zweite Auto der Familie nutzt Frau Köhler. Sie kauft damit ein und fährt die anderen Kinder zum Sport und zu Freunden.

Herr und Frau Köhler träumen von einem eigenen Haus. Jeden Monat zahlen sie 150 Euro in einen Bausparvertrag ein. Für den Sommer haben sie einen Urlaub in die Türkei geplant und legen jeden Monat 100 Euro dafür zur Seite.
Vier Monate später:
Herr Köhler hat die betriebsbedingte Kündigung erhalten. Er ist arbeitslos gemeldet und bezieht 1211 Euro Arbeitslosengeld I. Familie Köhler musste neu rechnen und planen.

<u>Einnahmen</u>	
Nettogehalt Herr Köhler:	1730 €
Kindergeld, 3 Kinder:	558 €
<u>Ausgaben</u>	
Miete warm:	689 €
Auto Herr Köhler:	210 €
Auto Frau Köhler:	120 €
Lebensmittel:	550 €
Taschengeld Kinder:	115 €
Sonstige Ausgaben:	300 €
Bausparvertrag:	150 €
Sparen Urlaub:	100 €

3 Wie geht's weiter?

5 Berechne die Zahlungen an Familie Köhler, wenn sie Arbeitslosengeld II **2** bekommen würde.

6 **a)** Recherchiert die Adresse und die Öffnungszeiten der für dich zuständigen Geschäftsstelle der Agentur für Arbeit.

b) Recherchiert auf den Seiten der Bundesagentur für Arbeit die aktuellen Regelsätze für das Arbeitslosengeld I.

7 Beschreibt, welche materiellen, sozialen und psychischen Folgen für Personen und Familien durch Arbeitslosigkeit auftreten können.

8 Warum wird Arbeitslosengeld nur einige Monate und Arbeitslosengeld II unbefristet gezahlt? Findet mögliche Gründe und erläutert sie.

Jeder bekommt Hilfe

Soziale Hilfen zur Grundsicherung

Arbeitslosengeld I und II
bekommen arbeitslos und arbeitssuchend gemeldete Erwerbsfähige.

▷ **Sozialhilfe/** ▷ **Sozialgeld** bekommen Personen, die nicht erwerbsfähig sind.

Leistungen für behinderte Menschen
(z. B. Therapien, Pflege, Blindengeld ...) bekommen körperlich, geistig oder seelisch behinderte Menschen.

Berufliche Weiterbildung/ Umschulung
bekommen arbeitssuchend gemeldete Erwerbsfähige, deren Chancen auf eine neue Arbeit dadurch steigen.

Rente wegen Erwerbsminderung
bekommt, wer dauerhaft eingeschränkt arbeitsfähig ist und einen Vollzeitarbeitstag nicht mehr schafft.

Wohngeld
bekommt, wer für angemessenen Wohnraum so viel bezahlen muss, dass die Grundsicherung des Lebensalltags nicht mehr gesichert ist.

Ausbildungsförderung
(z. B. ▷ BAföG, Schüler-BAföG, ▷ BAB) bekommen Personen, die sich in einer Ausbildung befinden und finanzielle Grundsicherung benötigen.

Leistungen aus dem ▷**Bildungspaket**
(z. B. Schul-Mittagessen, Beiträge für Sport- und Musikvereine, Nachhilfe ...) bekommen Kinder, deren Eltern von sozialen Hilfen leben.

1 Soziale Hilfen und wer sie bekommt (Auswahl)

Melanie ist von Geburt an blind. Damit sie ihr Leben so selbstständig wie möglich führen kann, erhält sie soziale Hilfen des Staates: Einmal pro Woche bekommt sie eine Hilfe im Haushalt, außerdem finanzielle Zuschüsse für die Bücher in Blindenschrift, die sie für ihre Ausbildung benötigt.

Was sind soziale Hilfen?

Soziale Hilfen sollen besondere Belastungen abfedern und die finanzielle Grundsicherung garantieren 1. Sie können aus **finanziellen Leistungen** bestehen, die man ausbezahlt bekommt. Daneben gibt es **direkte Leistungen**, bei denen kein Geldbetrag ausgezahlt wird, z. B. Weiterbildungen, Haushaltshilfen, Nachhilfe usw.

Finanzielle soziale Leistungen

Bei der Berechnung der meisten finanziellen Leistungen spielen die **Grundsicherungsbeträge** eine Rolle. Sie werden vom Staat festgelegt. Ihre Höhe entspricht der des Arbeitslosengeldes II (siehe S. 219). Hat eine Person weniger Geld als die Grundsicherung zum Leben zur Verfügung, hat sie Anspruch auf soziale Hilfen. Oft werden sehr kleine Einkommen auf die Höhe des Arbeitslosengeldes II „aufgestockt". Daneben gibt es finanzielle Hilfen wie das ▷ Elterngeld oder das ▷ Kindergeld, bei denen die Grundsicherung keine Rolle spielt.

1 Erkläre den Unterschied zwischen finanziellen Leistungen und direkten Leistungen.
b) Ordnet die sozialen Hilfen aus dem Schaubild 1 den beiden Bereichen zu. Achtung: Bei einigen Feldern ist beides möglich!

2 Beschreibe am Beispiel von Jenny 3, welche materiellen, sozialen und psychischen Folgen es haben kann, wenn Menschen ihre finanzielle Unabhängigkeit verlieren.

3 a) Fasse zusammen, welche einzelnen Schritte Yasin 2 unternommen hat, damit er seine Wunsch-Ausbildung beginnen konnte. Welche soziale Hilfe 1 nimmt er wohl in Anspruch?
b) Recherchiert bei der Bundesagentur für Arbeit Möglichkeiten der finanziellen Unterstützung für Auszubildende und Studenten.

- *Verschlechtert sich die Lebenssituation einer Person oder Familie, so können soziale Hilfen in Anspruch genommen werden.*
- *Soziale Hilfen können aus finanziellen und direkten Leistungen bestehen.*

Yasin interessiert sich sehr für eine Ausbildung als Assistent für medizinische Gerätetechnik. Die nächste Berufsschule, die diesen Beruf ausbildet, ist 140 Kilometer weit entfernt. Er müsste umziehen und eine eigene Wohnung suchen. Seine Mutter sagt: „Das geht nicht, kein Geld! Such dir was anderes.“ In der Schule ist er ziemlich geknickt. Sein Lehrer meint: „Hol dir doch einen Termin bei der Berufsberaterin Frau Usbeck.“ Fünf Monate später: Yasin ist umgezogen, wohnt in einer WG und hat seine gewünschte Ausbildung begonnen. Wie hat er das geschafft?

2 Chancen nutzen

Trotz aller Bemühungen, hat Jenny (28) nach einem Jahr immer noch keine Arbeit gefunden. Nun bekommt sie Arbeitslosengeld II, das ihr hinten und vorne nicht reicht. Da sie nie Geld hat, trifft sie sich nur noch sehr selten mit ihren Freunden. Sie sitzt viel vor dem Fernseher und fühlt sich sehr unwohl. „Ich habe immer auf eigenen Beinen gestanden und jetzt bin ich auf die Hilfe des Staates angewiesen!“

3 Jenny hat ein Problem mit ihrer Situation.

Hilfen für Ausbildung und Studium

Finanzielle Engpässe sollen einer Ausbildung oder einem Studium junger Menschen nicht im Wege stehen. Für Auszubildende und Studierende gibt es verschiedene Möglichkeiten der finanziellen Absicherung. Voraussetzung ist, dass die Eltern nicht oder nur zum Teil für ihren Unterhalt sorgen können. Bei der Agentur für Arbeit kannst du dich ausführlich über Möglichkeiten wie ▷ Berufsausbildungsbeihilfe (BAB) oder ▷ BAföG informieren.

Wo beantrage ich soziale Hilfen?

Hilfen rund um Arbeitsförderung sowie Zuschüsse für Kinder werden bei der für den Wohnort zuständigen **Agentur für Arbeit** oder dem ▷ **Jobcenter** beantragt. Für die anderen Hilfen sind die **Kreis- oder Stadtverwaltungen** zuständig, die ihre entsprechenden Anlaufstellen haben: Wohngeld wird an der Wohngeldstelle, Sozialgeld oder Sozialhilfe beim Sozialamt beantragt.

4 Helge arbeitet als Verkäufer und verdient sehr wenig. Nach Abzug der Miete hat er weniger Geld als die Grundsicherung zur Verfügung. Gib ihm Tipps, was er tun kann.

5 **a)** Recherchiert, wofür die folgenden Leistungen gezahlt werden und wer sie beanspruchen kann. Erstellt ein Infoblatt.
A: Wohngeld (Paar 1)
B: Grundsicherung (Paar 2)
C: Bildungspaket (Paar 3)
b) Stellt euch eure Ergebnisse gegenseitig vor.

6 Findet heraus, wo genau an eurem Wohnort oder in der Nähe die in der Übersicht 1 aufgeführten finanziellen Leistungen beantragt werden können. Schreibt die Anlaufstellen mit Adresse auf.

Einkommen mit und ohne Arbeit

Es gibt viele Arten, Geld für den Lebensunterhalt zu bekommen. Die meisten Menschen gehen arbeiten, andere leben von ihrem Ersparten. Wieder andere sind arbeitslos und werden vom Staat unterstützt. Alle haben ein Einkommen – aber ein ganz unterschiedliches.

Alter	Tätigkeit	Einkommen
0–6	zuhause, Kindertagesstätte	kein eigenes Einkommen
6–16	Schule	ab 15 Jahren: Nebenjob
16–19	Berufsausbildung als Erzieherin	Schüler-BAföG
19–22	Arbeit als Erzieherin	Entgelt für Arbeit
22–30	Familiengründung (Mutterschutz, Erziehungszeit) und Arbeit	Elterngeld, Kindergeld, Entgelt für Arbeit
30–39	Selbstständigkeit als Tagesmutter	Einnahmen aus der Selbstständigkeit
40	schwere Krankheit	Krankengeld
40–67	Arbeit als Erzieherin	Entgelt für Arbeit
Ab 67	zuhause	Rente, Lebensversicherung
Ab 80	zuhause	Rente, Lebensversicherung, Pflegegeld

1 Frau Dietels Einkommen

Einkommen durch Erwerbstätigkeit
Die meisten Menschen erzielen ihr Einkommen für sich und ihre Familien durch die Erwerbstätigkeit. Dazu zählen zum Beispiel der ▷ Lohn und das ▷ Gehalt für Arbeiter und Angestellte oder die Ausbildungsvergütung für Auszubildende. Diese Einkommensquelle wird **Erwerbseinkommen** genannt.

Einkommen aus Unternehmen
Unternehmen erwirtschaften Gewinne durch den Verkauf ihrer Waren oder Dienstleistungen. Die Inhaberinnen und Inhaber können den Gewinn aus ihren Unternehmen behalten und davon leben. Meistens investieren sie jedoch einen Teil der Gewinne wieder in die Produktion. Den Teil, den sie als ihr Einkommen behalten, nennt man **Unternehmereinkommen**.

2 Geld aus einem Lottogewinn – ist das auch Einkommen?

1 **a)** Erklärt euch gegenseitig die Begriffe Erwerbseinkommen und Vermögenseinkommen (Partner/in 1) sowie Transfereinkommen und Unternehmereinkommen (Partner/in 2).
b) Erstellt ein Schaubild, das alle Einkommensarten sowie jeweils eine Erklärung darstellt.

2 **a)** Ordne den Stationen aus Frau Dietels Leben 1 die passenden Einkommensarten zu.
b) Suche eigene Beispiele zu den Einkommensarten. Tipp: Denke an deinen Familien- oder Bekanntenkreis.
c) Vergleicht eure Einordnungen und Beispiele.

3 Erörtere mit Hilfe des Beispiels von Frau Dietel 1, welche Bedeutung die verschiedenen Einkommensarten im Lebensverlauf eines Menschen haben können.

4 **a)** Erstellt eine Übersicht, welche Einkommen die Familie Ludwig 4 vor eineinhalb Jahren

- *Zum Bestreiten unseres Lebensunterhaltes benötigen wir Einkommen.*
- *Private Haushalte haben verschiedene Einkommensquellen.*
- *Das sind Erwerbs-, Vermögens- und Transfereinkommen.*

Einkommen aus Vermögen

Viele Menschen geben nicht ihr ganzes Geld aus, sondern sparen es. Wenn wir unser Gespartes einer Bank zur Verfügung stellen (z. B. durch ein Sparbuch), bekommen wir dafür Zinsen. Wir können unser Geld auch in Aktien, ▷ Wertpapiere oder eine ▷ Lebensversicherung anlegen und bekommen dafür eine Dividende. Wer eine Wohnung, eine Garage oder ein Gartengrundstück besitzt und sie anderen zur Verfügung stellt, erhält dafür Miete oder Pacht. Das Einkommen aus Besitztümern oder Geld ist **Vermögenseinkommen**.

Einkommen ohne Arbeit?

Es gibt Situationen, in denen Menschen nicht arbeiten können. Gründe hierfür können eine Krankheit sein, die Geburt von Kindern oder der Verlust der Arbeit durch eine Betriebsschließung. In solchen Fällen haben wir ein Recht auf finanzielle Unterstützung aus den Sozialversicherungen oder Sozialleistungen. Dieses Einkommen nennt man **Transfereinkommen**.

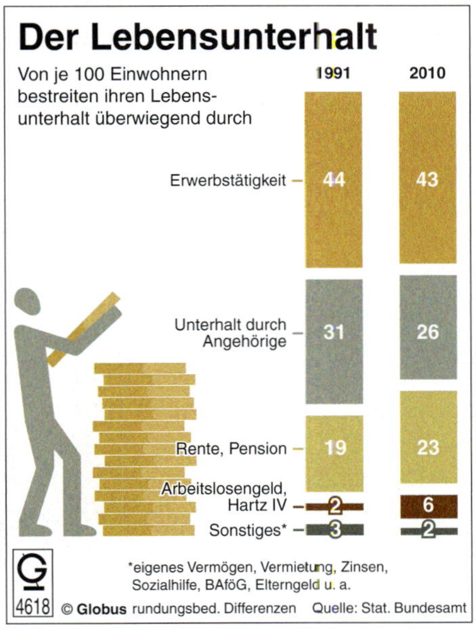

3 Verteilung der Einkommensarten

Herr Ludwig arbeitete bis vor einem Jahr in einem Baumarkt. Nach einem schweren Arbeitsunfall bezieht er Krankengeld. Ab dem nächsten Monat wird er eine Frührente bekommen, weil er dauerhaft arbeitsunfähig sein wird. Frau Ludwig arbeitet in einer Arztpraxis und bekommt dafür ein Gehalt. Außerdem erhalten sie Kindergeld für ihre drei Kinder. Leider wird die Arztpraxis im nächsten Monat geschlossen. Frau Ludwig hat sich bereits arbeitslos gemeldet, damit sie Arbeitslosengeld erhält.

4 Einkommen ändern sich.

bekam, jetzt bekommt und ab nächsten Monat bekommen wird.
b) Ordnet die Einkommen der Familie den Einkommensarten zu.

5 Diskutiert, ob Geld aus Glücksspielen **2** und Geldgeschenke auch Einkommen sind. Schreibt eine abschließende Einschätzung.

6 Erörtere, warum es für den Staat gut ist, wenn möglichst viele Menschen Erwerbseinkommen haben.

7 Beschreibe, was sich bei den Einkommensarten zwischen 1991 und 2010 verändert hat **3**.
b) Erörtere, welche Folgen diese Entwicklung für den Staat hat.
Tipp: Bedenke, dass die Renten und die Transferleistungen vom Staat gezahlt werden, der sich durch Steuereinnahmen finanziert.

Ich sichere mich ab!

Durch die gesetzliche Sozialversicherung und die Sozialleistungen bist du gegen viele Risiken gut abgesichert. Sie ermöglichen die Absicherung grundlegender Bedürfnisse wie Gesundheit, Wohnung, finanzielle Grundsicherheit und die Teilnahme am öffentlichen Leben. Was aber passiert bei einem Einbruch oder wenn wir etwas Wertvolles beschädigen? Einige Risiken können uns aus dem Gleichgewicht werfen und in finanzielle Not bringen.

Risiken in unserem Leben

In unserem Leben kann sich immer wieder etwas ereignen, womit wir nicht rechnen 2. Das Schwierige daran ist, dass es oft viel kostet, um die Folgen oder Schäden wieder auszugleichen. Oft entstehen auch Einkommensverluste, die nicht eingeplant sind. Große finanzielle Schwierigkeiten sind dann die Folge. Gegen viele Risiken können wir uns heute durch freiwillige private Versicherungen absichern 1.

Versicherungen „nach Maß"

Private Versicherungen berücksichtigen die Wünsche, Bedürfnisse und die persönlichen Lebensumstände der Versicherungsnehmer. Sie werden auch **Individualversicherungen** genannt. Die Wahl von Versicherungen wird zum Beispiel vom Alter, vom Familienstand, vom Wert des Eigentums, vom Einkommen, von ausgeübten Hobbys oder von der persönlichen Risikobereitschaft beeinflusst 2.

Versicherungen immer gut prüfen!

Überlege vor Abschluss von Versicherungen, ob du sie wirklich brauchst und ob du sie dir leisten kannst. Vergleiche verschiedene Angebote und lies das Kleingedruckte. Haftpflicht-, Hausrat-, Berufsunfähigkeits- und Lebensversicherung können wichtig sein, wenn du Arbeit und Wohnung hast und eine Familie gründest.

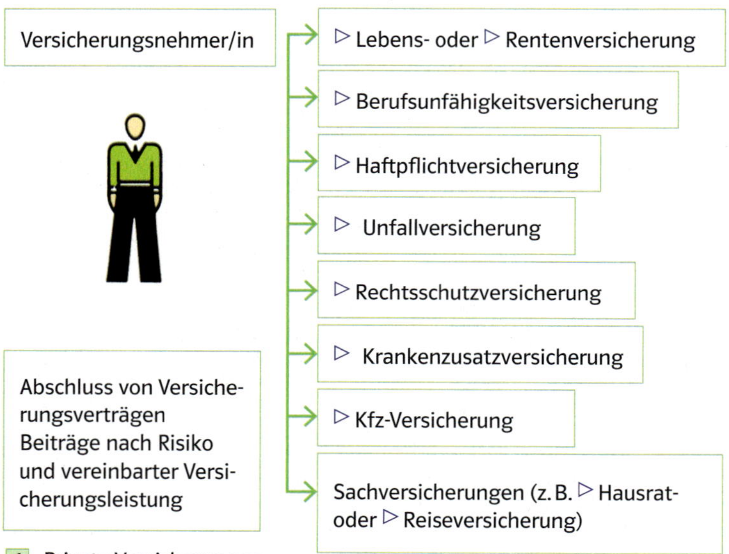

1 Private Versicherungen

1 Erläutere die Unterschiede zwischen der gesetzlichen Sozialversicherung und Privatversicherungen.

2 a) Stellt mithilfe der Lexikoneinträge die Versicherungen 1 in einer Wandzeitung dar. Aus der Wandzeitung soll hervorgehen, welche Risiken die jeweilige Versicherung abdeckt.

b) Stellt eure Wandzeitungen in der Klasse aus.

c) Vergleicht eure Ergebnisse und ergänzt gegebenenfalls.

3 Welchen Personen würdest du die Versicherungen aus dem Schaubild 1 empfehlen? Erstelle eine Tabelle. (Beispiel: Rentenversicherung: Menschen, die erwarten, eine niedrige Rente zu bekommen.)

4 a) Erläutere was passieren kann, wenn du nicht versichert bist.

b) Wovon ist abhängig, welche Versicherungen eine Person abschließt? Veranschauliche deine Aussagen mit eigenen Beispielen.

- *Private Versicherungen sichern Personen beziehungsweise ihre Hinterbliebenen finanziell ab, ersetzen Sachschäden und schützen das eigene Vermögen.*
- *Vor dem Abschluss sollten verschiedene Angebote verglichen und überprüft werden.*

Lisa ist bei ihrer Freundin Burcu zu Besuch. Sie spielen Tennis. Lisa holt aus und schlägt den Ball mit voller Wucht in Burcus Richtung. Der Ball verpasst sein Ziel und zerschlägt eine Scheibe. Das wird teuer …

Durch seine langjährige Erkrankung am Herzen kann Herr Wickel nicht mehr seinen Beruf als Berufskraftfahrer in einer Spedition ausüben. Er ist nur wenig belastbar, aber sehr zuverlässig und genau. Sein Arbeitgeber bietet ihm eine Halbtagsstelle im Büro an. Als LKW-Fahrer für Gefahrengut hatte er bisher gut verdient.

Herr Tasarek ist Mitte Fünfzig. Sein Zahnarzt stellt fest, dass er nun ohne Zahnersatz nicht mehr auskommt. Eine Zahnbrücke für den Unterkiefer muss her. Gesamtkosten 3 012 Euro. Seine Krankenkasse bezahlt einen Zuschuss von 903 Euro.

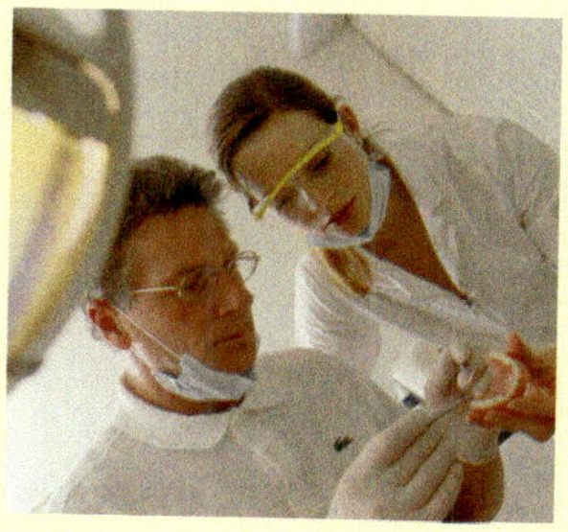

2 Was nun?

Starker Job:
Kauffrau/-mann für Versicherungen und Finanzen (Fachrichtung Versicherungen)
Wir beraten gewerbliche und private Kunden, verkaufen ihnen Versicherungsprodukte und betreuen bestehende Verträge. Wenn ein Schaden aufgetreten ist, kann es sein, dass wir die Schäden vor Ort besichtigen müssen. In jedem Fall helfen wir bei der Bearbeitung der Schadensfälle.

Starker Job
Kauffrau/-mann für Versicherung und Finanzen 72s4i5

5 a) Analysiert die Fallbeispiele 2. Stellt dar was passiert ist, welche Folgen oder Schäden entstanden sind und welche Versicherung zahlen würde.
b) Formuliert für die anderen Versicherungen eigene Fallbeispiele.

6 Diskutiert, welche Versicherungen ihr ganz persönlich für wichtig haltet. Bezieht dabei auch eure Vorstellungen von eurer persönlichen Zukunft mit ein.

7 „Eine Haftpflicht-, Hausrat-, Berufsunfähigkeits- und Lebensversicherung sollte jeder haben". Bewertet die Aussage.

8 a) Befrage deine Eltern, welche Versicherungen sie haben und welche Schadensfälle in der Vergangenheit durch Versicherungen ausgeglichen wurden.
b) Tragt die Ergebnisse der Elternbefragung in einer Tabelle zusammen und veranschaulicht sie in einem Diagramm.

Unterstützung für den Arbeitsmarkt

Arbeitsmarktpolitik

Aktive Arbeitsmarktpolitik:
Maßnahmen, um Arbeitslose wieder in den Arbeitsmarkt einzugliedern

- Hilfe bei der Berufswahlorientierung und Berufswahlberatung (z. B. durch die BA)
- Förderung der Aus- und Weiterbildung
- Arbeitsvermittlung
- Förderung von Unternehmensgründungen
- Qualifizierung von Arbeitssuchenden zur Wiedereingliederung in den Arbeitsmarkt
- Lohnkostenzuschüsse für Arbeitgeber, die benachteiligte Arbeitnehmer einstellen
- ▷ Ein-Euro-Jobs

Passive Arbeitsmarktpolitik:
Maßnahmen, um die wirtschaftlichen Folgen von Arbeitslosigkeit abzumildern

- Arbeitslosengeld I und II
- ▷ Bildungspaket
- Kurzarbeitergeld (Lohnersatz bei vorübergehender Verringerung der Arbeitszeit, z. B. bei schlechter Auftragslage)
- Vorruhestandsgeld (für Menschen, die freiwillig früher in Rente gehen)
- ▷ Kombilöhne

1 Maßnahmen der Arbeitsmarktpolitik in Deutschland

Sicher möchtest du gute ausgebaute Verkehrswege haben und Bildungseinrichtungen nutzen. Auch die Verwaltung und die soziale Absicherung der Menschen bei Krankheit, Arbeitslosigkeit und im Alter kostet Geld. Damit dieses Geld „in die Kasse" kommt, ist der Staat darauf angewiesen, dass viele Menschen arbeiten.

Arbeit bringt dem Staat Einnahmen

Eine der wichtigsten Einnahmequellen des Staates ist die **Lohnsteuer**, die jede Arbeitnehmerin und jeder Arbeitnehmer bezahlt. Je mehr Menschen arbeiten, desto mehr Lohnsteuer wird gezahlt. Hohe Einnahmen ergeben sich auch aus der **Mehrwertsteuer**, die wir für alle Güter bezahlen, die wir kaufen. Je mehr Menschen ein Einkommen haben, desto mehr wird konsumiert. Dadurch steigen auch die Einnahmen aus der Mehrwertsteuer. Und: Wer arbeitet, braucht weniger staatliche Hilfe zur sozialen Absicherung, weil er ja auf eigenen Füßen steht. Der Staat muss also weniger Geld für Transferleistungen ausgeben.

Maßnahmen der Arbeitsmarktpolitik

Der Staat ist daran interessiert, dass möglichst wenige Menschen arbeitslos sind oder es werden. Er möchte auch, dass ein großer Anteil der Menschen, die arbeiten gehen können, dies auch tut. Um diese Ziele zu erreichen, ergreift der Staat verschiedene Maßnahmen 1. Die Ziele der Arbeitsmarktpolitik sind

- ein ausgeglichenes Verhältnis von Angebot und Nachfrage auf dem Ausbildungs- und Arbeitsmarkt herzustellen,
- offene Stellen zügig zu besetzen,
- die Beschäftigungsfähigkeit einzelner Menschen durch Erhalt und Ausbau von Kenntnissen, Fertigkeiten sowie Fähigkeiten zu fördern,
- zu einer Weiterentwicklung der regionalen Beschäftigungs- und Infrastruktur beizutragen.

- *Wenn Menschen arbeiten, zahlen sie Steuern und Sozialabgaben an den Staat.*
- *Mit staatlichen Maßnahmen soll die Arbeitslosigkeit verringert werden.*
- *Der Staat unterstützt Arbeitslose und ihre Familien finanziell.*

Noch mehr Kurzarbeit soll Rettung bringen

Um Entlassungen zu verhindern, hat die Regierung eine Verlängerung des Kurzarbeitergeldes beschlossen. […]
Mit der Neuregelung will die Regierung den Unternehmen Planungssicherheit und einen Anreiz geben, auch bei einem Andauern der Wirtschaftskrise Mitarbeiter nicht zu entlassen. Bei der Kurzarbeit kommt die Bundesagentur für Arbeit (BA) für einen Teil der Verdienstausfälle auf, die durch die verkürzte Arbeitszeit verursacht werden. Firmen, die unter Auftragsmangel leiden, können so Kündigungen leichter vermeiden. Die Arbeitnehmer erhalten dabei 60 Prozent des entgangenen Nettolohns, mit Familie 67 Prozent.

Quelle: Focus Online vom [illegible]0.05.2009

2 Kurzarbeit als Jobretter?

Chance plus ist ein Praktikantenprogramm, das von der Deutschen Bahn AG, der Agentur für Arbeit und Verbänden aus Industrie und Handwerk ins Leben gerufen wurde. Es richtet sich an Jugendliche mit einem Haupt- oder Realschulabschluss, die sich bislang erfolglos auf einen Ausbildungsplatz beworben haben. Die Teilnehmerinnen und Teilnehmer absolvieren ein Praktikum bei der Deutschen Bahn in einem ausgewählten Tätigkeitsfeld im kaufmännisch-serviceorientierten oder im gewerblich-technischen Bereich. Dadurch werden sie auf eine Berufsausbildung oder einen direkten Jobeinstieg vorbereitet. Im ersten Durchführungsjahr von Chance plus nahmen rund 180 Jugendliche an 9 Standorten teil. Ein Jahr später lag das Angebot der Bahn bereits bei 400 Plätzen an 15 Standorten. Die Übernahmequoten der Absolventen in eine Ausbildung oder in einen direkten Jobeinstieg lagen in allen Jahrgängen bei rund 75 %.

Quelle www.bahn.de

3 Chancen nutzen

1 a) Begründe aus Sicht des Staates, warum es wichtig ist, dass viele Menschen arbeiten.
b) Erläutere, welche beiden Einnahmequellen dem Staat zu mehr Geld verhelfen, wenn Menschen arbeiten.

2 Stellt die Ziele der einzelnen Maßnahmen der Arbeitsmarktpolitik **1** dar.

3 Erläutere mithilfe des Zeitungsartikels **2**, welches Ziel das Kurzarbeitergeld für Arbeitnehmer und Arbeitgeber hat und welche Leistungen finanziert werden.

4 a) Beschreibt die Durchführung und Ziele der Maßnahme „Chance plus" **3**.
b) Beurteilt den Erfolg der Maßnahme.

5 Beschreibt, wie ihr schon in der Schulzeit die Chancen auf eine Ausbildungsstelle erhöhen könnt.

6 „Mit dem Programm „Chance Plus" **3** wird eine Maßnahme finanziert, die ein Unternehmen wie die Bahn auch ohne staatliche Hilfe durchführen könnte. Andere Programme könnten das Geld viel besser brauchen als die Bahn." Nimm Stellung.

7 Recherchiere, welche Maßnahmen es in eurer Region gibt, mit denen Jugendliche in eine Ausbildung oder Arbeit gebracht werden sollen.

○ 1 ◑ 2, 3 ● 4–7

Arbeiten bis ins hohe Alter?

1 Generationenvertrag

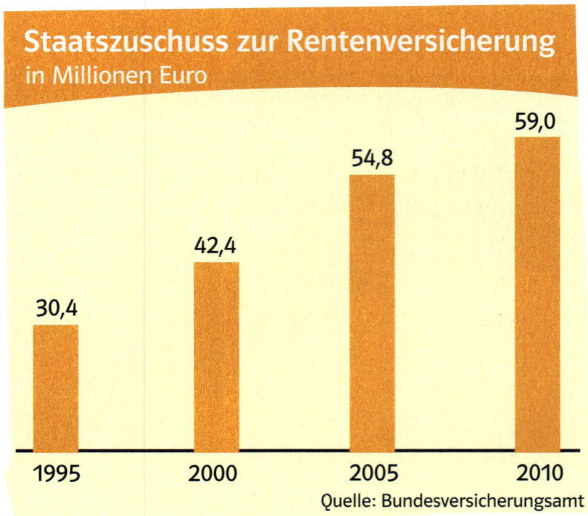

2 Der Staat gibt immer mehr dazu.

die **Demografie**: Wissenschaft, welche die zahlen- und altersmäßige Entwicklung der Bevölkerung untersucht.

In Deutschland gibt es immer mehr ältere Menschen und immer weniger werden geboren. „Na und?" könntest du sagen. Doch diese Entwicklung hat auch Auswirkungen auf dich. Wenn sich diese Entwicklung fortsetzt, ist unser „soziales Netz", das uns in Notsituationen versorgt, in Gefahr.

Eine Generation versorgt die andere

Die Idee des **Generationenvertrages** 1 ist sehr einfach: Berufstätige zahlen mit ihren Beiträgen die Rente der Menschen, die bereits aus dem Berufsleben ausgeschieden sind. Sie bekommen dadurch das Recht, im Alter die Rente von denen bezahlt zu bekommen, die dann arbeiten.

Die Rechnung geht nicht auf

Demografische Untersuchungen zeigen: Die Menschen in Deutschland werden immer älter. Außerdem wurden in den letzten Jahrzehnten immer weniger Kinder geboren 4. Immer weniger Beitragszahler müssen immer mehr Leistungsempfänger finanzieren. Da die Beiträge nicht mehr ausreichen, zahlt der Staat seit einigen Jahren zusätzliches Geld in die Rentenversicherung ein 2. Dieses Geld, das aus den Steuereinnahmen kommt, fehlt dann an anderer Stelle.

1 Was ist ein Generationenvertrag? Erkläre den Begriff mit eigenen Worten.

2 Erläutert,
- warum der Staat Zuschüsse zur Rentenversicherung zahlen muss.
- woher der Staat das Geld für diese Zuschüsse bekommt.

3 Beschreibe das Diagramm 2:
a) Was ist dargestellt?
b) Was bedeutet diese Entwicklung für die Zukunft der gesetzlichen Rentenversicherung?
c) Vergleicht eure Ergebnisse.

4 Erläutert die drei dargestellten Maßnahmen des Staates, mit denen die Finanzierung der Rente gesichert werden soll. Beantwortet dabei die Fragen:
- Welches Ziel hat die Maßnahme?
- Wer ist davon betroffen?
- Welche Folgen hat die Maßnahme für die Betroffenen und den Staat?

- *In Deutschland gibt es immer mehr ältere Menschen und die Bevölkerungszahl sinkt*
- *Es arbeiten immer mehr ältere Arbeitnehmer und weniger jüngere rücken nach.*
- *Der Staat muss auf die Veränderungen reagieren.*

Neu nachdenken

Bereits heute müssen jüngere Arbeitnehmerinnen und Arbeitnehmer damit rechnen, eine recht niedrige gesetzliche Rente zu erhalten. Deshalb sollten sie früh darüber nachdenken, wie sie es schaffen können, auch im Alter gut versorgt zu sein. Wohneigentum, Sparen und die private Vorsorge werden immer wichtiger.

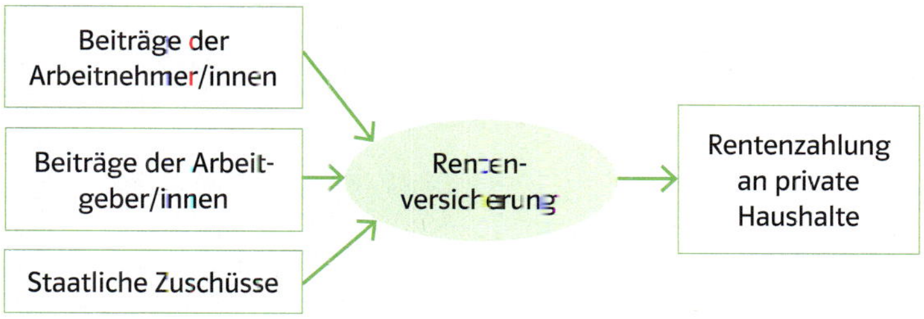

3 Finanzierung der Rentenversicherung

Maßnahmen des Staates

Damit die Ausgaben für die Rente noch finanzierbar sind, hat der Staat verschiedene Maßnahmen ergriffen:

- Ab dem Jahr 2012 wird das **Rentenalter** schrittweise auf 67 Jahre **angehoben** (vorher: 65 Jahre). Die Arbeitnehmer sollen länger in die Sozialversicherung einzahlen und später Beiträge entnehmen.
- Durch **staatliche Zuschüsse zur privaten ▷ Rentenversicherung** soll die private Vorsorge attraktiver werden. Mehr Menschen sollen private Verträge zur Absicherung im Alter abschließen, damit sie im Alter nicht auf zusätzliche Gelder aus dem Sozialsystem angewiesen sind.
- Durch **Leistungen für Eltern** wie das ▷ Kindergeld oder ▷ Elterngeld sollen die Menschen dazu gebracht werden, wieder mehr Kinder zu bekommen.

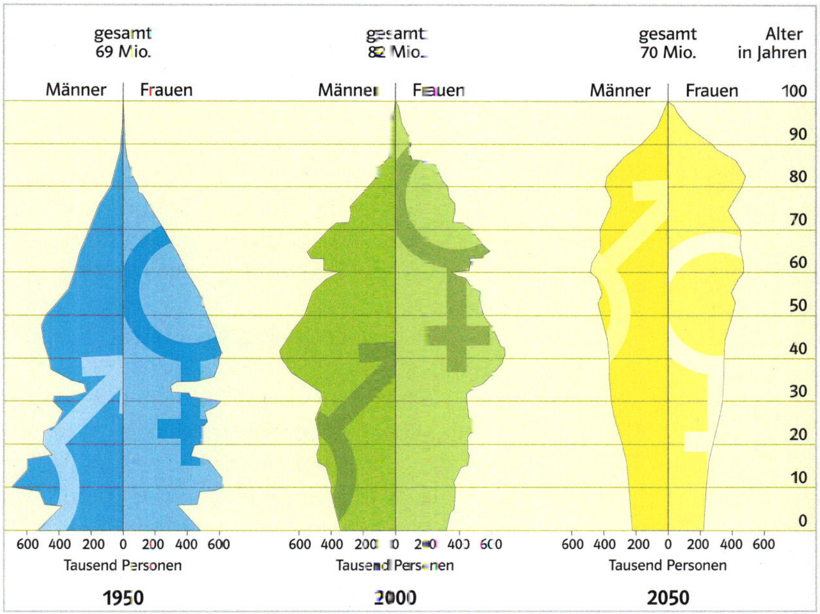

4 Alterspyramiden im Vergleich

5 Diskutiert die Aussage: „Die staatlichen Zuschüsse zur privaten Rentenvorsorge helfen doch nur den Menschen, die ohnehin gut verdienen. Bei Menschen mit geringem Einkommen, die nichts zurücklegen können, ist Armut im Alter vorprogrammiert. Der Staat sollte sein Geld für die Menschen ausgeben, die wirklich Hilfe brauchen."

6 a) Analysiert die Alterspyramiden 4 und zeigt die wesentlichen Veränderungen auf. Verwendet hierfür folgende Stichwörter: Bevölkerungszahl, Lebenserwartung, Menschen im erwerbsfähigen Alter, Rentner, Kinder.
b) Schreibe einen Zeitungsartikel zum Thema Bevölkerungsentwicklung. Denke dir eine passende Artikelüberschrift aus.

7 Erläutere, welche Auswirkungen die Anhebung des Rentenalters hat:
– für junge Menschen hat, die in den Arbeitsmarkt nachrücken
– für ältere Arbeitnehmer hat, die eine Arbeitsstelle suchen,
– für die Personalplanung von Unternehmen.

○ 1 ◑ 2–4 ● 5–7

Das Leben nach der Schule

Arbeitsblatt
Kreuzworträtsel-vorlage
39j3tb

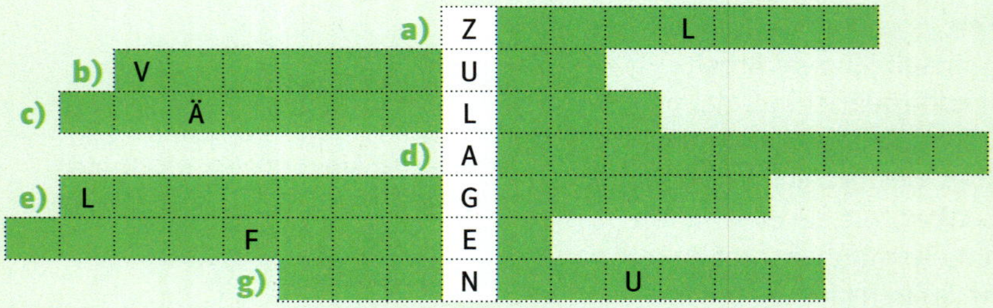

1 Kreuzworträtsel zu den Lohnformen

Bogen zur Selbst-einschätzung
q4vq95

1 Übertrage das Kreuzworträtsel in dein Heft oder lade dir die Vorlage über den starkeSeiten-Code herunter. Schreibe die gesuchten Begriffe in die Kästchen.

a) Die Entlohnung nach der geleisteten Arbeitszeit nennt man … .

b) … ist ein anderes Wort für den Verdienst.

c) Diese Lohnform bedeutet, dass man einen Grundlohn plus eine Entlohnung für die tatsächlich geleistete Arbeit bekommt.

d) … ist die Entlohnung nach mengenmäßiger Leistung.

e) … ist die Entlohnung für tatsächlich geleistete Arbeit.

f) … ist der Oberbegriff für alle unterschiedlichen Arten der Bezahlung.

g) Die … ist die Stufe der Bezahlung, in die ein Beschäftigter eingeordnet wird.

h) Schreibe zu dem senkrechten Begriff eine kurze Erklärung auf.

2 a) Bilde aus den Satzbausteinen 2 sinnvolle Aussagen und schreibe sie auf. Drei Teile gehören immer zusammen.

b) Vergleicht eure Aussagen. Berichtigt, wenn nötig.

c) Begründet, ob die Aussagen stimmen.

3 a) Zeichne ein Schaubild, welches das System der Sozialversicherungen Deutschlands zusammenfasst. Aus dem Schaubild soll hervorgehen, wie die Versicherung heißt, wer in sie einzahlt, wann die Versicherung bezahlt und wer Anspruch auf die Leistung hat.

Folgende Abkürzungen helfen dir weiter:
SV – AV, KV, UV, PV, RV

b) Stellt euch eure Ergebnisse gegenseitig vor.

A: Der Preis der Arbeit

wird durch den

und werden gerne eingestellt.

C: Qualifizierte Arbeitskräfte bekommen

Verdienst ausgedrückt.

im Durchschnitt mehr Geld

so sind Einstellungschancen

und Verdienstmöglichkeiten höher.

B: Werden viele Arbeitskräfte gesucht,

2 Satzbausteine

4 a) Erläutert, warum private Versicherungen sinnvoll sind.
b) Fasst zusammen, welche privaten Versicherungen es gibt und welche Risiken sie absichern.
c) David ist 23 Jahre alt und verheiratet. Er geht arbeiten, wohnt in einer Mietwohnung und hat ein Kind. Er hat noch keine privaten Versicherungen abgeschlossen. Welche Versicherungen empfehlt ihr David und warum?

5 a) Das Schaubild „Was tun bei Arbeitslosigkeit" 3 ist durcheinander geraten. Berichtige und übertrage es in deine Unterlagen.
b) Vergleicht eure Schaubilder

6 a) Erkläre den Unterschied zwischen Arbeitslosengeld I und II.
- Wer hat Anspruch?
- Wie hoch sind die Leistungen?
- Wie lange wird die Leistung gezahlt?

b) Fasst in Stichpunkten zusammen, welche materiellen, sozialen und psychischen Folgen für Personen und Familien durch Arbeitslosigkeit auftreten können.

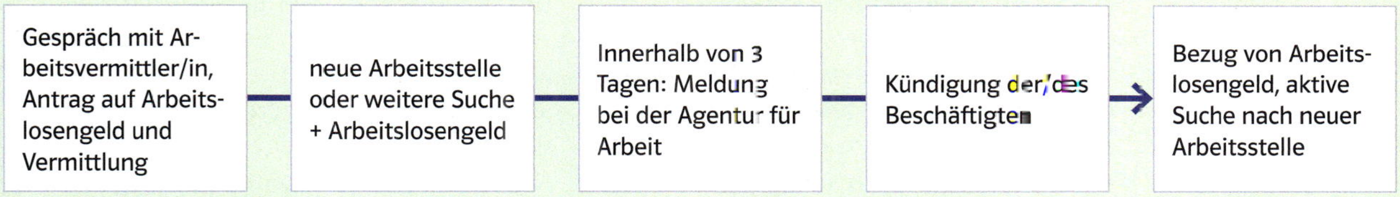

3 Was tun bei Arbeitslosigkeit?

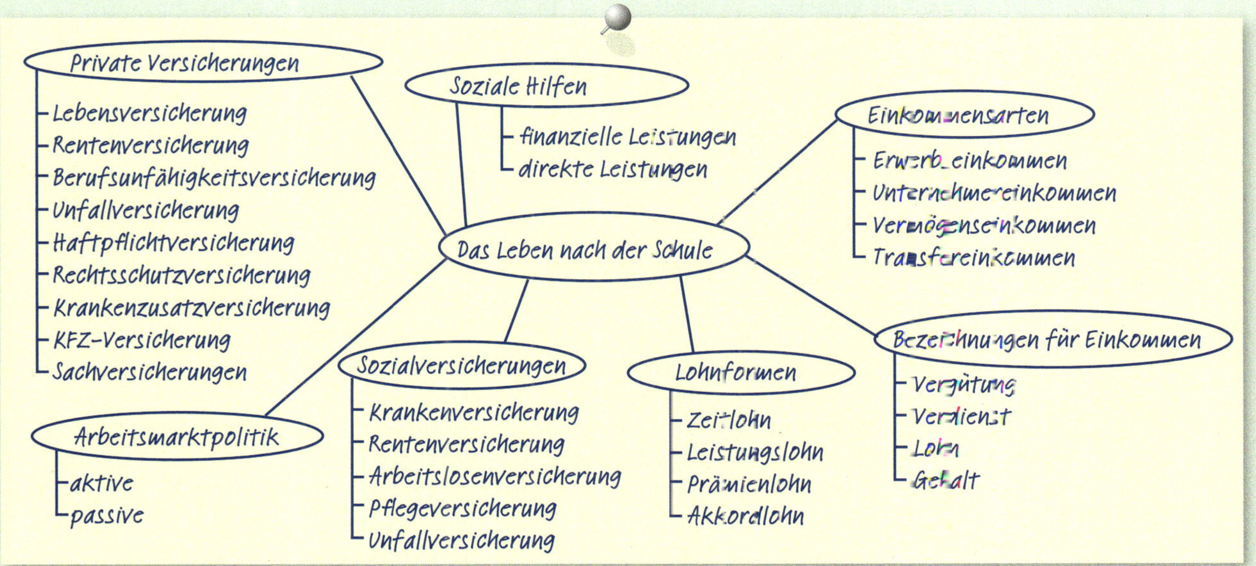

4 Diese Begriffe solltest du kennen.

Meine erste eigene Wohnung

Links
Umzug
e95jk6

1 Endlich geht's in die eigenen vier Wände!

Irgendwann ist es soweit. Du ziehst aus, wohnst in einer eigenen Wohnung, gehst wahrscheinlich arbeiten und gründest vielleicht eine Familie. Die meisten Jugendlichen freuen sich auf ihre erste Wohnung. Aber was kommt wirklich auf dich zu?

Den Einzug meistern

Der Einzug in eine neue Wohnung muss gut vorbereitet werden. Termin, Helfer und Transportautos müssen organisiert und die anstehenden Kosten eingeplant werden. In vielen Wohnungen muss zunächst renoviert werden. Dann brauchst du Farben und Malerutensilien für das Streichen der Räume. Das alles kostet Geld. Die erste Miete ist fällig und oft auch eine Kaution.

Was brauchst du alles?

Möbel, Gardinen, Töpfe, Pfannen, Geschirr, Besteck, Haushaltsgeräte wie Kühlschrank, Waschmaschine, Kaffeemaschine und Toaster, Arbeitsmittel zur Wohnungspflege, Werkzeug – dies und vieles mehr muss angeschafft werden. Perfekt muss nicht gleich alles sein, aber man möchte sich wohlfühlen in seinem neuen Zuhause.

die **Kaution**: Sicherheitspfand für eventuelle Schäden (meistens zwei bis drei Kaltmieten)

Anmelden nicht vergessen!

Wenn du in eine eigene Wohnung gezogen bist, warten einige Formalitäten auf dich: Du musst dich im **Einwohnermeldeamt** ummelden und deine neue Adresse in deinen Personalausweis eintragen lassen. Arbeitgeber, Krankenkasse, Bank, Freunde, Sportverein – alle benötigen deine neue Anschrift. Damit dir „keiner durch die Lappen geht", kannst du bei der Post einen **Nachsendeauftrag** ausfüllen. Die Post an deine alte Adresse geht dann einige Zeit lang automatisch an deine neue. Dieser Service ist allerdings kostenpflichtig.

Versorgt sein

Um mit Strom, Wasser und Wärme versorgt zu sein, musst du dich bei einem Energieversorger anmelden. Hier solltest du auf jeden Fall die Preise vergleichen, denn es gibt große Unterschiede zwischen den Anbietern. Bei der **Wohnungsübergabe** mit dem Vermieter solltest du alle Zählerstände (Strom, Wasser ...) ablesen und notieren. Außerdem sollte bei der Übergabe ein Protokoll erstellt werden, in dem alle Schäden in der Wohnung aufgeführt sind. So kann der Vermieter nachher nicht sagen, dass du die Schäden verursacht hast.

Der Mietvertrag

Alle wichtigen Vereinbarungen, die die Wohnung betreffen, sind im Mietvertrag 2 festgehalten:

- Name und Adresse von Vermieter und Mieter
- Größe der Wohnung sowie Anzahl und Art der Räume
- Mietzeit (befristet oder unbefristet) und Kündigungsfrist
- Höhe von Miete, Nebenkosten und Kaution
- Vereinbarungen über die Instandhaltung der Räume (z. B. Ausführung von kleineren Reparaturen)
- Bestimmungen zur Hausordnung

- Der Umzug in die eigene Wohnung muss gut geplant und vorbereitet sein.
- Durch Umzug, Einrichten und das Wohnen in einer eigenen Wohnung entstehen einmalige und laufende Kosten.

2 Den Mietvertrag solltest du dir sehr genau durchlesen und alle offenen Fragen klären.

Laufende Kosten

Mit einer eigenen Wohnung kommen viele neue Kosten auf dich zu. Neben der **Miete** sind das die **Nebenkosten** für Heizung, Wasser, Strom und Müllgebühren. Außerdem solltest du überlegen, welche **Versicherungen** jetzt für dich sinnvoll sind. Haftpflicht- und Hausratversicherung sind die beiden wichtigsten. Wenn du fernsehen, im Internet surfen und telefonieren willst, musst du mit zusätzlichen Kosten von Kommunikationsdienstleistern rechnen und je nach Einkommen **Rundfunkgebühren** bezahlen.

Fabian ist 19 Jahre alt und mit seiner Ausbildung zum Koch fertig. Sein Ausbildungsbetrieb hat ihn gerne übernommen. Während der Ausbildung wohnte er bei seinen Eltern, jetzt zieht er in seine eigene Wohnung. Er hat einige Posten notiert, die auf ihn zukommen.

- Übernahme der Küchenzeile mit Herd und Kühlschrank vom Vormieter: 500 Euro
- Wohnungsmiete: 356 €
- Umzugswagen: 150 € plus 40 € Benzin
- Verpflegung für die Umzugshelfer: 50 €
- Malerutensilien und Farbe: 85 €
- Kaution: zwei Monatsmieten
- Nebenkosten: 110 Euro
- Kosten für fehlende Möbel und Haushaltsgeräte: 900 €
- Rundfunkgebühren: 17,98 €/Monat
- Kabelfernsehen, Telefon und Internet: 35,90 €/Monat
- Strom: 38 €/Monat
- Haftpflichtversicherung: 96 €/Jahr
- Hausratversicherung: 112.80 €/Jahr

3 Fabian zieht um.

1 Erkläre die Begriffe Miete, Nebenkosten und Kaution mit eigenen Worten.

2 Begründe, warum bei der Wohnungsübergabe ein Protokoll angefertigt werden sollte, das Vermieter und Mieter unterschreiben.

3 Gruppenpuzzle für 3er-Gruppen (siehe S. 140):
- Gruppe 1: Erstellt eine Checkliste, in der ihr auflistet, was alles vor dem Umzug geregelt, organisiert und beachtet werden muss.
- Gruppe 2: Erstellt eine Checkliste, in der ihr auflistet, was alles während des Umzugs geregelt, organisiert und beachtet werden muss.
- Gruppe 3: Erstellt eine Checkliste, in der ihr auflistet, was alles nach dem Umzug geregelt, organisiert und beachtet werden muss.

4 Berechne, welche Kosten auf Fabian **3** zukommen:
- Einmalig im Zusammenhang mit seinem Umzug und
- monatlich im Zusammenhang mit seiner Wohnung.

b) Vergleicht eure Berechnungen.

5 Erörtere die folgende Aussage: „Selbstständig zu sein heißt auch selbst verantwortlich zu sein."

6 Stelle die einzelnen Bestandteile des Mietvertrag in einem Kurzvortrag dar.
Mietvertrag rb8vc8

Behördengänge: Wo muss ich hin?

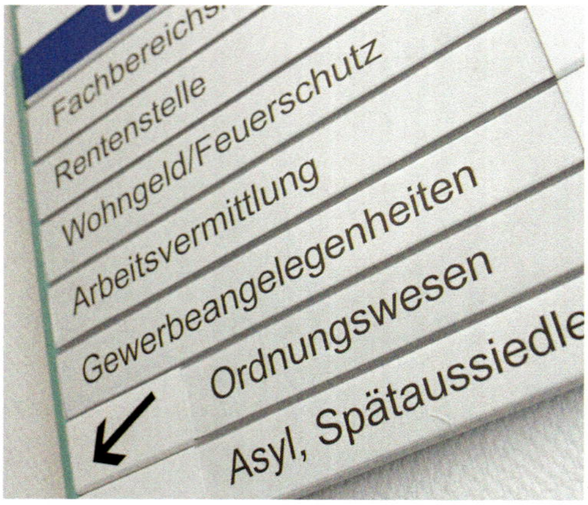

1 Schwierige Orientierung

die **Behörde**: amtliche Stelle, z. B. Polizei, Kraftfahrzeugamt, Finanzamt, Gericht

die **Verwaltung**: Einrichtung, in dem ein bestimmter Bereich nach festgelegten Vorschriften verwaltet wird: z. B. Kreisverwaltung, Verwaltung eines Betriebes ...

Im Alltag gehört es dazu, dass einige persönliche Angelegenheiten über die öffentliche Verwaltung geregelt werden müssen: Die Steuererklärung muss eingereicht, ein neuer Personalausweis beantragt, der Sperrmüll angemeldet werden. Zum Verwalten gehört aber auch das Ordnen und Aufbewahren deiner ganz persönlichen Unterlagen zu Hause.

Wichtige Behörden und Verwaltungen

Du solltest wichtige Behörden und Verwaltungen kennen, die für dich zuständig sind. Das sind zum Beispiel die Polizei, das Finanzamt, die Agentur für Arbeit sowie die Stadt- und Kreisverwaltung 2. Hier findest du eine Vielzahl von Ämtern und Verwaltungsstellen, wie das Sozialamt, die Wohngeldstelle, das Bauamt oder die Einwohnermeldestelle.

Informiere dich!

Die meisten Behörden und Verwaltungen informieren ausführlich über ihre Aufgaben und Öffnungszeiten. Wichtige Hinweise sind oft unter dem Stichwort „Bürgerservice" zu finden. Im Internet findest du die Informationen meist über die Internetseite der Stadt oder des Kreises. Im Telefonbuch gibt es Telefonnummern, über die du direkt anfragen kannst.

Stadtverwaltung, Rathaus
- Beantragung finanzieller Hilfen wie ▷Wohngeld oder Hilfen zum Lebensunterhalt
- Abfallentsorgung (z. B. Anmelden von Sperrmüll)
- Bürgerbüro: Anmeldung neuer Wohnsitz, Beantragung von Pass, Personalausweis, An- und Abmelden von Hunden
- Standesamt: Beurkundungen von Geburten und Sterbefällen, Eheschließungen

Agentur für Arbeit
- Meldung arbeitslos/arbeitssuchend
- Anträge Arbeitslosengeld I und II
- Vermittlung neuer Arbeitsstellen
- berufliche Qualifizierungsangebote, z. B. Umschulung
- Beantragung von ▷Kindergeld und Leistungen für Kinder aus dem ▷Bildungspaket
- ▷Berufsausbildungsbeihilfe (BAB)

Polizei
- Aufnahme von Anzeigen

Finanzamt
- KFZ-Steuer
- Steuererklärungen

Kreisverwaltung
- Jugendamt: Beratung und Hilfe für Kinder, Jugendliche und Eltern
- Ab- und Anmelden von Kraftfahrzeugen, Führerscheinangelegenheiten, Antrag auf begleitetes Fahren mit 17
- Schulamt: Fragen und Anträge zu schulischen Angelegenheiten
- Ausländerbehörde: Ausländer- und Asylangelegenheiten
- Schüler-BAföG

2 Wer ist für was zuständig?

- *Das Aufsuchen von verschiedenen Behörden und Verwaltungen und das Ausfüllen von Anträgen und Formularen gehört zur selbständigen Lebensführung.*
- *Das Ordnen und Aufbewahren persönlicher Unterlagen ist wichtig.*

3 Lies dir die Anträge immer genau durch. Wenn du nicht weiterkommst, suche dir Hilfe. Falsche Angaben in Anträgen können Probleme verursachen!

4 Ordne deine Unterlagen unbedingt nach Sammelbegriffen, z. B. sortiere alles, was mit der Wohnung zu tun hat, unter „Wohnung" ein.

Starker Job
Verwaltungsfachangestellte/r
9r4t3c

Vieles geht auch online

Viele Behörden und Verwaltungen bieten Anträge 3, die du normalerweise schriftlich ausfüllen musst, auch online an. Dann solltest du dir aber immer einen Ausdruck für deine persönlichen Unterlagen machen, da die Anträge oft nicht gespeichert werden können. Einige Anträge musst du aber persönlich stellen, da hier deine Unterschrift oder Anwesenheit benötigt wird.

Verwalte dich selbst!

Ordne deine persönlichen Dokumente und Unterlagen und bewahre sie sorgfältig auf. Sie dienen als Nachweise, dass du Anträge gestellt, Rechnungen bezahlt oder Verträge abgeschlossen hast. So kannst du für eine Schadensmeldung bei deiner Versicherung schnell Daten aus deinem Versicherungsvertrag angeben. Nutze Ordnungssysteme, z. B. Ringbuchordner 4, Hängeregister, Schubladen- oder Ablagesysteme.

1 Erkläre, warum Behörden und Verwaltungen für das öffentliche und private Leben wichtig sind.

2 Fasse in Stichpunkten zusammen, wie du dich über Behörden und Verwaltungen informieren kannst.

3 Erläutere mithilfe der Übersicht 2, welche Behörde für was zuständig ist. Veranschauliche deine Aussagen mithilfe ausgedachter oder echter Beispiele.

4 Führt ein Fragespiel zur Übersicht 2 durch. Stellt euch gegenseitig immer wieder die Frage: „Wo kannst du … beantragen/regeln?" und beantwortet die Frage.

5 Erkläre, warum das Ordnen und Aufbewahren eigener Unterlagen wichtig sind.

6 Lege ein Ordnungssystem für deine persönlichen Unterlagen an. Hefte alle wichtigen Unterlagen ein, die du bislang gesammelt hast (z. B. Zeugnisse).

7 Diskutiert, welche Vor- und Nachteile die zunehmende Verwaltung über das Internet und die Online-Antragstellung haben.

8 Stell dir vor, du ziehst nach Köln. Lade dir das Anmeldeformular herunter und fülle es aus. Erkläre anschließend der Klasse, wie du vorgegangen bist.
Anmeldung 4ft86g

Ohne Konto läuft nichts

Infos und Links
Bankformulare
g5hv4m

1 In der Bank

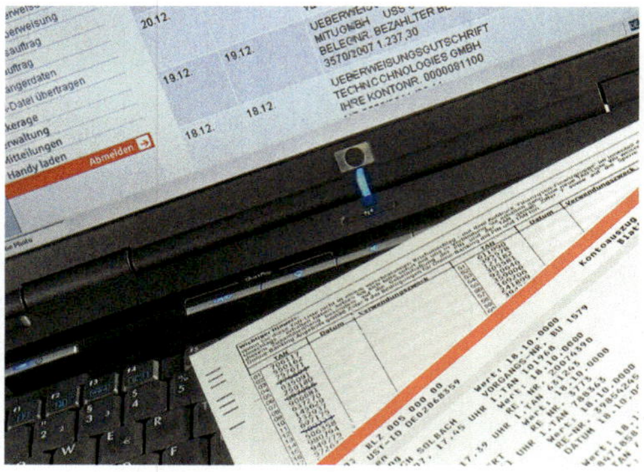

2 Kontoauszüge kannst du als Ausdruck in der Bank abholen. Beim Onlinebanking kannst du sie am Computer einsehen.

Starker Job
Bankkauffrau/
Bankkaufmann
wh8i3u

Für finanzielle Angelegenheiten benötigt jeder früher oder später ein Konto bei einer Bank. Unsere Löhne und Gehälter werden auf das Konto gezahlt. Die Miete für die Wohnung überweisen wir auf das Konto des Vermieters. Die Bank ist die Einrichtung, mit deren Hilfe du Geldgeschäfte tätigen kannst. Viele Jugendliche haben bereits ein Konto bei einer Bank.

Bankgeschäfte

Bankgeschäfte sind alle Geldgeschäfte, die über eine Bank abgeschlossen werden, z. B. Geld abheben, Geld auf ein Konto einzahlen, Geld überweisen, Geld sparen oder Geld leihen. Es gibt verschiedene Möglichkeiten, wie Bankgeschäfte zustande kommen: Persönlich bei einer Bank 1 oder über Online- oder Telefonbanking.

Girokonto – jetzt eröffnen!
- Wir schenken Ihnen 50 Euro bei Neueröffnung eines Girokontos!
- 1,5 % Zinsen auf Ihr Guthaben
- Keine Kontoführungsgebühr!
- Überweisung/Abhebung: nur 0,50 € Bearbeitungsgebühr

Unser Top-Girokonto
- 2 % Guthabenzinsen
- keine sonstigen Kosten
- Kontoführungsgebühr: 0 € bei 1000 € Geldeingang monatlich (sonst: 4,50 € im Monat)

3 Angebote für Girokonten. Achtung: Wenn du noch nicht volljährig bist, benötigst du für die Eröffnung eines Girokontos die Unterschrift deiner Eltern.

Bar oder bargeldlos?

Bankgeschäfte können mit Bargeld oder bargeldlos getätigt werden. Gehst du zum Bankautomaten und lässt dir von deinem Girokonto 10 Euro auszahlen, dann hast du tatsächlich das Geld „in der Hand". Bargeldlose Bankgeschäfte werden nicht mit Scheinen oder Münzen getätigt, sondern mit dem Geldwert 4. Überweisen dir zum Beispiel deine Eltern monatlich Taschengeld von ihrem auf dein Konto, „wandert" der Geldwert von ihrem auf dein Konto. Hole dir regelmäßig Kontoauszüge 2, das erleichtert die Übersicht.

Konten vergleichen!

Immer mehr Geldgeschäfte werden heute bargeldlos abgewickelt. Bargeldloses Zahlen setzt voraus, dass Zahlender und Zahlungsempfänger ein Girokonto bei einer Bank besitzen, über das sie frei verfügen können. Wenn du ein Konto eröffnen möchtest, solltest du verschiedene Angebote gut vergleichen 3.

In der Vergangenheit hat es oft Sicherheitsprobleme beim Online-Banking gegeben. Erkundige dich deshalb immer nach den Sicherheitsmaßnahmen der Bank.

- *Geldgeschäfte werden normalerweise mithilfe von Banken getätigt.*
- *Das Führen eines Girokontos und bargeldloses Zahlen gehören zur selbständigen Lebensführung.*

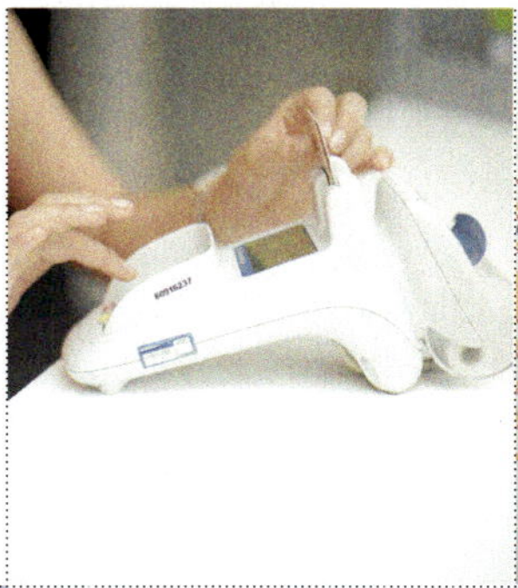

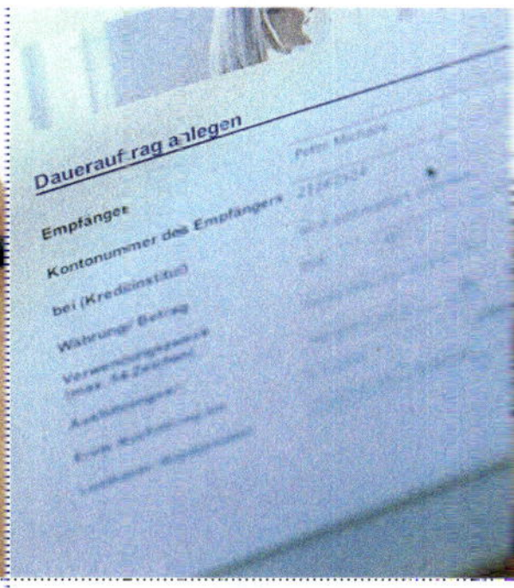

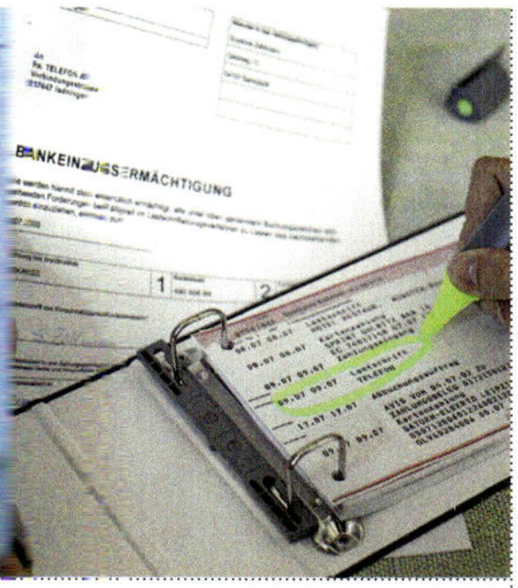

Beschreibung	Bei der **Kartenzahlung** steckst du deine Girocard (EC-Karte) oder ▷ Kreditkarte in das Lesegerät an der Kasse. Dann tippst du die Geheimnummer ein oder unterschreibst einen Beleg. Das Geschäft veranlasst die Abbuchung des Zahlbetrages.	Eine **Überweisung** ist eine Anweisung an die Bank, einmalig einen bestimmten Betrag von deinem Konto auf das Konto eines Zahlungsempfängers zu übertragen.	Ein **Dauerauftrag** ist eine Anweisung an die Bank, regelmäßig zu einem bestimmten Termin einen festgelegten Betrag vom Konto des Kontoinhabers auf das Konto des Zahlungsempfängers zu übertragen.	Eine **Einzugsermächtigung** (auch Lastschrift genannt) ist die Erlaubnis eines Kontoinhabers an einen Zahlungsempfänger, Geldforderungen vom eigenen Konto einzuziehen.
Beispiel	Zahlung an der Tankstelle, in Geschäften, in Restaurants, an Fahrkartenautomaten …	Zahlung von Rechnungen oder Geldbeträgen an andere Privatpersonen, Unternehmen …	Regelmäßige Zahlungen für Miete, Nebenkosten …	Zahlung von Strom- und Telefonrechnungen, Mitgliedsbeiträgen …

4 Bargeldlose Zahlungsarten

1 Erläutere, wozu man ein Girokonto braucht.

2 a) Überlege dir für jedes Geldgeschäft (Geld abheben, einzahlen, überweisen, sparen, leihen) eine Situation als Beispiel.
b) Vergleiche deine Ergebnisse mit einer Partnerin oder einem Partner.

3 Erörtert die Vor- und Nachteile von Bankgeschäften in einer Filiale sowie dem Online- und Telefonbanking.

4 a) Erläutere die Gemeinsamkeiten und Unterschiede zwischen den Zahlungsarten **4**.
b) Begründe, warum bei Telefonrechnungen eine Einzugsermächtigung sinnvoll ist.

5 a) Vergleicht die beiden Angebote für Girokonten **3** und nennt die Vor- und Nachteile.
b) Cem bekommt 650 € Ausbildungsvergütung. Er muss monatlich die Kosten für Miete, Strom, Fernsehen und das Handy überweisen, außerdem hebt er mindestens einmal in der Woche Geld vom Automaten ab. Welches Konto empfiehlst du ihm? Begründe.

6 Macht eine Umfrage. Findet heraus, wie viele der Befragten ein Girokonto haben, wofür es hauptsächlich genutzt wird und ob Onlinebanking gemacht wird. Stellt eure Ergebnisse grafisch dar.

7 Führe ein Interview mit einem Bankangestellten in eurer Nähe zum Thema „Was tut die Bank zur Sicherheit des Online-Bankings?"

Sparen und Leihen

Sparform	Anlagedauer	Ertrag/Zinsen
Sparkonto du bestimmst selbst, wie viel Geld du sparst.	unbegrenzt (mit Kündigungsfrist), Geld ist jederzeit verfügbar	eher niedrige Zinsen (z. B. 0,25 %)
Sparbriefe und Termingeldanlagen Anlage fester Beträge über einen festgelegten Zeitraum	wird im Vorhinein festgelegt (meist einige Monate oder Jahre), erst danach ist es wieder verfügbar	fester, gleichbleibender Zinssatz (z. B. 2%), je länger die Laufzeit und je höher der Anlagebetrag, desto höher sind Zinsen.
Wertpapiere Urkunden, die Rechte an Vermögen verbriefen, z. B. Aktien oder Bundesschatzbriefe (Geldanteile am Vermögen der Bundesregierung)	unterschiedlich: Aktien können jederzeit ver- und gekauft werden, Bundesschatzbriefe haben eine festgelegte Anlagedauer (meist sechs bis sieben Jahre)	Aktien: je nach Entwicklung steigender oder sinkender Wert der Aktie, Schatzbriefe: festgelegter, mit jedem Anlagejahr steigender Zinssatz (z. B. 2 bis 4 %)
Bausparen Zweckgebundenes Sparen für den Erwerb von Wohneigentum	gespart wird mehrere Jahre, bis die vereinbarte Bausparsumme erreicht ist, Geld ist ohne Kündigung nicht verfügbar	niedrige Zinsen, z. B. 1%, nach einer bestimmten Ansparsumme Recht auf günstigen Wohnungsbaukredit

1 Sparangebote

Das monatliche Einkommen entspricht nicht immer genau den monatlichen Ausgaben. Entweder ist noch „Geld übrig" oder es ist „zu wenig Geld da", um gewünschte oder benötigte Käufe zu tätigen. Für beide Fälle hält die Bank Angebote bereit.

Warum Menschen Geld sparen

Wer eine größere Anschaffung oder Ausgabe plant, muss sparen. Viele Menschen sparen für ein Auto oder eine Reise. Auch die die Schaffung von Reserven für unerwartete Ausgaben ist ein Spargrund. Das können z. B. Reparaturen, die finanzielle Versorgung im Alter oder Rücklagen für die Kinder sein.

Warum Menschen sich Geld leihen

Mit einem Kredit können wir dringende Anschaffungen tätigen oder solche, für die wir sonst sehr lange sparen müssten. Einen **Dispositionskredit** bekommen wir ohne große Formalitäten. Bei einem **Ratenkredit** wird ein Kreditvertrag geschlossen, in dem die Kredithöhe und die Rückzahlungsbedingungen festgelegt sind 4.

Wie bekomme ich einen Ratenkredit?

Zunächst prüft die Bank die **Kreditfähigkeit**. Dabei nimmt sie die persönlichen Daten (Name, Adresse, Geburtsdatum usw.) auf und prüft, ob der Kreditnehmer volljährig ist. Dann wird die **Kreditwürdigkeit** festgestellt. Dazu holt die Bank eine ▷ Schufa-Auskunft ein und prüft, ob ein regelmäßiges Einkommen vorliegt. Erst wenn beides zutrifft, kannst du einen Kredit bekommen.

Worauf muss ich achten?

Wichtig für den Kreditnehmer sind immer drei Zahlen: die **Kreditzinsen**, die für den geliehenen Geldbetrag zu zahlen sind (z. B. 7,9 %), die **Laufzeit** des Kredites (z. B. 36 Monate), und die monatliche **Rückzahlungsrate** (z. B. 89 Euro).

Je höher die Zinsen bei einem Sparangebot, desto besser. Je höher die Zinsen bei einem Kreditangebot, desto schlechter.

- *Durch Sparen und Leihen können Konsumwünsche erfüllt, notwendige Anschaffungen getätigt und finanzielle Vorsorgemaßnahmen getroffen werden.*
- *Sparen und Leihen sollten dem persönlichen Einkommen angepasst werden.*

Stefan verdient im Monat 1800 Euro. Er möchte sich ein Auto kaufen und hat bisher 6000 Euro gespart. Im Autohaus entdeckt er ein Auto für 11000 Euro, das ihm sehr gefällt.
Finanzierung 1: Anzahlung 5000 Euro, Kreditvertrag über 6000 Euro mit einer Laufzeit von 36 Monaten und 3,9% Zinsen, monatliche Rate: 173 Euro.
Finanzierung 2: Anzahlung 2000 Euro, Kreditvertrag über 4000 Euro mit einer Laufzeit von 24 Monaten und 0,9% Zinsen, monatliche Rate: 168 Euro, Restzahlung nach 24 Monaten: 5000 Euro.

2 Welches Angebot passt?

Leyla ist Auszubildende, wohnt zuhause und verdient 400 Euro im Monat. Sie möchte sich im nächsten Jahr einen PC für 1000 Euro kaufen.
Angebot 1: Ihre Bank bietet ein Sparbuch mit einem Zinssatz von 0,3% an, auf dem sie beliebig Ein- und Auszahlungen vornehmen kann.
Angebot 2: Im Internet bietet eine Bank eine Sparanlage mit 3% Zinsen an, wenn monatlich 100 Euro über eine Laufzeit von 12 Monaten eingezahlt werden.

3 Sparen – aber wie?

Merkmale	Ratenkredit	Dispositionskredit
Zweck	Finanzierung größerer Anschaffungen	Geldbeschaffung durch Kontoüberziehung
Kreditaufnahme	Abschluss eines Kreditvertrags	Überziehung des Girokontos bis zu einem bestimmten Betrag
Laufzeit	vertraglich geregelt	unbefristet
Tilgung (Rückzahlung)	durch feste monatliche Raten	durch flexible Einzahlungen auf das Girokonto
Zinsen	niedriger als beim Dispositionskredit	immer höher als beim Ratenkredit
Bearbeitungsgebühr	meist 2% vom Kreditbetrag	keine

4 Ratenkredit und Dispositionskredit im Vergleich

1 Erklärt euch gegenseitig mithilfe von Beispielen
– warum Menschen Geld sparen (Partner/in 1)
– warum sich Menschen Geld leihen (Partner/in 2).

2 Stellt die Vor- und Nachteile der Sparformen **1** in einer Tabelle dar und schätzt ein, für wen die Sparangebote interessant sind.

3 Erläutert mithilfe der Tabelle **4** die Vor- und Nachteile von Dispositions- und Ratenkrediten.

4 a) Gib mit eigenen Worten wieder, was die Bank bei einem Kreditantrag wissen will und welche Daten in einem Kreditangebot für dich wichtig sind.
b) Schätze ein, ob die Bank dir einen Kredit geben würde. Begründe deine Einschätzung.

5 Welche Finanzierung empfehlt ihr Stefan **2**? Begründet.

6 Welche Sparform empfiehlst du Leyla **3**? Begründe.

7 Führt eine Expertenbefragung mit einer Bankmitarbeiterin oder einem Bankmitarbeiter zum Thema „Sparen und Leihen" durch.

○ 1 ◒ 2–4 ● 5–7

Abmahnung
Wenn eine Arbeitnehmerin oder ein Arbeitnehmer die Vereinbarungen aus dem Arbeitsvertrag nicht einhält oder sich so verhält, dass es dem Unternehmen schadet, kann der Arbeitgeber ihm eine schriftliche Abmahnung schicken. Darin fordert er den Arbeitnehmer auf, sein Verhalten zu ändern. Nach mehrfacher Abmahnung kann der Arbeitgeber dem Arbeitnehmer kündigen (ihn entlassen).

AGB
Kurzform für **A**llgemeine **G**eschäfts**b**edingungen. In den AGB legt ein Händler oder Hersteller die Kaufbedingungen wie Lieferbedingungen oder Rückgaberechte fest (weitere Informationen siehe S. 29).

Anerkennungsjahr
Praktikum, das zur Berufsausbildung gehört. Es wird auch Praxisjahr oder Berufsanerkennungsjahr genannt. Es ergänzt Ausbildungsgänge, die nur an einer beruflichen Schule gelernt werden (z. B. bei Erzieher/innen) und findet meistens im letzten Jahr der Ausbildung statt. In dieser Zeit werden die praktischen Kenntnisse vermittelt, die zur Ausübung des Berufs notwendig sind.

Aufsichtsrat
Der Aufsichtsrat ernennt und kontrolliert den Vorstand einer Aktiengesellschaft (AG). Der Vorstand führt die Geschäfte und trifft wichtige Entscheidungen. Die Kontrolle soll verhindern, dass der Vorstand Entscheidungen trifft, die dem Unternehmen schaden. Der Aufbau einer AG sieht so aus:

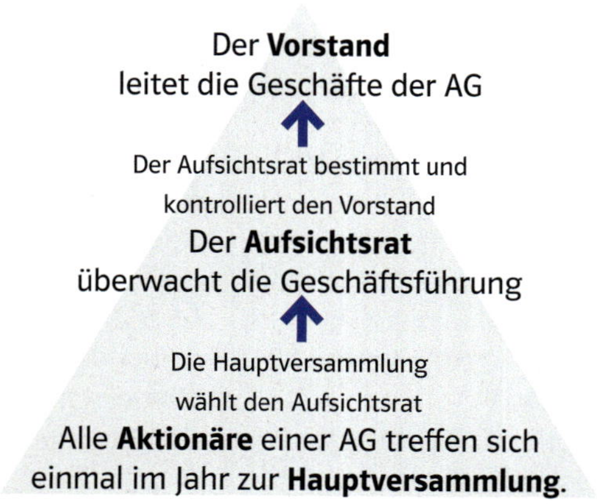

Aussperrung
Als Gegenreaktion auf einen Streik kann ein Arbeitgeber die Arbeitnehmer zeitlich begrenzt von der Arbeit ausschließen und ein Zutrittsverbot in den Betrieb erklären. Sie bekommen für die Zeit der Aussperrung keinen Lohn. Die Aussperrung soll den Druck auf die Arbeitnehmer erhöhen, eine Lösung im Arbeitskampf zu finden.

BAB
siehe ▷ Berufsausbildungsbeihilfe

BAföG
Kurzform für **B**undes-**A**usbildungs**fö**rderungs-**G**esetz. Finanzielle Hilfe für den Lebensunterhalt von Schülern und Studenten, die eine Ausbildung an allgemein- oder berufsbildenden Schulen, Fachschulen und Hochschulen machen. Die Höhe richtet sich nach dem Einkommen der Eltern oder des Ehepartners. Schüler-BAföG muss nicht zurückgezahlt werden. Auszubildende an höheren Fachschulen und Studenten zahlen nach der Ausbildung die Hälfte der ausgezahlten Summe zurück.
Im Gegensatz zu Auszubildenden in einer vollzeitschulischen Ausbildung können Auszubildende in einer dualen Ausbildung ▷ Berufsausbildungsbeihilfe beantragen.

Beamtin/Beamter
vom Staat bezahlte/r Bedienstete/r, die/der besondere Pflichten und Rechte zur Erfüllung öffentlicher Aufgaben besitzt. Polizeibeamte z. B. sorgen im Auftrag des Staates für die öffentliche Sicherheit. Beamte dürfen nicht streiken. Sie erhalten eine Pension als Altersversorgung.

Berufsausbildungsbeihilfe (BAB)
Finanzielle Hilfe für den Lebensunterhalt von Auszubildenden in einer dualen Ausbildung, die während der Ausbildung nicht bei den Eltern wohnen.
Im Gegensatz zu Auszubildenden in einer dualen Ausbildung können Auszubildende in einer vollzeitschulischen Ausbildung ▷ BAföG beantragen.

Berufsunfähigkeitsversicherung
Diese Versicherung zahlt meist eine vereinbarte monatliche Summe, wenn du durch Krankheit oder einen Unfall deinen Beruf nicht mehr ausüben kannst. Sie ist leicht zu verwechseln mit der Erwerbsunfähigkeitsversicherung, die nur zahlt, wenn du gar keiner Tätigkeit mehr nachgehen kannst.

Betriebsstoffe
Betriebsstoffe werden benötigt, um Maschinen und Anlagen in Betrieb zu halten. Sie sind aber nicht Bestandteil des Produkts. Betriebsstoffe sind z. B. Energieträger (z. B. Öl, Benzin), Kühlmittel zur Kühlung von Werkzeugen (z. B. Wasser), Schmiermittel (z. B. Schmieröle, Schmierfette) oder Putzmittel.

Betriebsvereinbarung
schriftlicher Vertrag zwischen Arbeitgeber und Arbeitnehmern eines Betriebes, der Rechte und Pflichten beider Seiten regelt und einheitliche Regeln für alle Arbeitnehmer festlegt. Themen die geregelt werden, sind z. B. Vergütung, Arbeits- und Pausenzeiten, Urlaub, Überstunden usw.

Bildungspaket
Menschen mit sehr geringem Einkommen sowie Bezieher von Arbeitslosengeld oder Sozialhilfe können Leistungen aus dem Bildungspaket für ihre Kinder beantragen. Die Leistungen sollen den Kindern gerechtere Chancen auf Bildung geben und es ihnen ermöglichen, am sozialen Leben teilzunehmen. Leistungen aus dem Bildungspaket können Zuschüsse zu Schulausflügen und Klassenfahrten sein, Gutscheine für Schulmaterialien, Nachhilfestunden, kostenlose Schulmittagessen oder Mitgliedschaften in Sportvereinen und Musikschulen. Eine direkte Geldzahlung an die Eltern findet nicht statt.

Branche
Wirtschaftszweig, in welchem gleiche oder ähnliche Produkte hergestellt oder gehandelt bzw. gleiche oder ähnliche Dienstleitungen angeboten werden, zum Beispiel: Baubranche, Versicherungsbranche.

Buchhaltung
Alle Geschäftsvorgänge eines Unternehmens werden durch die Buchhaltung in Zahlen erfasst. Dabei werden die Einnahmen und Ausgaben einander gegenübergestellt. So kann ermittelt werden, ob ein Gewinn oder Verlust entsteht.

Bürgerarbeit
Menschen, die lange Zeit arbeitslos sind, können staatliche geförderte Bürgerarbeit verrichten. Die Tätigkeit muss gemeinnützig sein und darf keine regulären Jobs verdrängen, z. B. Begleitservice für Ältere/Behinderte etwa bei Behördengängen oder Arztbesuchen. Ziel ist es, dass die Arbeitslosen durch die Maßnahmen wieder einen „richtigen", nicht staatlich geförderten Arbeitsplatz bekommen.

Bürgerliches Gesetzbuch
In Gesetzen ist festgelegt, was in einem Land erlaubt und was verboten ist. Wer gegen Gesetze verstößt, muss damit rechnen, bestraft zu werden. Das bürgerliche Gesetzbuch ist eins der wichtigsten Gesetze in Deutschland. Es enthält Regelungen, an die sich Privatpersonen und Unternehmen halten müssen. Es geht z. B. um Verträge (Kaufverträge, Mietverträge, Arbeitsverträge), Bestimmungen zu Eigentum und Besitz oder die Rechte von Familien.

Ein-Euro-Jobs
Ein-Euro-Jobs werden für Bezieherinnen und Bezieher von Arbeitslosengeld II (Hartz IV) angeboten. Es werden nur zusätzliche und im öffentlichen Interesse liegende Tätigkeiten ausgeführt, z. B. im Umweltschutz oder bei einem Verein. Für die 20 bis 30 Stunden Arbeit pro Woche erhalten sie dann zusätzlich zu ihrem Arbeitslosengeld eine Aufwandsentschädigung (z. B. ein Euro pro Stunde). Der Ein-Euro-Job soll dazu führen, dass Arbeitslose bessere Chancen haben, wieder eine „reguläre" Stelle zu bekommen. Ein-Euro-Jobs können auch zugewiesen werden. Weigert sich eine Arbeitslose oder ein Arbeitsloser, einen zugewiesenen Job anzunehmen, kann ihm das Arbeitslosengeld gekürzt werden.

Einkommen
Als Einkommen bezeichnet man die Einnahmen, die in einem ▷ Haushalt erzielt werden. Die meisten Haushalte erwirtschaften ihr Einkommen durch Arbeit. Manche Menschen leben aber auch von den Einkünften aus Unternehmen, aus Renten oder öffentlichen Geldern (z. B. Arbeitslosengeld II, Kindergeld usw.). Weitere Informationen zu den unterschiedlichen Einkommensarten siehe S. 222/223.

Elterngeld
Finanzielle Unterstützung für Familien nach der Geburt eines Kindes. Es soll den Einkommenswegfall wegen der Kinderbetreuung auffangen. Elterngeld wird für höchstens 14 Monate gezahlt, Elternteile können sich die Betreuungszeit aufteilen. Die Höhe richtet sich nach dem letzten Verdienst des betreuenden Elternteils und liegt zwischen 300 und 1800 Euro (Stand 2012).

Emissionen
Hier: Die Abgabe von (Schad-)Stoffen in die Umwelt

Entwicklungsland
Als Entwicklungsland wird ein Land bezeichnet, das im wirtschaftlichen, sozialen und politischen Bereich sehr schlecht entwickelt ist und als „arm" gilt. Typisch für Entwicklungsländer sind eine sehr hohe Arbeitslosigkeit, wenig Industrie und keine Absicherung der Bewohner durch den Staat.

Fairtrade-Waren
Waren, bei denen den Produzenten ein fairer Lohn und gute Arbeitsbedingungen garantiert werden. Ausbeutung, ▷ Kinderarbeit und ▷ Zwangsarbeit sind verboten. Der Lohn soll so hoch sein, dass die Produzenten von ihm leben können. Außerdem soll die Produktion der Umwelt nicht schaden. Typische Fairtrade-Produkte sind Kaffee, Schokolade, Reis oder Baumwolle. Zu kaufen gibt es die Produkte vor allem in Naturkost- und Weltläden, zunehmend aber auch in Supermärkten.

Gehalt
siehe ▷ Lohn und Gehalt

Gewerbesteuer
Unternehmen müssen einen Teil ihres Gewinns als Gewerbesteuer an die Stadt oder Gemeinde abgeben, in der sie sich befinden. Die Gewerbesteuer ist die wichtigste Einnahmequelle der Städte und Gemeinden. Ihre Höhe ist abhängig vom Gewinn der Unternehmen und einem von der Gemeinde festgelegten Satz.

Gewinn
Ein Unternehmen hat dann einen Gewinn erwirtschaftet, wenn von dem Geld, das es beim Verkauf seiner Produkte eingenommen hat, nach Abzug aller Kosten noch Geld übrig ist. Nur wenn ein Unternehmen Gewinn macht, kann es langfristig überleben. Den Gewinn kann der Unternehmer behalten oder wieder in das Unternehmen investieren, z. B. durch den Kauf neuer Maschinen.

Grundgesetz
Das Grundgesetz ist die Grundlage für alle Gesetze in Deutschland. Politik und Gerichte müssen sich nach den Regelungen im Grundgesetz richten. Der erste Abschnitt enthält die Grundrechte, die für alle Menschen in Deutschland gelten.

Haftpflichtversicherung
Die private Haftpflichtversicherung kommt für Schäden auf, die du im alltäglichen Leben am Eigentum anderer Personen verursachst. Das kann eine heruntergestoßene Vase sein oder der Schaden, den du bei einem Fahrradunfall verursachst.

Haushalt
Wenn eine oder mehrere Personen (z. B. eine Familie) zusammen leben, bilden sie einen Haushalt. Die Einkommen aller Haushaltsmitglieder sind die wirtschaftliche Grundlage des Haushalts. Geld wird verdient und wieder ausgegeben. Neben den privaten Haushalten gibt es auch öffentliche Haushalte: Gemeinden, Bundesländer und der Bund erhalten Steuergelder, mit denen sie wirtschaften müssen.

Hausratversicherung
Die Hausratversicherung kommt für Schäden auf, die an deinem Eigentum in der Wohnung oder im Haus entstehen, z. B. wenn es brennt oder wenn eingebrochen wird.

Hilfsstoffe
Hilfsstoffe werden bei der Produktion von Gütern benötigt. Sie werden gehen in das Produkt ein, sind aber nicht Hauptbestandteil des Produkts. Typische Hilfsstoffe sind Schrauben, Nägel, Nieten, Farben oder Lacke.

Industrieland
Als Industrieland wird ein Land bezeichnet, das viele technisch hoch entwickelte Güter herstellt (z. B. Produktionsroboter). Diese Länder gehören zu den wohlhabenden Staaten der Erde (Beispiele: Frankreich, Kanada, Japan). Das Einkommen der Menschen ist höher als in einem ▷ Schwellenland oder ▷ Entwicklungsland.

Inkassosysteme
Inkassosysteme sind Bezahlsysteme, die den Kaufpreis einer Ware von einem Käufer einziehen und an den Verkäufer weiterleiten. Sie werden im Internethandel häufig aus Sicherheitsgründen genutzt.

IT-Berufe
IT ist die Abkürzung für Informationstechnologie. IT-Berufe befassen sich mit allen Bereichen der Informatik und der Telekommunikation, z. B. ist "Fachinformatiker/in" ein IT- Ausbildungsberuf.

Jobcenter
Büros der Agentur für Arbeit, die Arbeitslosengeld-II-Bezieher in einer Stadt oder Gemeinde betreuen. Sie sind für die Beantragung finanzieller Leistungen und für Maßnahmen zur Arbeitsvermittlung zuständig.

Kapital
Kapital ist die Voraussetzung, um Güter herstellen zu können. Man unterscheidet zwischen zwei Arten von Kapital: **Geldkapital** ist das Geld, das für die Anschaffung betrieblicher Produktionsfaktoren (Betriebsmittel, Werkstoffe und Arbeitskräfte) und den laufenden Betrieb eines Unternehmens zur Verfügung steht. Als **Sachkapital** bezeichnet man die Betriebsmittel (z. B. Maschinen und Anlagen). Kauft ein Unternehmer mit seinem Geld eine Maschine, wird aus dem Geldkapital ein Sachkapital.

Kapitalgesellschaft
Rechtsform eines Unternehmens. Die Eigentümer sind mit einer Kapitaleinlage (z. B. Aktien) beteiligt. Sie haften nicht mit ihrem Privatvermögen. Beispiele sind die Aktiengesellschaft (▷ AG) oder die Gesellschaft mit beschränkter Haftung (GmbH). Weitere Informationen AG und GmbH siehe S. 222/223.

Kaufvertrag
In diesem ▷ Vertrag sind die Vereinbarungen zwischen dem Verkäufer und dem Käufer einer Ware festgelegt. An die Vereinbarungen im Kaufvertrag müssen sich beide Seiten halten. Aus dem Kaufvertrag entstehen Rechte und Pflichten für beide Seiten. Der Verkäufer muss z. B. die Ware übergeben, der Käufer den vereinbarten Geldbetrag bezahlen.

Kfz-Versicherung
Diese Versicherung benötigst du, wenn du ein Auto (Kraftfahrzeug, Kfz) besitzt. Sie kommt für Schäden auf, die du mit einem Fahrzeug bei anderen verursachst. Ohne diese Versicherung kannst du kein Fahrzeug anmelden. Wenn du die Schäden am eigenen Fahrzeug ersetzt haben möchtest, musst du zusätzlich eine Teil- oder Vollkaskoversicherung abschließen.

Kinderarbeit
In vielen Ländern der Erde müssen Kinder einer Arbeit nachgehen. Sie müssen Geld verdienen, um ihre Familien zu unterstützen. Die Arbeit führt dazu, dass sie nicht zur Schule gehen können. Doch wenn sie nichts lernen, haben sie später keine Chance auf einen richtigen Beruf. Viele Arbeiten sind zudem gefährlich oder schlecht für die Gesundheit. Viele Kinder erleiden dadurch körperliche und seelische Schäden.

Kindergeld
finanzielle Unterstützung für alle Familien zum Auffangen erhöhter Ausgaben für die Kinder. Kindergeld wird für jedes Kind gezahlt und monatlich auf das Konto eines Elternteils überwiesen. Es liegt je nach Anzahl der Kinder zwischen 184 und 215 Euro.

Kirchensteuer
Mitglieder einer anerkannten Religionsgemeinschaft bezahlen einen Teil ihres Einkommens als Kirchensteuer. Mit diesem Geld finanzieren die Kirchen ihre Ausgaben, z. B. die Bezahlung des Kirchenpersonals. Ein Teil des Geldes wird aber auch für soziale Zwecke ausgegeben (z. B. für Sozialstationen, Kindergärten usw.).

Klimawandel
Veränderung des Weltklimas, häufig gleichgesetzt mit der Erwärmung der Erdatmosphäre.

Kombilohn
Die Aufstockung niedrig bezahlter Tätigkeiten von gering oder nicht qualifizierten Arbeitskräften, die eine Arbeit aufnehmen. Liegt der Verdienst unter der Höhe des Arbeitslosengeldes, wird er durch den Kombilohn auf diese Höhe angehoben.

Konkurrenz
Von Konkurrenz spricht man, wenn es mehrere Anbieter eines Produktes oder einer Dienstleistung gibt. Je mehr Konkurrenz es gibt, desto besser ist es für die Kunden, denn sie haben mehr Auswahl. Die Anbieter müssen sich dann viel Mühe geben, um die Kunden von sich und ihren Produkten zu überzeugen (z. B. durch niedrigere Preise).

Krankenzusatzversicherung
Diese Versicherung deckt je nach Vertragsvereinbarung zusätzliche ärztliche Leistungen ab, z. B. die Kosten für die Brille, den Zahnersatz und das 2-Bett-Zimmer im Krankenhaus.

Kredit
Die zeitweilige Überlassung von Geld durch einen Kreditgeber (normalerweise eine Bank) an einen Kunden. Dafür zahlt der Kunde Zinsen und Gebühren. Kredite werden auch als Darlehen bezeichnet, wenn sie z. B. für den Kauf eines Hauses genutzt werden und über viele Jahre zurückgezahlt werden müssen. Bei einem Ratenkredit wird ein Vertrag abgeschlossen, in dem die Kredithöhe, die Laufzeit und die Rückzahlung in Raten vereinbart werden. Ein Dispositionskredit ist die Möglichkeit, das Girokonto um ein bis drei Monatseinkommen zu überziehen. Die Zinssätze sind höher als beim Ratenkredit und werden laufend angepasst.

Kreditkarte
Plastikkarte zur Zahlung von Geldbeträgen. Die Karte kann sowohl bei der Bezahlung in einem Geschäft als auch im Internet eingesetzt werden. Sie wird von Banken ausgegeben. Manche Banken geben die Karten kostenlos aus, andere verlangen eine monatliche oder jährliche Gebühr. Der Einsatz der Karte kann mit zusätzlichen Kosten verbunden sein.

Lastschrift
Regelmäßige Zahlungen, die immer an denselben Empfänger gehen, aber in der Höhe unterschiedlich sind (z. B. Zahlung der Stromrechnung). Der Kontoinhaber gibt dem Empfänger der Zahlung eine Einzugsermächtigung (die Erlaubnis, das Geld vom Konto einzuziehen). Dieser bucht den Rechnungsbetrag dann vom Konto ab.

Lebensversicherung
Vertrag, der im Todesfall die Hinterbliebenen des Vertragsinhabers finanziell absichert. Es gibt zwei Bereiche der Lebensversicherung. Die **Risiko-Lebensversicherung** zahlt im Todesfall eine vereinbarte Summe an die Erben aus. Die **Kapital-Lebensversicherung** beinhaltet die Risikoversicherung. Außerdem wird das eingezahlte Geld angelegt und am Ende der vereinbarten Laufzeit mit Zinsen ausgezahlt. Eine weitere Möglichkeit ist die monatliche Auszahlung als private Rente über einen festgelegten Zeitraum.

Lohn und Gehalt
Abhängig beschäftigte Arbeitnehmerinnen und Arbeitnehmer erhalten je nach

Arbeitsvertrag Lohn oder Gehalt. Das Gehalt ist ein festes Monatsgehalt und wird für eine festgelegte Anzahl von Arbeitsstunden gezahlt. Überstunden werden meistens extra bezahlt. Lohn wird nach der Anzahl der Arbeitsstunden (Stundenlohn) bezahlt. Früher wurde so unterschieden: Arbeiter (Menschen, die körperlich tätig sind, z. B. Bauarbeiter) bekommen den Lohn, Angestellte (Menschen, die eher geistige Arbeit verrichten, z. B. Büroangestellte) bekommen ein Gehalt. Die Grenzen verschwimmen aber heutzutage.

Medien
Fernsehen, Radio, Zeitungen oder Internet sind Beispiele für Medien. Über Medien werden Informationen (z. B. Texte, Bilder, Filme …) übertragen.

Migrantin, Migrant
Menschen, die ihren Wohnort von ihrer Heimat dauerhaft in ein anderes Land verlegen.

Motivation
Hier: Motivation ist die Bereitschaft, am Arbeitsplatz oder in der Schule Leistung entsprechend den eigenen Fähigkeiten zu bringen.

Nachnahme
Eine per Nachnahme bestellte Ware wird bei der Lieferung direkt beim Lieferanten bezahlt (Beispiel: Eine Ware wird per Post geschickt, dann zahlst du den Betrag direkt an den Postboten, der das Geld an den Verkäufer weiterleitet).

Öffentlicher Dienst
Tätigkeit von Beamten, Angestellten oder Arbeitern, die für den Bund, für die Länder, Landkreise, Gemeinden oder öffentlichen Einrichtungen arbeiten.

Portfolio
Mappe zum Sammeln von Dokumenten zu einem bestimmten Thema. Das Wort kommt aus dem Lateinischen: portare bedeutet „tragen", folium bedeutet „Blatt".

Quittung
Empfangbestätigung für den Erhalt einer Ware oder Dienstleistung. Auf der Quittung sind die Art der Ware oder Dienstleistung vermerkt, der Betrag, der dafür bezahlt wurde, sowie das Datum und die Unterschrift des Verkäufers. Mit der Quittung kann ein Käufer beweisen, dass er eine Ware oder Dienstleistung bezahlt hat.

Rechnung
Eine Rechnung ist ein Dokument, das genaue Informationen über eine Warenlieferung oder sonstige Leistung enthält. In der Rechnung sind sowohl Angaben über die Leistung enthalten (Art, Menge, Preis), als auch über die Zahlungsbedingungen und den Verkäufer (Adresse, Bankverbindung). Wenn du eine Ware geliefert bekommst und eine Rechnung beiliegt, bezahlst du den Rechnungsbetrag im angegebenen Zeitraum auf das angegebene Konto.

Rechtsschutzversicherung
Die Rechtsschutzversicherung übernimmt die Kosten für einen Rechtsanwalt, wenn du angezeigt oder angeklagt wirst oder selbst Recht bekommen willst. Allerdings darfst du keine vorsätzliche Straftat begangen haben.

Reiseversicherungen
Wenn du verreist, kannst du eine **Reisegepäckversicherung** abschließen, damit du dein Gepäck ersetzt bekommst, wenn es verloren geht. Du kannst eine **Reiserücktrittversicherung** für den Fall abschließen, dass du erkrankst und die Reise nicht antreten kannst.

Rentenversicherung (private)
Für die Ergänzung der gesetzlichen Rente gibt es staatliche Förderprogramme: die sogenannte Riester-Rente oder Rürup-Rente. Zu den Beiträgen, die man selbst einzahlt, erhält man vom Staat einen Zuschuss. Die private Rentenversicherung erhöht nach Beendigung des Erwerbslebens die gesetzliche Rentenzahlung.

Ressourcen
verfügbare Mittel. Eine Ressource kann ein materielles Gut sein (z. B. ein Rohstoff, Geld oder Energie), aber auch eine Person (Arbeitskraft für ein Unternehmen) oder eine bestimmte Fähigkeit sein. Im Zusammenhang mit Seite 118 sind als Ressourcen vor allem Bodenschätze und eine intakte Umwelt gemeint.

Rohstoffe
Rohstoffe sind natürliche Stoffe, aus denen ein Produkt hergestellt wird, z. B. Holz, Metall oder auch landwirtschaftliche Produkte wie Milch (als Rohstoff für Joghurt) oder Getreide (als Rohstoff für Brot). Aus Energierohstoffen wie Erdöl, Erdgas, Kohle oder Biomasse wird Wärme und Elektrizität gewonnen oder sie werden als Treibstoff verwendet.

Schufa
Schufa steht für „Schutzgemeinschaft für allgemeine Kreditsicherung". Sie sammelt Daten über die finanziellen Verhältnisse von Personen. Bei ihr holen sich Kreditgeber Auskunft über Kreditwürdigkeit eines Kreditsuchenden ein. Du selbst kannst dich bei der Schufa anmelden und deine Daten einsehen. Das kostet jedoch eine Gebühr.

Schuldnerberatung
Beratungsstellen, bei denen sich Menschen mit Schuldenproblemen beraten lassen können. Gemeinsam wird versucht, einen Weg aus den Schulden zu finden und die finanziellen und persönlichen Probleme zu lösen. Es gibt in Deutschland rund 1000 Beratungsstellen, unter anderem von der Arbeiterwohlfahrt, der Caritas oder den Sozialämtern in Gemeinden, Städten und Landkreisen

Schwellenland
Ein Land (z. B. Brasilien) im Übergang von ▷ Entwicklungsland (z. B. Sudan) zu einem ▷ Industrieland (z. B. Deutschland).

Solidaritätszuschlag
Abgabe, die Arbeitnehmerinnen und Arbeitnehmer in Ost und West an den Staat bezahlen. Die Höhe beträgt 5,5 % der Lohnsteuer (Stand 2012). Ursprünglich war der Solidaritätszuschlag dazu gedacht, die Kosten der deutschen Wiedervereinigung zu finanzieren. Das Geld kann aber auch für andere Dinge verwendet werden, z. B. für Ausgaben im sozialen Bereich oder für die Rückzahlung der Staatsschulden.

Sozialgeld
Finanzielle Leistung an hilfsbedürftige Personen, die nicht erwerbsfähig sind und deshalb keinen Anspruch auf Arbeitslosengeld haben und mit einer Person in einem Haushalt zusammenleben, die Arbeitslosengeld II bezieht. Auch Kinder von Auszubildenden, die eine Ausbildungsförderung bekommen, erhalten Sozialgeld.

Sozialhilfe
Sammelbegriff für finanzielle Leistungen an hilfsbedürftige Personen, die nicht erwerbsfähig sind und deshalb keinen Anspruch auf Arbeitslosengeld haben. Man unterscheidet verschiedene Hilfearten, z. B. die Hilfe zum Lebensunterhalt, die Hilfe zur Pflege, oder die Grundsicherung im Alter.

Sozialversicherung
Die gesetzliche Sozialversicherung in Deutschland umfasst die Kranken-, Arbeitslosen-, Renten-, Unfall- und Pflegeversicherung. Die Beiträge zu diesen Sozialversicherungen werden aus den Beiträgen von Arbeitgebern und Arbeitnehmern gezahlt. Sie orientieren sich am Gehalt des Arbeitsnehmers. Eine Ausnahme ist die Unfallversicherung, für die die Arbeitgeber allein aufkommen. Weitere Informationen siehe Seite 214.

Stammarbeiter
Stammarbeiter sind fest und dauerhaft in einem Unternehmen beschäftigt. Sie werden auch in Krisenzeiten meist nicht entlassen. Das Gegenteil sind Zeitarbeiter. Sie arbeiten häufig nur für eine kurze Zeit in einem Unternehmen und wechseln dann zu einem anderen.

Startkapital
Geld, das zum Aufbau eines Unternehmens benötigt wird, z. B. für die Anschaffung von Produktionsmaschinen.

Steuer
Abgaben an den Staat. Es gibt **direkte Steuern**, z. B. die Lohnsteuer. Sie wird vom Arbeitgeber direkt an das zuständige Finanzamt überwiesen. Die **indirekte Steuer** wird dagegen mit dem Kauf von Waren durch die Kundinnen und Kunden bezahlt und dann vom Händler an das Finanzamt überwiesen, z. B. die Mehrwertsteuer oder die Tabaksteuer.

Steuerklasse
Je nach der Höhe des Einkommens bezahlen Arbeitnehmerinnen und Arbeitnehmer unterschiedlich hohe Steuern. Die Höhe der Abgaben richtet sich dabei nach der Steuerklasse. Insgesamt gibt es in Deutschland sechs Steuerklassen. Bei der Einordnung in die Steuerklassen spielt es eine Rolle, ob jemand ledig, verheiratet, getrennt lebend, alleinerziehend oder verwitwet ist

Streik
zeitlich begrenzte Arbeitsniederlegung von Arbeitnehmern als Reaktion auf gescheiterte Tarifverhandlungen. Streiks werden von den Gewerkschaften organisiert, um Forderungen in der nächsten Tarifrunde Nachdruck zu verleihen. Laufen gerade Verhandlungen zwischen Arbeitgeber- und Arbeitnehmerverbänden, darf nicht gestreikt werden.

Subventionen
Fördergelder des Staates an Unternehmen oder Personen. Der Staat unterstützt damit z. B. die Ansiedlung von Unternehmen.

Technologiezentrum
Gebäude, in dem neuen, kleinen Unternehmen (z. B. aus dem Informatikbereich oder der Umwelttechnologie) Unterstützung geboten wird. Hier können sie gemeinsam eine vorhandene Infrastruktur nutzen, z. B. Bürodienstleistungen, Beratungen, Konferenzräume usw.

Treibhausgas
Treibhausgase sind Gase, die sich in der Erdatmosphäre befinden. Sie werden für den ▷ Klimawandel verantwortlich gemacht. Durch die Treibhausgase werden die Sonnenstrahlen auf die Erde zurückgeworfen. Sie erwärmen die Luft, was unterschiedliche Folgen hat: Gletscher schmelzen und extreme Wettersituationen (Überschwemmungen, Dürren, Stürme) nehmen zu. Eine Übersicht über die wichtigsten Treibhausgase findest du auf der Abbildung 1 auf Seite 132.

Unfallversicherung
Diese Versicherung zahlt nach einem Unfall außerhalb des Arbeitsplatzes (für Unfälle am Arbeitsplatz ist die gesetzliche Unfallversicherung zuständig). Sie zahlt meistens einen festen vereinbarten Betrag aus. Dabei richtet sich die Versicherungssumme nach der Schwere der Verletzung.

Vereinte Nationen (VN), englische Bezeichnung: United Nations, UN
Die VN ist eine weltweite Organisation eigenständiger Staaten mit Sitz in New York, die 1945 gegründet wurde. Im Jahr 2012 hat sie 193 Mitgliedstaaten, die durch ihre Regierungen vertreten sind. Die wichtigsten Ziele der VN sind die Wahrung des Weltfriedens, die Wahrung der Menschenrechte und die Förderung der internationalen Zusammenarbeit. Aus den VN wurden viele Unterorganisationen gegründet, z. B. das Weltkinderhilfswerk UNICEF, das sich um die Belange von Kindern in der ganzen Welt kümmert.

Vertrag
Vereinbarung zwischen zwei (oder mehr) Vertragspartnern, z. B. einem Käufer und einem Verkäufer bei einem ▷ Kaufvertrag. Durch den Abschluss eines Vertrags verpflichten sich alle Vertragspartner, die Vereinbarungen einzuhalten.

Vorkasse
Vorauszahlung einer Ware. Nachdem du die Ware bestellt hast, bezahlst du sie. Erst dann verschickt der Verkäufer die Ware.

Wertpapier
Urkunde, die das Recht auf ein privates Vermögen verbrieft, also das Vermögen rechtlich absichert. Ein Sparbrief bei einer Bank, ein Grundschuldbrief (für den Wert eines Grundstückes), Bundesschatzbriefe (Anteile an Bundesvermögen) oder eine Aktie (finanzieller Anteil an einem Unternehmen) sind Beispiele hierfür.

Wohngeld
Menschen mit sehr geringem Einkommen können Wohngeld als Zuschuss zur Miete oder zu den Kosten ihres selbst genutzten Wohneigentums erhalten.

Zielgruppe
Als Zielgruppe bezeichnet man eine Gruppe von Käuferinnen und Käufern, die bestimmte Waren nachfragt bzw. für die bestimmte Produkte hergestellt werden. Zielgruppen können durch unterschiedliche Merkmale gekennzeichnet sein, z. B. durch das Alter (Jugendliche, Rentner) oder durch (Kauf-) Gewohnheiten (z. B. Figurbewusste, Computeranwender, Vieltelefonierer).

Zoll (Mehrzahl: Zölle)
Gebühr, die man bezahlen muss, wenn Waren in ein Land ein- oder ausgeführt werden.

Zwangsarbeit
Von Zwangsarbeit spricht man, wenn jemand gegen seinen Willen zu einer Arbeit gezwungen wird, z. B. unter Androhung von Strafe.

In allen Aufgaben in diesem Buch findest du Signalwörter. Sie zeigen dir, was du tun musst, um eine Aufgabe gut zu bearbeiten.

Beispiele:

Aufgabe	Signalwort
Beschreibe mit eigenen Worten, wie ein Kauf im Internet abläuft.	Beschreibe
Erkläre, was mit „Folgekosten" gemeint ist.	Erkläre

Signalwort	Was musst du tun?
analysieren	Arbeite bestimmte Merkmale heraus und untersuche sie nach verschiedenen Fragestellungen.
aufzählen, nennen	Du trägst bestimmte Begriffe, Informationen oder Aussagen in Stichworten zusammen.
begründen	Du führst Argumente, Ursachen oder Beweise für etwas an.
beschreiben	Du gibst eine Sache in eigenen Worten und durch Fachbegriffe wieder.
beurteilen, bewerten	Du beschreibst, wie weit etwas den Vorgaben oder deinen eigenen Vorstellungen entspricht.
darstellen	Du gibst ein Ergebnis anschaulich wieder (z. B. als Tabelle, Schaubild Mind-Map, Zeichnung …).
diskutieren	Ihr tauscht Argumente in einer Gruppe aus und wägt sie ab.
erklären	Du beschreibst eine Sache nachvollziehbar und verständlich.
erläutern	Du beschreibst eine Sache nachvollziehbar und verständlich und verdeutlichst sie zusätzlich mit Beispielen.
erörtern	Du stellst die Vor- und Nachteile zu einem Thema gegenüber, formulierst eine eigene Meinung und begründest sie.
präsentieren	Du bereitest ein Ergebnis auf und stellst es den anderen vor, z. B. als Vortrag, Powerpoint-Präsentation, Plakat …
recherchieren	Du findest Informationen zu einer Sache aus unterschiedlichen Quellen heraus (z.B. Internet, Lexikon, Zeitung, Befragung …).
Stellung nehmen	Du bildest dir eine eigene Meinung zu dem Sachverhalt (gut oder schlecht, gerecht oder ungerecht …) und begründest sie.
untersuchen	Du findest heraus, welche Merkmale vorhanden sind, z. B. durch Versuche oder Fragen.
vergleichen	Du setzt Dinge in Beziehung und erkennst, was gleich, ähnlich oder unterschiedlich ist.
Vermutungen anstellen, vermuten	Du gibst wieder, was du über eine Fragestellung oder ein Thema denkst. Dabei beziehst du dein bisheriges Wissen ein.
zusammenfassen	Du schreibst das Wichtigste heraus oder gibst es wieder.

Register

Register

Bildquelle

U1.1 Klett-Archiv (Thomas Weccard, Ludwigsburg), Stuttgart; 4.1 Fotolia LLC (Eisenhans), New York; 4.2 Thinkstock, München; 5.1 Fotolia LLC (Auremar), New York; 5.2 iStockphoto (Photomorphic Pte Ltd), Calgary, Alberta; 6.1 Robert Bosch GmbH, Stuttgart; 6.2 Fotolia LLC (L.Klauser), New York; 7.1 Fotolia LLC (FM2), New York; 8.1 Fotolia LLC (Eisenhans), New York; 9.1 Fotolia LLC (Peter Atkins), New York; 9.2 Fotolia LLC (photocrew), New York; 9.3 Thinkstock (Brand X Pictures), München; 10.1 iStockphoto (Ranplett), Calgary, Alberta; 11.3 shutterstock (Gelpi), New York, NY; 12.1 Wössner, Freimut, Berlin; 12.2 Getty Images; 12.3 shutterstock (Monkey Business Images), New York, NY; 12.4 iStockphoto (David Freund), Calgary, Alberta; 13.8 Fotolia LLC (Mangostock), New York; 14.1 Getty Images, München; 16.1 Picture-Alliance (Horst Ossinger dpa/lnw), Frankfurt; 18.1 Ullstein Bild GmbH (Peters), Berlin; 18.2 Fotolia LLC (Eisenhans), New York; 18.3 www.bilderbox.com, Thening; 19.4 Ullstein Bild GmbH (Westermann), Berlin; 19.5 Bilderberg (Joerg Heimann), Hamburg; 19.6 Klett-Archiv (John, Erfurt), Stuttgart; 20.2 Klett-Archiv (Christina Braml), Stuttgart; 21.3 Fotolia LLC (Yunuli), New York; 21.4 Haribo GmbH u. Co. KG, Bonn; 21.5 Henkel AG & Co.KGAA, Düsseldorf; 22.2a shutterstock (Mangostock), New York, NY; 22.2b Picture-Alliance (Michael Hanschke), Frankfurt; 22.2c Fotolia LLC (FreedomImage), New York; 22.2d Klett-Archiv (Christina Braml), Stuttgart; 24.1 Fotex GmbH (R. Zorin), Hamburg; 24.2 Ullstein Bild GmbH (Sylent Press), Berlin; 24.3 Verbraucher-zentrale NRW e.V, Düsseldorf; 25.4 Stiftung Warentest, www.test.de; 25.6a Stiftung Warentest "test" 8/2011; 25.6b Stiftung Warentest, Berlin; 25.6c Öko-Test Verlag GmbH, Frankfurt am Main; 26.1 Plaßmann, Thomas, Essen; 26.2 Avenue Images GmbH (Brand X Pictures), Hamburg; 27.4 Klett-Archiv (Mario Gärtner), Stuttgart; 27.5 Bananastock, Watlington/Oxon; 30.1 Marine Stewardship Council MSC (www.msc.org), Berlin; 30.2 Logo, Stuttgart; 30.4 www.ce-zeichen.de; 30.5 TransFair e.V., Köln - www.transfair.org; 30.6 RAL, Sankt Augustin; 30.7a; 30.7b BLE (Bundesanstalt für Landwirtschaft und Ernährung), Bonn; 30.8 FSC Deutschland e.V., Freiburg; 33.3a; 33.3b Bundesanstalt für Landwirtschaft und Ernährung; 36.1 Mauritius Images (Alamy), Mittenwald; 38.1 Thinkstock (Jochen Sand), München; 40.1 Thinkstock, München; 40.2 Picture-Alliance (Xie Zhengyi), Frankfurt; 40.3 Fotolia LLC (Algost), New York; 41.1 Klett-Archiv (Christina Braml), Stuttgart; 42.1 Thinkstock (iStockphoto), München; 43.5 Imago (Blickwinkel), Berlin; 43.6 Fotolia LLC (Cornelia Kalkhoff), New York; 44.1 Fotolia LLC (Nmedia), New York; 45.3 Fotolia LLC (Elena Rostunova), New York; 45.4 Fotolia LLC (Benjamin Thorn), New York; 47.3 shutterstock (kaarsten), New York, NY; 48.1 MARCO POLO, Paris (F. Bouillot); 50.1a Ullstein Bild GmbH (Sinopictures/CNS), Berlin; 50.1b Bananastock, Watlington/Oxon; 50.1c Fotolia LLC (ermess), New York; 51.4 VISUM Foto GmbH (Panos Pictures), Hamburg; 51.5 TransFair e.V., Köln; 52.1 Haitzinger, Horst, München; 53.5 Arbeitskreis Mehrweg GbR; 53.6 Logo, Stuttgart; 55.4 Helga Lade Fotoagentur (Welsh), Frankfurt; 56.1 Picture-Alliance (dpa-infografik), Frankfurt; 56.2 Fotolia LLC (Edler von Rabenstein), New York; 57.3 iStockphoto (Dmitry Kalinovsky), Calgary, Alberta; 58.1 iStockphoto (97), Calgary, Alberta; 58.3 Stiftung Warentest, Berlin; 59.4 shutterstock (Marcin Balcerzak), New York, NY; 61.1 Haitzinger, Horst, München; 62.1a Klett-Archiv (Katrin Schäflein), Stuttgart; 62.1b akg-images, Berlin; 62.1c akg-images (CDA/Guillemot), Berlin; 62.1d Imago (Olaf Döring), Berlin; 63.3 Mauritius Images (Ripp), Mittenwald; 68.1 Mauritius Images (Rosenfeld), Mittenwald; 68.2 shutterstock (Riekephotos), New York, NY; 69.1 Fotolia LLC (Auremar), New York; 69.2 Fotolia LLC (Hugo Berties), New York; 69.3 Fotolia LLC (Alterfalter), New York; 71.3 Picture-Alliance (Fred Bökelmann/dpa-infografik), Frankfurt; 72.2 shutterstock (Blaj Gabriel), New York, NY; 72.3 Thinkstock (Pixland), München; 72.6 iStockphoto (Brad Killer), Calgary, Alberta; 73.4 Image Source Ltd (Imagesource), Soho, London, W1F 9NZ; 73.5 Thinkstock (Creatas), München; 75.3 Thinkstock (iStockphoto), München; 75.4 iStockphoto (Dainis Derics), Calgary, Alberta; 75.5 Fotolia LLC (Alterfalter), New York; 77.4 Mester, Gerhard, Wiesbaden; 79.3 iStockphoto (Auremar), Calgary, Alberta; 80.1 Fotolia LLC (Dan Race), New York; 82.1 Fotolia LLC (Robert Kneschke), New York; 82.2 Ullstein Bild GmbH (Ecopix), Berlin; 85.3 Yahoo! Deutschland GmbH (maverick2003), München; 85.4 Fotolia LLC (Swifter), New York; 86.1 Fotolia LLC (CHW), New York; 86.2 Thinkstock (iStockphoto), München; 86.3 Thinkstock (Christopher Robbins), München; 87.5 shutterstock (Gemenacom), New York, NY; 89.3 Fotolia LLC (M&S Fotodesign), New York; 89.5 Fotolia LLC (JPC-Prod), New York; 93.4 Picture-Alliance (dpa-infografik), Frankfurt; 94.1a Fotolia LLC (Contrastwerkstatt), New York; 94.1b Fotolia LLC (Monkey Business), New York; 94.1c iStockphoto (Alyn Stafford), Calgary, Alberta; 94.1d Fotolia LLC (auremar), New York; 94.1e shutterstock (Mihail Zhelezniak), New York, NY; 95.2 Plaßmann, Thomas, Essen; 96.1a shutterstock (Patrizia Tilly), New York, NY; 96.1b iStockphoto (Izabela Habur), Calgary, Alberta; 96.1c Thinkstock (istockphoto), München; 96.1d shutterstock (Sergey Kamshylin), New York, NY; 96.1e Imageshop, Düsseldorf; 96.1f Fotolia LLC (Guillaume Duris), New York; 96.1g iStockphoto (Huseyin Turgut Erkisi), Calgary, Alberta; 100.2a laif (Giribas Jose/SZ Photo), Köln; 100.2b Ullstein Bild GmbH (Jandke/Caro), Berlin; 100.2c Picture-Alliance (Detlef Zmeck), Frankfurt; 100.2d Thinkstock (Digital Vision), München; 102.1 Fotolia LLC (Martina Topf), New York; 103.1 Fotolia LLC (Patrick Hermans), New York; 103.2 Fotolia LLC (Cross Design), New York; 103.3 iStockphoto (Photomorphic Pte Ltd), Calgary, Alberta; 103.4 AUDI AG, Ingolstadt; 104.1 Thinkstock (iStockphoto), München; 104.2 iStockphoto (Lidian Neeleman), Calgary, Alberta; 104.3 Fotolia LLC (Udo Kruse), New York; 105.5 JupiterImages photos.com, Tucson, AZ; 105.6 iStockphoto (Deborah Kolb), Calgary, Alberta; 106.1a iStockphoto (zxcynosure), Calgary, Alberta; 106.1b Klett-Archiv, Stuttgart; 106.1c Klett-Archiv (Enders, A., Melle), Stuttgart; 106.1d Klett-Archiv (Eberhard Pyritz, Schloss Holte-Stukenbrock), Stuttgart; 107.3 Thinkstock (George Doyle), München; 107.4 iStockphoto (Arpad Benedek), Calgary, Alberta; 107.5 Thinkstock (iStockphoto), München; 107.6 Thinkstock (Imagesource), München; 108.2 Klett-Archiv (Kommunalverband Ruhrgebiet (Essen)), Stuttgart; 108.3 Fotolia LLC (Anweber), New York; 109.4 Picture-Alliance (Wolfgang Thieme), Frankfurt; 109.5 Thinkstock (Comstock Images), München; 110.1 Imago (Hans Blossey), Berlin; 110.2 Fotolia LLC (Sabphoto), New York; 111.4 Schumacher, Joachim, Gelsenkirchen; 112.1 Logo, Stuttgart; 114.1 Fotolia LLC (Ag Visuell), New York; 114.2 Picture-Alliance (dpa-infografik), Frankfurt; 114.3 Thinkstock (iStockphoto), München; 121.3 Picture-Alliance (Globus Infografik), Frankfurt; 121.4 UGA - Umweltgutacherausschuss, Berlin, www.emas.de; 125.3 Mester, Gerhard, Wiesbaden; 126.1a ThyssenKrupp Konzernarchiv, Duisburg; 126.1b Picture-Alliance (Euroluftbild), Frankfurt; 128.1 Picture-Alliance (dpa-Infografik), Frankfurt; 130.1 ddp images GmbH (AP), Hamburg; 131.3 Fotolia LLC (Kristijan Zontar), New York; 132.1 Picture-Alliance (dpa-infografik), Frankfurt; 134.1 Picture-Alliance (Harry Melchert), Frankfurt; 134.2 Thinkstock (istockphoto), München; 134.3 Imago (Bernhard Classen), Berlin; 135.1 Robert Bosch GmbH, Stuttgart; 135.2 Eckardt, Christian (Photothek.net Gbr, Radevormwald), Loxstedt-Bexhövede; 135.3 Picture-Alliance (Wolfgang Langenstrassen), Frankfurt; 139.2 Bundesagentur für Arbeit, Nürnberg; 140.1 Thinkstock (Pixland), München; 142.2 Bundesagentur für Arbeit; 144.1 ddp images GmbH (Jens Koehler), Hamburg; 145.2 Thinkstock (istockphoto), München; 145.3 Imago (Bernd Friedel), Berlin; 145.4 Fotolia LLC, New York; 145.5 Thinkstock (iStockphoto), München; 146.1 Fotolia LLC (Alexander Rochau), New York; 146.2 Bundesarbeitsgemeinschaft Berufswahlpass, Hamburg; 147.3 Das Fotoarchiv RF, Essen; 147.4 Fotolia LLC (Contrastwerkstatt), New York; 149.3 iStockphoto (101dalmatians), Calgary, Alberta; 149.4 Fotolia LLC (Imageegami), New York; 149.5 Thinkstock (iStockphoto), München; 150.1 Picture-Alliance (Wolfgang Thieme), Frankfurt; 152.1 Picture-Alliance (Harry Melchert), Frankfurt; 153.4 Imago (Emil Umdorf), Berlin; 153.5 Fotolia LLC (ChmpagnDave), New York; 153.6 Getty Images (The Image Bank), München; 154.1 Picture-Alliance (dpa-infografik), Frankfurt; 154.2 Eckardt, Christian (Photothek.net Gbr, Radevormwald), Loxstedt-Bexhövede; 154.3 Picture-Alliance (Wolfgang Langenstrassen), Frankfurt; 155.4 Kompetenzzentrum Technik, Bielefeld; 155.5 www.boys-day.de, Bielefeld; 155.6 Marie Marcks Graphikerin, Heidelberg; 156.1 Klett-Archiv (Ulrich Boldt), Stuttgart; 157.3 Klett-Archiv (Katja Allani), Stuttgart; 157.4 Klett-Archiv (Heinrich Lübbert, Steinhagen), Stuttgart; 158.1 Fotolia LLC (Benny Weber), New York; 158.2 Fotolia LLC (Goodluz), New York; 160.3 Fotolia LLC (Tyler Olson), New York; 160.4 Fotolia LLC (Robert Kneschke), New York; 162.1 Fotolia LLC (Yuri Arcurs), New York; 163.3 Ullstein Bild GmbH (Peter Himsel/Intro), Berlin; 169.2 Imago (Ralph Lueger), Berlin; 169.4 Fotolia LLC (PixMedia), New York; 170.1 Thinkstock (Marili Forastieri), München; 170.3; 170.4 Logo, Stuttgart; 171.6 shutterstock (AVAVA), New York, NY; 173.2 Getty Images RF (Walters Dougal), München; 173.3 Fotolia LLC (Eisenhans), New York; 174.1 Fotolia LLC (contrastwerkstatt), New York; 174.2 Imago (HRSchulz), Berlin; 174.3 Klett-Archiv (Matthias Nortmeyer, Mannheim), Stuttgart; 175.1 Fotolia LLC (JiSIGN), New York; 175.2 Keystone (Orkan Olgun), Hamburg; 175.3 Fotolia LLC (L. Klauser), New York; 175.4 Fotolia LLC (Ehrenberg-bilder), New York; 177.2a Fotolia LLC (Fotos4u), New York; 177.2b Bananastock, Watlington/Oxon; 177.2c Thinkstock (iStockphoto), München; 177.2d Fotolia LLC (Peter Atkins), New York; 178.1a Imago (HRSchulz), Berlin; 178.1b Klett-Archiv (Matthias Nortmeyer, Mannheim), Stuttgart; 179.2 Picture-Alliance (dpa-infografik), Frankfurt; 180.1 Picture-Alliance (dpa-infografik), Frankfurt; 181.2 iStockphoto (Ben Blankenburg), Calgary, Alberta; 181.3 Fotolia LLC (Marcin Sadlowski), New York; 182.1 Thinkstock (Hemera), München; 182.2 Fotolia LLC (Pavel Losevsky), New York; 182.3 Fotolia LLC (Antonio Gravante), New York; 182.4 Fotolia LLC (Contrastwerkstatt), New York; 184.1 Statistisches Bundesamt, Wiesbaden, Bevölkerung Deutschlands - 12. koordinierte Bevölkerungsvorausberechnung; 184.3 shutterstock (Cynoclub), New York, NY; 185.4 Picture-Alliance (dpa-infografik), Frankfurt; 187.3 Picture-Alliance (dpa-infografik), Frankfurt; 188.1 Fotolia LLC (JiSIGN), New York; 192.1 Klett-Archiv, Stuttgart; 193.2a; 193.2b Fotolia LLC (Edyta Pawlowska), New York; 194.1 Fotolia LLC (Miravision), New York; 196.1 Fotolia LLC (contrastwerkstatt), New York; 198.2 Fotolia LLC (Foto Arts), New York; 200.1 Plaßmann, Thomas, Essen; 200.3a shutterstock (Maridav), New York, NY; 200.3b Thinkstock (iStockphoto), München; 201.4 shutterstock (Oceania), New York, NY; 202.1a; 202.1b Klett-Archiv (Christian Mader, Stuttgart), Stuttgart; 203.2a; 203.2b; 203.2c; 203.2d; 203.3a; 203.3b Klett-Archiv (Christian Mader, Stuttgart), Stuttgart; 204.1 Picture-Alliance (Hendrik Schmidt), Frankfurt; 204.2 Robert Bosch GmbH, Stuttgart; 204.3 Klett-Archiv (Christina Braml), Stuttgart; 205.4 Thinkstock (Hemera), München; 206.1 Fotolia LLC (Thomas Aumann), New York; 206.2 Fotolia LLC (VRD), New York; 206.3 Thinkstock (iStockphoto), München; 207.1 Fotolia LLC (FM2), New York; 207.3 Fotosearch Stock Photography (Photodisc), Waukesha, WI; 210.1a iStockphoto (Monika Wisniewska), Calgary, Alberta; 210.1b Fotolia LLC (Gina Sanders), New York; 210.1c Thinkstock (iStockphoto), München; 212.1 Fotolia LLC (Thomas Aumann), New York; 213.2 Fotolia LLC (Kzenon), New York; 213.3 Fotolia LLC (Nyul), New York; 215.3 Fotolia LLC (Danel), New York; 215.4 Fotolia LLC (Uwe Annas), New York; 215.5 Thinkstock (Getty Images), München; 216.1 Fotolia LLC (VRD), New York; 218.1 Action Press GmbH, Hamburg; 219.3 Thinkstock (Buccina Studios), München; 221.3 Fotolia LLC (Monkey Business), New York; 221.4 Thinkstock (Jupiterimages), München; 222.1 Fotolia LLC (Bernd_Leitner), New York; 223.3 Picture-Alliance (Infografik), Frankfurt; 223.4 Picture-Alliance (Wartenberg), Frankfurt; 225.2a Fotolia LLC (Mak), New York; 225.2b MEV Verlag GmbH, Augsburg; 225.2c iStockphoto (Vicki Reid), Calgary, Alberta; 225.3 Fotolia LLC (Auremar), New York; 227.2 Fotosearch Stock Photography (Photodisc), Waukesha, WI; 228.1 Thinkstock (iStockphoto), München; 232.1 shutterstock (StockLite), New York, NY; 233.2 Fotolia LLC (Fovito), New York; 233.3 shutterstock (Hasloo Group Production Studio), New York, NY; 234.1 Mauritius Images (Jürgen Schwarz), Mittenwald; 235.3 Fotolia LLC (El Gaucho), New York; 235.4 Klett-Archiv (Christina Braml), Stuttgart; 236.1 Fotolia LLC (Pavel Losevsky), New York; 236.2 Fotolia LLC (Alterfalter), New York; 237.4a Fotolia LLC (Peter Atkins), New York; 237.4b Fotolia LLC (Dream-Emotion), New York; 237.4c face to face, Hamburg; 237.4d laif (Martin Jehnichen), Köln; 239.3 Fotolia LLC (Kzenon), New York; 239.4 Fotolia LLC (Frog 974), New York

Sollte es in einem Einzelfall nicht gelungen sein, den korrekten Rechteinhaber ausfindig zu machen, so werden berechtigte Ansprüche selbstverständlich im Rahmen der üblichen Regelungen abgegolten.

1. Auflage 1 16 15 14 13 12 | 2023 22 21 20 19

Alle Drucke dieser Auflage sind unverändert und können im Unterricht nebeneinander verwendet werden.
Die letzte Zahl bezeichnet das Jahr des Druckes.

Autorinnen und Autoren: Katja Allani, Horst Babendererde, Uli Boldt, Thomas Hoffmann, Max Jung, Uwe Lenz, Rainer Münzer, Helmut Neutschel, Dietmar Rossi, Christiane Wöhler

Redaktion: Christina Braml, Alexandra Reichle
Herstellung: Katja Maier

Layoutkonzeption: Katja Maier
Umschlaggestaltung: Katja Maier mit einem Foto von Thomas Weccard, Ludwigsburg
Illustrationen: Ralf Grünberg, Nürnberg; Jörg Mair, München; Sabine Wiemers, Düsseldorf
Reproduktion: Meyle + Müller, Medienmanagement, Pforzheim
Druck: Firmengruppe APPL, aprinta druck, Wemding
Printed in Germany
ISBN 978-3-12-103710-0

9 783121 037100

Ergebnisse zusammenfassen und präsentieren

Informationen mit einer Mind-Map darstellen

Mit einer Mind-Map kannst du Begriffe ordnen und miteinander in Beziehung setzen.

1. Schreibe den **Titel** der Mind-Map in die Mitte des Blattes und umrahme ihn.
2. Zeichne vom Titel aus **Hauptäste** nach außen, auf die du wichtige Oberbegriffe schreibst.
3. Von den Hauptästen gehen **Nebenäste** mit Unterbegriffen nach außen.

Du kannst in deine Mind-Map auch Bilder, Zahlen und Symbole einfügen.

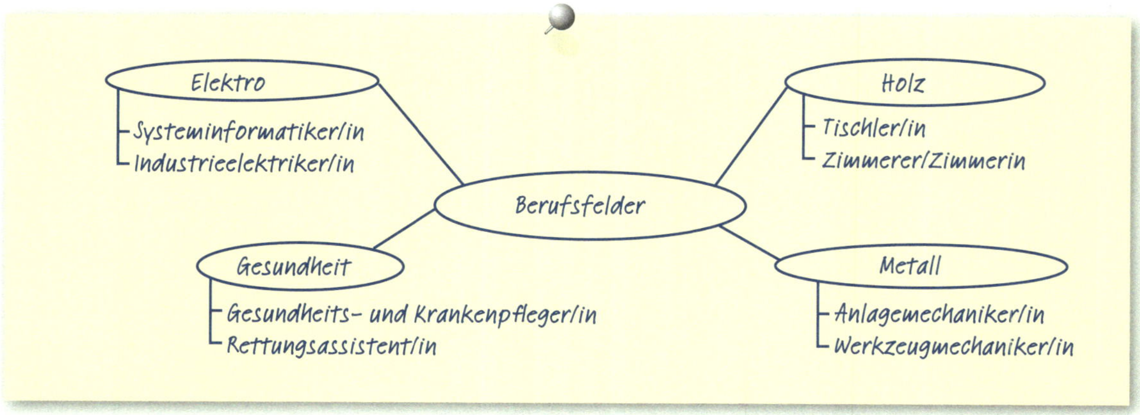

Ein Plakat oder eine Wandzeitung gestalten

- Das Thema des Lernplakats muss gut erkennbar sein. Schreibe es groß als Überschrift oder in die Mitte des Plakats.
- Ordne die Inhalte thematisch.
- Formen wie Kreise, Rechtecke und Dreiecke helfen, das Plakat übersichtlich zu gestalten.
- Bilder, Fotos oder Symbole lockern das Plakat auf.

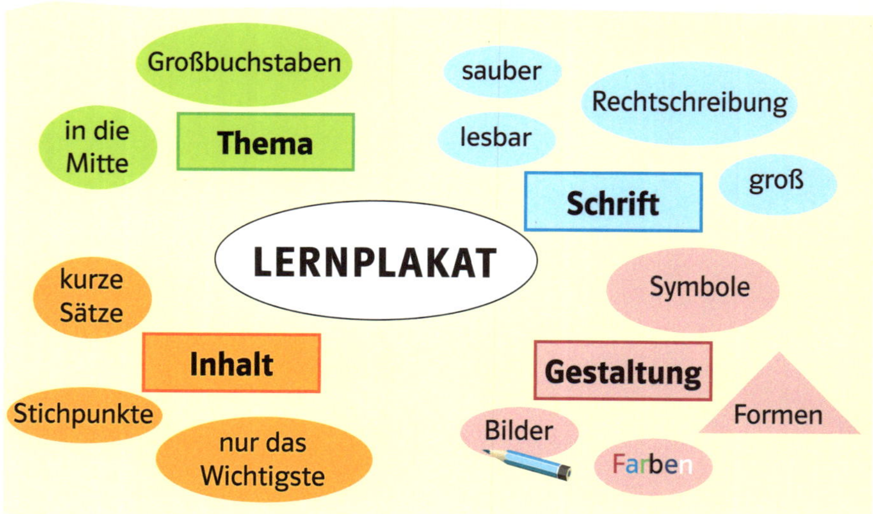

Ein Infoblatt erstellen

Ein Infoblatt soll deinen Mitschülerinnen und Mitschüler die wichtigsten Informationen zu einem Thema geben. Für die Erstellung des Infoblatts ist es wichtig, die Informationen sinnvoll zu gliedern.

Das Infoblatt

Die Überschrift
- soll gut lesbar sein.

Die Zwischenabschnitte
- sollen die Informationen sinnvoll gliedern.
- sollen nur das Wichtigste wiedergeben.

Die Inhalte
- sollen kurz und verständlich formuliert sein.
- können durch Tabellen, Abbildungen oder Schaubilder veranschaulicht werden.